Soziologie der Industriellen Beziehungen

Walther Müller-Jentsch ist Professor an der Fakultät für Sozialwissenschaft, Lehrstuhl Mitbestimmung und Organisation, der Ruhr-Universität Bochum.

Walther Müller-Jentsch

Soziologie der Industriellen Beziehungen

Eine Einführung

2., überarbeitete und erweiterte Auflage

Campus Verlag
Frankfurt/New York

Die Deutsche Bibliothek – CIP-Einheitsaufnahme

Müller-Jentsch, Walther:
Soziologie der industriellen Beziehungen: eine Einführung /
Walther Müller-Jentsch. – 2., überarb. und erw. Aufl. – Frankfurt/Main;
New York: Campus Verlag, 1997
  (Quellen und Studien zur Sozialgeschichte; Bd. 16)
  Zugl.: Zürich, Univ., Diss., 1991
  ISBN 3-593-35705-4

2., überarbeitete und erweiterte Auflage 1997

Das Werk einschließlich aller seiner Teile ist urheberrechtlich geschützt. Jede Verwertung ist ohne Zustimmung des Verlags unzulässig. Das gilt insbesondere für Vervielfältigungen, Übersetzungen, Mikroverfilmungen und die Einspeicherung und Verarbeitung in elektronischen Systemen.
Copyright © 1986 Campus Verlag GmbH, Frankfurt/Main
Umschlaggestaltung: Atelier Warminski, Büdingen
Druck und Bindung: Druckhaus Beltz, Hemsbach
Gedruckt auf säurefreiem und chlorfrei gebleichtem Papier.
Printed in Germany

Inhalt

Vorbemerkung 7

I. Grundbegriffe, Basisinstitutionen, Theorieansätze 9

1. Was sind industrielle Beziehungen? 10
2. Gesellschaftliche Organisation der Arbeit 25
3. Industrieller Konflikt und industrielle Demokratie 34
4. Theoretische Erklärungsansätze 53

II. Gewerkschaften 83

5. Theorie der Gewerkschaften: Aufgaben und Funktionen 84
6. Gewerkschaftliche Organisationsprinzipien
   und Organisationsformen 105
7. Gewerkschaften als Mitgliederorganisationen 119
8. Innergewerkschaftliche Demokratie
   und Gewerkschaftsprogrammatik 138

III. Arbeitgeberverbände 159

9. Die Organisation der Kapitalinteressen 160
10. Organisation und Politikfelder der Arbeitgeberverbände 175

IV. Tarifvertragsbeziehungen zwischen Kooperation und Konflikt 193

11. Duales System der Interessenrepräsentation 194
12. Tarifautonomie und Tarifvertragsbeziehungen 202
13. Arbeitskämpfe 212
14. Tarifverträge und ihre Regelungsmaterie 225

V. Betriebliche Arbeitsbeziehungen 243

15. Management der Arbeit 244
16. Betriebliche Interessenvertretung der Arbeitnehmer 260
17. Kollektive betriebliche Regelungen 285

VI. Politische Rahmenbedingungen und Europäisierung der industriellen Beziehungen 301

18. Staat und industrielle Beziehungen 302
19. Europäisierung der industriellen Beziehungen 318

Abkürzungsverzeichnis 335
Literaturverzeichnis 337
Register 353

Vorbemerkung

Mit dieser Einführung in die Soziologie der *industriellen Beziehungen* (andere geläufige Bezeichnungen sind: Arbeitsbeziehungen, Arbeitgeber-Arbeitnehmer-Beziehungen, Sozialpartnerschaft, Konfliktpartnerschaft) wurde vor zehn Jahren erstmals ein deutschsprachiges Lehrbuch über einen Gegenstandsbereich vorgelegt, mit dem sich in angelsächsischen Ländern seit Jahrzehnten eine etablierte Wissenschaftsdisziplin - *Industrial Relations* - beschäftigt. Diesen Gegenstandsbereich der »Austauschbeziehungen zwischen Kapital und Arbeit« (wie eine korrekte, aber umständliche Bezeichnung lautet) erforschen im deutschsprachigen Wissenschaftsbetrieb arbeitsteilig die Industrie- und Betriebssoziologie, die Arbeitsökonomik, das Arbeitsrecht, die politikwissenschaftliche Verbändeforschung sowie die Betriebs- und Personalwirtschaftslehre. Der erste Versuch einer integrierten Gesamtdarstellung in Form einer sozialwissenschaftlichen Einführung in dieses interdisziplinäre Forschungsgebiet hat sich als erfolgreich erwiesen; die anhaltende Nachfrage nach der Publikation rechtfertigt eine völlig überarbeitete Neuauflage.

Die gründliche Überarbeitung erwies sich als zwingend, weil in den vergangenen zehn Jahren zum einen gravierende Veränderungen und Weiterentwicklungen in den realen industriellen Beziehungen eingetreten sind (als Folge der deutschen Vereinigung ebenso wie der Europäisierung und Globalisierung der Märkte und Wirtschaftsbeziehungen), und weil zum anderen beachtliche Fortschritte auf den Gebieten der empirischen Forschung und der theoretischen Reflexion über diesen Objektbereich zu verzeichnen sind.

Nach wie vor ergibt sich die Gliederung des Buches aus der Absicht einer systematischen Darstellung des Systems der industriellen Beziehungen im vereinigten Deutschland. Die historischen Exkurse und komparativen Seitenblicke auf die industriellen Beziehungen anderer Länder, besonders auf die des Pionierlandes der Industrialisierung, dienen dem umfassenderen Verständnis der in wechselvoller und konfliktreicher Geschichte entstandenen Institutionen und Organisationen zur Regelung der Austauschbeziehungen zwischen Kapital und Arbeit. Im I. Teil werden die begrifflichen und theoretischen Voraussetzungen, die Schlüsselphänomene, Basisinstitutionen und (als neues Kapitel) die Theorien der industriellen Beziehungen dargelegt. Auskunft wird dort gleichfalls über die theoretische Position des Autors gegeben. Die folgenden Teile sind der Darstellung und Analyse der beiden wichtigsten kollektiven Akteure der industriellen Beziehungen gewidmet: der II. Teil den Gewerkschaften, der III. Teil den Arbeitgeberverbänden. Der IV. Teil befaßt sich mit den von ihnen geschaffenen bilateralen Beziehungen - Tarifvertragsbeziehungen - und den diesen zugrunde liegenden Regelungen der Arbeitsverhältnisse. Der V. Teil befaßt sich mit den betrieblichen Arbeitsbeziehungen, zum einen mit ihren Akteuren, dem Management und dem Betriebsrat, und zum anderen mit den dort vereinbarten und geltenden kollektiven Regelungen. Im VI. und letzten Teil werden die durch den Staat gesetzten politischen Rahmenbedingungen auf nationalstaatlicher Ebene analysiert und abschließend (ebenfalls in einem neuen Kapitel) das im Entstehen begriffene europäische System der industriellen Beziehungen skizziert.

Danken möchte ich den Kolleginnen und Kollegen, die Teile des Buches oder einzelne Kapitel gelesen haben und mir wertvolle Anregungen für Veränderungen gaben. Neben Franz Traxler und Hansjörg Weitbrecht (die den größten Teil des Textes kritisch annotierten) danke ich namentlich Maria Funder, Otto Jacobi, Berndt Keller und Hans Joachim Sperling. Zu danken habe ich auch den vielen Kolleginnen und Kollegen, die mir in einer Frühphase der Überarbeitung auf schriftliche Anfrage nützliche Hinweise für die Neufassung des Textes gaben. Als studentische Hilfskräfte waren mir bei der Literaturbeschaffung, dem Korrekturlesen und vielen technischen Hilfsarbeiten Christina Hebebrand, Susanne Sohn und Peter Reinartz wichtige Stützen. Besondere Anerkennung gebührt Maciej Dabrowski, der nicht nur die überaus aufwendige technische Fertigstellung der Druckvorlage mit ihren Tabellen und Übersichten besorgte, sondern auch viele statistische Daten zusammentrug und überdies das Literaturverzeichnis und Register zusammenstellte. Schließlich möchte ich auch Adalbert Hepp danken, dem Verlagslektor, der den ersten Anstoß zu diesem Buchprojekt gegeben hatte und mich nun zu der notwendig gewordenen Überarbeitung drängte. Wem darüber hinaus noch für die zähe Geduld mit einem *workaholic* zu danken ist, braucht dem Kenner einschlägiger Vorworte nicht näher erläutert zu werden.

Düsseldorf / Bochum, im Februar 1997　　　　　　　　　　　　　　　W. M.-J.

I. Grundbegriffe, Basisinstitutionen, Theorieansätze

Der Begriff *industrielle Beziehungen*, dessen Inhalt das 1. Kapitel ausleuchten wird, kann in erster Annäherung mit »Beziehungen zwischen Kapital und Arbeit« umschrieben werden. Kapital und Arbeit wiederum stehen für Personen, Gruppen und Organisationen - kurz Akteure -, die sich der einen oder anderen Seite des *Arbeitsverhältnisses* zuordnen lassen. Indes gehört es zu den Eigentümlichkeiten der industriellen Beziehungen, daß sie eigene, intermediäre Sphären - Institutionen und Regelungssysteme - auszubilden pflegen. An ihnen haben beide Seiten teil, wenn auch nicht immer mit gleichem Gewicht. In erster Linie zählen zu ihnen jene Institutionen, die die wirtschaftlichen Austauschverhältnisse zwischen Kapital und Arbeit regeln: *Arbeitsmarkt* und *Arbeitsvertrag*. Als Basisinstitutionen der gesellschaftlichen Organisation der Arbeit im modernen Kapitalismus werden sie im 2. Kapitel vorgestellt. Die Austauschverhältnisse zwischen Kapital und Arbeit sind zugleich soziale Konfliktbeziehungen; denn im Arbeitsverhältnis ist der für industriekapitalistische Gesellschaften ubiquitäre *industrielle Konflikt* strukturell begründet (er ist Thema des 3. Kapitels). Schließlich sind die Beziehungen zwischen Kapital und Arbeit auch politische Auseinandersetzungen um Macht- und Herrschaftspositionen, die in einem politisch-rechtlichen Rahmen stattfinden, welcher selbst wiederum Folge und institutioneller Niederschlag politischer Kämpfe und industrieller Konflikte ist. Die dabei entstehenden Beteiligungsformen und Kontrollrechte der Arbeitnehmer werden unter dem Begriff der *industriellen Demokratie* (ebenfalls im 3. Kapitel) behandelt. Eine Übersicht der wichtigsten *theoretischen Erklärungsansätze* der industriellen Beziehungen und eine Explikation des theoretischen Leitfadens, dessen sich der Autor bedient, enthält das abschließende 4. Kapitel dieses I. Teils.

Kapitel 1
Was sind industrielle Beziehungen?

Die Begriffe *industrielle Beziehungen* oder auch *Arbeitsbeziehungen* sind wörtliche Übersetzungen des Englischen. Doch während im angelsächsischen Sprachgebrauch »Industrial Relations« oder »Labour Relations« zum Bestandteil der Alltagssprache gehören, sind ihre deutschen Äquivalente vornehmlich in sozial- und wirtschaftswissenschaftlichen Untersuchungen zu finden. Gebräuchlicher und von den publizistischen Medien bevorzugte Termini sind Arbeitgeber-Arbeitnehmer-Beziehungen oder Sozialpartnerschaft; mitunter ist auch von sozialen Gegenspielern, Konfliktpartnerschaft, Sozial- oder Arbeitsmarktparteien die Rede.

In einem englisch-deutschen Standardwörterbuch für die Sozialwissenschaften findet sich die folgende Umschreibung von *Industrial Relations*: »die Gesamtheit der Beziehungen zwischen Arbeitern (Angestellten) und Arbeitgebern in einem konkreten Betrieb, einer Industrie, einem Industriezweig oder einem Land« (Koschnik 1984, Bd. 1, S. 294) und - so wäre dem heute hinzuzufügen - in regulierten transnationalen Wirtschaftsräumen (z.B. Europäische Union).

Um diese abstrakte Definition mit Inhalt zu füllen, beginnt unsere Darstellung mit einigen Fallbeispielen, denen sich eine systematische Erörterung der charakteristischen Merkmale der industriellen Beziehungen anschließt.

Beispiel 1: *Produktionseinschränkung bei Stahlrohr GmbH*

Aufgrund rückläufiger Nachfrage sieht sich das Management der Stahlrohr GmbH, ein Unternehmen mit ca. 1200 Beschäftigten, gezwungen, seine Produktion einzuschränken. Der kaufmännische Direktor spricht sich dafür aus, daß die Produktionseinschränkung von einem entsprechenden Personalabbau begleitet sein muß, da andernfalls der reduzierte Produktionsausstoß höhere Durchschnittskosten verursache. Der technische Direktor macht demgegenüber geltend, daß Personalabbau für die arbeitsteilige Produktion schwerwiegende Konsequenzen habe. Man müsse entweder ganze Anlagen oder Betriebsteile stillegen oder aber die Arbeitsorganisation auf eine neue Basis stellen. Der Personaldirektor schließlich weist darauf hin, daß bei solchen Maßnahmen das Betriebsverfassungsgesetz die Einschaltung des Betriebsrats vorschreibe.

Nachdem man sich im Management darüber verständigt hat, wie die notwendige Produktionseinschränkung mit einer Verringerung der Personalkosten einhergehen könnte, versucht man, mit dem Betriebsrat zu einer einvernehmlichen Lösung zu kommen. Die Unternehmensleitung legt dem Betriebsrat die wirtschaftlichen Gründe für die Produktionseinschränkungen dar und bittet ihn um Lösungsvorschläge. Im Verlauf der Diskussion werden zwei Modelle erörtert: Die vom Management gewünschte Lösung sieht die Schließung eines Betriebsteils vor; der Betriebsrat spricht sich gegen die Reduzierung der Belegschaft aus und befürwortet statt dessen vorübergehende Kurzarbeit. Schließlich einigt sich das Management mit dem Betriebsrat auf einen Stufenplan, der zunächst Kurzarbeit für drei Monate vorsieht und danach - bei weiterhin rückläufiger Auftragslage - einen Personalabbau ins Auge faßt.

Nach dreimonatiger Kurzarbeit hat sich die Situation nicht verbessert. Das Management ersucht den Betriebsrat, der Entlassung von 65 Beschäftigten, die in einer zu schließenden Abteilung arbeiten, zuzustimmen. Der Betriebsrat, der sich den wirtschaftlichen Argumenten nicht verschließen kann, schlägt statt dessen einen anderen Weg vor: zwar soll die Abteilung aufgelöst werden, die dort Beschäftigten sollen aber die Möglichkeit erhalten, auf andere Arbeitsplätze des Unternehmens umgesetzt zu werden. Andere Arbeitsplätze sind solche, die durch natürliche Abgänge (Verrentung und freiwilliges Ausscheiden) freiwerden. Auf die Vorhaltung des Managements, daß auf diese Weise nicht genügend freie Arbeitsplätze entstünden, schlägt der Betriebsrat vor, finanzielle Anreize zu schaffen für vorzeitige Pensionierung und freiwilliges Ausscheiden.

In der Belegschaft ist mittlerweile durchgesickert, daß zwischen Management und Betriebsrat über Personalabbau und dergleichen verhandelt wird. In der Abteilung, die von der Schließung bedroht ist, ist die Sorge der Arbeiter um ihre Weiterbeschäftigung besonders groß; dies führt dazu, daß eines Tages eine Gruppe von Arbeitern nach Ende der Frühstückspause beschließt, gemeinsam den Betriebsrat aufzusuchen. Der Meister, der sich ihnen aufgeregt in den Weg stellt und sie zur Arbeit anhält, wird sanft zur Seite gedrängt. Im Betriebsratsbüro reagieren die dort anwesenden Betriebsratsmitglieder nicht weniger überrascht. Nachdem ein gewerkschaftlicher Vertrauensmann die Befürchtungen der Arbeiter vorgetragen hat, erklärt der Betriebsratsvorsitzende ihnen, daß man sich aus wirtschaftlichen Gründen einer Produktionseinschränkung nicht entgegenstellen könne, aber nach Möglichkeit Entlassungen dadurch vermeiden will, indem der notwendige Personalabbau über Frühverrentung und Abfindungsverträge erfolgen soll. Zögernd geht die Gruppe wieder an ihre Arbeit.

Die Anpassung des Personalbestandes an die Produktionseinschränkung dauert länger als dem Management lieb ist; sie zieht sich über ein dreiviertel Jahr hin. Andererseits bleiben dem Management größere Konflikte erspart. Es gibt einige Frühverrentungen; eine nicht unbeträchtliche Zahl von Beschäftigten nimmt das Angebot von Abfindungszahlungen wahr; zum Bedauern des Betriebsrats lassen sich einige Entlassungen nicht vermeiden.

Beispiel 2: *Einführung von Gruppenarbeit in der Automobil AG*

Aufgeschreckt durch die »japanische Herausforderung« auf dem Weltautomobilmarkt sah sich die deutsche Automobil AG veranlaßt, einen Vergleich von Fertigungsstrukturen und Arbeitsorganisation in ihren eigenen Werken und denen der japanischen Autohersteller in Auftrag zu geben. Festgestellt wurden in den japanischen Werken nicht nur eine höhere Flexibilität des Arbeitskräfteeinsatzes und bessere Qualität der gefertigten Teile, sondern auch eine stärkere Identifikation der Beschäftigten mit ihrer Arbeit. Die Ergebnisse veranlassen die Unternehmensleitung zu weitreichenden Reorganisationsmaßnahmen vornehmlich im Fertigungsbereich. Die damit beauftragte Planungsgruppe empfiehlt auch die Einführung von Gruppenarbeit. Von ihr verspricht sie sich ein flexibleres Arbeitssystem mit positiven Auswirkungen auf Produktivität und Produktqualität sowie eine Verringerung der aufsichtsführenden Meister durch Stärkung der Selbstverantwortung und Eigeninitiative der Mitarbeiter.

Der Betriebsrat steht der Einführung von Gruppenarbeit zunächst skeptisch gegenüber. Die Gründe für seine Skepsis liegen einmal im vorausgegangenen Widerstand der Unternehmensleitung gegen viele der - im Rahmen der gewerkschaftlichen Kampagne zur »Humanisierung der Arbeit« - geforderten neuen Formen der Arbeitsorganisation, so daß man in der Initiative des Managements nur das Ziel der Produktivitätssteigerung und Kosteneinsparung erkennen kann. Hinzu kommen die Risiken für mehrere Gruppen im Unternehmen: Die Funktion der Meister sieht man in Frage gestellt, den Status der als Facharbeiter in besonderen Abteilungen arbeitenden Einrichter und Instandhalter bedroht und schließlich die Mitbestimmungskompetenzen des Betriebsrats durch managerielle Sozialtechniken gefährdet. Wie leicht aus diesen Gruppen eine »Verhinderungskoalition« gegen die Pläne des Managements entstehen kann, zeigt sich in der Einführungsphase, als die Pilotprojekte von ihnen, mit Unterstützung des Betriebsrats, blockiert werden.

Diese Erfahrung motiviert die Unternehmensleitung zu einer engeren Kooperation mit dem Betriebsrat. Zunächst wird der Gesamtbetriebsrat umfassend über die angestrebten Organisationsmaßnahmen informiert, sodann die örtlichen Betriebsräte mit werksbezogenen Informationen versehen und den für die einzelnen Werksbereiche zuständigen Bereichsbetriebsräten die aktive Beteiligung am Umstellungsprozeß zugesichert. Nachdem auch für die Instandhalter eine Lösung gefunden - sie sollen in eigenständigen Arbeitsgruppen zusammengefaßt werden - und für die Meister eine entwicklungsfähige Zukunftskonzeption vorgelegt worden ist, gibt der Betriebsrat seine Opposition auf: er entwickelt nun seinerseits eine programmatische Position zur Einführung der Gruppenarbeit, deren »Eckpunkte« er wie folgt festlegt:

- Wahl und Abwahl der Gruppensprecher durch die Mitglieder der Arbeitsgruppen,
- Arbeitsbesprechungen der Gruppe während der Arbeitszeit (bis zu einer Stunde wöchentlich),
- in der Wahl der Themen und darin, wen sie zu den Gruppengesprächen einlädt, ist die Gruppe frei,
- interne Aufgabenverteilung in Selbstorganisation.

Außerdem faßt der Betriebsrat den Grundsatz, daß kein Arbeitnehmer durch die Einführung von Gruppenarbeit materielle Einbußen oder Arbeitsplatzverlust erleiden darf.

Auf der Basis dieser Eckpunkte schließt der Betriebsrat mit der Unternehmensleitung eine Betriebsvereinbarung über die Einführung von Gruppenarbeit für die einzelnen Werke der Automobil AG ab. In ihrer Präambel heißt es: »Wesentliche Ziele der Gruppenarbeit sind der kontinuierliche Verbesserungsprozeß (KVP), Steigerung von Flexibilität und Einsatzbereitschaft der Mitarbeiter/innen sowie Erhöhung der Arbeitszufriedenheit und der Motivation.«

Die Betriebsvereinbarung wird zur Grundlage eines langwierigen Umstellungsprozesses, der mehrere Jahre dauert und von vielen Konflikten begleitet ist; aber das gegenseitige Einverständnis, daß es kein Zurück zur traditionellen, hierarchischen Arbeitsorganisation geben dürfe, wird nicht in Frage stellt.

Zwischenbemerkung

Unseren ersten Beispielen zufolge handelt es sich bei den industriellen Beziehungen um jene vielfältigen und komplexen sozialen Beziehungen zwischen den in der Produktionseinheit Betrieb tätigen Gruppen und Individuen, vornehmlich aber um die Beziehungen zwischen Management und Arbeitnehmern (bzw. deren Repräsentanten). Wegen der verschiedenartigen Interessen, die hier aufeinanderstoßen, bilden sie die entscheidende Konfliktfront im Betrieb, die indessen nicht immer so deutlich sichtbar ist wie in unseren Beispielen. Dieser sensiblen Konfliktzone sind als Pufferzonen oder Clearing-Stellen die »internen« Beziehungen innerhalb des Managements, zwischen Management und unmittelbaren Vorgesetzten (Meister), innerhalb der Arbeitnehmerschaft und schließlich die zwischen Belegschaft und Betriebsrat gleichsam vorgelagert. Hier findet - auf beiden Seiten - die Vorklärung von Interessen, Strategien und Vorgehensweisen statt, aber auch die Verpflichtung auf ausgehandelte Kompromisse; nicht selten folgt der Beilegung eines Konflikts mit der anderen Seite der interne Zwist auf dem Fuße.

In diesem permanenten, wenn auch meist latenten Konflikt zwischen Management und abhängig Beschäftigten geht es letztlich um die Gestaltung und Kontrolle der Arbeitsbedingungen und Beschäftigungsverhältnisse. Diese Auseinandersetzungen spielen sich in einem rechtlichen Rahmen ab, der durch vielfältige arbeitsrechtliche Regelungen, in Deutschland insbesondere durch das Betriebsverfassungsgesetz, gebildet wird.

In den beiden folgenden Beispielen für (konfliktgeladene) Arbeitsbeziehungen wechseln Ebene und Akteure der Auseinandersetzungen.

Beispiel 3: *Arbeitskampf in der Druckindustrie*

Im Jahre 1978 fand in der westdeutschen Druckindustrie ein mehrwöchiger Arbeitskampf zwischen der IG Druck und Papier und der Organisation der Arbeitgeber, Bundesverband Druck, statt, bei dem beide Seiten zu ihren stärksten Kampfmitteln - Streik und Aussperrung - griffen. Streitobjekt dieses Arbeitskampfes waren die von der neuen Satztechnik (Ersetzung des Bleisatzes durch den Fotosatz) ausgehenden sozialen Folgen für die Beschäftigten, die als Konsequenz dieser technischen Innovation eine Verringerung der Arbeitsplätze, eine Entwertung traditioneller beruflicher Qualifikationen und, damit zusammenhängend, eine Verringerung ihres Lohnniveaus zu befürchten hatten. Als Hauptbetroffene galten die Maschinensetzer, eine Berufsgruppe mit langer handwerklicher Tradition, mit Berufsstolz und Spitzenlöhnen, gewissermaßen die »Arbeiteraristokratie« unter den abhängig Beschäftigten. Zutreffend an diesen Befürchtungen war, daß die neue Satztechnik den Druckunternehmern die Chance eröffnete, viele der hochbezahlten Maschinensetzer durch angelernte und daher billigere Schreibkräfte zu ersetzen. Das Management einiger größerer Zeitungs- und Zeitschriftenverlage war bereits dazu übergegangen, die neue Satztechnik einzuführen. Den Betriebsräten gegenüber war häufig versichert worden, daß man sich noch im Versuchsstadium befände und daß keine negativen sozialen Konsequenzen für die Beschäftigten zu erwarten seien. Wo die Betriebsräte auf vertragliche Abmachungen und verbindliche Absicherungen drängten, machte ihnen das Management - im Interesse einer reibungslosen Umstellung - nicht selten weitreichende Konzessionen. In einzelnen Fällen führte dies zum Abschluß von Betriebsvereinbarungen, die für die Umstellungsphase großzügige Regelungen vorsahen.

Die IG Druck und Papier, die insbesondere die Facharbeiter der Druckindustrie zu einem hohen Prozentsatz organisierte, hatte sich schon seit längerem für eine tarifvertragliche Regelung der Arbeits- und Entlohnungsbedingungen an den neuen Geräten der Satzherstellung eingesetzt. Die von ihr angestrebte generelle Regelung sah sie mehr und mehr durch die unterschiedlichen - zum kleineren Teil abgeschlossenen, zum größeren Teil unter Verhandlung stehenden - Betriebsvereinbarungen gefährdet. Sie forderte daher die - zum größten Teil in ihrer Gewerkschaft organisierten - Betriebsräte auf, vorerst keine Betriebsvereinbarungen abzuschließen, die sich auf die Arbeits- und Beschäftigungsbedingungen an den neuen Satzgeräten beziehen.

Nachdem die IG Druck und Papier in Tarifverhandlungen, die sich über mehr als zwei Jahre hingezogen hatten, keinen akzeptablen Kompromiß erzielt hatte, rief sie ihre Mitglieder in zwei Dutzend Druck- und Verlagshäusern zu einem 24stündigen Proteststreik auf; gleichzeitig beraumte sie Urabstimmungen in einer größeren Zahl von Betrieben an. Als wenig später die Belegschaften von vier großen Zeitungsdruckereien, die sich in der Urabstimmung mit über 75 Prozent für Streikmaßnahmen ausgesprochen hatten, in einen unbefristeten Schwerpunktstreik traten, beschloß der Arbeitgeberverband der Zeitungs- und Druckunternehmer Aussperrungsmaßnahmen in einer großen Zahl von Betrieben. In der dritten Woche des Arbeitskampfes standen schließlich den etwa 4.000 Streikenden nahezu 50.000 Ausgesperrte gegenüber. Erst einem Vertreter der Bundesregierung, dem Staatsminister Wischnewski, gelang es in einer dreitägigen Marathonsitzung, die Kontrahenten beider Seiten zu einem tarifvertraglichen Kompromiß zu bewegen. Der abgeschlossene »Tarifvertrag über rechnergesteuerte Textsysteme« enthält Bestimmungen, die den Fachkräften der Druckindustrie für eine Übergangszeit gewisse Beschäftigungs- und Einkommensgarantien zusichern, aber auf Dauer nicht verhindern können, daß das von den Unternehmern so genannte »Facharbeitermonopol« allmählich verschwinden wird.

Die Aussperrung der Unternehmer sollte später noch das Bundesarbeitsgericht beschäftigen, das aufgrund einer Klage der IG Druck und Papier zu entscheiden hatte, ob die Aussperrung als unternehmerische Kampfmaßnahme ein rechts- und verfassungsmäßiges Mittel darstellt. In einem zwei Jahre später erlassenen Urteil wurde dies vom Bundesarbeitsgericht zwar grundsätzlich bejaht, aber gleichzeitig die Beachtung des Grundsatzes der Verhältnismäßigkeit der Kampfmaßnahmen gefordert. Diesem Grundsatz zufolge erklärten die Bundesarbeitsrichter die damalige Aussperrung in der Druckindustrie für rechtswidrig, weil unverhältnismäßig. Mit diesem Urteil präzisierte das Bundesarbeitsgericht seinen in einem früheren Urteil verfügten Grundsatz der Verhältnismäßigkeit der Kampfmittel: Die Aussperrungsmaßnahmen der Arbeitgeber müssen in einem quantitativ vergleichbaren Verhältnis zu den gewerkschaftlichen Streikmaßnahmen stehen.

Beispiel 4: *Tarifverhandlungen über »Lebensarbeitszeitverkürzung« in der chemischen Industrie*

Ende 1984 begannen zwischen der Industriegewerkschaft Chemie-Papier-Keramik und dem Arbeitgeberverband für die chemische Industrie Verhandlungen über die gewerkschaftliche Forderung nach einer Verkürzung der Lebensarbeitszeit für Arbeiter und Angestellte, die Anfang 1985 mit einer Tarifvereinbarung abgeschlossen wurden. Im Gegensatz zur IG Metall und IG Druck und Papier, die 1984 nach wochenlangen Arbeitskämpfen eine Verkürzung der Wochenarbeitszeit (»Einstieg in die 35-Stunden-Woche«) erstritten hatten, verfolgte die IG Chemie-Papier-Keramik (gemeinsam mit einigen anderen Industriegewerkschaften) das Ziel einer Verkürzung der Lebensarbeitszeit durch vorgezogenen Ruhestand. Da dieser teilweise von den Arbeitgebern finanziert werden sollte, fand sich für diese Lösung die Kurzformel »Tarifrente«. Lohn- und Gehaltserhöhungen werden in der chemischen Industrie üblicherweise regional (d.h. für die einzelnen Bundesländer getrennt), Arbeitszeit und Arbeitsbedingungen zentral für das gesamte Bundesgebiet tarifvertraglich geregelt. Unter der Koordination des Hauptvorstands der IG Chemie hatten die regionalen Tarifkommissionen der Gewerkschaft beschlossen, die anstehenden Verhandlungen über Lohn- und Gehaltserhöhungen mit den Verhandlungen über Arbeitszeitverkürzungen zu koppeln, so daß die Verantwortung für die Tarifverhandlungen an die Bundestarifkommission überging, die indes mit je zwei Vertretern der zwölf Bezirkstarifkommissionen erweitert wurde.

Wie zu Beginn von Tarifverhandlungen üblich, kam es in der ersten Verhandlungsrunde nur zum Austausch von grundsätzlichen Statements der Verhandlungsführer beider Seiten. Die Vertreter der IG Chemie präsentierten ihren Tarifvertragsentwurf, der Arbeitnehmern ab dem 58. Lebensjahr das freiwillige Ausscheiden aus dem Arbeitsleben bei einem Vorruhestandsgeld in Höhe von 75 Prozent des bisherigen Nettoeinkommens ermöglichen sollte. Die Vertreter des Bundesarbeitgeberverbandes der chemischen Industrie legten erst in der zweiten Verhandlungsrunde, zwei Monate später, ein Angebot vor, das einen gleitenden Übergang in den Ruhestand für Arbeitnehmer ab dem 58. Lebensjahr, durch Verkürzung der Wochenarbeitszeit auf 20 Stunden, vorsah, allerdings begrenzt auf jeweils bis zu fünf Prozent der Beschäftigten eines Betriebes. Erst wenn aus betriebsorganisatorischen Gründen diese Arbeitszeitregelung nicht zu realisieren sei, sollte die von der Gewerkschaft geforderte Vorruhestandsregelung an ihre Stelle treten. Die Bundestarifkommission nahm das Arbeitgeberangebot zunächst kommentarlos zur Kenntnis und leitete es zur Diskussion an die regionalen Tarifkommissionen und die Vertrauensleute in den Betrieben weiter. Parallel dazu informierte die IG Chemie in einer Flugblattaktion ihre Mitglieder über den Verhandlungsstand. Nachdem die Bezirkstarifkommissionen den Vorschlag der Arbeitgeber abgelehnt und die Priorität einer Vorruhestandsregelung (bei wahlweiser Alternative eines gleitenden Übergangs in den Ruhestand) bekräftigt hatten, bezeichnete die Bundestarifkommission in einer abschließenden Bewertung der innerverbandlichen Diskussion das Arbeitgeberangebot wegen der fehlenden Gleichrangigkeit und Wahlmöglichkeit zwischen den beiden Alternativen - Vorruhestand und flexibler Übergang - als inakzeptabel. Der gewerkschaftliche Verhandlungsführer, das für die Tarifpolitik zuständige Hauptvorstandsmitglied, appellierte zugleich an die politische Glaubwürdigkeit der Chemiearbeitgeber, da sie während des Arbeitskampfes um die 35-Stunden-Woche in der Metall- und Druckindustrie die Vorruhestandsregelung als die vernünftigere Alternative zur Wochenarbeitszeitverkürzung propagiert hatten und sich hierbei der Zustimmung der IG Chemie sicher sein konnten (übrigens sehr zum Ärger der IG Metall und IG Druck, die sich gegen die bewußte Spaltungspolitik der Arbeitgeber in der Arbeitszeitfrage wehrten).

In der dritten Verhandlungsrunde, vier Wochen später, ging es mit dem eigentlichen Verhandeln erst los. Beide Seiten verkleinerten ihre Verhandlungskommissionen: statt zehn verhandelten auf jeder Seite nur noch vier Spitzenvertreter, die sich nach zweitägiger Dauer auf einen Verhandlungskompromiß einigten, der u.a. folgende Regelungen umfaßte:

– Erhöhung der Löhne und Gehälter um 3,8 Prozent;
– Vorruhestand oder wahlweise 20-Stunden-Woche für alle schwerbehinderten Arbeitnehmer ab 58 Jahren und zehnjähriger Betriebszugehörigkeit, für alle anderen Arbeitnehmer ab dem 59. Lebensjahr und nach fünfzehnjähriger vollkontinuierlicher Schichtarbeit bzw. ab dem 60. Lebensjahr nach zehnjähriger Betriebszugehörigkeit - jeweils mit 75 Prozent der letzten monatlichen Bruttobezüge;
– über diesen Personenkreis hinaus haben alle Arbeitnehmer ab dem 58. Lebensjahr und nach zehnjähriger Betriebszugehörigkeit (maximal bis zu fünf Prozent der Beschäftigten eines Betriebes) Anspruch auf eine flexible 20-Stunden-Woche.

Als Gegenleistung für die Verkürzung der Lebensarbeitszeit stimmte die IG Chemie der tariflichen Festschreibung der 40-Stunden-Woche als Regelarbeitszeit bis Ende 1988 zu, eine Regelung, die innerhalb der Gewerkschaftsbewegung kontrovers diskutiert wurde, weil sie mittelfristig das einheitliche tarifpolitische Vorgehen in der Frage der Wochenarbeitszeitverkürzung verhinderte und die gewerkschaftliche Solidarität in Frage stellte.

An diesen beiden Beispielen fällt zweierlei ins Auge. Einmal sind hier die Handelnden in erster Linie Organisationen, die gewissermaßen stellvertretend und im Auftrag für andere handeln: die Gewerkschaften für die beschäftigten Arbeitnehmer, die Arbeitgeberverbände für die einzelnen Unternehmen. Zum anderen bewegen sich die Auseinandersetzungen auf einer *überbetrieblichen* Ebene, im Gegensatz zu den Beispielen 1 und 2, wo sie sich auf der *betrieblichen* Ebene abspielten.

Der auf überbetrieblicher Ebene von beiden Seiten angestrebte Tarifvertrag ist ein »Kollektivvertrag«, der Lohn- und Gehaltserhöhungen oder aber andere allgemeine Arbeitsbedingungen für eine Vielzahl von Beschäftigten festsetzt. Der Tarifvertrag enthält Bestimmungen, die in allgemeiner Form die einzelnen Arbeitsverhältnisse in den Betrieben mitgestalten. Daß die einzelnen Unternehmen und Beschäftigten an diesen Beziehungen zwischen den Tarifverbänden beteiligt sind, wird in einer friedlich verlaufenden Tarifrunde (wie die in Beispiel 4 geschilderte) kaum sichtbar. Dies entspricht jedoch nicht der Realität. In den für die Tarifpolitik zuständigen Beratungs- und Entscheidungsgremien der Gewerkschaften wie der Arbeitgeberverbände sitzen zahlreiche sogenannte ehrenamtliche Mitglieder, die aus den Betrieben und Unternehmen kommen: Vertrauensleute und Betriebsräte stellen einen großen Teil der Mitglieder gewerkschaftlicher Tarifkommissionen; in den tarifpolitischen Ausschüssen der Arbeitgeberverbände sind zumindest die wichtigsten Großbetriebe durch Personalmanager vertreten.

Zwingend notwendig wird die Beteiligung und Einbeziehung der Beschäftigten auf der einen, der Unternehmensleitungen auf der anderen Seite, sobald sich ein offener Konflikt (wie in Beispiel 3) anzubahnen droht. Einen Streik können die Gewerkschaften nur mit der Zustimmung ihrer Mitglieder und deren Bereitschaft, die Risiken einer Arbeitsniederlegung zu tragen, führen. Ebenso bliebe ein Aussperrungsbeschluß für den Arbeitgeberverband bloßes Papier, wenn die betroffenen Unternehmen der Aufforderung, ihre Beschäftigten auszusperren, nicht nachkämen. Der Arbeitskampf macht somit deutlich, daß die zentralen Tarifverbände zur Wahrnehmung ihrer Aufgabe, Tarifverträge abzuschließen, der aktiven Unterstützung ihrer jeweiligen Mitglieder bedürfen. Diejenigen, in deren Auftrag sie handeln, müssen im Falle eines auf dem Verhandlungswege nicht zu erzielenden Kompromisses aktiv in die Auseinandersetzungen einbezogen werden. Es handelt sich dabei um ein Zusammenspiel von zentraler Organisierung und dezentraler Mobilisierung.

Wie die betrieblichen Auseinandersetzungen spielen sich auch die tarifpolitischen in einem rechtlichen Rahmen ab, der allerdings den Tarifparteien größere Autonomiespielräume läßt als den Betriebsparteien.

Theoretische Annäherung an den Gegenstand

Um über unseren Gegenstand ein theoretisches Verständnis zu gewinnen, wollen wir die aus den vier Beispielen gewonnenen Erkenntnisse systematisch zusammenfassen:

1. Arbeits- oder industrielle Beziehungen bezeichnen jene eigentümliche *Zwischensphäre* der Interessenregulierung im Verhältnis von Management und Belegschaft wie auch von Arbeitgeberverbänden und Gewerkschaften. Ihr konkreter Gegenstand sind die kooperativen und konfliktiven Interaktionen zwischen Personen, Gruppen und Organisationen (Akteure) sowie die aus solchen Interaktionen resultierenden Normen, Verträge und Institutionen.

2. Arbeits- oder industrielle Beziehungen sind zugleich soziale, wirtschaftliche, politische und kulturelle Beziehungen:

- *soziale* Beziehungen im betrieblichen Arbeitsprozeß, der auf kooperatives, arbeitsteiliges Zusammenwirken aller Beteiligten angelegt ist, aber - wie aus den Beispielen zu ersehen - stets auch Konflikte hervorbringt;
- *wirtschaftliche* Beziehungen auf dem Arbeitsmarkt, der den Austausch von Arbeitskraft gegen Arbeitslohn regelt, und im Betrieb, in dem der Leistungsaustausch konkret erfolgt;
- *politische* Beziehungen einmal zwischen den Interessenorganisationen (Gewerkschaften und Arbeitgeberverbände), die von Zeit zu Zeit in offenen Machtauseinandersetzungen (Arbeitskämpfe) zum Ausdruck kommen, ein andermal zwischen den betrieblichen Akteuren aller hierarchischen Ebenen, die unter Einsatz von Machtressourcen ihre (oft konfligierenden) Zielvorstellungen durchzusetzen versuchen (im letzteren Fall spricht man auch von *Mikropolitik*);
- schließlich *kulturelle* Beziehungen, weil unter den heutigen Gegebenheiten Unternehmensleitung und Management die Loyalität und Leistungsbereitschaft ihrer »Mitarbeiter« nicht mehr allein mit wirtschaftlichen Anreizen erzeugen und aufrechterhalten können, sondern auch mit Mitteln der symbolischen Steuerung auf deren Wertvorstellungen und normativen Orientierungen Einfluß zu nehmen versuchen (Unternehmenskultur, kulturelle Hegemonie).

Als sozioökonomische, sozio*politische* und sozio*kulturelle* sind diese Beziehungen häufig mitgemeint, wenn später, der Kürze wegen, allein von sozialen Beziehungen die Rede ist.

3. Das Zentrum der Arbeits- oder industriellen Beziehungen bilden die *Arbeitsverhältnisse* abhängig Beschäftigter im industriellen Bereich ebenso wie im Verwaltungs- und Dienstleistungssektor.[1] Die Gestaltung der Arbeitsverhältnisse, genauer: die kollektive Regelung der Beschäftigungs-, Arbeits- und Entlohnungsbedingungen, sind Dreh- und Angelpunkt der industriellen Beziehungen. Statt von Gestaltung und Regelung können wir ebensogut auch von Kontrolle der Arbeitsverhältnisse sprechen, die von beiden Seiten angestrebt wird. Kollektive Regelungen sind Regelungen *für* Kollektive; sie werden von (individuellen oder kollektiven) Akteuren beschlossen, durchgesetzt, erkämpft, ausgehandelt, vereinbart etc. Wenn es heute auch üblich ist, daß Bewerber für höhere Positionen ihr Gehalt und ihre Arbeitsbedingungen individuell aushandeln, so gilt doch für die große Mehrheit der abhängig Beschäftigten, daß ihre Lohn- und Arbeitsbedingungen kollektiv durch Tarifverträge und Betriebsvereinbarungen geregelt werden, die jeweils für größere Gruppen von Beschäftigten gelten.

4. Kollektive Regelungen können unterschieden werden in *unilaterale*, *bilaterale* und *tri-* oder *multilaterale*. *Unilaterale* Regelungen können vom Staat (Gesetze, Verordnungen) erlassen, vom Management (Direktionsrecht) angeordnet, aber auch von starken und gut organisierten Arbeitergruppen (Arbeiterkontrolle) durchgesetzt werden. Zu den für die industriellen Beziehungen typischen *bilateralen* Regelungen gehören die zwischen Betriebsrat und Management in Betriebsvereinbarungen oder zwischen Gewerkschaften und Arbeitgeberverbänden in Tarifverträgen fixierten Arbeitsnormen und Lohnsätze. *Trilaterale* Regelungen liegen dann vor, wenn an ihrem Zustandekommen neben Organisationen und Repräsentanten von Kapital und Arbeit auch staatliche Instanzen beteiligt sind (z.B. »Konzertierte Aktion«, »Sozialpakt«).

Kollektive Regelungen können des weiteren unterschieden werden in *formelle* und *informelle*. *Formelle* Regelungen werden meist in Schriftform erlassen, vereinbart oder angeordnet; aber auch förmliche mündliche Anordnungen und Abreden sind ihnen zuzurechnen. Insbesondere im betrieblichen Alltag werden die formellen Regelungen ergänzt, konkretisiert und nicht selten auch konterkariert durch *informelle* Regelungen bzw. Normen. Sie füllen einerseits Planungslücken und Koordinationsmängel der Betriebshierarchie aus

---

1 Daß der Begriff industrielle Beziehungen auch auf die Arbeitsverhältnisse in den beiden letztgenannten Sektoren angewandt wird, hat historische Gründe und soll uns nicht weiter stören, da der semantische Gehalt von »industriell« umfassender ist als nur »zur Industrie gehörig«. Selbst der Begriff Industrie hat - wie die Wortverbindungen Industriegesellschaft, Industriepolitik oder Kulturindustrie zeigen - einen wesentlich weiteren Bedeutungsumfang als gemeinhin angenommen.

und schützen andererseits (als informelle Leistungsnormen der Arbeitsgruppe) die Beschäftigten vor Leistungsverdichtung und managerieller Kontrolle.

Kollektive Regelungen können schließlich unterschieden werden in *substantielle* und *prozedurale*. *Substantielle* Regelungen beziehen sich auf inhaltliche Arbeitsnormen wie z.B. Arbeitsentgelt, Arbeitszeit und sonstige Arbeitsbedingungen, während *prozedurale* Regelungen Verfahrensregeln fixieren, z.B. über Mitbestimmung, Schlichtung, Konfliktaustragung.

5. Arbeits- oder industrielle Beziehungen lassen sich verschiedenen *Ebenen* oder »Arenen« zuordnen:

– der Mikroebene oder dem Betrieb;
– der Mesoebene oder dem sektoralen Arbeitsmarkt;
– der Makroebene oder der Gesamtwirtschaft.

Auf allen drei Ebenen können zwischen Repräsentanten beider Seiten Verhandlungen über Fragen der Entlohnung oder generell über Arbeitsbedingungen stattfinden. Welcher Ebene oder Verhandlungsarena die größere Bedeutung für die kollektive Gestaltung der Arbeitsverhältnisse zukommt, ist von Land zu Land verschieden. In Großbritannien und Japan beispielsweise ist es die betriebliche, in der Bundesrepublik und einer Reihe kontinentaleuropäischer Länder ist es die sektorale, und in Schweden und Irland ist es die gesamtwirtschaftliche Ebene, auf der die wichtigsten Entscheidungen fallen.

Den unterschiedlichen Ebenen bzw. Arenen entsprechen verschiedenartige *Akteure*. Auf betrieblicher Ebene sind es Individuen und Gruppen, auf der sektoralen und gesamtwirtschaftlichen sind es in der Regel Organisationen (Gewerkschaften und Arbeitgeberverbände). Auf der Makroebene sind vielfach auch staatliche Institutionen (Arbeits- und Wirtschaftsministerium; Arbeitsgesetzgebung; Arbeitsverwaltung; Sozialversicherung) als Akteure beteiligt.

Da in den letzten Jahren bedeutsame Verschiebungen und Verlagerungen der Regulierungsebenen stattgefunden haben, sind diese Aussagen in doppelter Hinsicht zu relativieren: einmal durch die generelle Tendenz zur Dezentralisierung der kollektiven Regelungen (die betriebliche Ebene gewinnt zunehmend an Bedeutung gegenüber der sektoralen und die sektorale gegenüber der gesamtwirtschaftlichen Ebene), ein andermal durch die Herausbildung neuer Regelungsdomänen und Gravitationszentren wie zwischenbetrieblichen Verbundsystemen, regionalen Netzwerken und »industriellen Distrikten« sowie transnationalen Wirtschaftsräumen.

6. Von großer Bedeutung für die Beschreibung von Arbeits- oder industriellen Beziehungen sind schließlich die Dimensionen *Konfliktintensität* und

Konfliktregelung. Abstufungen der Konfliktintensität reichen von gewohnheitsrechtlichen Praktiken, die eine Seite gegenüber der anderen zu behaupten vermag, über Einschüchterungen und Drohungen, bis zum verdeckten oder offenen Arbeitskampf und schließlich zur globalen Konfrontation in Form des Generalstreiks. Das Spektrum der Konfliktregelungsverfahren umfaßt sowohl informelle Einigung, Verhandlungskompromisse, freiwillige Schieds- und Schlichtungsverfahren als auch Arbeitsgerichtsprozesse, politische Interventionen und staatliche Zwangsschlichtung. Unbestreitbar ist, daß heute die betrieblichen Arbeitsbeziehungen und - mit Einschränkungen - auch die Beziehungen zwischen den Tarifverbänden vielfach einen kooperativen, problemlösenden Charakter haben; gleichwohl bleiben die Interessenkonflikte für diese Beziehungen letztlich strukturbestimmend. Wiederkehrende Konflikte haben den Bedarf nach Konfliktregelung erzeugt, und die etablierten Verfahren der Konfliktregelung haben schließlich den Boden für kooperative Problemlösungen bereitet.

Übersicht 1: Klassenbeziehungen zwischen Kapital und Arbeit im 19. Jahrhundert

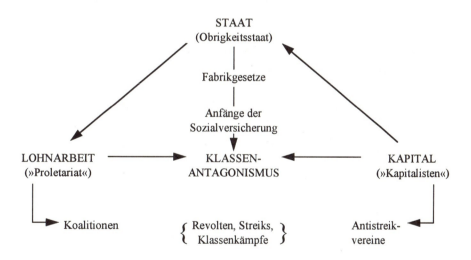

Wir wollen die bisherigen Erörterungen über den Gegenstand Arbeitsbeziehungen mit Hilfe von zwei Schaubildern zusammenfassen. In der *Übersicht 1* werden schematisch die Klassenbeziehungen zwischen Kapital und Arbeit im

19. Jahrhundert dargestellt, so wie sie Marx und seine Zeitgenossen wahrnahmen. Das Verhältnis zwischen Proletariat und Kapitalisten stellte sich als offener Klassenantagonismus dar, dessen wiederkehrende Ausdrucksformen Revolten und Streiks der unterdrückten Klasse waren und der sich zuweilen in bürgerkriegsähnlichen Klassenkämpfen manifestierte. Die Organisationen auf beiden Seiten waren noch keine festgefügten Verbände, wie wir sie heute kennen, sondern spontan gebildete, zeit- und zweckgebundene Vereinigungen, die sich ebenso schnell bilden wie auflösen konnten. Der Staat war ein Obrigkeitsstaat, dessen Politik den Interessen des Kapitals weitgehend entgegenkam, indem er einerseits den Unternehmern Rechtsgarantien in puncto Gewerbefreiheit und Privateigentum gab und andererseits die Emanzipationsbewegung der Arbeiterschaft politisch unterdrückte. Die schlimmsten Auswüchse der kapitalistischen Ausbeutung versuchte der Staat mit Hilfe von Fabrikgesetzen und sozialpolitischen Maßnahmen abzumildern.

Übersicht 2 stellt die industriellen Beziehungen als ein Organisations- und Institutionensystem zwischen Kapital und Arbeit dar, so wie es uns heute geläufig ist. Strukturbestimmend bleiben zwar die Interessengegensätze zwischen Kapital und Arbeit, doch lassen sich die zwischen ihnen stattfindenden Auseinandersetzungen eher als Verteilungs- und Arbeitskonflikte denn als Klassenkämpfe beschreiben. Wir haben auf beiden Seiten stabile Organisationen - Gewerkschaften und Arbeitgeberverbände -, die Träger und Garanten des Systems der Tarifautonomie sind. Auf betrieblicher Ebene bestehen Repräsentations- und Verhandlungsorgane auf beiden Seiten, die willens und fähig sind, im Rahmen der Betriebsverfassung verbindliche Vereinbarungen abzuschließen. Neben der repräsentativen Interessenvertretung der Arbeitnehmer durch den Betriebsrat existiert auf der Arbeitsplatzebene in vielen Unternehmen ein weiteres Regelungssystem, das der direkten Arbeitnehmerpartizipation (z.B. in Form von Qualitätszirkeln und teilautonomen Arbeitsgruppen). Es räumt den Beschäftigten Mitspracherechte, Autonomiespielräume und selbstregulierte Tätigkeitsfelder ein. Schließlich bilden, neben Tarifverträgen, Betriebsvereinbarungen und direkter Partizipation, auch heute noch traditionelle Praktiken und informelle Normen durchsetzungsfähiger Arbeitsgruppen sowie einseitige Festsetzungen durch Meister und andere Vorgesetzte die Quellen der für die einzelnen Arbeitsverhältnisse bestimmenden Arbeitsnormen und Lohnsätze. Das in der *Übersicht 2* eingezeichnete Trapez schließt jenes Organisations- und Institutionengeflecht ein, das sich im 20. Jahrhundert zwischen Lohnarbeit und Kapital geschoben hat und zur Entschärfung und Kanalisierung der Konflikte zwischen beiden Seiten wesentlich beitrug. Dieses Organisations- und Institutionengeflecht sind die *industriellen Beziehungen*. Auf sie wirkt der moderne Staat, als Sozial- und Wohlfahrtsstaat, in vielfältiger Weise ein.

Übersicht 2: Industrielle Beziehungen als Organisations- und Institutionensystem zwischen Kapital und Arbeit

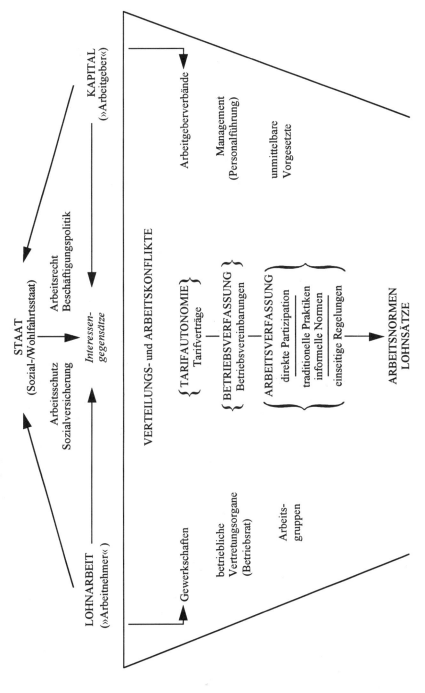

Neben Arbeitsschutzgesetzen und dem System der Sozialversicherung sind es vor allem das individuelle und kollektive Arbeitsrecht sowie die Wirtschafts- und Beschäftigungspolitik, die die Arbeitsverhältnisse mitgestalten und zugleich die Interessengegensätze zwischen Kapital und Arbeit entschärfen.

Weiterführende Literatur

Handwörterbuch Arbeitsbeziehungen in der EG, hg. v. T. Breisig/H.-D. Hardes/T. Metz/D. Scherer/T. Schengelhofen, 1993.
(Als Nachschlagewerk einzig in seiner Art, mit umfassenden und vergleichenden Informationen über die EG-Länder und einschlägigen Theorieüberblicken.)

Handbuch der Arbeitsbeziehungen, hg. v. G. Endruweit/E. Gaugler/W.H. Staehle/B. Wilpert, 1985.
(Umfassende und detaillierte Informationen, leider nicht mehr auf aktuellem Stand.)

Walther Müller-Jentsch (Hg.), *Konfliktpartnerschaft. Akteure und Institutionen der industriellen Beziehungen*, 1993 (2. Aufl.).
(Sammelband mit Beiträgen ausgewiesener Experten über den aktuellen Erkenntnis- und Forschungsstand der einzelnen Teilgebiete der industriellen Beziehungen.)

Berndt Keller, *Einführung in die Arbeitspolitik*, 1997 (5. Aufl.).
(Informative, politikwissenschaftlich orientierte Einführung mit Schwerpunkten auf Arbeitsmarkt und Arbeitsmarktpolitik.)

Industrielle Beziehungen - Zeitschrift für Arbeit, Organisation und Management, seit 1992.
(Erste deutsche Zeitschrift, deren Beiträge das gesamte Spektrum der industriellen Beziehungen abdecken.)

(Ausführlichere bibliographische Angaben im Literaturverzeichnis)

Kapitel 2
Gesellschaftliche Organisation der Arbeit

Das Überleben oder die Reproduktion von menschlichen Gesellschaften beruht ganz entscheidend auf der Arbeit ihrer Mitglieder. Nach der Marxschen Definition heißt Arbeit Auseinandersetzung mit der Natur, Bearbeitung und Herrichtung der Natur für menschliche Bedürfnisse. Schließlich leben wir nicht in einem Schlaraffenland, wo uns die gebratenen Tauben in den Mund fliegen. Die Erzeugung und Bereitstellung von Nahrungsmitteln, die das Überleben der menschlichen Gattung sichert, aber auch die biologische Reproduktion und Kinderaufzucht sind die Urformen menschlicher Arbeit. Schon die frühesten Gesellschaften kannten die Arbeitsteilung, die sich daraus ergab, daß spezifische Aufgaben je nach Geschlecht und Alter verteilt wurden. Gegenüber diesen »naturwüchsigen« Formen der Arbeitsteilung ist die Arbeitsteilung in den modernen Industriegesellschaften unendlich stärker differenziert. Gleichwohl ist auch sie nur zu einem Teil das Ergebnis bewußter und überlegter Planung; zum größeren Teil verdankt sie sich nicht weniger »naturwüchsigen« Marktprozessen.

Produktionsweise und Verteilungssystem

Die Frage, wie die Arbeit einerseits und deren Früchte andererseits unter den Mitgliedern einer Gesellschaft verteilt werden, führt ins Zentrum der gesellschaftlichen Ordnung. Antworten auf diese Frage lassen gesellschaftliche Grundstrukturen erkennen, die es erlauben, Gesellschaften nach unterschiedlichen Produktionsweisen und Verteilungssystemen zu klassifizieren.

Betrachten wir z.B. die *antike Sklavengesellschaft*. In ihr war die Sklavenarbeit die typische Form abhängiger Arbeit und die Grundlage der landwirtschaftlichen wie handwerklichen Produktion; das freie Bauerntum und das städtische Handwerk spielten demgegenüber eine untergeordnete Rolle. Bei den freien Bürgern Griechenlands galt die körperliche Arbeit als verachtenswert; soweit sie Sklaven besaßen, widmeten sich die freien

Bürger der Politik, Kunst und Philosophie. Die Sklaven arbeiteten nach den Anweisungen ihrer Besitzer oder der von ihnen bestellten Aufseher, denen sie wie eine Sache unterworfen waren. Nicht mit ihnen, sondern über sie wurden Verträge abgeschlossen. Für ihre Reproduktion waren die Besitzer zuständig, die ihnen - je nach Wert - jene Sorgfalt und Schonung zuteil werden ließen, die ein Eigentümer gegenüber seinem Besitz übt. Die von den Sklaven erzeugten Arbeitsprodukte, soweit sie nicht Subsistenzmittel der antiken Hauswirtschaft waren, wurden auf lokalen oder überregionalen Märkten abgesetzt, wobei der Erlös allein den Sklavenbesitzern zugute kam.

In der *mittelalterlichen Feudalgesellschaft* basierte die landwirtschaftliche Produktion auf der Leibeigenschaft der Bauern. Sie mußten einige Tage in der Woche auf den Feldern des Grundherrn ihre Arbeit verrichten, beziehungsweise einen Teil der Erträge des ihnen zur Verfügung gestellten und von ihnen bearbeiteten Stückes Land an den Grundherrn abführen. Sie und ihre Nachkommen waren an die Scholle gebunden und konnten sich somit den Abgabeverpflichtungen und Dienstleistungen gegenüber ihren Grundherren nicht entziehen. Die handwerkliche Produktion in den mittelalterlichen Städten war durch Zunftordnungen geregelt, die nicht nur Preise, Produktionsmengen, Zahl der Gesellen und Lehrlinge, sondern auch noch die Art der Werkzeuge und die einzelnen Arbeitsverrichtungen bis ins einzelne vorschrieben. Abhängig Arbeitende konnten, nach relativ langer Lehr- und Gesellenzeit, damit rechnen, selbst Zunftmeister zu werden. Mit der systematischen Beschränkung des Zugangs zum Gewerbe sorgten die Zunftordnungen dafür, daß immer nur so viele Meister in einem Gewerbe tätig waren, wie sie und ihre Familien von dieser Arbeit leben konnten.

Mit der Heraufkunft des *Industriekapitalismus* im späten 18. und frühen 19. Jahrhundert entstand eine völlig andere Produktionsweise. Die Aufteilung der Arbeit und die Verteilung ihrer Ergebnisse wurden fortan nach marktwirtschaftlich-kapitalistischen Gesichtspunkten geregelt. Industriekapitalistische Produktionsweise bedeutete die Etablierung des Fabriksystems, d.h. die Trennung von Wohn- und Arbeitssphäre, aber auch die Trennung von Kapitalbesitzern (=Produktionsmittelbesitzern) und eigentumslosen Lohnarbeitern. Anders als im mittelalterlichen Zunftsystem konnten die Lohnarbeiter nicht mehr damit rechnen, ebenfalls Kapitalbesitzer zu werden: ihr proletarisches Schicksal war dauerhaft und auf ihre Nachkommen vererbbar.

Produktionstechnische Grundlage des Fabriksystems waren die in der Industriellen Revolution (1780-1830) in England geschaffenen Voraussetzungen zur Maschinisierung der Produktion und maschinellen Erzeugung von Energie. *Finanzielle Voraussetzung* war die Kapitalbildung, wie sie insbesondere von Kaufleuten und erfolgreichen Handwerkern betrieben worden war; diese Personengruppen verfügten über das Kapital, um eine größere Zahl von Arbeitskräften auf dem Arbeitsmarkt zu kaufen und sie in ihren Fabriken an neuen Maschinen, unter ihrem Kommando, arbeiten zu lassen. Eine weitere Voraussetzung für die industriekapitalistische Produktionsweise war die Existenz der *freien Lohnarbeit*. Bauernbefreiung und Bauernvertreibung vom Land hatten ebenso wie die Aufhebung der traditionellen Zunftschranken und das rapide Wachstum der Bevölkerung dazu geführt, daß eine große Schar von Tagelöhnern Arbeit suchte. Auf der anderen Seite suchten wagemutige und profitorientierte Unternehmer Arbeitskräfte, die z.B. die neuen Spinn- und Webmaschinen bedienen sollten, um die wachsende Nachfrage nach Tuchen befriedigen zu können. Damit waren die wichtigsten Voraussetzungen für die Entstehung freier Arbeitsmärkte gegeben.

Die Herausbildung freier Arbeitsmärkte in der kapitalistischen Marktwirtschaft stellt sich historisch als das Resultat eines säkularen Deregulierungsprozesses dar. In seinem Verlauf wurden die traditionellen Arbeitsverhältnisse auf dem Land und in der Heimindustrie aufgelöst sowie die bis dahin üblichen Regelungen der Arbeitsbedingungen und Entlohnung durch staatliche beziehungsweise gerichtliche Instanzen beseitigt. Die vom Land und aus der Heimindustrie vertriebenen Arbeitskräfte wurden zu »fiktiven Waren« (Polanyi), d.h. den Gesetzen von Angebot und Nachfrage unterworfen. Solange das alte Armenrecht (wie in England bis 1834) die Subsistenz aller Bedürftigen einschließlich der Arbeitsfähigen sicherstellte, waren die Arbeitsmärkte unvollkommene Märkte. Erst das neue Armenrecht, das den Arbeitsfähigen nur noch die Wahl zwischen Arbeitsverhältnis oder Arbeitshaus (bzw. Verhungern) ließ, schuf die Rahmenbedingungen für »freie« Arbeitsmärkte, deren Angebot und Nachfrage nunmehr von den beiden einfachen Anreizen, Furcht vor Hunger und Hoffnung auf Gewinn, geregelt wurde.

Arbeitsmarkt

In kapitalistischen Marktwirtschaften ist der Arbeitsmarkt die Zentralinstitution zur Allokation der gesellschaftlichen Arbeit. Genauer handelt es sich um ein doppeltes Allokationsproblem: einerseits verteilt der Arbeitsmarkt die Arbeitskräfte auf die einzelnen Sektoren und Produktionseinheiten der Wirtschaft, andererseits verteilt er die monetären und sozialen Subsistenzmittel an die von abhängiger Arbeit Lebenden.

Die Wirkungsweise von Arbeitsmärkten ist - ohne das erst später geschaffene Arbeitsrecht (mit seinem elementaren Schutz für die wirtschaftlich schwächeren Arbeitnehmer) und bei Abwesenheit von Arbeiterkoalitionen bzw. Gewerkschaften - wie folgt zu bewerten: Wir haben auf der einen Seite, als Arbeitssuchende oder Anbieter von Arbeitskraft, freie Lohnarbeiter, die über ihre eigene Arbeitskraft persönlich frei verfügen können, aber in der

Regel weder über Produktionsmittel noch über alternative Subsistenzmittel (z.B. Landwirtschaft) verfügen. Auf der anderen Seite haben wir, als Nachfrager von Arbeitskraft, die freien Unternehmer, die auf dem Arbeitsmarkt Arbeitskräfte (Kinder, Frauen, Männer) »mieten«, um mit Hilfe der »lebendigen Arbeit« ihr sachliches Kapital (Maschinen, Rohstoffe etc.) für die Produktion von Waren in Bewegung zu setzen. Von Zunftordnungen nicht mehr beschränkt, steht es ihnen frei, eine beliebig große Zahl von Arbeitskräften für eine beliebig lange Arbeitszeit einzustellen.

Definiert wird der Arbeitsmarkt von Wirtschaftswissenschaftlern als der »reale oder gedachte Ort, an dem die Nachfrage nach Arbeitskräften mit dem Selbstangebot von Arbeitskräften zusammentrifft« (Brinkmann 1981, Bd. 1, S. 225). Als reale Orte stellen wir uns heute meistens Arbeitsämter vor; diese sind indessen erst jüngeren Datums. In der Frühzeit des Fabriksystems war es verbreitete Praxis, daß man von Werkstätte zu Werkstätte ging, um eine Arbeitsstelle zu finden; in diesen Fällen bildeten Einstellungskontore der Fabrikanten den Arbeitsmarkt. Daneben spielten auch schon früh private Stellenvermittler und, vor allem in den Großstädten, Zeitungsinserate eine gewisse Rolle für den Arbeitsmarkt. Erste organisierte Formen waren die meist lokalen »Arbeitsnachweise« der Unternehmer auf der einen und die der Berufsorganisationen auf der anderen Seite. Aber erst die Einrichtung von paritätischen Arbeitsnachweisen, das heißt von keiner der beiden Seiten beherrschten kommunalen Stellenvermittlungsbüros, rief die Vorläufer der heutigen Arbeitsämter ins Leben.

Formal gehen Lohnarbeiter und kapitalistischer Unternehmer ein Rechtsverhältnis ein, das in einem Arbeitsvertrag seinen Niederschlag findet. In der Frühzeit der arbeitsrechtlichen Entwicklung verstand man das Arbeitsverhältnis als »Dienstmiete«. Wie Sinzheimer schreibt, machte das damalige Recht »keinen Unterschied, ob ein Pferd oder ein Mensch vermietet war« (1976, Bd. 1, S. 100). Zu dieser »warenrechtlichen Auffassung« trat der »individualrechtliche Gesichtspunkt« (ebd.) hinzu: »Alle Menschen stehen sich als freie, rechtlich gleiche Menschen, die selbständig und voneinander losgelöst nach eigenem Interesse über sich verfügen, gegenüber.« (ebd.)

Die Tatsache, daß der Arbeitsvertrag von formell freien Personen abgeschlossen wird, darf uns jedoch nicht darüber hinwegtäuschen, daß Lohnarbeiter in der Regel in einer wesentlich ungünstigeren Marktsituation sind als die Unternehmer. Das hat vor allem zwei Gründe: Zum einen bieten sie in großer Zahl ihre Arbeitskraft an, während die einzelnen Unternehmer in der Regel als Massennachfrager auftreten. Insofern bilden Unternehmer auch als einzelne (im Hinblick auf die Vielzahl von Arbeitsplätzen, über die sie verfügen) bereits eine Koalition. Zum anderen ist das Angebot der Arbeiter unelastisch, d.h. sie können mit dem Verkauf ihrer Arbeitskraft nicht auf bessere Marktbedingungen warten, weil sie aus dem Lohneinkommen ihren Lebensunterhalt für sich und ihre Familien bestreiten müssen. Der Unternehmer hingegen ist in seiner Nachfrage elastisch; er kann Einstellungen hinauszögern, Arbeitskräfte durch Maschinen ersetzen, an anderen Orten mit für ihn günstigeren Arbeitsmarktbedingungen eine Produktionsstätte eröffnen etc., ohne daß sein Lebensstandard und der seiner Familie in irgendeiner Weise beeinträchtigt würde. Des weiteren verfügt der Unternehmer in aller Regel über eine bessere Marktübersicht als der einzelne Lohnarbeiter. Die daraus resultierende extreme Benachteiligung der Lohnarbeiter hat früh liberale Sozialreformer auf den Plan gerufen. Lujo Brentano (1844-1931) sprach in diesem Zusammenhang von der »Unwahrheit des freien Arbeitsvertrages« (1890, S. XIV) und sah im Arbeitsmarkt einen unvollkommenen Markt, weil der Arbeiter unter Angebotszwang stehe und nicht warten könne. Somit fehle ihm »die Voraussetzung, von der die Nationalökonomie ausgeht, daß der Arbeiter gleich anderen Warenverkäufern im stande sei, das Angebot seiner Ware der Nachfrage anzupassen« (1890, S. XIXf.). Folglich erkannte er in der Bildung von Arbeiterkoalitionen und gewerkschaftlichen Zusammenschlüssen notwendige Korrektivorgane des Arbeitsmarktes, welche die liberale Wirtschaftsordnung keineswegs stören, sondern komplettieren. Aus den Erfahrungen der vielfältigen Organisierungsversuche und Arbeitskämpfe insbesondere der englischen Arbeiter vermochte Brentano mit Recht zu schließen, daß die Arbeiter mit Hilfe der Gewerkschaften das Arbeitskräfteangebot kontrollieren und damit die bestehende Asymmetrie der Marktchancen, wenn auch nicht beseitigen, so doch zu ihren Gunsten korrigieren konnten.

Die auf dem Prinzip der *Solidarität nach innen* beruhende Koalitionsbildung ist eine rationale Strategie der Arbeitnehmer zur Reduzierung der Intensität interner Konkurrenz. Auf dem Prinzip der *Diskriminierung nach außen* basiert hingegen die Strategie der »sozialen Schließung« (M. Weber) von Arbeitsmärkten gegenüber potentiellen Mitbewerbern. Diese marktrationale Strategie zur Angebotsverminderung haben in der Frühzeit der Gewerkschaftsbewegung insbesondere Berufsgewerkschaften verfolgt, indem sie in den von ihnen organisierten Gewerben die Beschäftigung von Berufsfremden, Frauen und Ungelernten zu verhindern und die Anstellung von Lehrlingen quantitativ zu begrenzen suchten.

Zugangsbarrieren für Arbeitsmärkte erzeugen - neben wirtschafts- und berufsstrukturellen Faktoren - natürlich auch korporative Strategien der Nachfrageseite, der Arbeitgeber. So wissen wir aus zahlreichen empirischen Untersuchungen, daß die Einstellungspraxis vieler Unternehmen, wenn auch häufig mit subtilen Methoden, Frauen und ältere Arbeitnehmer diskriminieren.

Von strukturierten Arbeitsmärkten gehen auch moderne Arbeitsmarkttheorien aus. So unterscheidet die sog. *Segmentationstheorie* einmal zwischen primären und sekundären Arbeitsmärkten (Doeringer/Piore 1971), ein andermal zwischen betriebsinternen, fachspezifischen und Jedermann-Arbeitsmärkten (Sengenberger 1978).

Die duale Arbeitsmarktstruktur ist für US-amerikanische (aber auch für japanische) Verhältnisse typisch. Sie wird aus der Existenz einer dualen Ökonomie mit unterschiedlicher Konjunkturempfindlichkeit erklärt: dem oligopolistischen Sektor (Zentrumsökonomie) wird der primäre bzw. interne Arbeitsmarkt mit stabileren Beschäftigungsverhältnissen, guten Löhnen und betriebsinternen Aufstiegschancen zugeordnet, dem konkurrenzwirtschaftlichen Sektor (Peripherieökonomie) der sekundäre bzw. externe Arbeitsmarkt mit relativ unsicheren Beschäftigungsverhältnissen, schlechten Aufstiegschancen und niedrigen Löhnen.

Stärker auf die deutschen Verhältnisse bezogen, unterscheidet der Segmentationsansatz des Instituts für Sozialwissenschaftliche Forschung München (vgl. Sengenberger 1978; Lutz/Sengenberger 1980) zwischen drei Typen von Teilarbeitsmärkten: dem Jedermann-Arbeitsmarkt (Arbeitsplätze mit unspezifischen Qualifikationen, hoher Fluktuation, geringen Löhnen), dem berufsfachlichen Arbeitsmarkt (Arbeitsplätze mit beruflich erworbenen Qualifikationen, offenen Zu- und Abgangsmöglichkeiten, relativ hohen Löhnen) und dem betriebszentrierten Arbeitsmarkt (Arbeitsplätze mit betrieblich erworbenen Qualifikationen und betrieblichen Karriereleitern). Innerhalb der Teilarbeitsmärkte ist die Mobilität hoch, zwischen ihnen gering. Erklärt wird die Tendenz zur betriebszentrierten Arbeitsmarktsegmentierung mit dem Interesse an der Rentabilität der betrieblichen Ausbildungs- und Weiterbildungsinvestitionen.

Eine Konsequenz der Aufspaltung in Teilarbeitsmärkte ist die Ungleichverteilung der Beschäftigungs- und Entlohnungschancen der Arbeitnehmer. Geschlecht, Alter, Qualifikation, ethnische Zugehörigkeit sind typische Merkmale, die über die Zugangsmöglichkeiten zu Teilarbeitsmärkten entscheiden (s. dazu Offe/Hinrichs 1984).

Arbeitsvertrag und Arbeitsverhältnis

»Die Funktion des Arbeitsmarktes« besteht nach Brinkmann darin, »die sich anbietenden Arbeitskräfte und die Arbeitskräfte suchenden Arbeitgeber zusammenzubringen, so daß sie einen Arbeitsvertrag schließen können. Ein solcher Arbeitsvertrag legt sowohl die Pflichten des Arbeitnehmers wie des Arbeitgebers fest. Die Hauptpflicht des Arbeitnehmers besteht darin, dem Arbeitgeber die vereinbarten Dienste zu leisten. (...) Die Hauptpflicht des Arbeitgebers besteht darin, die rekrutierten Arbeitskräfte zu entlohnen.« (Brinkmann 1981, Bd. 1, S. 226)[1] Nun ist der Arbeitsvertrag ein Vertrag sui generis. Bei einem normalen Kaufvertrag wird festgelegt, welche Ware zu welchem Preis und zu welchem Zeitpunkt den Eigentümer wechselt; der neue Eigentümer kann über die erworbene Ware völlig nach seinem Belieben verfügen, ohne daß der Verkäufer auf die Art der Nutzung und Verwendung noch Einfluß nehmen kann. Anders bei einem Arbeitsvertrag: Weder ist das, was getauscht wird, genau definiert, noch tritt ein völliger Wechsel der Verfügung über das Eingetauschte ein. Und die Arbeitskraft ist keine Ware oder Sache wie andere Tauschgüter; sie hat »keinen anderen Behälter als menschliches Fleisch und Blut« (Marx). Warenverkäufer und Verkauftes sind in diesem Fall identisch. Da die Person des Arbeitenden nicht von der Ware Arbeitskraft abzulösen ist, erwirbt der Unternehmer mit dem Kauf der Arbeitskraft gleichzeitig eine Mitverfügung über die Person des Arbeiters. Mit der im Arbeitsvertrag begründeten Nutzung der Arbeitskraft gegen Zahlung eines Entgelts erhalten der Unternehmer bzw. seine Beauftragten das »Direktionsrecht« über die gekaufte bzw. gemietete Arbeitskraft. Die Freiheit des Arbeiters, über seine Arbeitskraft verfügen zu können, erlischt vollständig, sobald er seine Arbeitskraft verkauft hat.

Allerdings kann der Arbeitsvertrag nur in groben Umrissen und mit allgemeinen Aufgabenbeschreibungen festlegen, in welcher Weise die Arbeitskraft zu nutzen ist; unbestimmt bleiben die konkreten Arbeitsverrichtungen und die Arbeitsintensität. Diese *Unbestimmtheiten des Arbeitsvertrages* sind indessen notwendig für die Funktionsweise kapitalistisch organisierter Betriebe; denn sie erlauben den wechselnden Einsatz der Arbeitskraft je nach Produktionserfordernissen, die flexible Umsetzung bei arbeitsorganisatorischen und technologischen Rationalisierungen; kurz: sie lassen dem Management Handlungsspielräume für Produktivitätssteigerungen und Arbeitsintensivierungen.

Auf der anderen Seite bleibt das Management auf das Entgegenkommen der Lohnarbeiter angewiesen; das Arbeitsverhältnis kann nicht allein auf Zwangsmaßnahmen beruhen. Abgesehen davon, daß ein schlechtes »Betriebsklima« auch schlechte Arbeits- und Produktionsergebnisse zur Folge hat, wäre die komplexe moderne Industrieproduktion ebenso wie die hocharbeitsteilige Verwaltungsarbeit ohne die Kooperation, Zuverlässigkeit und Verantwortung der Beschäftigten schwerlich denkbar.

Die Unbestimmtheiten des Arbeitsvertrages haben vielfachen Anlaß zu theoretischen Erörterungen des Arbeitsverhältnisses gegeben; neben mikropo-

---

1 Daneben bestehen für beide Seiten Nebenpflichten, die ebenfalls vor dem Arbeitsgericht einklagbar sind (z.B. Schutz-, Beschäftigungs- und Gleichbehandlungspflicht des Arbeitgebers, Handlungs- und Treuepflicht des Arbeitnehmers).

litischen Machttheorien, organisationstheoretischen Steuerungskonzepten und Transaktionskostenansätzen (s. Kap. 4) ist hier die neuere Vertragstheorie (Schrüfer 1988) einschlägig. Sie unterscheidet zwischen expliziten und impliziten Vereinbarungen; letztere umfassen stillschweigende Übereinkünfte, gewohnheitsmäßige Verhaltensweisen und soziale Normen. Die Organisationspsychologie hat dafür auch den Begriff des »psychologischen Kontrakts« (Schein 1965) geprägt; er soll die formalen Arbeitsverträge durch eine Reihe von ungeschriebenen, gegenseitigen Erwartungen, Normen und Regeln impliziter Natur ergänzen. Als Komplement zum expliziten Arbeitsvertrag schließt er dessen Unbestimmtheitslücken. Eine »innere Kündigung« käme demzufolge dem Bruch des impliziten oder psychologischen Vertrags gleich.

Konflikt und Kooperation, Disziplinierung und Belohnung sind die bestimmenden Momente des *Arbeitsverhältnisses*, das in seinem Kern nach wie vor ein Herrschaftsverhältnis ist. Als solches kennzeichnete es nicht nur Marx, sondern auch Max Weber: Es soll »den Begriff eines Herrschaftsverhältnisses natürlich nicht ausschließen, daß es durch formal freien Kontrakt *entstanden* ist: so die in den Arbeitsordnungen und -anweisungen sich kundgebende Herrschaft des Arbeitgebers über den Arbeiter« (M. Weber 1964 I, S. 158). Freilich ist der Arbeitgeber kein unumschränkter Herrscher mehr in seinem Unternehmen. Modernes Arbeitsrecht und betriebliche Mitbestimmungsinstitutionen, deren Existenz der sozialistischen und christlichen Arbeiterbewegung sowie bürgerlichen Sozialreformern zu verdanken ist, schränken die Herrschaftsbefugnisse erheblich ein. Die politische Entwicklung der westlichen Demokratien brachte überdies eine sukzessive Ausweitung der zivilen Bürgerrechte auf politische, soziale und wirtschaftliche (bzw. industrielle) Bürgerrechte mit sich (vgl. Marshall 1992; Müller-Jentsch 1994), die unvereinbar sind mit Fabrikdespotie und Wirtschaftsuntertänigkeit. Wenn man in Gewerkschaftszeitungen immer noch jene häufig abgewandelte Karikatur findet, die eine Gruppe von Arbeitnehmern beim Durchschreiten des Fabriktors zeigt, vor dem das Warnschild mit der Aufschrift steht: »Achtung! Sie verlassen den demokratischen Sektor der Bundesrepublik Deutschland«, dann hat diese bissige Warnung in der Gegenwart sicherlich an Substanz verloren, berechtigt bleibt indes der Hinweis auf den gesellschaftlichen Grundsachverhalt, daß für die Arbeitnehmer die Betriebe weiterhin Orte der Abhängigkeit und Unterordnung sind.

Als (wenn auch legitimes) Herrschaftsverhältnis erzeugt das Arbeitsverhältnis immer wieder Konflikte, zugleich aber auch Bestrebungen der abhängig Beschäftigten, die Herrschaftsbefugnisse des Unternehmers einzuschränken und abzubauen. Im folgenden Kapitel soll das Arbeitsverhältnis unter den beiden genannten Aspekten, dem des *industriellen Konflikts* und dem der *industriellen Demokratie*, weiter erläutert werden.

Weiterführende Literatur

Arne Eggebrecht u.a., *Geschichte der Arbeit. Vom Alten Ägypten bis zur Gegenwart*, 1980.
(Fundierte historische Darstellung der verschiedenen Organisationsformen gesellschaftlicher Arbeit: Vom ägyptischen Pyramidenbau bis zur sozialistischen Planwirtschaft.)

Gerhard Brinkmann, *Ökonomik der Arbeit*, 3 Bde., 1981 u. 1984.
(Breit angelegte Darstellung aus ökonomischer Sicht.)

Claus Offe/Karl Hinrichs, *Sozialökonomie des Arbeitsmarktes*,
Claus Offe/Johannes Berger, *Die Zukunft des Arbeitsmarktes*,
beide in: Offe, »Arbeitsgesellschaft«: Strukturprobleme und Zukunftsperspektiven, 1984.
(Fundierte soziologische Analysen des Arbeitsmarktes und Arbeitsvertrages in kapitalistischen Marktwirtschaften.)

Friedrich Buttler/Knut Gerlach, *Arbeitsmarkttheorien*, in: Handwörterbuch der Wirtschaftswissenschaften, Bd. 9.
(Knapper und präziser Abriß der neueren ökonomischen Arbeitsmarkttheorien.)

Walther Müller-Jentsch, *Über Produktivkräfte und Bürgerrechte*, in: Beckenbach/van Treeck (Hg.), 1994.
(Essay über die Entwicklung der Organisationsformen der Arbeit im Verlauf der Industrialisierung, unter Rekurs auf die Entfaltung der Bürgerrechte.)

Kapitel 3
Industrieller Konflikt
und industrielle Demokratie

Der industrielle Konflikt ist ein Grundtatbestand industriekapitalistischer Gesellschaften. Es gibt ihn in vielfältigen Formen: als offenen oder verdeckten, als kollektiven oder individuellen, als legalen oder illegalen Konflikt. Seine Hauptursachen liegen - ganz allgemein gesprochen - in der Eigentumslosigkeit der Arbeitnehmer und dem daraus resultierenden Zwang, ihre Arbeitskraft - unter für sie oft ungünstigen Bedingungen - zu verkaufen. Dadurch erhalten die privaten wie öffentlichen Unternehmer die Möglichkeit, menschliche Arbeit in Produktionsprozesse einzugliedern, die unter ihrer »Kommandogewalt« ablaufen. Das bedeutet zum einen, daß die dem Produktionsprozeß und seinen Arbeitsbedingungen Unterworfenen nicht über diese Bedingungen selbst bestimmen und daß zum zweiten der Produktionsprozeß nach Gesichtspunkten von Kosten-Nutzen-Kalkülen organisiert wird. Die Beschäftigten werden damit in einen betrieblichen Herrschaftsverband eingegliedert, dessen primäres Ziel die rentable Kapitalverwertung bzw. Mittelbewirtschaftung ist. Mit Marxschen Begriffen gesagt, werden die Arbeitskräfte *fremdbestimmt* und *ausgebeutet*.

Fremdbestimmung bedeutet im einzelnen, daß die abhängig Arbeitenden

- an Arbeitsplätzen arbeiten, auf deren Gestaltung und Umgebung sie keinen Einfluß haben;
- mit Arbeitsgegenständen (Maschinen und Anlagen) arbeiten, die weniger nach menschlichen Bedürfnissen als nach Gesichtspunkten größtmöglicher Arbeitsproduktivität konstruiert wurden;
- in eine arbeitsteilige Organisation eingegliedert werden, die ihre Arbeitsaufgaben, ihren Arbeitsrhythmus und ihre Arbeitsgeschwindigkeit weitgehend festlegt;
- Produkte herstellen, die sie nicht geplant haben.

Mit dem Begriff *Ausbeutung* bezeichnete Marx den für die kapitalistische Produktionsweise typischen Sachverhalt, daß die abhängig Arbeitenden im Arbeitsprozeß Produkte und Dienstleistungen erzeugen, deren Wert höher als das ihnen gezahlte Entgelt (Lohn oder Gehalt) ist. Mit anderen Worten, da die Arbeitnehmer nicht den vollen Ertrag ihrer Arbeit erhalten, erzeugen sie einen Mehrwert, der als Gewinn den Unternehmen zufließt, aus dem die Kapitalbesitzer neue Kapitalinvestitionen und ihren eigenen Konsum bestreiten.

Zwischen »Fremdbestimmung« und »Ausbeutung« besteht ein innerer Zusammenhang. Nachdem die Unternehmer auf dem Arbeitsmarkt Arbeitskräfte zu einem bestimmten Lohnsatz gekauft haben, werden sie bestrebt sein, diese Arbeitskräfte im betrieblichen Produktionsprozeß so einzusetzen und ihre Leistungsfähigkeit so zu steigern, daß ein möglichst hoher Mehrwert erzeugt wird. Damit sind strukturelle Gegensätze zwischen den abhängig Arbeitenden einerseits und den kapitalbesitzenden Unternehmern bzw. dem in ihrem Auftrag handelnden Management andererseits angelegt:

1. dem Interesse der Arbeitnehmer an hohen Arbeitseinkommen steht das Interesse der Unternehmer an geringen Lohnkosten gegenüber;
2. der Tendenz der Arbeitnehmer, die Arbeitsmühe zu verringern, steht die Tendenz der Unternehmer entgegen, die Arbeitsleistung zu steigern.

Diese beiden grundlegenden Interessengegensätze, die einmal bei der Aushandlung der Verkaufsbedingungen auf dem Arbeitsmarkt und ein andermal bei der Festlegung der Arbeitsbedingungen im Betrieb regelmäßig auftreten, bilden die primären Quellen industrieller Konflikte. Ihrer beider Zusammenhang stellt sich im sogenannten Lohn-Leistungs-Verhältnis dar. Empirische Untersuchungen haben ergeben, daß Arbeiter ihren Lohn zu der ihnen abverlangten Arbeitsmühe in Beziehung setzen (Baldamus 1960). Sie vergleichen das Verhältnis von Lohn und Leistung und bewerten es aus ihrer Sicht, indem sie sich fragen, ob sie »angemessen« bezahlt werden oder nicht. Die Bewertung erfolgt informell, aber durchaus in Kommunikation mit anderen Arbeitskollegen; in sie fließen zudem Erfahrungen mit »guten« und »schlechten« Arbeitsplätzen aus früheren Arbeitsverhältnissen ein. Kommen die Arbeiter zu der Bewertung, daß an ihren gegenwärtigen Arbeitsplätzen eine Disparität zwischen Arbeitsmühe und Lohn besteht, dann suchen sie nach Mitteln und Wegen, um entweder die Arbeitsmühen zu verringern oder den Lohn zu erhöhen. Da der Unternehmer umgekehrt an der Erhöhung der Leistungsergebnisse oder Senkung der Lohnkosten (oft an beidem zugleich) interessiert ist, entsteht eine Konfliktlage.

Wenn sich auch der größte Teil der industriellen Konflikte um Fragen des Arbeitslohnes und der Arbeitsleistung dreht, so können doch eine Reihe anderer Streitfragen (etwa ungerechte Behandlung durch Vorgesetzte, Kündigungen, Urlaubsregelungen, geringe Aufstiegsmöglichkeiten, Disziplinarmaßnahmen, Versetzungen etc.) gleichfalls Anlässe industrieller Konflikte sein. Als weitere Quelle industrieller Konflikte sind die vielfältigen Auseinandersetzungen über Rechte und Handlungsspielräume von Personen und Organisationen anzusehen, die als Repräsentanten der Arbeitnehmer (Vertrauensleute, Gleichstellungsbeauftragte, Betriebsräte und Gewerkschaften) fungieren.

Konfliktformen

Unter den vielfältigen Formen des industriellen Konflikts ist zunächst zwischen Kampfmaßnahmen der Arbeitnehmer und solchen der Unternehmer zu unterscheiden. Wir können den Kampfformen der abhängig Arbeitenden einen primären, den der Unternehmer einen sekundären Charakter zuschreiben. Die Arbeiter kämpfen gegen die Verschlechterung und für die Verbesserung ihrer Entlohnungs- und Arbeitsbedingungen, während die Unternehmer auf kollektive Aktionen der Arbeiter reagieren oder Abwehrmaßnahmen gegen die gewerkschaftliche Interessenvertretung der Arbeiter ergreifen.

Wir wollen industrielle Konflikte wie folgt definieren: Sie sind individuelle oder kollektive, offene oder verdeckte Konflikte, die aus den unterschiedlichen und gegensätzlichen Interessenlagen der im Arbeits- und Produktionsprozeß zusammenwirkenden Personen, Gruppen und Klassen resultieren. Drei Formen des industriellen Konflikts sind zu unterscheiden:

1. der individuelle Konflikt,
2. Vorformen kollektiver Kampfmaßnahmen,
3. kollektive Kampfmaßnahmen bzw. Arbeitskampf

(vgl. zum folgenden Übersicht 3).

Der *individuelle industrielle Konflikt* tritt vor allem unter solchen Bedingungen auf, die es Arbeitern und Angestellten erschweren, sich kollektiv zur Wehr zu setzen - sei es, daß im Betrieb keine Gewerkschaft und kein Betriebsrat vertreten ist, sei es, daß ein eventuell vorhandener Betriebsrat sich mehr um die Interessen des Unternehmens als um die Interessen der Belegschaft kümmert. Unter solchen Bedingungen macht sich die Unzufriedenheit der Beschäftigten

Übersicht 3: Formen und Effekte industrieller Konflikte (als Kampfformen der abhängig Beschäftigten)

Konfliktformen	individueller Konflikt	Vorformen kollektiver Maßnahmen	kollektive Kampfmaßnahmen: ARBEITSKAMPF			
			Sabotage	streikähnliche Kampfformen	Streik	Fabrikbesetzung
typische Beispiele	Arbeitsplatzwechsel, Fehlschichten, individuelle Sabotage, »innere Kündigung«	Agitation, innerbetrieblicher Druck	»Maschinensturm«, organisatorische Sabotage	»Bremsen«, Leistungszurückhaltung, Arbeit nach Vorschrift	Warnstreik, Sympathiestreik, »wilder Streik«, rollender Streik, Schwerpunktstreik, Generalstreik	Sit-in, Work-in
primäre Effekte	Erhöhung der Personalkosten	Beeinflussung des »Betriebsklimas«	Störung und Behinderung des Arbeitsprozesses	Beschränkung der Arbeitsleistung	kollektive Arbeitsverweigerung (Produktionsstop)	symbolische oder faktische Inbesitznahme der Produktionsmittel

in Form von Fehlschichten, Arbeitsplatzwechsel, häufigerer Krankheit, ja sogar größerer Unfallhäufigkeit, bis zur individuellen Sabotage und Ausschußproduktion geltend. In jüngeren Untersuchungen findet das Phänomen der »inneren Kündigung« als Ausdruck mangelnder Arbeitsmotivation beziehungsweise »stiller, mentaler Verweigerung engagierter Leistung« (Gross 1992, S. 87) erhöhte Aufmerksamkeit. Da solche Manifestationen der Unzufriedenheit letztlich Kosten verursachen, stehen Unternehmer - insbesondere wenn Arbeitskräfte knapp sind - unter dem Zwang, darauf mit positiven Maßnahmen zu reagieren. Mit höheren Löhnen, Veränderungen der Arbeitsorganisation, Verbesserung der Mitbestimmungsrechte etc. können sie das »Betriebsklima« in dem Sinne verbessern, daß Fehlschichten, personelle Fluktuationen und Kundenreklamationen zurückgehen und die Arbeitsmotivation steigt.

Als *Vorformen kollektiver Kampfmaßnahmen* können wir die Palette gewerkschaftlicher oder betrieblicher Agitations- und Druckmittel begreifen, die ein Gewerkschafter wie folgt beschrieben hat:

»Artikel in gewerkschaftlichen Betriebszeitungen, Sammlung von Unterschriften, Demonstrationszüge, Versammlungen während der Pausen im Betrieb oder nach der Arbeitszeit außerhalb des Betriebes, Verteilung von Flugblättern, Anschläge am schwarzen Brett, Parolen an gut sichtbaren Stellen durch Plakate oder Beschriftung, Androhung von Unruhe, Unterrichtung der Öffentlichkeit durch Leserbriefe an örtliche Zeitungen, Pressekonferenzen, um die Behandlung der strittigen Fragen in Presse, Rundfunk und Fernsehen zu erreichen, Sympathieerklärungen anderer, Hausbesuche bei Arbeitnehmern des Betriebes.« (Zit. bei Matthöfer 1971, S. 177)

Mit solchen Mitteln, zu denen sicherlich auch die Agitation und Kritik auf Betriebsversammlungen zählen, können die Beschäftigten auf bestehende Mißstände im Betrieb aufmerksam gemacht und für spätere kollektive Kampfmaßnahmen, die ein solidarisches Handeln erfordern, vorbereitet werden.

Kollektive Kampfformen der Arbeitnehmer

Die wichtigste Form des industriellen Konflikts ist der *Arbeitskampf*. Unter Arbeitskampf verstehen wir offene oder verdeckte kollektive Kampfhandlungen von Arbeitnehmern; vier Unterformen sind zu unterscheiden:

- die (kollektive) Sabotage,
- streikähnliche Arbeitskämpfe,
- Streiks,
- Fabrikbesetzungen.

Mit dem Begriff *Sabotage* verbindet sich gewöhnlich die Assoziation des Gewalttätigen, Zerstörerischen und Rechtswidrigen; und schnell stellt sich der Begriff »Maschinenstürmer« ein. Gegen diese negative Assoziationskette haben Autoren, die sich systematisch mit den Kampfformen der Arbeiterschaft beschäftigt haben (Dubois 1979; Hoffmann 1981), versucht, der Sabotage ihren negativen Ruf zu nehmen und sie als eine ebenso normale Kampfform der Arbeiter unter kapitalistischen Produktionsbedingungen darzustellen wie Streiks und andere Arbeitskämpfe. Wir müssen infolgedessen zwischen einem engen und einem weiten Begriff der Sabotage unterscheiden. Der enge Begriff meint die Zerstörung von Produkten und Arbeitsmitteln (destruktive Sabotage); der weite Begriff schließt auch noch eine Reihe von Kampfformen ein, die wir als streikähnliche Arbeitskämpfe verstehen, und die auf eine Beschränkung der Arbeitsleistung hinauslaufen.

Sabotage in der engeren Bedeutung, also der Beschädigung oder Zerstörung von Maschinen und Produkten, ist so alt wie die abhängige Lohnarbeit. Der englische Sozialhistoriker Hobsbawm (1964) hat in einem Aufsatz über die Maschinenstürmer dargelegt, daß die Sabotage eine verbreitete Form des industriellen Konflikts zur Zeit der Hausindustrie, des Manufakturwesens und des frühen Fabriksystems war. Sie richtete sich nicht nur gegen die Maschinerie, sondern auch gegen Rohmaterial, Fertigprodukte und selbst gegen das Privateigentum der Unternehmer. Koalitionsverbote und andere rechtliche Beschränkungen machten in dieser Zeit die legale Betätigung der Gewerkschaften unmöglich; aufgrund dessen kann Hobsbawm den Maschinensturm als »collective bargaining by riot« (Tarifverhandlung durch Aufruhr) bezeichnen. Unter den damaligen Bedingungen war destruktive Sabotage eine effektive Methode, um die Unternehmer durch Zufügung von Schaden zu veranlassen, Löhne und Arbeitsbedingungen zu verbessern bzw. vorgenommene oder vorgesehene Verschlechterungen rückgängig zu machen. War die Sabotage erfolgreich, dann trug sie auch zur Herstellung von Solidarität bei; denn solange die Produktionsinstrumente beschädigt waren, konnten auch keine Streikbrecher mit ihnen arbeiten. Die Tatsache, daß während der Industriellen Revolution die Maschinenzerstörung eine größere Verbreitung fand, ist Hobsbawm zufolge kein Beweis für die Feindseligkeit der frühen Industriearbeiter gegen Maschinen als solche, sondern für eine Rebellion gegen die Fabrikanten, die die Maschinen zur intensiveren Ausbeutung und Disziplinierung der Arbeitenden einsetzten. Ein historisches Beispiel für diese Form der sozialen Auseinandersetzung hat Gerhart Hauptmann mit seinem Drama »Die Weber« verarbeitet.

Auch in jüngerer Zeit ist die Sabotage als kollektive Kampfmaßnahme am ehesten dort zu erwarten, wo Unternehmer ihre Arbeiter besonders skrupellos ausbeuten und die Arbeiter und ihre Organisationen zu schwach sind, um sich dagegen anders als mit destruktiven Mitteln zur Wehr zu setzen. Die in starken Gewerkschaften organisierte Arbeiterschaft lehnt in der Regel die destruktive Sabotage als Kampfmittel ab, während kleinere syndikalistische Verbände sie durchaus als eine »Waffe im Klassenkampf« bejahen. »Guter Lohn oder schlechte Arbeit«, war die Parole der radikalen amerikanischen Gewerkschaft »Industrial Workers of the World«.

Begreift man die Sabotage als kollektive, gerichtete Kampfmaßnahme, dann ist von ihr eine Verhaltensweise zu unterscheiden, die in der Literatur mit *industrieller Aggression* beschrieben wird. Hier haben wir es mit spontan ausbrechenden Gewalttätigkeiten von Arbeitern gegen Sachen oder Personen zu tun; Gewalttätigkeiten, in denen die durch monotone und stumpfsinnige Arbeitsbedingungen, wie sie insbesondere am Fließband vorherrschen, aufgestauten Frustrationen aggressiv zur Entladung gelangen.

Unter *streikähnlichen Arbeitskämpfen* wollen wir verdeckte und umgeleitete Arbeitskonflikte verstehen. In erster Linie handelt es sich dabei um Formen der Leistungszurückhaltung - auch als »Bremsen« oder »passive Resistenz« bekannt -, die besonders unter Leistungslöhnern anzutreffen sind. Eine Zurückhaltung der (möglichen) Arbeitsleistung kann einmal darin bestehen, daß Arbeiter, die im Akkordlohn stehen, sich informell über Höchstgrenzen ihrer stündlichen oder täglichen Arbeitsleistung verständigen und jedem Neuankömmling zu verstehen geben, daß er bei Überschreiten dieser Grenzen mit Sanktionen seiner Kollegen zu rechnen hat. Zum anderen können die Arbeiter mögliche Verbesserungen des Arbeitsprozesses bewußt zurückhalten, weil sie befürchten, daß daraus soziale Nachteile (höhere Arbeitsleistung, Lohnkürzung, Arbeitsplatzeinsparung) für sie erwachsen. Eine besondere Art zur Verringerung der Arbeitsleistung ist der Bummelstreik oder die »Arbeit nach Vorschrift«. Hierbei werden durch die strikte Einhaltung des »Dienstweges«, durch übergenaue Korrektheit, die üblichen Arbeitsvollzüge verlangsamt und eingespielte Kooperationen in und zwischen Arbeitsgruppen durch bürokratische Interventionen unterlaufen. Diese Kampfform ist in der Bundesrepublik, wo nach herrschender Meinung ein Streikverbot für Beamte besteht, gelegentlich zum Streikersatz im öffentlichen Dienst geworden. In diesem Bereich kann sie wegen der Fülle der bestehenden Vorschriften besonders effektiv eingesetzt werden.

Häufigste und wichtigste Form des Arbeitskampfes ist heute zweifellos der *Streik*, der als offene und kollektive Arbeitsverweigerung definiert werden kann. Wir können hierbei den Solidaritäts- und Sympathiestreik auf der einen Seite, den Warn-, Protest- und Demonstrationsstreik auf der anderen Seite von dem sogenannten Erzwingungsstreik unterscheiden. Bei ersteren handelt es sich um Unterstützungsaktionen für andere Gruppen oder Organisationen, die sich im Arbeitskampf befinden; die anderen Streikformen stellen vorbereitende und größere Arbeitskämpfe androhende Aktionen dar. Der Erzwingungsstreik hingegen hat ein bestimmtes Ergebnis zum Ziel. Er kann wiederum in Form des Schwerpunkt- oder Teilstreiks, des rollenden oder Sukzessivstreiks und schließlich in Form des Vollstreiks auftreten. Welche Form die Gewerkschaft wählt, ist von taktischen und strategischen Gesichtspunkten abhängig; dabei spielen die jeweilige Rechtslage ebenso wie die Organisationsverhältnisse und Streikrücklagen als auch Produktionsstruktur und Arbeitgeberstrategie eine wichtige Rolle. Ein Kennzeichen der Streikpraxis westdeutscher Gewerkschaften ist, daß sie in der Regel mit einem Schwerpunktstreik in ausgewählten Betrieben eines Tarifbezirks beginnen, diesen bei hartnäckigem Widerstand der Arbeitgeber auf andere Betriebe sukzessive ausdehnen, ohne ihn jedoch - aus finanziellen Gründen - zu einem Vollstreik aller Mitglieder in dem betreffenden Tarifbezirk eskalieren zu lassen. Gegenstück zum Sukzessivstreik sind rollende Streiks, d.h. zeitlich gestaffelte Teilstreiks von Abteilungen und Belegschaften, die - bei geringem Lohnausfall - hohen Produktionsausfall verursachen könnten. Diese Art von »Nadelstichpolitik« wird häufig von italienischen Gewerkschaften praktiziert.

Eine besonders zu erwähnende Form des Streiks sind die sogenannten »wilden Streiks«, im gewerkschaftsoffiziellen Sprachgebrauch: spontane Arbeitsniederlegungen. Dabei handelt es sich um - von der offiziellen Gewerkschaftsorganisation unautorisierte - Aktionen einzelner oder mehrerer Betriebskollektive, die ihre Interessen eigenständig wahrzunehmen versuchen. Da mit solchen Aktionen das gewerkschaftliche Vertretungsmonopol häufig in Frage gestellt wird, können die in den entwickelten Industriegesellschaften nicht seltenen wilden Streiks auch als ein wachsender Ausdruck »antibürokratischer Opposition der Arbeitnehmer« (Pirker 1972, S. 836) angesehen werden. Sofern das gewerkschaftliche Streikmonopol arbeitsrechtlich abgesichert ist, sind unautorisierte Streiks zugleich illegale Kampfformen. Aber selbst in der Bundesrepublik überschritten die sozialen Auseinandersetzungen und industriellen Konflikte zuweilen den »rechtlichen Rahmen« und nahmen die Gestalt von regelrechten Wellen wilder Streiks an, ohne daß diese »Rechtsverletzungen« geahndet wurden.

Als letzte Form des Arbeitskampfes ist schließlich die *Fabrikbesetzung* zu nennen. Sie ist insofern eine Steigerungsform des Streiks, als bei ihr nicht nur die Arbeitskraft kollektiv vorenthalten wird, sondern gleichzeitig die Produktionsmittel symbolisch oder faktisch in Besitz genommen werden. Symbolisch, wenn die Belegschaft - sei es in Form eines Sitzstreiks (Arbeitsplatzbesetzung) oder durch die permanente Anwesenheit auf dem Betriebsgelände - die Unternehmensleitung daran hindert, über die Produktionsmittel zu verfügen. Faktisch, wenn die Belegschaft die Fabrik besetzt und in eigener Regie die Produktion weiterführt. Für beide Varianten der Fabrikbesetzung hat es seit den sechziger Jahren in mehreren Ländern Westeuropas zahlreiche, zum Teil spektakuläre Beispiele gegeben.

Kampfmaßnahmen der Unternehmer

Die unternehmerischen Kampfmaßnahmen lassen sich ebenfalls grob in individuelle und kollektive unterscheiden. Zu den *individuellen* gehören die vielfältigen unternehmerischen Disziplinarmaßnahmen gegenüber den Beschäftigten, die von der Ermahnung und Rüge über die Versetzung bis zur Entlassung und zivilrechtlichen Schadensersatzklage reichen. Obwohl weiterhin vor allem mittlere und kleinere Unternehmer in ihren Betrieben weder Betriebsrat noch Gewerkschaft gerne sehen, haben die antigewerkschaftlichen Methoden der Unternehmer subtilere Formen angenommen. Bis zum Ersten Weltkrieg war es in Deutschland verbreitete Unternehmerpraxis, neueinzustellenden Arbeitnehmern einen antigewerkschaftlichen Revers (Verpflichtungsschein) vorzulegen; durch ihre Unterschrift versicherten die Arbeiter, daß sie weder einer Gewerkschaft angehörten noch einer Gewerkschaft beitreten würden.

Unter den *kollektiven* Kampfmaßnahmen der Unternehmer sind vor allem die sogenannten »schwarzen Listen« sowie die stärkste Waffe der Unternehmer, die Aussperrung, zu nennen. In den schwarzen Listen, die vor allem bis zum Ersten Weltkrieg Verbreitung fanden, wurden solche Arbeiter namentlich aufgeführt, die als gewerkschaftliche Agitatoren, Streikführer oder einfach als Streikende aufgefallen und entlassen worden waren. Listen dieser Art zirkulierten unter den Mitgliederfirmen der Arbeitgeberverbände insbesondere in der Schwerindustrie.

Die *Aussperrung* wird vielfach als das Gegenstück zum Streik angesehen; es handelt sich dabei um eine von den Arbeitgebern herbeigeführte Unterbrechung des Arbeitsverhältnisses, die sich gegen die Arbeiter und ihre Koalitionen richtet. Obwohl die Unternehmer das Kampfmittel der Aussperrung häufig als Reaktion gegen Streiks oder andere Kampfmaßnahmen der Arbeiter anwenden (Abwehraussperrung), ist die Geschichte reich an Beispielen, in denen die Unternehmer ihrerseits den ersten Schritt zur offenen Auseinandersetzung taten (Angriffsaussperrung).

Die Aussperrung als Kampfmaßnahme der Unternehmer ist Gegenstand heftiger politischer Kontroversen. Unternehmer und herrschende Rechtsprechung halten die Aussperrung aus Gründen der »Kampfparität« für gerechtfertigt; mit anderen Worten: die Arbeitgeber müßten dem Streik der Gewerkschaften etwas Gleichwertiges entgegenzusetzen haben. Die Gewerkschaften und ihnen nahestehende Juristen machen hingegen geltend, daß die aus dem Privateigentum an Produktionsmitteln resultierende unternehmerische Macht erst durch den Streik Einschränkungen erfahre; durch die Aussperrung würde die alte Machtasymmetrie wiederhergestellt.

Nach dem Umfang der unternehmerischen Kampfmaßnahmen unterscheidet man zwischen Einzel-, Flächen- und Verbandsaussperrungen. Die Einzelaussperrung bleibt auf einen Betrieb oder ein Unternehmen beschränkt; bei der Flächenaussperrung sperren mehrere Arbeitgeber eines Tarifbereichs ihre Beschäftigten aus; und bei der Verbandsaussperrung sperren alle Unternehmer eines Tarifbereichs ihre Arbeitnehmer aus. Aber schon die Einzelaussperrung stellt im Effekt eine kollektive Kampfmaßnahme dar; der einzelne Unternehmer ergreift mit seiner individuellen Entscheidung für die Aussperrung eine Kampfmaßnahme gegen ein Kollektiv von Arbeitnehmern. Bei der Flächen- und Verbandsaussperrung haben wir es mit einer Kampfmaßnahme einer Koalition von Arbeitgebern zu tun.

Industrielle Demokratie

Begreift man die vielfältigen Formen des industriellen Konflikts als Ausdruck strukturell bedingter Interessengegensätze zwischen Kapital und Arbeit, dann gehört es auch zur Normalität sozialstaatlicher Demokratien mit hohem Lebensstandard, wenn diese - zumindest zeitweise - zur offenen, wenn auch kontrollierten Austragung kommen. Im Tarifstreit wie in der betrieblichen Auseinandersetzung manifestiert sich als zivilisatorischer Fortschritt eine Rationalisierung des industriellen Konflikts, die der Institutionalisierung von Einflußchancen und Mitwirkungsmöglichkeiten der Arbeitnehmer und ihrer Repräsentanten, mit anderen Worten: der industriellen Demokratie, zu verdanken ist.

Nicht minder vieldeutig und schillernd wie der Demokratiebegriff ist der Begriff der industriellen Demokratie. Er kommt aus dem Englischen und wurde von den Sozialwissenschaftlern und Gewerkschaftshistorikern Sidney und Beatrice Webb als Buchtitel - *Industrial Democracy* - für ihre erstmals 1897 erschienene Analyse über die »Theorie und Praxis der englischen Gewerkvereine« (so lautet der Titel einer frühen deutschen Übersetzung) gewählt. Sie meinten mit industrieller Demokratie sowohl den inneren Aufbau der Gewerkschaften, in denen sie eine Vielzahl von Arbeiterdemokratien sahen, als auch die gewerkschaftliche Einflußnahme auf die Festsetzung der Arbeitsbedingungen.

Der deutsche Rechts- und Sozialwissenschaftler Karl Korsch, ein unorthodoxer Marxist, hat den Begriff der industriellen Demokratie in seiner 1922 veröffentlichten Schrift »Arbeitsrecht für Betriebsräte« aufgenommen und für die sozialwissenschaftliche Diskussion fruchtbar gemacht. Es sind vornehmlich drei Überlegungen, die seine Analyse auch heute noch lesenswert machen:

1. die Vorstellung einer fortschreitenden und phasenverschobenen Demokratieentwicklung zunächst im politischen »Überbau« des staatlichen Gemeinwesens und sodann im sozialökonomischen »Unterbau« der gesellschaftlichen Organisation der Arbeit;
2. die analytische Sicht auf drei Ebenen - Einzelbetrieb, Industriezweig, Gesamtwirtschaft -, auf denen Demokratisierungsprozesse, sich wechselseitig beeinflussend, ablaufen und vorangetrieben werden;
3. das konzeptionelle Verständnis der industriellen Demokratie unter dem Doppelaspekt eines globalen historischen Evolutionsprozesses und eines (politisch gewollten, revolutionär herbeizuführenden) Endzustandes.

Der aus dem Griechischen stammende Begriff Demokratie enthält die Vorstellung von der Herrschaft des Volkes; gleichwohl wäre es sicherlich falsch zu behaupten, daß in der modernen Demokratie das Volk regiert. Die direkte Herrschaft des Volkes ist ab einer bestimmten Bevölkerungsgröße kaum praktizierbar (am ehesten findet man sie noch in kleinen Schweizer Kantonen). Als Grundsatz der modernen Demokratie gilt die von dem amerikanischen Präsidenten Abraham Lincoln stammende Formulierung: »Demokratie ist die Herrschaft durch das Volk und für das Volk«. Vereinfacht besagt Demokratie, daß sich die Staatsgewalt gegenüber dem Volk verantworten muß und durch Mehrheitsentscheidungen kontrolliert wird. Wollten wir dieses Prinzip auf die industrielle Demokratie übertragen, dann wäre dies gleichbedeutend mit der Kontrolle der für Wirtschaft und Industrie verantwortlichen Entscheidungsträger durch Mehrheitsentscheidungen der in Wirtschaft und Industrie Beschäftigten. Eine Abwahl der wirtschaftlichen Eliten ist indessen in der kapitalistischen Marktwirtschaft nicht vorgesehen.

Wir wollen hier jedoch die industrielle Demokratie weniger aus dem Blickwinkel ihres möglichen oder angestrebten Endzustandes beschreiben, sondern sie unter dem Aspekt eines sozialen Prozesses analysieren. Ähnlich wie in der Entwicklung des politischen Gemeinwesens Stufen von der absoluten über die konstitutionelle Monarchie zur demokratischen Republik unterschieden werden können, lassen sich auch für die Geschichte der Arbeits- und Wirtschaftsverfassung bestimmte Entwicklungsstufen ausmachen: vom gewerblichen Despotismus über den industriellen Konstitutionalismus zur industriellen Demokratie als dem Endziel (Korsch 1922). Demnach befinden wir uns heute in den entwickelten kapitalistischen Industrieländern in der Phase des industriellen Konstitutionalismus, in der es primär um Mitwirkungs- und Mitbestimmungsrechte der abhängig Arbeitenden im Wirtschafts- und Arbeitsleben geht. Die bisherigen Initiativen, Impulse und Schritte zur Realisierung von Ansätzen und Formen der industriellen Demokratie gingen zwar primär von den Arbeitnehmern und ihren Gewerkschaften aus, aber deren Forderungen folgten bald auch Angebote von Unternehmerseite und später auch rechtliche Initiativen seitens des Staates.

Die genannten Konfliktorte Arbeitsmarkt und Betrieb sind zugleich die wichtigsten Ansatzpunkte für Bestrebungen zur industriellen Demokratie. Auf dem Arbeitsmarkt geht es darum, einem »Lohndiktat« der Arbeitgeber entgegenzuwirken; im Betrieb darum, die Anordnungs- und Verfügungsrechte des Unternehmers durch Mitbestimmungsrechte der Beschäftigten zu begrenzen.

Gewerkschaftliche Interessenvertretung und betriebliche Mitbestimmung können gegenwärtig als die beiden wichtigsten Formen der industriellen Demokratie angesehen werden. Eine dritte Sphäre, die für die deutsche Gewerkschaftstradition seit der Weimarer Republik eine entscheidende Rolle spielt, kann mit dem Begriff »Wirtschaftsdemokratie« gekennzeichnet werden. Gemeint ist damit primär die korporative Repräsentation der Arbeitnehmerschaft durch gewerkschaftliche Vertreter in Sozial- und Wirtschaftsräten auf der Branchen- und gesamtwirtschaftlichen Ebene.

Nach dem bisher Gesagten müssen wir drei Bereiche oder Ebenen der industriellen Demokratie unterscheiden (vgl. zum folgenden Übersicht 4):

– die betriebliche Mitbestimmung und Partizipation (Betriebsdemokratie);
– das System der Tarifautonomie (industrielle Demokratie in der ursprünglichen Bedeutung);
– die korporative Repräsentation in wirtschaftspolitischen Gremien (Wirtschaftsdemokratie).

Auf der untersten Ebene geht es um die Beeinflussung und Kontrolle der *Anwendungsbedingungen* der Arbeitskraft im betrieblichen Arbeitsprozeß. Auf der mittleren Ebene, der des Arbeitsmarktes, steht die Beeinflussung und Kontrolle der *Verkaufsbedingungen* der Arbeitskraft im Zentrum. Auf der Ebene der Branchen und der Gesamtwirtschaft schließlich geht es vor allem um die Kontrolle und Beeinflussung der sozialen und ökonomischen *Rahmenbedingungen* seitens der Arbeitnehmerschaft und ihrer Organisationen.

Übersicht 4: Formen der industriellen Demokratie

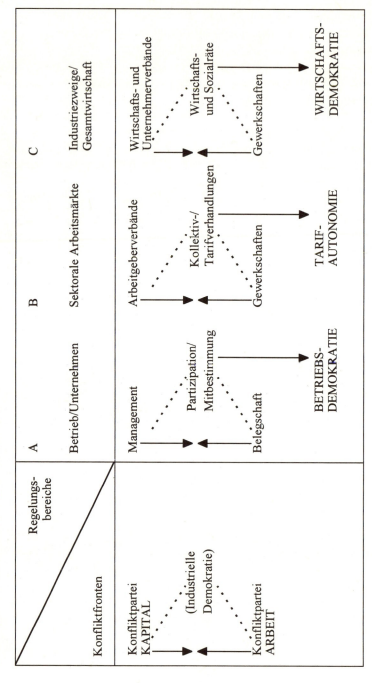

Betriebsdemokratie

Die betriebliche Mitbestimmung hat ihren Ansatzpunkt im Direktionsrecht des Managements über die Beschäftigten. Ihr allgemeines Ziel ist der soziale Schutz der Beschäftigten vor allem bei personenbezogenen Entscheidungen; letztlich geht es um die Einschränkung der Fremdbestimmtheit der abhängig Arbeitenden.

Die »konstitutionelle Fabrik« ist eine alte Vorstellung, die schon in der deutschen Revolution von 1848 auftauchte. In der zweiten Hälfte des 19. Jahrhunderts sahen sozialreformerische Kräfte des akademischen und politisch liberalen Bürgertums in der Anhörung und Mitsprache von Arbeiterrepräsentanten die Chance, Arbeiter von utopistischen und radikalen Vorstellungen abzubringen und der entstehenden sozialistischen Arbeiterbewegung das Wasser abzugraben. Freilich handelten nicht wenige der Unternehmer, die früh und ohne gesetzlichen Zwang die Bildung von Fabrikausschüssen tolerierten oder gar initiierten, aus ehrenhaften sozialethischen oder christlichen Motiven, während die Mehrzahl ihrer Standesgenossen weiterhin den »Herr-im-Hause«-Standpunkt behaupteten.

Institutionell wird die betriebliche Mitbestimmung in der Bundesrepublik von Betriebs- und Personalräten ausgeübt (vgl. dazu Kap. 16). Daneben gibt es noch eine Mitbestimmung im Unternehmen, die durch Arbeitnehmervertreter im Aufsichtsrat wahrgenommen wird. Ihr Ansatzpunkt sind die Leitungskompetenzen der Unternehmensführung, und ihr Ziel ist die Beeinflussung und Umgestaltung der Planungs-, Organisations- und Leitungsfunktionen. Angestrebt wird auf der Unternehmensebene eine Gleichberechtigung von Kapital und Arbeit.

Die Betriebs- und Unternehmensverfassung vieler industriekapitalistischer Länder zeichnet sich durch zum Teil weitreichende Mitwirkungs- oder faktische Kontrollrechte über die Arbeits- und Entlohnungsbedingungen der abhängig Beschäftigten aus. Es können drei Grundformen der industriellen Demokratie auf betrieblicher Ebene unterschieden werden:

1. die gesetzliche Mitbestimmung durch gewerkschaftsunabhängige Organe (Betriebsrat) mit gesetzlich spezifizierten Rechten und Pflichten (typisch für Deutschland, Österreich, Niederlande, Spanien);
2. die institutionalisierte gewerkschaftliche Betriebsrepräsentanz, die durch gesetzliche Rahmenregelung mit Informationsrechten und Verhandlungskompetenzen ausgestattet ist (typisch für Schweden und Italien);
3. die autonome gewerkschaftliche Betriebsrepräsentanz, die allein durch die kollektive Macht der Arbeitnehmer und freiwillige Aushandlungsprozesse

mit dem Management sich konstituieren kann (typisch für die Shop Stewards in Großbritannien).

Läßt sich die erste Form als Gesetzesmodell bezeichnen, dann sind die beiden anderen als Varianten des Verhandlungsmodells bzw. als unterste Ebene des kollektiven Verhandlungssystems anzusehen. In Frankreich finden wir eine Kombination aus beiden Modellen: neben dem gewerkschaftsunabhängigen Betriebsrat (*comité d'entreprise*) mit freilich geringen Mitbestimmungskompetenzen gibt es auch betriebliche Gewerkschaftssektionen mit vollen Verhandlungs- und Streikrechten.

Die beschriebenen Formen der repräsentativen betrieblichen Interessenvertretung finden heute ihre Ergänzung durch Formen der direkten Arbeitnehmerpartizipation (teilautonome Arbeitsgruppen, Projektteams, Qualitätszirkel etc.). Die Verlängerung der Mitbestimmung nach unten, zu den Beschäftigten in Werkstatt und Büro, haben Gewerkschaften zwar schon früher gefordert (z.B. in der Kampagne für die »Humanisierung der Arbeit« während der siebziger Jahre), freilich ohne größeren Erfolg. Aber nachdem durch die »japanische Herausforderung« die Human-Ressourcen zum wichtigsten Ansatzpunkt unternehmerischer Modernisierung und Rationalisierung geworden sind, gehen nun viele Initiativen zur direkten Partizipation von Managementseite aus.

Tarifautonomie

Die ältere Form der industriellen Demokratie finden wir in dem, was die Webbs noch den »Gewerkvereinsmechanismus« nannten, d.h. in den Kollektivverhandlungen (*Collective Bargaining*) über Lohn- und Arbeitsbedingungen. Das heute die Mehrzahl der Arbeitsverhältnisse regelnde System des *Collective Bargaining* und der *Tarifverträge* (vgl. Kap. 12) wurde bereits im 19. Jahrhundert von Berufsgewerkschaften gut organisierter Handwerkergruppen (vornehmlich im Druck-, Bau- und Metallgewerbe) aus der Taufe gehoben.

Solange in der Frühzeit der Industrialisierung diese Handwerker noch nach hergebrachten Regeln und Methoden arbeiteten, brachten sie ihre Organisationsmacht vor allem auf dem Arbeitsmarkt zur Geltung, um die Verkaufsbedingungen ihrer Arbeitskraft, vor allem Lohnhöhe und Arbeitszeit, zu ihren Gunsten zu beeinflussen. Mit der allmählichen Herausbildung des Managements (vgl. Kap. 15), der Umgestaltung der Arbeitsprozesse und der intensiveren Nutzung sachlicher und menschlicher Ressourcen wurden auch die

Anwendungsbedingungen der menschlichen Arbeitskraft in die sozialen Auseinandersetzungen zwischen Arbeitgeber und Gewerkschaften gezogen. Tarifverträge - besonders wo sie dezentral ausgehandelt werden - enthalten nicht selten auch Bestimmungen über Arbeitsbedingungen (wie z.B. Erholpausen, Maschinenbesetzung, Mindestnormen für bestimmte Tätigkeiten etc.).

Tarifautonomie und Tarifverträge stellen ein paritätisches Konfliktregelungs- und Normensetzungsverfahren dar. Wegen der für den jeweiligen Industriebereich, für den ein Tarifvertrag abgeschlossen wurde, generellen Gültigkeit der Tarifnorm sprechen manche Rechtsexperten auch von einem »privaten« oder »dezentralisierten« Gesetzgebungsverfahren. An ihr sind die Gewerkschaften formal paritätisch beteiligt; ihre Organisationsmacht schränkt die Kapitalmacht der Unternehmer zumindest ein. »Der Tarifvertrag (...) mäßigt die Disproportionalität der Machtpositionen zugunsten des Arbeitnehmers, er beschränkt zugleich die Macht des Arbeitgebers« (Noé 1970, S. 22f.). Da die Gewerkschaften mit dem Tarifvertrag Einfluß auf wichtige Bestimmungen des Arbeitsverhältnisses nehmen, kann Biedenkopf zu Recht den Tarifvertrag als »die heute wichtigste Form der Mitbestimmung« bezeichnen, durch den »die Arbeitnehmer, vertreten durch ihre Koalition, an der Ausübung unternehmerischer Funktionen« partizipieren (Biedenkopf 1964, S. 6).

Die angeführten Zitate lassen erkennen, daß mit dem Begriff Tarifautonomie ein wichtiges gesellschaftliches Regelungsverfahren umschrieben wird, dem die industriekapitalistischen Gesellschaften ein hohes Maß an sozialer Stabilität zu verdanken haben. Gewerkschaften und Arbeitgeberverbände, auf deren Initiative die Entstehung von Tarifvertragssystemen zurückgehen, sind deren wichtigste Trägerorganisationen geblieben; der Staat hat entsprechende Vereinbarungen und Kompromisse zwischen den beiden Arbeitsmarktparteien meist nur rechtlich abzusichern brauchen. Die (formal-)paritätische Beteiligung der Arbeitnehmerorganisationen an der Festsetzung von Lohnsätzen und anderen Arbeitsnormen trug sicherlich dazu bei, die Fundamentalopposition der Arbeiterbewegung gegen die wirtschaftliche Ordnung des Kapitalismus zu beseitigen und das Industrieproletariat sozial zu integrieren.

Ähnlich große Differenzen wie die betriebliche Form der industriellen Demokratie weisen auch die Tarifvertragssysteme in den einzelnen Ländern auf. Neben der großen Variationsbreite der Formen und Strukturen der Organisationen der Tarifvertragsparteien sind es vornehmlich die Ebenen und Gegenstandsbereiche der Kollektivverhandlungen sowie die rechtlichen Rahmenbedingungen, denen die nationalen Tarifvertragssysteme ihre spezifische Gestalt verdanken.

Wirtschaftsdemokratie

Die dritte Grundform der industriellen Demokratie läßt sich mit dem Titel der 1928 von Fritz Naphtali (im Auftrag des Allgemeinen Deutschen Gewerkschaftsbundes) veröffentlichten programmatischen Schrift »Wirtschaftsdemokratie« kennzeichnen. In dieser Schrift wurden neben den nichtkapitalistischen Formen des Eigentums (öffentliche, genossenschaftliche und gewerkschaftseigene Unternehmen) und neben der Demokratisierung des Arbeitsverhältnisses vor allem die Demokratisierung der Wirtschaft und der wirtschaftspolitischen Organe als zentrale Ansatzpunkte wirtschaftsdemokratischer Forderungen genannt. Diese wiederum lassen sich zurückführen auf eine korporative Repräsentation in wirtschaftlichen Selbstverwaltungsorganen sowie in »Wirtschafts- und Sozialräten«, wie sie noch im DGB-Grundsatzprogramm von 1981 gefordert wurden.[1]

Während der Weimarer Republik hat es dazu reale Ansätze (z.B. Reichskohlenrat, Reichskalirat) und das Verfassungsversprechen des § 165 der Weimarer Verfassung gegeben, der die Einrichtung von Bezirkswirtschaftsräten und eines Reichswirtschaftsrates mit jeweils paritätischer Besetzung vorgesehen hatte. Von den vielen Gremien, in denen die deutschen Gewerkschaften heute vertreten sind, kommt vor allem der Arbeitsverwaltung und der Sozialversicherung entscheidende Bedeutung zu. Überdies sind sie in wenig institutionalisierten »Gesprächs- und Steuerungsgremien« vertreten, die sich mit industrie- und strukturpolitischen Fragen auf regionaler und sektoraler Ebene befassen.

Statt der Verwirklichung ihrer Forderungen zur Demokratisierung der Wirtschaft kam es in den westeuropäischen Ländern in den sechziger und siebziger Jahren zur Einbeziehung der gewerkschaftlichen Organisationen in trilaterale Beratungsgremien und Clearingstellen, die als »konzertierte Aktionen« die wirtschaftlichen Aktivitäten von Staat, Arbeitgebern und Gewerkschaften besser aufeinander abstimmen sollten (vgl. Kap. 18). Zeitgenössische Sozialwissenschaftler (vgl. die Beiträge zum Sammelband v. Alemann 1981) haben zu Recht für Veranstaltungen dieser Art den Begriff *(Neo-)Korporatismus* dem der Wirtschaftsdemokratie vorgezogen. Anders als bei den Verkaufs- und Anwendungsbedingungen der Arbeitskraft ist die Mitbestimmung der Gewerkschaften bei der Gestaltung der ökonomischen Rahmenbedingungen generell schwach entwickelt. Dies ist sicherlich nicht nur darauf zurück-

---

[1] Im Dresdener Programm von 1996 ist nunmehr von »Industrie- und dienstleistungspolitischen Gesprächs- und Steuerungsgremien in der Region, in der Branche, im nationalen wie transnationalen Bereich« die Rede.

zuführen, daß den Gewerkschaften für diesen Bereich Mitbestimmungsrechte verwehrt werden, sondern auch darauf, daß in den entwickelten kapitalistischen Gesellschaften Marktprozesse generell den Vorrang vor Planungsprozessen haben.

Als Resümee dieses Kapitels ist festzuhalten, daß - ganz allgemein gesprochen - der industrielle Konflikt zu begreifen ist als eine Auseinandersetzung um die *Kontrolle* sowohl der Verkaufs- und Anwendungsbedingungen der menschlichen Arbeitskraft als auch der ökonomischen Rahmenbedingungen, die auf die Gestaltung der Arbeitsverhältnisse zurückwirken. Ebenso allgemein können die verschiedenen Formen der industriellen Demokratie als Institutionalisierung von Kontrollchancen im Hinblick auf die genannten Bedingungen begriffen werden. Der Zusammenhang zwischen industriellem Konflikt und industrieller Demokratie ist darin zu sehen, »daß das Ringen um ein angemessenes Mitspracherecht der Arbeiter und damit die Forderung nach einer gesellschaftlichen Gleichberechtigung in Wahrheit immer im Hintergrund« aller sozialen Konflikte im industriellen Arbeitsbereich gestanden hat« (Teuteberg 1961, S. 534f.)

Weiterführende Literatur

a) zum industriellen Konflikt:

Dieter Schneider (Hg.), *Zur Theorie und Praxis der Streiks*, 1971,
darin vor allem: Hans Matthöfer, *Streiks und streikähnliche Formen des Kampfes der Arbeitnehmer im Kapitalismus.*
(Differenzierte und durch viele Beispiele angereicherte Darstellung der Kampfformen der Arbeiter.)

K. Tenfelde/H. Volkmann (Hg.), *Streik. Zur Geschichte des Arbeitskampfes in Deutschland während der Industrialisierung*, 1981.
(Materialreiche Beiträge zur historischen Arbeitskampfforschung.)

Rainer-W. Hoffmann, *Arbeitskampf im Arbeitsalltag*, 1981.
(Theoretisch interessante Darstellung von Formen und Funktionen des verdeckten Arbeitskampfes.)

Michael Faller, *Innere Kündigung*, 1991.
(Analyse der Ursachen und Darstellung der Erscheinungsformen innerer Kündigung, ausgehend vom »psychologischen Vertrag«.)

P.K. Edwards, *Conflict at Work*, 1986.
(Theoretisch fundierte Analyse industrieller Konflikte, ihrer Ursachen, Formen und Regelungen, fokussiert auf Werkstatt- und Arbeitsplatzebene.)

(Weitere Literatur s. im Anschluß an Kap. 13)

b) zur industriellen Demokratie

Karl Korsch, *Arbeitsrecht für Betriebsräte*, 1922 (1968).
(Historisch-theoretischer Abriß der Kämpfe und Auseinandersetzungen um die Durchsetzung der sozialen Demokratie.)

Fritz Naphtali, *Wirtschaftsdemokratie*, 1928 (1966).
(Erstes umfassendes Konzept der freien Gewerkschaften zur Demokratisierung der Wirtschaft.)

Bernhard Muszynski, *Wirtschaftliche Mitbestimmung zwischen Konflikt- und Harmoniekonzeptionen*, 1975.
(Kompendium der Mitbestimmungskonzeptionen aller wichtigen politischen und weltanschaulichen Gruppierungen.)

Hans Jürgen Teuteberg, *Geschichte der industriellen Mitbestimmung in Deutschland*, 1961.
(Breite und historisch fundierte Darstellung über frühe theoretische und praktische Bemühungen um die Errichtung von Arbeitnehmervertretungen im Industriebetrieb.)

J. Rogers/W. Streeck (Hg.), *Works Councils*, 1995.
(Repräsentative Studien mit aktuellem Forschungsstand über Betriebsräte und Betriebsvereinbarungen in europäischen und nordamerikanischen Ländern.)

(Weitere Literatur s. im Anschluß an Kap. 16)

Kapitel 4
Theoretische Erklärungsansätze

Sozialwissenschaften wollen - wenn auch anders als Naturwissenschaften - die beobachtbaren Phänomene ihres Objektbereichs nicht nur beschreiben und klassifizieren, sondern auch (kausal) erklären[1]. Überzeugende Erklärungen liefert am besten eine gute Theorie. Im Forschungsgebiet der industriellen Beziehungen stehen einer guten Theorie jedoch erhebliche Schwierigkeiten im Wege. Einmal haben wir es mit einem interdisziplinären Forschungsfeld zu tun, ein andermal finden wir für die verschiedenen Institutionen und Akteure spezifische Theorien vor, die diesen gewissermaßen auf den Leib geschrieben sind (so gibt es Gewerkschafts- und Verbändetheorien, Arbeitsmarkttheorien, Theorien des kollektiven Handelns, des industriellen Konflikts, der industriellen Demokratie etc.). Sie lassen sich keineswegs zu einer integralen Theorie zusammenfügen. Zu disparat sind ihre Prämissen, Abstraktionsniveaus und disziplinären Ursprünge. Seine Rechtfertigung findet der vorherrschende Pluralismus theoretischer Ansätze in deren je verschiedenartigen Methodologien, Brennpunkten und Objektbereichen. Großtheorien stehen neben »Theorien mittlerer Reichweite« und modelltheoretischen Ansätzen.

Erste Beiträge zum wissenschaftlichen Verständnis der industriellen Beziehungen haben in Deutschland der »Kathedersozialist« und Mitgründer des Vereins für Socialpolitik, *Lujo Brentano* (1844-1931), in Großbritannien das der reformsozialistischen Fabian Society angehörende Ehepaar *Sidney* und *Beatrice Webb* (1858-1947; 1858-1943), in den USA der Begründer der Institutional Economics, *John R. Commons* (1862-1942), vorgelegt. Gemeinsam war diesen, der gewerkschaftlichen Arbeiterbewegung nahestehenden Wissenschaftlern die Ablehnung des ungezügelten Kapitalismus (*Manchester-Liberalismus*) sowie die Hervorhebung der sozialökonomischen Funktionen der Gewerkschaften, welche sie wiederum aus dem besonderen Charakter der Arbeitskraft und der Spezifik des Arbeitsvertrages (s. Kap. 2) ableiteten. Wäh-

---

1 Wir folgen hier Max Webers »verstehender Soziologie«, derzufolge die Gegenstände der Sozial- und Kulturwissenschaften nur auf dem Wege hermeneutischen Verstehens ursächlich erklärt werden können.

rend Brentano und Commons auf die Asymmetrien zwischen Käufer und Verkäufer von Arbeitskraft und die Besonderheiten des Arbeitsvertrages aufmerksam machten, stellten die Webbs die Differenzen zwischen Individualvertrag einerseits und Kollektivvertrag andererseits heraus. Auf sie geht auch der Begriff *Collective Bargaining* zurück, der im Deutschen mit Kollektiv- oder Tarifverhandlungen übersetzt wird.

Systemtheoretische Ansätze

Einen ersten systematischen Versuch zu einer Theorie der industriellen Beziehungen hat John R. Dunlop mit seinem Buch »Industrial Relations Systems« (1958) vorgelegt. Anknüpfend an die sozialwissenschaftliche Systemtheorie seines amerikanischen Landsmannes Talcott Parsons, definiert Dunlop das *Industrial Relations System* als ein analytisches Subsystem der Industriegesellschaft, welches er logisch auf der gleichen Ebene wie das wirtschaftliche Subsystem lokalisiert. Zwei spezifische Leistungen sind dem Dunlopschen Konzept zu verdanken: Einmal stellt es die Normen und Regeln der industriellen Beziehungen ins Zentrum der Analyse, welche früher auf den industriellen Konflikt oder das Collective Bargaining fokussiert war. Zum anderen spezifiziert es die Grundelemente, aus denen Systeme industrieller Beziehungen bestehen.

Als Kern oder interne Struktur eines *Industrial Relations System (IRS)* wird ein »Netzwerk von Regeln« *(web of rules)* identifiziert. Im einzelnen gemeint sind damit jene normativen Regelungen, die das IRS in Form institutionalisierter Verfahrensregeln konstituieren, sowie die vom IRS hervorgebrachten inhaltlichen oder substantiellen Normen (z.B. Lohnsätze, Arbeitszeiten) einerseits und prozeduralen Normen (z.B. Schlichtungsverfahren) für die Anwendung substantieller Normen auf bestimmte Situationen andererseits. Der zentrale Gegenstand eines IRS kann somit unter dem Doppelaspekt eines regelgeleiteten normengenerierenden *Prozesses* als auch unter dem eines generierten *Produkts* spezifischer Regeln und Normen für Systeme industrieller Beziehungen - sei es auf der nationalen, der sektoralen oder der betrieblichen Ebene - erfaßt werden.

Zu den Grundelementen des IRS zählt Dunlop:

- *Akteure*, die er wiederum in drei Gruppen unterteilt: Arbeiter und ihre Organisationen, Manager und ihre Organisationen, sowie staatliche Instanzen, die sich mit den industriellen Arbeitsbeziehungen befassen;

Theoretische Erklärungsansätze 55

- Umwelt bzw. Kontext, bestehend aus drei Komplexen: *Technologie* (die technischen Gegebenheiten am Arbeitsplatz), *Marktbedingungen* (Wettbewerbsposition, finanzielle Zwänge), sowie die den *Status der Akteure* beeinflussende Machtverteilung in der Gesellschaft;
- *Ideologie*, die das IRS zusammenhält und von allen Akteuren geteilt wird.

Sind damit die wichtigsten Komponenten eines IRS genannt, dann bedarf es noch der Klärung ihres Zusammenhangs. Dunlop sieht diesen wie folgt: Die interne Struktur - die Normen und Regeln, die in einem IRS gelten, entstehen und verändert werden - sind als die abhängige Variable, das Zusammenspiel von Akteuren, Kontexten und Ideologie als die unabhängige Variable zu begreifen. Das in seinem theoretischen Konzept angelegte Determinationsverhältnis läßt sich auch formal mit der folgenden Funktionsgleichung darstellen:

$$R = f(A, T, M, S, I).$$

(R=Regeln, A=Akteure, T=Technologie, M=Marktbedingungen, S=Status der Akteure, I=Ideologie)

Zur Parsonsschen Systemtheorie gehört, daß Strukturen und Subsysteme spezifische Funktionen für die Stabilität von Systemen erfüllen. So wie das ökonomische System die Funktion hat, die soziale Gemeinschaft mit Gütern und Dienstleistungen zu versorgen, so hat das IRS die Funktion, normative Regelungen für Arbeitsverhältnisse zu erzeugen. Dunlops Aussage, daß das IRS auf der gleichen logischen Ebene wie das ökonomische System liege, ist unzutreffend. Scharfsinnig haben Wood u.a. (1975) herausgearbeitet, daß das IRS regulative - und damit stabilisierende - Funktionen für das *Produktionssystem* erfülle (dies gilt vor allem für die substantiellen Normen, während die prozeduralen Regeln der internen Systemregulierung dienen), und daß beide - IRS und Produktionssystem - als Subsysteme des Wirtschaftssystems zu begreifen seien.

Die Akteure, die die Normen und Regeln produzieren, interagieren im Kontext des Systems unter einem normativen Konsens (bzw. in Dunlops Terminologie: einer übergreifenden Ideologie). Wenn auch die einzelnen Akteure eines IRS ihre je spezifische »Ideologie« haben, erfordert die Stabilität des Systems, daß diese »Ideologien« hinreichend kompatibel und konsistent sind, um einen gemeinsamen Bestand an Ideen zu ermöglichen und jedem Akteur eine akzeptable Rolle zuerkennt. Nur unter dieser Voraussetzung kann von einem stabilen IRS die Rede sein. Letzteres ist für Dunlop äußerst wichtig; den Prämissen der älteren Systemtheorie folgend, lehnt er den Konflikt als dominierendes Strukturmerkmal eines IRS grundsätzlich ab.

Sowohl zustimmend als auch kritisch haben sich viele Autoren auf den Dunlopschen Systemansatz bezogen. Kontrovers ist bereits der theoretische Status dieses Ansatzes. Starke Zweifel sind angebracht, ob es sich dabei um eine *erklärende* Theorie handelt. Die einzige systematische Erklärung, die sie enthält, ist die, daß Regeln und Normen strukturell von den Kontextbedingungen (Technologie, Markt und Macht) hervorgebracht werden und mit ihnen variieren. Sie enthält indessen keine Aussagen darüber, wie und warum Regeln gemacht werden.

Aufgrund seines formalen, inhaltsarmen Charakters kann das Dunlopsche Konzept - entgegen seinem eigenen Anspruch - schwerlich als eine allgemeine Theorie (*general theory*) der industriellen Beziehungen begriffen werden. Vielmehr ist es - wie ein wohlwollender Kritiker formulierte - ein »allgemeiner Bezugsrahmen zur Systematisierung der Darstellung von Interaktionen zwischen Akteuren, Kontextbedingungen und Ideologien« (Meltz 1991, S. 14, eig. Übers.). Damit reduziert sich der theoretische Status auf den einer Taxonomie oder Matrix, welche die Komponenten und Faktoren nennt und ordnet, die bei der Beschreibung von Systemen industrieller Beziehungen zu beachten sind. Unbeschadet von dieser Feststellung bleiben die beiden eingangs erwähnten Leistungen des Dunlopschen Konzepts sowie die Qualität seines heuristischen Potentials, das sich u.a. in seiner theoretischen Anschlußfähigkeit zeigt; so insbesondere in dem - für die jüngere Analyse der US-amerikanischen Arbeitsbeziehungen wichtig geworedenen - *Strategic Choice*-Ansatz (s. weiter unten), der explizit auf dem Dunlopschen Systemmodell aufbaut.

Gewöhnlich wird auch das Pluralismuskonzept der sog. *Oxford School* als eine britische Variante des Systemmodells genannt (vgl. Schienstock 1982; 1985). Als deren Hauptvertreter gelten Allan Flanders (1970) und Hugh A. Clegg (1975; 1979). Beide bestimmen als Zentrum der Wissenschaft von den industriellen Beziehungen die Erforschung der »Institutionen der Arbeitsregulierung«, unter besonderer Berücksichtigung des *Collective Bargaining* als der wichtigsten Institution der Konfliktregelung und Normsetzung. Vor allem Flanders teilt mit Dunlop das Interesse am Problem der Stabilität industrieller Beziehungen und die Erwartung, daß Interessenkonflikte innerhalb sozial tolerierbarer Grenzen gehalten werden können und grundsätzlich auf dem Verhandlungsweg zu lösen sind. Allerdings verzichtet die Oxford School auf die Prämisse einer integrativen Ideologie; sie geht vielmehr vom Pluralismus divergierender Interessen und Ansichten der Akteure aus.

So vertritt Clegg (1960) entschieden die These, daß es die Rolle einer unabhängigen Gewerkschaft sei, in (Dauer-)Opposition zum Management zu stehen und durch Collective Bargaining, als der allen anderen überlegenen Methode, die Interessen ihrer Mitglieder zu vertreten. Sein Pluralismusverständnis basiert auf der Annahme, daß Collective Bargaining im Bereich der industriellen Beziehungen ein Äquivalent ist für die politischen Regeln, die die Aktivitäten der im politischen Raum agierenden Interessengruppen regulieren; ferner auf der These, daß jenseits der akzeptierten Regeln des Collective

Bargaining beide Seiten ihre Entscheidungen unter divergierenden »moralischen Werten« treffen, so daß es keine absolute Sicherheit für einen akzeptablen Kompromiß am Ende einer Verhandlungsrunde gibt (Clegg 1975, S. 311f.).

Wie zentral für Clegg die Institution des Collective Bargaining ist, läßt sich auch seiner international vergleichenden Studie über Verhandlungs- und Gewerkschaftssysteme in sechs Ländern (Clegg 1976) entnehmen. Struktur und Institutionen des Collective Bargaining haben darin den Status einer erklärenden Variable für die nationalen Unterschiede in Organisationsgrad und Verbandsgliederung, Arbeitsplatzorganisation und Streikverhalten der Gewerkschaften.

Während Dunlop in seinem Systemdenken stärker auf Stabilität, Konsens und Integration abhebt, interessieren sich Clegg und Flanders stärker für die Mechanismen der Normen- und Regelproduktion im Spiel von Macht und Gegenmacht, ohne eine Machtbalance und einen normativen Konsens zwischen den Akteuren zu unterstellen.

Marxistische Theorieansätze

Man sucht die Begriffe Arbeits- oder industrielle Beziehungen in den Schriften von Marx und Engels vergeblich; denn schließlich war ihnen die Sache selbst - die Institutionalisierung des Interessengegensatzes auf dem Wege geregelter Konfliktaustragung - noch völlig fremd. Zwar nehmen die den industriellen Beziehungen zugrundeliegenden Zentralinstitutionen des Kapitalismus - freie Arbeitsmärkte und Fabriksystem - in ihrer Kapitalismusanalyse einen bedeutsamen Stellenwert ein, ebenso die frühen Selbsthilfeorganisationen der Arbeiter, die Gewerkschaften. Aber letztere werden weniger unter den Gesichtspunkten der kollektiven Regelung der Lohn- und Arbeitsbedingungen wahrgenommen, als unter denen des Kampfes gegen Ausbeutung, Entfremdung und Verelendung des Proletariats.

Aus den im späten 19. und frühen 20. Jahrhundert eingetretenen Veränderungen im Verhältnis zwischen Kapital und Arbeit haben marxistische Theoretiker den Schluß gezogen, daß die erreichten Verbesserungen in der Lage der arbeitenden Klasse allein dem Kampf und der Machtentfaltung der organisierten Arbeiterschaft zu verdanken waren und daß sie auf diesem Wege bis zum endgültigen Sieg der vollen industriellen Demokratie fortschreiten müsse - auf revolutionärem Weg nach Meinung von Rosa Luxemburg und Karl Korsch, auf reformistischem nach Ansicht Eduard Bernsteins.

Das gegenwärtige Theorieangebot marxistischer Provenienz läßt sich drei Richtungen beziehungsweise Schulen zuordnen.

Political Economy of Industrial Relations

Die industriellen Beziehungen in ihrer alltäglichen Praxis haben marxistische Theoretiker lange vernachlässigt. Einen ersten systematischen Zugriff wagte Richard Hyman mit seiner »marxistischen Einführung« in die industriellen Beziehungen (1975). Darin wandte er sich explizit gegen die vorliegenden Theorieangebote von Dunlop und Flanders. Diesen setzt er seinen Versuch einer »Political Economy of Industrial Relations« entgegen. In Frage stellt er zunächst die enge und einseitige Definition des Gegenstandsbereichs:

»Den Gegenstand ausschließlich in Begriffen von Regeln und Regulierung zu definieren, ist zu restriktiv und hat bewertende Untertöne. Impliziert wird damit, daß (die Wissenschaft) ›industrielle Beziehungen‹ sich vornehmlich mit der Stabilität und Regelhaftigkeit in der Arbeitswelt befaßt. Fokussiert wird allein auf das Problem, wie Konflikte eingedämmt und kontrolliert werden und nicht darauf, welche Prozesse Dissens und Konflikte erzeugen.« (Hyman 1975, S. 11, eig. Übers.)

»Ordnung und Regulierung« seien nur die eine Seite der industriellen Beziehungen. Berücksichtige man die widersprüchlichen Prozesse und antagonistischen Interessen, dann seien »Konflikt und Unordnung« zumindest von gleichrangiger Bedeutung. Hyman will daher den Gegenstandsbereich so definieren, daß sowohl die Ursachen wie die Konsequenzen des industriellen Konflikts miteinbezogen werden. Er definiert folglich als Gegenstand der industriellen Beziehungen »*die Prozesse der Kontrolle über Arbeitsbeziehungen*« (ebd., S. 12, eig. Übers.).

Aber diese Prozesse könnten theoretisch nur unter Rekurs auf die gesellschaftliche Klassenstruktur, die ökonomische Akkumulations- und Krisendynamik sowie die politischen, sozialen und ideologischen Machtverhältnisse in der Gesellschaft verstanden und erklärt werden (vgl. Hyman 1989, Kap. 5; 1994). Die Institutionen der industriellen Beziehungen, zitiert Hyman zustimmend einen anderen Autor, haben nur den Status von intervenierenden Variablen; und er fügt hinzu, daß sie als solche sowohl eine passive Rolle (als »dazwischenliegende« Variable) als auch aktive Rolle (als »sich einmischende« Variable) spielen können (1994, S. 177f.).

Labour Process Debate

In marxistischer Tradition steht auch die angelsächsische Theoriedebatte über den Charakter des Arbeitsprozesses (*Labour Process Debate*[2]), genauer: über das schon bei Marx verhandelte Transformationsproblem der Umwandlung von (gekaufter) Arbeitskraft in (geleistete) Arbeit, welches in dieser Debatte auch als Problem der manageriellen Kontrolle über die Arbeitskraft entfaltet wird.

Auslöser dieser Debatte war der amerikanische Marxist Harry Braverman mit seinem Buch »Labor and Monopoly Capital« (1974; dt.: Die Arbeit im modernen Produktionsprozeß, 1977). Darin argumentiert der Autor, daß es die zentrale Aufgabe des kapitalistischen Managements sei, den Arbeitsprozeß so zu kontrollieren und gestalten, daß die Transformation von Arbeitsvermögen in Arbeitsleistung einen maximalen Mehrwert erbringt. Mit Taylors »wissenschaftlicher Betriebsführung« (s. Kap. 15) und der industriellen Technik verfüge das Management über die probaten Methoden und Mittel zur nahezu lückenlosen Kontrolle des Arbeitsprozesses. Da der Taylorismus die konsequente Trennung von Planung (seitens des Managements) und Ausführung (seitens der Arbeiter) sowie die zunehmende Teilung und Zerlegung der Arbeit vorsehe, ergäbe sich - im Zusammenspiel mit steigender Mechanisierung und Automatisierung - als generelle Entwicklungstendenz des Monopolkapitalismus eine fortschreitende Degradierung, sprich Dequalifizierung der Arbeitskräfte nicht nur in den Werkstätten, sondern auch in den Büros. Dies ist die zentrale Aussage des Bravermanschen Werkes.

Diese starke These hat produktiven Widerspruch hervorgerufen. Unberechtigt war es zwar, Braverman einen *technologischen* Determinismus vorzuwerfen; denn dieser basiert auf der Annahme, daß Technik und technischer Fortschritt ihre (gesellschaftlichen) Verwendungszwecke und (industriellen) Anwendungsbedingungen gleichsam zwingend vorschreiben; demgegenüber besteht Braverman darauf, daß »die Maschinerie eine Unmenge von Möglichkeiten (ein)schließt, von denen viele vom Kapital systematisch durchkreuzt statt gefördert werden« (1977, S. 179). Aber in dieser Argumentation liegt ein anderer, ein *ökonomischer* Determinismus begründet, nämlich die Vorstellung, daß die »Kapitallogik« durch die Technik hindurchgreife, um sie zum Instrument der Potenzierung und Objektivierung kapitalistischer Herrschaft und Ausbeutung zu machen. Technik und Maschinerie sind nach diesem Ver-

---

[2] Übersicht über diese Debatte in Thompson 1983 und in Hildebrandt/Seltz 1987; die wichtigsten Autoren und Themen in den Sammelbänden von Wood 1982 u. 1989 sowie Knights/Willmott 1990.

ständnis elastische Potentiale, die gezielt eingesetzt werden, um die Arbeitskräfte der Kontrolle über den Arbeitsprozeß systematisch zu berauben.

Die Kritik (Friedman 1977; Littler 1982; Wood 1982) an dieser theoretischen Konstruktion eines linearen Prozesses der Dequalifizierung der Arbeit und Intensivierung managerieller Kontrolle des Arbeitsprozesses machte geltend, daß Braverman unzulässigerweise nicht nur Management-Konzeptionen umstandslos mit solchen des Taylorismus gleichsetze, sondern überdies die Konzeptionen mit der realen Praxis verwechsle. Zum einen verfüge das Management über ein wesentlich breiteres Repertoire an Kontroll- und Steuerungskonzeptionen, zum anderen sei die Praxis des Managements nicht bloßer Ausfluß managerieller Intentionen, sondern das Produkt von Verhandlungen, Konflikten und Kompromissen zwischen Management und Arbeitnehmern bzw. deren Interessenvertretung. Bezeichnenderweise befaßt sich Braverman in seinem Werk weder mit dem Phänomen des industriellen Konflikts noch mit Gewerkschaften und anderen Institutionen der industriellen Demokratie.

Die *Labour Process Debate*, an der sich namhafte Soziologen, Politologen, Ökonomen und Historiker beteiligt haben, führte weit über die Kritik an Braverman hinaus. Zu verdanken ist ihr nicht nur ein umfassenderes und differenzierteres Verständnis von Praxis und Strategien des Managements und der Dynamik des Arbeitsprozesses, sondern auch die Entwicklung neuerer und Präzisierung älterer handlungstheoretischer und akteurszentrierter Erklärungsansätze (u.a. Mikropolitik, Arbeitspolitik; s. dazu weiter unten).

Regulationstheorie

Anknüpfend an die Marxsche Kritik der Politischen Ökonomie, hat die in Frankreich von Aglietta, Boyer und Lipietz begründete *Regulationstheorie* (vgl. zusammenfassend Hübner 1990) den industriellen Beziehungen als Bestandteil eines umfassenderen Netzes gesellschaftlicher Institutionen und Beziehungen einen besonderen Stellenwert für die Bestimmung spezifischer Regulationsweisen kapitalistischer Gesellschaften eingeräumt.

Generelles Erkenntnisobjekt der Regulationsschule sind die Bedingungen normaler Reproduktion einer kapitalistischen Gesellschaftsformation. In der Marxschen Theorie implizierte der Begriff der *Reproduktion* die permanente Wiederherstellung kapitalistischer Produktions- und Klassenverhältnisse vermittels objektiver Prozesse der Produktion, Distribution und Akkumulation. Der ihn gewissermaßen ersetzende Begriff der *Regulation* meint hingegen die »Regelmäßigkeiten« der sozialen Praxis individueller und kollektiver Akteure sowie die Steuerungseffekte sozialer und staatlicher Institutionen, welche für die Wiederherstellung (und den Wandel) von Gesellschaftsformationen verantwortlich sind. Die Regulationstheoretiker suchen Antwort auf die Frage: Wie funktioniert der Kapitalismus? - und finden diese in den sozialen Verhältnissen, die sich einerseits in Institutionen und andererseits in Auseinandersetzungen zwischen sozialen Akteuren (in Form von Klassenkonflikten und Konkurrenzbeziehungen) manifestieren. Hierbei steht das Lohnverhältnis im Zentrum der Analyse.

Das spezifische Erkenntnisinteresse der Regulationsschule richtet sich auf die langfristigen Veränderungen kapitalistischer Ökonomien und Gesellschaftsformationen. Anders als Marx und die Marxorthodoxie periodisiert die Regulationsschule den Kapitalismus nach spezifischen Akkumulationsregimes und Regulationsweisen. Diese Schlüsselkategorien werden nicht immer eindeutig bestimmt. Grob gesagt, steht *Akkumulationsregime* für die Bedingungen der Mehrwertproduktion (u.a. Nutzungsform der Arbeitskraft in der Produktion, Determinanten und Mechanismen der Lohnbestimmung, Reproduktion der Arbeiterklasse), während mit der *Regulationsweise* (bzw. *-form* oder *-modus*) die historisch spezifische Ausprägung der Institutionen und sozialen Praktiken, die das jeweilige Akkumulationsregime ermöglichen und stützen, gemeint ist.

Bevorzugt analysierte Regulationsweise ist der *Fordismus*, ironisch als »goldenes Zeitalter des Kapitalismus« bezeichnet. Als seine charakteristischen Merkmale identifizieren die Regulationstheoretiker die folgenden (nach Lipietz 1991, S. 81):

1. Fordismus als allgemeines Modell der Arbeitsorganisation entspricht dem Taylorismus (mit der charakteristischen Trennung von Konzeption und Ausführung der Arbeit) plus Mechanisierung.
2. Das makroökonomische Muster bzw. Akkumulationsregime ist gekennzeichnet durch steigende Arbeits, die einerseits Finanzierung der Akkumulation aus Profiten und andererseits einen Anstieg der Massenkaufkraft erlaubt, so daß eine stabile Profitrate mit steigendem Absatz der Produktions- und Konsumgüter einhergeht.
3. Die »Spielregeln« bzw. die Regulationsform des Fordismus implizieren ein kollektives Aushandeln der Löhne, relative Arbeitsplatzsicherheit, regelmäßige Lohnsteigerungen und sozialstaatliche Umverteilung durch Systeme sozialer Sicherung; als Gegenleistung akzeptieren die Gewerkschaften die manageriellen Prärogativen; damit werden von allen Beteiligten die Organisationsprinzipien des Arbeitsprozesses und die makroökonomischen Muster des Fordismus akzeptiert.

Das »Modell« oder »Paradigma« des Fordismus war - den Regulationstheoretikern zufolge - der in den fortgeschrittenen kapitalistischen Ländern vorherrschende »gesellschaftliche Kompromiß« (ebd., S. 79), den Kapital und Arbeit, unter aktiver Mithilfe des Staates, in den Nachkriegsjahrzehnten eingegangen waren. Seit Ende der siebziger Jahre sei jedoch »mit der Verlangsamung der Produktivitätsrate bei gleichzeitigem Anstieg der Gesamtarbeitskosten« (ebd., S. 82) der fordistische Regulationsmodus in die Krise geraten. Mit dem Wechsel von nachfrage- zu angebotsorientierter Wirtschaftspolitik und durch Veränderungen des Institutionensystems der industriellen Beziehungen versuche man die »rigiden Regeln des Fordismus« zugunsten einer »liberalen Flexibilisierung« über Bord zu werfen (ebd., S. 83). Die Politik der »liberalen Flexibilisierung« (zuerst in Großbritannien und den USA praktiziert, später in vielen OECD-Ländern übernommen) wird als Kernbestand einer neuen Regulationsweise, der des *Postfordismus*, gesehen[3]. Das lateinische Präfix »post« füllt den neuen Begriff mit keinem anderen Inhalt als dem, daß eine bisherige Konstellation von Bedingungen von einer anderen abgelöst wird. In der Tat können die Regulationstheoretiker die verschiedenen Momente und Ebenen des Fordismus idealtypisch beschreiben, etwa das Zusammenspiel von fordistischer Produktionsorganisation und keynesianischem Interventionsstaat, von standardisierter Massenproduktion und konsumtiver Massennachfrage. Demgegenüber bleiben jedoch die Konturen des Postfordismus unbestimmt und eigentümlich vage.

Lipietz macht aus dieser Not eine Tugend. Im Hinblick auf die neue Struktur der Arbeitsbeziehungen unterscheidet er drei Varianten des Postfordismus:

– *Neo-Taylorismus:* Er bedeutet die Rückkehr zur prä-fordistischen Flexibilität (u.a. niedrige Löhne, hohe Entlassungsrisiken). Der externen (Arbeitsmarkt-)Flexibilität steht intern eine weiterhin hierarchisch strukturierte Kontrolle der Arbeitskräfte gegenüber; er ist vorherrschend in den USA und Großbritannien.
– *Kalmarismus* (benannt nach dem schwedischen Standort der Volvo-Produktion: Kalmar): Kennzeichnend für ihn ist das Prinzip der kollektiv ausgehandelten Mitwirkung der Beschäftigten, die »im Austausch für ihre eigenständige Beteiligung an der Verbesserung von Qualität und Produktivität sowie an der Optimierung der neuen Technologie soziale Garantien erhalten und am Gewinn beteiligt werden« (ebd., S. 98); er ist typisch für die Arbeitsbeziehungen der skandinavischen Länder und (mit Einschränkungen) Deutschlands.

---

3 Ohne daß sie der Regulationsschule im engeren Sinne angehören, sprechen auch Piore und Sabel (1984) in ihren Untersuchungen über die Bedingungen des amerikanischen Nachkriegswachstums vom Fordismus als dem typischen Produktionsmodell der kapitalistischen Massenproduktion, welches nun einem neuen Produktionsmodell, dem der »flexiblen Spezialisierung«, weichen werde.

- *Toyotismus:* Er stellt gewissermaßen eine Mischung aus den beiden vorstehenden Varianten dar: Flexibilität wird erreicht durch duale Arbeitsmarktstruktur (Stammbeschäftigte, periphere Arbeitskräfte), die Mitwirkung der Arbeitnehmer bleibt auf die großen Unternehmen beschränkt; vorherrschend in Japan.

Die vorgestellten marxistischen Ansätze sind hinsichtlich ihrer Stärken und Schwächen unterschiedlich zu bewerten. So gehören zwar Hymans materiale Analysen über historische und aktuelle Probleme industrieller Beziehungen zu den luzidesten Beiträgen angelsächsischer Autoren, aber sein Konzept einer *Political Economy of Industrial Relations* läßt keinen Raum für eine gegenstandsbezogene Theorie der industriellen Beziehungen; wir sehen uns statt dessen auf die umfassendere marxistische Theorie der kapitalistischen Produktionsverhältnisse und ihrer Entwicklung verwiesen. - Auch die *Regulationstheorie* setzt ähnlich globale Strukturen der Gesellschaftsanalyse voraus; in Verbindung mit ihren idealtypisch konzipierten Modellen des »Fordismus« und »Postfordismus« bleibt die empirische Anschlußfähigkeit dieses Ansatzes äußerst prekär. Bezeichnend dafür sind auch die von Lipietz ad hoc eingeführten zusätzlichen Variablen. Gleichwohl enthalten die beiden von ihr konstruierten Regulationsweisen (Fordismus; Postfordismus) ein heuristisches Potential, mit dem sich - ähnlich wie mit dem Dunlopschen Systemansatz - ein Strauß von Variablen zu plausiblen Interpretationsmodellen zusammenbinden läßt. - Demgegenüber bleibt die *Labour Process Debate* zwar weitgehend mikrozentriert (obwohl bei Braverman wie bei Littler die überbetrieblichen Dimensionen nicht völlig ausgespart bleiben). Aber ihr kommt das Verdienst zu, die Kontrollaspekte im Arbeitsprozeß so differenziert herausgearbeitet zu haben, daß arbeits- und mikropolitische Theorieansätze an sie mit Gewinn anschließen konnten.

Institutionalistische Erklärungsansätze

Institutionen haben in der Regulationstheorie zwar einen wichtigen Stellenwert, aber diese »Großtheorie« verfügt über keinen ausgearbeiteten Institutionenbegriff. Wichtiger sind ihr die Kategorien Akkumulationsregime und Regulationsweise, zwischen denen die Institutionen nur eine vermittelnde Rolle einnehmen. Bei den nun zu behandelnden Erklärungsansätzen stehen die Institutionen und institutionellen Arrangements im Zentrum.

Ihrer Darstellung seien zum besseren (wenn auch noch vorläufigen) Verständnis einige Erläuterungen zum Institutionenbegriff vorangestellt.

Die Existenz von Institutionen erfahren wir gewöhnlich im Handeln, sowohl beim Handlungsentwurf wie im Handlungsvollzug. Je weniger Raum für spontanes Handeln ist, desto stärker sind wir von Institutionen umstellt. Natürlich entlasten Institutionen auch das Handeln: wir müssen es nicht in jeder Situation neu erfinden. Sozialwissenschaftler wie Arnold Gehlen (1986; zuerst 1956, Teil I) oder Berger und Luckmann (1977; zuerst 1969, Teil II, 1) bezeichnen bereits jedes regelmäßige, typisierte und routinisierte Handeln als Institution. Für unseren Gegenstandsbereich ist dieser Institutionenbegriff zu weit gefaßt; wir meinen mit Institutionen solche Sozialgebilde, die Handlungsprogramme mit einer größeren Festigkeit und Dauerhaftigkeit verkörpern. Neutral gesagt strukturieren Institutionen das Handlungsfeld. Sie legen Handlungsprogramme nicht starr, sondern innerhalb eines Handlungskorridors fest; dadurch werden Ziele und Strategien ebenso wie Interessendefinitionen der Akteure und Machtbeziehungen zwischen ihnen beeinflußt. Falsch wäre es, in ihnen nur Restriktionen fürs Handeln zu sehen, sie eröffnen auch Handlungsoptionen und Handlungsressourcen. Man kann sie auch als »Filter« begreifen, durch welche Strategien und Ziele der Akteure sowohl befördert wie behindert werden können, wobei die jeweiligen Effekte durchaus für den einen Akteur mit positiven, für den anderen mit negativen Vorzeichen versehen sein können.

Institutionalistische Erklärungsansätze lassen sich nach historischen und steuerungstheoretischen Konzepten unterscheiden.

Historischer Institutionalismus

Hierbei handelt es sich um Ansätze, die Institutionen *historisch-genetisch* bzw. *evolutionstheoretisch* erklären. Sie versuchen, die Entstehung und Entwicklung von Institutionen aus historischen Interessen- und Machtkonstellationen zu erklären. Institutionen sind nach diesem Verständnis weder bewußt geplant noch durch externe Bedingungen eindeutig determiniert. Sie gehen vielmehr hervor aus dem interessengeleiteten und strategischen Handeln von Akteuren mit konfligierenden Zielen. Als »geronnene Interessenkompromisse« setzen sie neue Bedingungen und Möglichkeiten für zukünftige Interaktionen und bilden eine neue Plattform für weitere institutionelle Innovationen und Entwicklungen. Die Evolution von Institutionen vollzieht sich dergestalt, daß jene Institutionen sich als überlebensfähig erweisen (d.h. im Evolutionsprozeß selektiert werden), welche die jeweils gegebenen Interessen- und Machtkonstellationen adäquat zum Ausdruck bringen. Im Prozeß der Institutionenbildung fällt dem Staat eine wichtige Rolle zu, weil er den Institutionen durch Recht und Gesetz Stabilität verleihen kann.

Ein frühes Beispiel für die historisch-genetische Erklärung ist die von Karl Korsch (1922) skizzierte Entwicklungslogik der industriellen Demokratie (vgl. Kap. 3). Anknüpfend an Hegel und Marx, ist für ihn die Geschichte der menschlichen Gesellschaftsverfassung »einerseits die Geschichte von *Klassenkämpfen*, andererseits zugleich die Geschichte von der Entwicklung und Ausbreitung der menschlichen *Freiheit*« (Korsch 1968, S. 35, Hervorh. i.O.). Ähnlich wie die bürgerliche Klasse, der dritte Stand, im Kampf gegen Aristokratie und Absolutismus stufenweise die demokratische Republik für das politische Gemeinwesen erkämpft hat, erringt das Proletariat, der vierte Stand, im Klassenkampf mit der Bourgeoisie stufenweise »Mitwirkungsrechte des Arbeitsbürgers im ›Gemeinwesen der Arbeit‹«, d.h. die »Mitwirkung und Mitbestimmung bei der Gestaltung des Arbeitsverhältnisses und des gesamten Wirtschaftslebens« (ebd., S. 45). Korsch unterscheidet drei Kategorien der Mitwirkungsrechte:

- die des Arbeiters als Staatsbürger (u.a. staatliche Sozialpolitik, Arbeitsschutzgesetze),
- die des Arbeiters als Verkäufer der Ware Arbeitskraft (gewerkschaftliche Arbeiterbewegung),
- die des Arbeiters als Betriebsangehöriger (betriebliche Partizipation und Mitbestimmung).

Diese drei Kategorien kennzeichnen gleichzeitig drei phasenverschobene Entwicklungslinien. Die erste Kategorie umschreibt Eingriffe des Staates in die Gewerbefreiheit zwecks Einschränkung der absoluten Herrschaft des kapitalistischen Arbeitgebers. Die zweite Kategorie benennt die durch gewerkschaftliche Koalitionen erzwungenen Mitbestimmungsrechte bei der Gestaltung der Arbeitsbedingungen durch Kollektivverträge. Die dritte und jüngste Form ist die Einschränkung der Herrschaftsbefugnisse kapitalistischer Betriebseigentümer durch die gesetzlich abgesicherte Mitbestimmung im Betrieb.

Der englische Soziologe T.H. Marshall (1963; 1992) erklärt die Herausbildung einer gesonderten Sphäre der industriellen Beziehungen mit spezifischen, nämlich »industriellen Bürgerrechten als eine Konsequenz der für moderne Industriegesellschaften charakteristischen Evolution von - zunächst zivilen, dann politischen und später sozialen - Bürgerrechten. Die einzelnen Kategorien von Bürgerrechten hätten sich nicht nur nacheinander entwickelt, sondern auch jeweils die Grundlage für die Entstehung und Entwicklung der nächstfolgenden gebildet. Ergänzend und parallel zum System des »political citizenship« sei ein »secondary system of industrial citizenship« entstanden, in dem »industrielle Bürgerrechte« (die Marshall auch als zivile Rechte in der wirtschaftlichen Sphäre bezeichnet) die Koalitionsfreiheit, Tarifautonomie etc. garantieren. Begreift Marshall die Entwicklung der Bürgerrechte gleichsam als einen natürlichen Evolutionsprozeß, unterstützt von der wohltätigen Hand des Staates, so verweist Giddens (1982, S. 164ff.) mit Recht auf die harten sozialen Auseinandersetzungen, in denen diese Rechte erkämpft wurden.

Gemeinsam ist den referierten Autoren, daß ihre Ansätze auf der sozialen Grundproblematik bürgerlich-kapitalistischer Gesellschaften basieren: auf der Eigentumslosigkeit rechtlich freier und formal gleichberechtigter Bürger, die auf freien Arbeitsmärkten ihre Arbeitskraft anbieten müssen, um zu überleben. Die aus dieser Grundproblematik resultierenden sozialen Risiken und industriellen Konflikte setzen eine gesellschaftliche Dynamik frei, in deren Verlauf sich kollektive Akteure (Organisationen, Verbände, Parteien, staatliche Instanzen) konstituieren. Aus deren Interessenkämpfen, Interaktionen und Lernprozessen gehen als soziale Innovationen die Institutionen der Konfliktregelung hervor. Theodor Geiger (1949) spricht von der »Institutionalisierung des Klassengegensatzes«. Mit ihnen werden sukzessive Rechtspositionen der sozial Schwächeren festgeschrieben. Die strukturellen Veränderungen »seit Marx« darlegend, hat auch Dahrendorf (1959) retrospektiv die immanente Logik dieser Entwicklung in kapitalistischen Industriegesellschaften freigelegt.

Diese Logik äußert sich darin, daß die institutionellen Innovationen nicht voraussetzungslos geschaffen werden, sondern aufeinander aufbauen und sich überdies Lernprozessen der Akteure verdanken, welche sie umgekehrt wiederum anstoßen. In Kombination mit der Methode der »rationalen Nachkonstruktion« (Habermas 1976, S. 184) eignet sich dieser Ansatz dazu, die historische Entwicklung von Institutionen aus paradigmatischen Konfliktkonstellationen überzeugend zu erklären.

Steuerungstheoretischer Institutionalismus

Während der historische Institutionalismus die durch das Institutionensystem der industriellen Beziehungen geleistete Funktion der sozialen Integration konfligierender Interessen thematisiert, rückt die steuerungstheoretische Variante darüber hinaus die wirtschaftlichen Effekte (z.B. ökonomische Effektivität) der Steuerungsfunktionen und Steuerungspotentiale (*governance*) von Institutionen und Organisationen ins Zentrum der Analyse. Ausgehend von der soziologischen Grundfrage nach der Möglichkeit von sozialer Ordnung angesichts der Pluralität von Interessen und konfligierenden Handlungsstrategien fragen diese Ansätze nach den Mechanismen und Prozessen der Formierung und Aggregation, der Aushandlung, Vermittlung und Durchsetzung von Interessen. Streeck und Schmitter (1985) haben unter dem Terminus *Private Interest Government*[4] einen - neben Gemeinschaft, Markt und Staat - vierten Typus sozialer Steuerung und Regulierung beschrieben. Weder durch spontane Solidarität (wie die *Gemeinschaft*), noch durch Preise (wie der *Markt*) oder hierarchische Kontrolle (wie der *Staat*), sondern durch intra- und interorganisatorische Abstimmung (»Konzertierung«) formieren und koordinieren *Verbände* die gesellschaftlich relevanten Interessen.

Theoretikern des *Neokorporatismus* (Schmitter/Lehmbruch 1979; v. Alemann 1981) ist die Einsicht zu verdanken, daß gesellschaftliche Steuerungsfunktionen auch durch nichtstaatliche (»private«) Institutionen ausgeübt werden. Sie haben den analytischen Blick auf die konzertierte Interessenabstimmung im Verbund (»Tripartismus«) von Staat, Gewerkschaften und Unternehmerverbänden gelenkt sowie auf die - häufig mit staatlicher Hilfe geschaffenen und veränderten - Institutionensysteme aufmerksam gemacht, die die Konzertierung erst ermöglichen. Denn zentral bleibt die Frage nach den institutionellen Bedingungen, unter denen korporatistische Arrangements der Interessenvermittlung entstehen und sich bewähren (vgl. z.B. Streeck 1981; Traxler 1982; 1986).

Wie von verschiedenen Autoren übereinstimmend herausgearbeitet wurde, ist der als Instrument einer makroökonomischen Konzertierung fungierende Korporatismus an voraussetzungsvolle Bedingungen geknüpft: unter anderem an einen wirtschaftspolitisch aktiven Staat, der über nationalstaatliche Handlungsfähigkeit verfügt; an die Regierungsbeteiligung von sozialdemokratischen Parteien, zu denen die tariffführenden Gewerkschaften in loyaler Beziehung stehen; sowie an die Existenz von verhandlungsstarken Interessenorganisationen mit zentralistischen Repräsentationsstrukturen. Diese Voraussetzungen sind heute nur noch in wenigen Ländern gegeben. Theoretiker des Neokorporatismus haben auf den Niedergang ihres Gegenstands mit einer Ausweitung ihres theoretischen Konzepts reagiert: sie sprechen mittlerweile vom Makro-, Meso- und Mikrokorporatismus (zum Meso-K. vgl. Cawson 1985, zum Mikro-K. vgl. Keller 1997, S. 75ff.).

Neuere institutionalistische Ansätze sind nicht nur vom Konzept des Neokorporatismus inspiriert. Daneben finden wir *organisationssoziologisch* in-

---

[4] Ein Begriff, der schwer zu übersetzen ist. Irreführend ist die wörtliche deutsche Übersetzung »Private Interessenregierung«; sinngemäßer ist die Umschreibung mit verbandlicher Interessenvermittlung und -steuerung.

formierte Analysen, die die Formierung und Bearbeitung der Interessen unter dem Steuerungsaspekt der Kompromiß- und Verpflichtungsfähigkeit der Tarifverbände herausarbeiten (Weitbrecht 1969; Traxler 1993) sowie Analysen, die mit dem *Arenenkonzept* arbeiten und die Mechanismen spezifizierter Interessenrepräsentation und selektiver Konfliktbearbeitung durch funktionale Ausdifferenzierung von Arenen (z.B. Tarifautonomie und Betriebsverfassung) thematisieren (Lepsius 1979, Teil II; Müller-Jentsch 1979b; 1995).

Institutionen, zu denen im weiteren Sinne auch Organisationen zählen, verkörpern Handlungsprogramme und Handlungsrepertoires; sie steigern Scharpf zufolge »das Potential für kollektives Handeln, indem sie die Fülle der Verhaltensmöglichkeiten reduzieren, die man wechselseitig in seinen Plänen einkalkulieren kann. Dadurch werden im Vergleich zu weniger strukturierten Interaktionen komplexere Strategien möglich und anspruchsvollere Ziele erreichbar« (1987, S. 27).

Für die zuletzt abgehandelten Ansätze der institutionellen Analyse industrieller Beziehungen sind jene Institutionen von besonderer Bedeutung, die die Akteure auf die wechselseitige Berücksichtigung ihrer Interessen und auf eine reziproke Handlungslogik festlegen. Solche *intermediären* Institutionen vermitteln zwischen widerstreitenden Interessen, kanalisieren Konfliktpotentiale und desaggregieren Konfliktinhalte. Ihre Genese ist nicht minder voraussetzungsvoll wie die von neokorporatistischen Arrangements, so daß die Entstehung und Stabilisierung von Institutionen mit intermediären Programmen in der Regel auf staatliche Organisationshilfe angewiesen bleibt (für die Institution des Betriebsrats Müller-Jentsch 1995). Da sie widersprüchliche Handlungslogiken miteinander verknüpfen, die erst in langwierigen Lernprozessen in reziproke transformiert werden, ist es theoretisch unwahrscheinlich, daß derartige Institutionen von den jeweiligen Konfliktparteien selbst ins Leben gerufen werden.

Handlungstheoretische Ansätze

Während institutionalistische Ansätze die Handlungs*programme* von Strukturen - Institutionen und Organisationen - ins Visier nehmen und sich für deren evolutionäre Logik und gesellschaftliche Integrations- und Steuerungsleistungen interessieren, rücken handlungstheoretische Ansätze die Interaktionen strategisch handelnder Akteure ins Zentrum ihrer Analyse. Es ist daher auch von akteurszentrierten Ansätzen und strategischen Organisationsanalysen die Rede. Gegen deterministische Versuchungen (Systemtheorie, Marxismus) und Konzepte des »one best way« (klassische Organisationstheorie) machen diese Ansätze auf die »politischen« Prozesse in Organisationen aufmerksam, welche aus den Unbestimmtheiten des Arbeitsvertrages und den »Machtspielen« der betrieblichen Akteure resultieren. Kontingenz (das heißt, daß alles auch anders möglich sei) hat für sie programmatische Bedeutung. Trotz dieser gemeinsamen Perspektive haben wir es mit einer heterogenen Gruppe von Theorieansätzen zu tun. Im folgenden werden vier dieser Ansätze kurz vorgestellt.

Mikropolitik

Der auf den britischen Soziologen Tom Burns zurückgehende Begriff *micropolitics* (1961/1962) bezeichnet einen Ansatz, der die Mikroebene des Betriebs und Arbeitsprozesses als ein politisches Handlungsfeld konzipiert. Betrieb und Unternehmen werden demnach weder als ein geplantes, kooperatives Organisationssystem noch als ein bloßer Herrschaftsverband begriffen, sondern als die »Gesamtheit mikropolitischer Spiele« (Ortmann 1995, S. 33) von Akteuren mit unterschiedlichen Machtpotentialen und konfligierenden Machtstrategien. Das eigentlich Politische ist in der Dimension der Macht als einer Austauschbeziehung zwischen den Akteuren zu suchen. Crozier und Friedberg (1993, zuerst 1977) zufolge gibt es keine Situation in einer gegebenen Organisation, die einen Akteur völlig unter Zwang stellt. Der ihm verbleibende Freiheits- und Verhandlungsspielraum stellt für seine Gegenspieler eine »Ungewißheitsquelle« dar; seine Macht ist »um so größer, je relevanter die von ihm kontrollierte Ungewißheitsquelle für jene ist« (1993, S. 56).

Die Vertreter des mikropolitischen Ansatzes leugnen nicht, daß die Akteure in Organisationen und die Organisation als ganze unter strukturellen Zwängen handeln, aber diese begrenzen nur die freie Wahl der Akteure; sie formieren sich zu einem »Entscheidungskorridor«, dessen Barrieren aus »organisationalen und technologischen Präjudizien, aus nackten ökonomischen Nötigungen« etc. bestehen (vgl. Ortmann 1995, S. 39).

Arbeitspolitik

Noch entschiedener als der mikropolitische reklamiert der arbeitspolitische Ansatz die politische Dimension für den scheinbar politikneutralen Bereich von Arbeit und Produktion. Naschold spricht von der »Endogenisierung der Politik«, von der Notwendigkeit ihrer systematischen Verankerung als »Element des technisch-ökonomischen Bedingungszusammenhangs« (1985, S. 10). Politik wird definiert als »Regulation (Konstitution, Reproduktion und Transformation) sozialer Beziehungen« (ebd., S. 9) und Arbeitspolitik als Regulation der sozialen Beziehungen im Prozeß gesellschaftlicher Arbeit und Produktion. Der gleichsam als Synonym für Arbeitspolitik verwandte Regulationsbegriff bleibt eigentümlich unbestimmt. Jürgens (1984) spricht von Arbeitspolitik in Begriffen von Macht, Herrschaft und Kontrolle. Macht sei ein »Charakteristikum der sozialen Beziehungen im Betrieb« (ebd., S. 61) und trete als »Primärmacht« (das sind die aus den »Abhängigkeitsbeziehungen zwischen den sozialen Akteuren im Betrieb erwachsenden Machtpositionen«) und »Sekundärmacht« (beruhend »auf bereits kollektiv erkämpften bzw. staatlich gesetzten Regelungen und Institutionen«) in Erscheinung. Anders als die Mikropolitik beschränkt sich die Arbeitspolitik nicht auf die Mikroebene des Betriebs; sie bringt neben den betrieblichen auch die verbandlichen und staatlichen Akteure ins Spiel, die auf die Organisation des Arbeits- und Produktionsprozesses Einfluß nehmen. Als gleichwohl »fragmentiertes Politikfeld, angesiedelt auf der Nahtstelle staatlicher, verbandlicher und betrieblicher Akteursysteme« (Naschold/Dörr 1990, S. 12), ist sie Makropolitik staatlicher und parastaatlicher Institutionen und Mikropolitik der Unternehmen. Während Keller (1997) die Arbeitspolitik in die Nähe der Arbeitsmarktpolitik rückt und sie gleichsam als eine Ausdifferenzierung der Sozialpolitik begreift, steht die ursprüngliche Version - die der Arbeitsgruppe am Wissenschaftszentrum Berlin (Naschold, Jürgens, Dörr) - in theoretischer Nähe zur Regulationstheorie und zur *Labour Process Debate*. Überdies schließt sie an die in Burawoys »Manufacturing Consent« (1979) als »Machtspiele« analysierten politischen und ideologischen Prozesse in der Produktion an.

Verhandlungsansatz / Negotiation of Order

Verhandlungen und verhandlungsähnliche Interaktionen zwischen den Akteuren industrieller Beziehungen bilden das thematische Zentrum einer weiteren Gruppe handlungstheoretischer Erklärungsansätze. Das Spektrum reicht von formellen Verhandlungen bis zum »Schattenreich informeller Regeln und Beziehungen« (Trinzcek 1989, S. 453). In angelsächsischer Terminologie erstreckt sich das Spektrum von *collective bargaining* und *labour negotiations* über *effort bargain* bis zu *silent bargain* und *implicit negotiation*.

Für den Bereich der formellen Aushandlungsprozesse haben Walton und McKersie (1965) eine »verhaltenswissenschaftliche« (*behavioral*) Theorie der Kollektivverhandlungen (*labor negotiations*) vorgelegt. Sie verweisen auf die Multifunktionalität von Verhandlungsprozessen, die sie in vier Teilprozesse mit je spezifischen Funktionen zerlegen:

a) Distributives Verhandeln (*distributive bargaining*); gemeint ist damit hartes Bargaining mit der Funktion, Interessenkonflikte nach dem Muster von Nullsummenspielen zu lösen: was die eine Seite gewinnt, verliert die andere. Typisches Beispiel dafür ist der tarifliche Lohnkonflikt.

b) Integratives Verhandeln (*integrative bargaining*); dieser Verhandlungstypus basiert auf dem beiderseitigen Bemühen, gemeinsame Interessen für kooperative Problemlösungen nach dem Modell des Positivsummenspiels zu mobilisieren. Typisches Beispiel dafür sind betriebliche Verhandlungen zwischen Management und Betriebsrat über die Einführung von Gruppenarbeit, durch die gleichzeitig die Produktivität erhöht und das Arbeitsleid reduziert werden soll.

c) Einstellungsstrukturierung (*attitudinal structuring*); gemeint ist damit die Beeinflussung der Einstellungen und Haltungen der Gegenseite, z.B. um Widerstände abzubauen oder Kooperationsbereitschaft zu erzeugen.

d) Interne Aushandlungsprozesse (*intraorganizational bargaining*); hierunter fallen die Prozesse der Abstimmung zwischen den im Verhandlungsprozeß erzielten (bzw. erreichbaren) Ergebnissen mit den Zielen und Interessen derjenigen, für die verhandelt wird.

Auf den interdependenten Zusammenhang von inter- und intraorganisatorischen Aushandlungsprozessen verweist Weitbrecht (1974), indem er die in der Organisation begründete Machtvariable ins Spiel bringt. Er demonstriert am Beispiel von Festlegungstaktiken und Konzessionsprozeß das Wechselspiel zwischen Organisation und Verhandlungstisch: »Die Organisation bedarf der Zeichen und Signale vom Verhandlungstisch, um innerorganisatorisch den Konzessions- und Ratifikationsprozeß steuern zu können. Andererseits bedarf der Verhandlungsführer am Verhandlungstisch der Demonstrationen von der Organisation, um am Verhandlungstisch Verhandlungsmacht ausüben zu können.« (1974, S. 229)

Gleichsam am anderen Pol des Verhandlungsspektrums läßt sich der *negotiated order approach* (Strauss u.a. 1963; Strauss 1978; Edwards 1993) verorten. Ihm zufolge ist jede soziale Ordnung, selbst die repressivste, bis zu einem gewissen Grad eine ausgehandelte Ordnung. Sie geht hervor aus den Interaktionen der individuellen und kollektiven Akteure; diese produzieren und reproduzieren soziale Ordnungen in Organisationen, sei es implizit in stillschweigenden Übereinkünften und stummen Aushandlungen oder explizit in formalen Verhandlungen. Ausgehandelte Sozialordnungen können z.B. als ungeschriebene Arbeitsverfassung oder als Organisationskultur eine relative Festigkeit und Dauer erlangen und damit zukünftigen Aushandlungsprozessen Grenzen setzen und Richtungen weisen. Strauss (1978, S. 6) will daher auch die stabileren Elemente einer Sozialordnung als »Hintergrund« verstehen, vor dem sich im »Vordergrund« die tagtäglichen Aushandlungsprozesse abspielen.

Strategic Choice

Dieser von den amerikanischen *Industrial Relations*-Forschern Kochan/Katz/McKersie (1986) entwickelte Ansatz stellt eine handlungstheoretische Erweiterung des Dunlopschen Systemansatzes dar. Zwar handelt es sich dabei um eine Kombination von system- und handlungstheoretischen Elementen, aber wie die materialen Analysen zeigen, ziehen die Autoren vorwiegend die handlungstheoretische Dimension zur Erklärung heran. Der tiefgreifende historische Wandel der amerikanischen industriellen Beziehungen läßt ihnen zufolge den Systemansatz nicht unberührt. Dem Collective Bargaining komme nicht mehr jene zentrale Bedeutung zu, die der traditionelle Ansatz ihm bemesse; sodann sei der für die Entstehung von Regeln vorausgesetzte Konsens der Akteure nicht mehr gegeben - wie aus dem Bestreben vieler Unternehmungsleitungen zu ersehen sei, die Gewerkschaftsvertretung aus ihrem Unternehmen herauszuhalten beziehungsweise herauszudrängen (»union avoidance«-Politik); schließlich zwinge die vielfach zu beobachtende proaktive Rolle des Managements zu einer Neubewertung des strategischen Handelns. Anknüpfend an eine Kritik, die Child (1972) an der traditionellen Organisationstheorie (»situativer Ansatz«) übte - sie sah die Organisationsstrukturen als allein durch Umweltfaktoren determiniert, wohingegen er im relativ autonomen Managementhandeln eine intervenierende Variable zwischen Umweltbedingungen und Unternehmen erkannte -, plädieren die Autoren für die relative Autonomie strategischer Entscheidungen nicht nur des Managements, sondern auch der Gewerkschaften und des Staates. Als strategisch gelten ihnen solche

Entscheidungen, die die Rolle und den Aktionsraum eines Akteurs in seinem Verhältnis zu anderen Akteuren der industriellen Beziehungen nachhaltig beeinflussen.

Unterhalb der Ebene strategischer Entscheidungen identifizieren die Autoren zwei weitere Handlungsebenen: als mittlere Ebene die des *Collective Bargaining* und der Personalpolitik; als unterste Ebene die des Arbeitsplatzes und des individuellen Jobs.

Dieser Erklärungsansatz machte in der amerikanischen *Industrial Relations*-Forschung Furore (vgl. Chelius/Dworkin 1990). Aber die empirische Folie, die ihm zugrunde liegt, ist das US-amerikanische System, für das staatliche Abstinenz in Fragen der industriellen Beziehungen ebenso charakteristisch ist wie die Existenz von Betriebsgewerkschaften und eines verbreiteten *Human Resource Management,* welches individuelle Regelungen den kollektiven vorzieht. Wahrscheinlich erklärt dies, warum die industriellen Beziehungen Westeuropas bislang kaum mit diesem Ansatz analysiert und erklärt wurden (die Ausnahme: Rojot 1990).

Ökonomische Ansätze

Vorwiegend aus der Ökonomie stammen Modelle, deren Erklärungsgrundlage das Handlungskalkül individueller Nutzenmaximierung ist. Es handelt sich dabei einmal um den sog. *Rational Choice*-Ansatz und ein andermal um den Transaktionskosten-Ansatz.

Rational Choice (RC)

Konstitutiv für das RC-Paradigma ist die Rationalitätsannahme, daß Individuen in einer gegebenen Situation unter verschiedenen Handlungsalternativen immer diejenige wählen, die ihrer Präferenz am ehesten entspricht und von der sie den größten Nutzen bei gegebenen Kosten erwarten. Mit diesem Axiom arbeiten verschiedene ökonomische und sozialwissenschaftliche Schulen (Spieltheorie, Theorie der öffentlichen Güter, Neue Mikroökonomik, Neue Politische Ökonomie, aber auch eine spieltheoretische Variante des amerikanischen Marxismus). Keineswegs unterstellen die modernen Ansätze eine vollständige Entscheidungs- und Handlungsrationalität. Seit Herbert A. Simons richtungweisender Untersuchung über Entscheidungsprozesse in Verwaltungen (1976; zuerst 1945) ist die Annahme der Hyperrationalität zunehmend durch das Konzept der »begrenzten Rationalität«[5] ersetzt worden. Konzediert wird, daß das Individuum in der Regel nur einen Teil seiner Handlungsmöglichkeiten und davon wiederum nur einen Teil der möglichen Konsequenzen kennt, daß es aber gleichwohl intentional rational entscheidet. Als prinzipiell unabhängig von den aktuellen Handlungsmöglichkeiten gelten die Präferenzen, welche dieser Ansatz nicht erklärt, sondern einfach voraussetzt.

Die mit dem Modell der *rationalen Auswahl aus Alternativen* (Kirchgässner 1991, S. 12) arbeitenden Analytiker sind weniger an der Erklärung des Verhaltens (bzw. Handelns) einzelner Individuen interessiert, als an der des Verhaltens größerer Gruppen (z.B. Konsumenten, Wähler, Unternehmer, Arbeitnehmer) sowie an der Erklärung von sozialen Interaktionen und ihren nichtintendierten (Neben-)Folgen als Ergebnis rationalen Handelns. Es sind vorwiegend gesellschaftliche Makrophänomene, die mit Hilfe individueller Entscheidungen erklärt werden sollen. Soziale Interaktionen werden im Kontext des RC-Ansatzes grundsätzlich mit rationalen Tauschvorgängen gleichgesetzt.

Einen zentralen Stellenwert in der Analyse haben die sog. Rationalitätsfallen und Dilemmata zwischen individueller und kollektiver Rationalität. Exemplarisch - auch für die industriellen Beziehungen - stehen dafür die *Kollektivgutproblematik* und das *Gefangenendilemma*. Die Kollektivgutproblematik resultiert aus der Möglichkeit, an öffentlichen oder kollektiven Gütern (z.B. saubere Luft; Tarifvertrag) zu partizipieren, ohne einen Beitrag zur Erstellung solcher Güter geleistet zu haben (»Trittbrettfahrer«). Als mittlerweile klassische Analyse des mit der Produktion von Kollektivgütern verknüpften »Free-Rider«-Problems gilt Mancur Olsons »Logik des kollektiven Handelns« (1992; zuerst 1965); auf deren analytischen Einsichten gründen viele Veröffentlichungen aus den Wirtschafts- und Sozialwissenschaften (beispielhaft für den Gegenstandsbereich der industriellen Beziehungen: Crouch 1982; Offe/ Wiesenthal 1980). Maßgeblichen Einfluß hatte Olson auch auf Untersuchungen über die Mitgliederrekrutierung und Organisationssicherung von Gewerkschaften (vgl. Kap. 7).

Das Gefangenendilemma (vgl. Hillmann 1994, S. 261f.) ist eine spieltheoretische Version der Kollektivgutproblematik; es exponiert eine Konfliktstruk-

---

[5] Entgegen dem traditionellen Konzept des bei vollständiger Information permanent optimierenden Individuums sucht das Individuum nach dem Konzept der begrenzten Rationalität unter den zugänglichen Alternativen solange, bis es eine »hinreichend« akzeptable gefunden hat. Kirchgässner sieht beide Modelle als »Spezialfälle eines allgemeineren Konzepts« (1991, S. 31), wobei er letzteres als »empirisch vielleicht die bedeutendste Variante« (ebd., S. 33) betrachtet.

tur und Interessenkonstellation, die den »Spielern« bei konsequenter Verfolgung ihrer egoistischen Interessen mehr Nachteile einbringt als bei kooperativem Verhalten. Neben dem Gefangenendilemma, das als Paradigma der spieltheoretischen Analyse strategischen Handelns gilt, finden weitere Spielkonzepte (z.B. »Game of Chicken«; »Battle of Sexes«) ihre Anwendung in den modelltheoretischen Untersuchungen »strategischer Spiele« zwischen Kapital und Arbeit (vgl. Elster 1989).

Transaktionskosten (TK)

Im Gegensatz zur neoklassischen Ökonomie, die sich vorwiegend für Märkte und Produktionskosten interessiert und dabei die theoretische Analyse des gesamtwirtschaftlichen »Datenkranzes« (Eucken) anderen Wissenschaften überläßt, bemüht sich die *Neue Institutionelle Ökonomie* (vgl. einführend Richter 1994; grundlegend Williamson 1990) um eine endogene ökonomische Erklärung von Institutionen und Organisationen. Wie die Neoklassik geht auch sie vom Axiom der rationalen Wahlhandlung (hier: der Wahl zwischen alternativen Institutionen) aus, wobei das Entscheidungskriterium die Minimierung von TK ist, die - nach einer allgemeinen Definition von Arrow (1969, S. 48) - als »Betriebskosten des Wirtschaftssystems« begriffen werden. Zu ihnen zählen Such- und Informationskosten, Verhandlungs- und Entscheidungskosten, Kontroll- und Überwachungskosten.

Systematisiert worden ist der TK-Ansatz durch Williamson (1981; 1985, dt. 1990). Sein theoretisches Modell des vertraglichen Leistungsaustausches geht aus von der Faktorspezifität des Transaktionsobjekts (gegeben durch Standortgebundenheit oder durch Sachkapital- und Humankapitalspezifität) und unterstellt zwei Verhaltensannahmen: (a) Akteure verfügen nur über eine beschränkte Kapazität zur Informationsbeschaffung und -verarbeitung (»begrenzte Rationalität«); (b) sie verfolgen ihre Eigeninteressen unter Zuhilfenahme von List (»Opportunismus«). Die daraus entstehenden Reibungen, Ungewißheiten und (sonstigen) Kosten von Transaktionen machen Institutionen zur »Beherrschung und Überwachung von Vertragsbeziehungen primär durch (...) außergerichtliche Regelung« (Williamson 1990, S. X) erforderlich.

Ausgangsüberlegung ist, daß überall dort, wo es zu einem Leistungsaustausch (=Transaktion) kommt, die Durchsetzung der wechselseitigen Verpflichtungen Reibungen und Friktionen - kurz TK - verursachen. In vielen Fällen kann die Koordination und Steuerung von Transaktionen kosteneffizienter durch (nichtmarktliche) Institutionen als durch marktvermittelten Austausch erfolgen. Die je spezifischen Rahmenbedingungen einer Transaktion definieren die optimale (=effiziente) Institution. Deren Entstehung wird rein funktionalistisch aus dem Zweck zur Einsparung von TK erklärt. Williamson (1981, S. 574) zufolge verdrängen Koordinations- und Steuerungsstrukturen mit höheren Einsparungseffekten solche mit niedrigeren auf dem Wege der »natürlichen Selektion«.

Zwei typische Anwendungsbereiche der TK-Analyse sind der (unvollständige) Arbeitsvertrag und das Unternehmen. Da die Austauschbeziehungen zwischen Arbeitgeber und Arbeitnehmer nur um den Preis hoher TK vertraglich vollständig regelbar sind (erforderlich wäre dafür ein umfangreiches, komplexes Dokument, das alle denkbaren Sachverhalte berücksichtigt), bleibt der Arbeitsvertrag unspezifisch. Statt detaillierter vertraglicher Regelungen steuern und koordinieren Hierarchie, bürokratische Organisation sowie das Direktionsrecht des Managements den - im Arbeitsvertrag unspezifizierten - Leistungsaustausch (vgl. Kap. 2). Genereller hat Coase in seiner klassischen Analyse »The Nature of the Firm« (1937) die Frage aufgeworfen, warum Transaktionen durch Anweisung und Ausführung im Rahmen einer Unternehmensorganisation statt über den Markt durchgeführt werden und darauf die Antwort gegeben, daß Unternehmensentscheidungen über den Umfang der vertikalen Integration von Überlegungen zu TK-Einsparungen bestimmt werden. Mit anderen Worten: Sind für bestimmte wirtschaftliche Aktivitäten die Kosten der Nutzung des Markt- und Preismechanismus höher als die Koordinationskosten innerhalb eines Unternehmens, werden sie integriert, andernfalls externalisiert.

Ein interessanter Versuch zur Erklärung der Mitbestimmung durch TK-Einsparung stammt von Schmidtchen (1987). Er interpretiert Mitbestimmung als Beitrag zur Koordinationseffizienz im Unternehmen. Unter den Annahmen von Ressourcenspezialisierung (bzw. Faktorspezifität), begrenzter Rationalität und Opportunismus kann die Mitbestimmung als eine Schutzvorkehrung gegen die negativen Folgen weich formulierter Arbeitsverträge mit lückenhaft geregelten Sachverhalten (z.B. in bezug auf die Arbeitsbedingungen) in Terms der TK-Einsparung interpretiert werden. Gleichwohl hat Schmidtchen nicht geringe Schwierigkeiten mit einer plausiblen Erklärung dessen, warum Mitbestimmung nicht spontan entsteht und nicht generell verbreitet ist.

Die beiden skizzierten ökonomischen Ansätze sind extrem selektiv; ihre modelltheoretische Strenge erkaufen sie mit dem Verzicht auf den sozialen Kontext, in den die rationalen Wahlhandlungen eingebettet sind. Gerade auf diesen wird eine soziologisch orientierte Theorie nicht verzichten wollen.

Ein erweiterter institutionalistischer Ansatz

Seit Dunlop in den fünfziger Jahren sein systemtheoretisches Analysekonzept vorgelegt hat, haben die sozialwissenschaftlichen Bemühungen um eine theoretische Konzeptualisierung der industriellen Beziehungen, wie wir gesehen haben, zu einer Vielfalt von Ansätzen geführt. Hinsichtlich ihrer Reichweite, ihres Objektsbereichs und ihrer fachwissenschaftlichen Herkunft bestehen große Unterschiede zwischen den oben dargestellten Theorieansätzen. Großtheorien, wie der marxistischen und regulationstheoretischen, stehen modelltheoretische Ansätze mit begrenzter Reichweite gegenüber. Dazwischen liegen die Theorieansätze »mittlerer Reichweite«, die spezifisch auf Analyse, Erklärung und Evaluation der intermediären Institutionensysteme, Verhandlungsprozesse und korporativen Akteure industrieller Beziehungen zugeschnitten sind. Ihre Erklärungskraft variiert mit Fragestellung und Gegenstand: Erklärungen konkreter Verhandlungsergebnisse oder spezifischer Konfliktkonstellationen können nicht über den gleichen theoretischen Leisten geschlagen werden wie Erklärungen der Genese von Institutionen, des organisationalen und institutionellen Wandels, der Stabilität oder Effizienz von spezifischen Systemen industrieller Beziehungen.

Als eines theoretischen Leitfadens für die Darstellung und Analyse der für dieses Buch relevanten Sachverhalte bediene ich mich eines erweiterten, akteursbezogenen institutionalistischen Ansatzes, einer Integration von historischem und steuerungstheoretischem Institutionalismus mit handlungs- (vornehmlich verhandlungs-)theoretischen Konzepten. Dieser Ansatz besteht aus drei theoretischen »Bausteinen«:

1. der historischen Konstitutionsanalyse von Akteuren und Institutionen,
2. dem Arenen-Konzept und
3. dem Aushandlungs-Konzept.

Historische Konstitutionsanalyse

Bei der historischen Analyse der Konstitution von Organisationen und Institutionen der industriellen Beziehungen handelt es sich um die »rationale Nachkonstruktion« (Habermas) eines evolutionären Prozesses, bei dem eine strukturelle Konfliktkonstellation (Ausgangssituation) eine soziale Dynamik freisetzt, in deren Verlauf sich neue, kollektive Akteure konstituieren, die durch interessengeleitetes und strategisches Handeln neue Institutionen bilden, welche wiederum deren künftige Ziele und Strategien beeinflussen. Der Prozeß der Ko-Evolution von Organisationen und Institutionen, die später zu Systemen (und Subsystemen) industrieller Beziehungen zusammenwachsen, ist weder bewußt geplant noch strukturell determiniert, sondern geht aus den Interaktionen und Lernprozessen der - sich in diesen Prozessen selbst erst konstituierenden - Akteure hervor.

Was hier noch abstrakt mit Evolution und sozialer Dynamik, Konstitution von Akteuren und Institutionenbildung bezeichnet wurde, läßt sich inhaltlich wie folgt skizzieren.

Die Ausgangssituation (die mit diesem Ansatz theoretisch nicht erklärt werden kann) ist gekennzeichnet durch eine für den frühen Industriekapitalismus typische Konstellation von *freien Arbeitsmärkten* und *Fabriksystem*. Deren »objektiven« Gesetzen und Zwängen müssen sich die pauperisierten Massen der Handwerker und ehemaligen Landarbeiter fügen. Daraus resultiert eine doppelte Widerspruchs- und Konfliktstruktur: zum einen der durch die Ausbeutungsproblematik bedingte Gegensatz zwischen Kapital und Arbeit, zum anderen der zivilgesellschaftliche Widerspruch zwischen dem Status des rechtlich gleichberechtigten, freien Bürgers und dem des Lohnarbeiters als eines benachteiligten Marktteilnehmers und faktischen Fabrikuntertans. Soziales Elend, spontane Widerstandsaktionen und politische Proteste sind die direkten Folgen; sie werden zu Motoren der sozialen Dynamik, die während der frühen Industrialisierung zu Bestrebungen bürgerlicher Reformbewegungen (»soziale Frage«) führte und zur Herausbildung einer sich selbst organisierenden Arbeiterklasse (Arbeiterbewegung) beitrug, welche ihrerseits mit der Gründung von Gewerkschaften und Arbeiterparteien, durch Arbeitskämpfe und Wahlrechtsbewegungen soziale und politische Rechte erkämpfte und sozialstaatliche Einrichtungen erzwang. Zur Abwehr der gewerkschaftlichen Offensive bildeten sich auf Unternehmerseite Arbeitgeberverbände, die ihre wirtschaftlichen und politischen Ressourcen zur Eindämmung der Arbeiterbewegung mobilisierten.

Aus den - anfänglich eher antagonistischen, später auch kooperativen - Interaktionen zwischen den kollektiven Akteuren entstand ein System von Konnex- und Komplementärinstitutionen zum freien Arbeitsmarkt und (despotischen) Fabrikregime. Sie dienten der Bewältigung und Kompensation der sozialen Risiken und Zumutungen des Lohnarbeitsverhältnisses. Kategorial lassen sie sich in drei Klassen von Institutionen gliedern:

– Unilateral begründete, von einem Akteur durch wiederholte Praxis, bewußte Machtausübung oder formellen Gründungsakt ins Leben gerufene Institutionen (hierunter fallen viele als *custom and practice* durchgesetzten Gewohnheitsrechte als auch die Gründung von dauerhaften Organisationen);
– bilaterale, von zwei (oder mehr) nichtstaatlichen Akteuren gemeinsam geschaffene Institutionen (zu ihnen zählen viele Institutionen der paritäti-

schen Arbeitsregulierung wie Kollektivverhandlungen, Schlichtungsverfahren etc.);
- durch Gesetz begründete Institutionen, die auch als Rechtsinstitute bezeichnet werden (z.B. Arbeitsschutzregelungen, Betriebsverfassung).

In der Realität durchmischen sich die drei Klassen von Institutionen. Eine durch Gewohnheitsrecht begründete Institution kann beispielsweise von der Gegenseite zum Verhandlungsgegenstand gemacht werden und nachträglich ihre bilaterale Begründung finden. Und eine aus autonomer bilateraler Verbandstätigkeit hervorgegangene Institution kann nachträglich durch Gesetz ratifiziert werden (wie z.B. die Tarifautonomie in Deutschland).

Der evolutionäre Prozeß der Entstehung und Selektion von Institutionen ist weniger von der Logik der Transaktionskosten-Einsparung als von der Logik der Macht und Gegenmacht bestimmt. Er folgt in den einzelnen Industriegesellschaften nationalspezifischen *Entwicklungspfaden* (deren Verlauf u.a. von den dominanten politischen und rechtlichen Traditionen des Landes, von den politisch-ideologischen Orientierungen der Akteure sowie von den spezifischen Interessenkonstellationen und Machtverhältnissen zwischen den Akteuren beeinflußt wird). Pfadabhängigkeit bedeutet, daß in einer formativen Periode spezifische Institutionen geschaffen werden, an die die weitere Institutionenbildung anschließt. Institutioneller Wandel erfolgt vornehmlich in historischen Knotenpunkten (als solche gelten gemeinhin Weltkriege, Weltwirtschaftskrisen, große historische Arbeitskämpfe, Machtwechsel in Demokratien, Regierungsbeteiligung sozialdemokratischer Parteien), die die Machtverhältnisse zwischen den Akteuren verändern und Chancen für eine Neuordnung des institutionellen Rahmens eröffnen. Gleichwohl ist ein typischer Verlauf und ein verallgemeinerbares Ergebnis für alle industriekapitalistischen Länder des Westens zu konstatieren. Nicht nur erhielten die Arbeitnehmer überall das Recht, staatlich unabhängige und gegnerfreie Gewerkschaften zu bilden und soziale Zugeständnisse ihrer Arbeitgeber mit Kampf- und Druckmitteln zu erringen, sondern überall entstanden auch Regelsysteme, die ihre - meist repräsentative - Beteiligung an der Regulierung der Arbeitsverhältnisse sicherstellen. Genereller formuliert: Sozialer Protest, Klassenkampf und Sozialpolitik hatten zur Konsequenz, daß der entfesselte Wirtschaftsliberalismus durch nachhaltige Institutionalisierungsprozesse gebändigt und die systembedrohlichen Potentiale integriert werden konnten (Geiger 1949; Dahrendorf 1959).

Die evolvierenden Systeme industrieller Beziehungen verfügen über neue Qualitäten (Emergenzen) der Steuerungsfähigkeit. Der evolutionäre »Zugewinn« besteht aus den folgenden Emergenzen:

- Soziale Aggregate (Klassen) gewannen Handlungsfähigkeit durch Organisationsbildung (so erhielt die Marxsche »Klasse an sich« ihren geschichtsmächtigen Charakter erst durch die Organisierung in Gewerkschaften und Arbeiterparteien).
- Mit den Organisationen konstituierten sich kollektive Akteure des »Interessenmanagements«, das heißt sie übernahmen die Aufgabe der Formierung und Aggregation, der Vermittlung und Durchsetzung von Mitgliederinteressen.
- Unilaterale Konfliktstrategien wurden durch bilaterale Regelungen ergänzt und ersetzt; (Neumann (1978) spricht vom »Sieg des Paritätsgedankens«, Flanders (1968) von »Joint Regulation«).
- Mit staatlicher Organisationshilfe entstanden schließlich Institutionensysteme - *Arenen* - mit spezifischen Steuerungsqualitäten für eine arbeitsteilige und funktional ausdifferenzierte Konfliktregelung.

Arenen-Konzept

Die funktionale Ausdifferenzierung von spezifischen Subsystemen, die wir als *Arenen* bezeichnen, ist eine qualitativ neue Stufe im Evolutionsprozeß der industriellen Beziehungen. Wir verstehen unter Arena einen »Ort« geregelter Konfliktaustragung und institutionalisierter Problemlösung, aber auch einen »Kampfplatz«, auf dem die jeweiligen Akteure nicht nur ihre widerstreitenden Interessen durchzusetzen, sondern auch die prozeduralen Rahmenbedingungen zu verändern trachten. In diesem Sinne ist Arena sowohl ein komplexes Institutionensystem, das festlegt, welche Formen, Interessen und Akteure zugelassen sind, als auch ein abgegrenztes Konfliktfeld, das den Akteuren für die Lösung spezifizierter Probleme Handlungsmöglichkeiten - mit definierten Grenzen - einräumt. Prototypische Arenen der deutschen industriellen Beziehungen sind die Regelungssysteme der Betriebsverfassung und der Tarifautonomie; sie schreiben eine selektive Interessenvertretung der Arbeitnehmer durch Betriebsrat und Gewerkschaft vor.

In der Eindämmung und Kanalisierung der Konflikte durch Desaggregation der Konfliktinhalte und Dezentrierung der Konfliktaustragungsorte manifestiert sich der wichtigste Struktureffekt der Arenenbildung. Je fester die Systemgrenzen, desto stärker sind die Barrieren gegen eine Kumulation von Konfliktpotentialen. Wenn in den einzelnen Arenen jeweils *andere Regeln* herrschen, *andere Akteure* zuständig sind und *andere Interessen* die Agenda bestimmen, wird der »Übersprung« von Konflikten unwahrscheinlich und die Koexistenz von Konflikten in der einen mit Kooperation in der anderen Arena möglich.

Die Systemgrenzen von Arenen eindeutig zu fixieren, ist gewöhnlich Aufgabe des Staates im Rahmen seiner prozeduralen Politik. Zwar ratifiziert er dabei nicht selten die zuvor von den Sozialparteien autonom begründeten bilateralen Regelungssysteme, aber indem er diesen den Charakter von Rechtsinstituten verleiht, entzieht er sie auch dem verändernden Zugriff ihrer ursprünglichen Schöpfer, z.B. in Zeiten verschärfter Interessenkämpfe. Charakteristisch für eine Reihe rechtlich kodifizierter Institutionen ist ferner, daß die von ihnen geleistete Handlungskoordinierung und -steuerung »intermediären Programmen« folgt. Sie verknüpfen, mit anderen Worten, gegensätzliche Handlungslogiken und konfligierende Interessen (typisch für eine solche Institution ist der Betriebsrat, der nicht nur die Interessen der Beschäftigten zu vertreten, sondern auch das »Wohl des Betriebes« zu wahren hat). Die Errichtung von Institutionen mit intermediären Programmen ist ohne die Geburtshilfe des Staates recht unwahrscheinlich, weil die Interessenparteien meist dazu tendieren, Institutionen zu schaffen, die ihren jeweiligen Eigeninteressen und ihrer je spezifischen Handlungslogik entsprechen.

Aushandlungs-Konzept

Das Aushandlungs-Konzept basiert im wesentlichen auf dem *negotiated-order approach* von Strauss (s. oben), das heißt auf der Erkenntnis, daß alle sozialen Ordnungen in gewisser Weise immer ausgehandelte Ordnungen sind. Für unseren Gegenstand heißt dies: Die Akteure industrieller Beziehungen produzieren, reproduzieren und transformieren in ihren kooperativen und konfliktuellen Interaktionen teils implizit, teils explizit - im einzelnen: nach eingespielten Regeln und Gewohnheitsrechten *(custom and practice)*, in stillschweigenden Übereinkünften und stummen Aushandlungen *(silent bargain)* oder auf dem Wege formaler Vereinbarungen und Verträge *(collective bargaining)* - soziale Ordnungen und Regelsysteme. Daß diese Aushandlungsprozesse überhaupt stattfinden, gründet in der Tatsache, daß die Akteure über spezifische Ressourcen verfügen, von denen sie wechselseitig abhängen. Indes konstituiert die wechselseitige Ressourcenabhängigkeit noch kein Machtgleichgewicht zwischen den Akteuren (die strukturelle Dominanz des Kapitals über die Arbeit bleibt erhalten). Aber da die Verhandlungen in Arenen erfolgen, können deren institutionalisierten Handlungsmöglichkeiten und -restriktionen die gegebenen Machtungleichgewichte teilweise kompensieren.

In den Aushandlungsprozessen haben wir es mit lern- und strategiefähigen Akteuren zu tun, die mit spezifischen (Macht-)Ressourcen ausgestattet sind. Ihre Ziele, Strategien und Entscheidungen lassen sich nicht »naturalistisch« allein aus ihrer Interessenlage (bzw. der ihrer Klientel) erklären; beeinflußt werden sie auch von ihren (historisch gewachsenen) normativen und politisch-ideologischen Orientierungen und ihrem Kalkül über die institutionalisierten Handlungsspielräume und situativen Durchsetzungschancen. Mit dem Akteursbezug sind strukturdeterministische Erklärungsansätze unvereinbar; Kontingenzen können durch das Arenen-Konzept eingegrenzt, aber nicht eliminiert werden. Die Ressource Macht bleibt für das interessengeleitete, strategische Handeln der Akteure als Erklärungsvariable unverzichtbar.

Für den umfänglichen Gegenstandsbereich der formalen Verhandlungen halten wir die Verhandlungstheorie von Walton und McKersie (s. oben) - insbesondere ihre Unterscheidung zwischen distributivem und integrativem Aushandeln - für ein angemessenes analytisches Instrument.

Der erweiterte institutionalistische Ansatz ist der Versuch einer theoretischen Verknüpfung von historischen Prozessen mit (je gegenwärtigen) institutionellen und verhandlungstheoretischen Komponenten der industriellen Beziehungen. Er trägt der Erkenntnis Rechnung, daß die Institutionen und Arenen Ergebnisse pfadabhängiger Entwicklungen und interaktiver Lernprozesse sind, welche - als »geronnene Interessenkompromisse« - die weiteren Interaktionen der Akteure regulieren. Mit anderen Worten: Die aus den Interaktionen der Akteure hervorgegangenen Institutionensysteme konditionieren - im Sinne von »Begrenzen« und »Ermöglichen« - die in ihrem Rahmen stattfindenden Aushandlungsprozesse. Und diese wirken wiederum auf die institutionellen Rahmenbedingungen zurück und tragen damit zu ihrem Wandel bei. Selbst wenn nur eine aktuelle Tarifauseinandersetzung analysiert und erklärt werden soll, wird man nicht umhin können, von einem historischen Verständnis der Institutionen auszugehen, um zu begreifen, in welcher Weise die Strategien und Interaktionen der Akteure gefiltert und konditioniert werden und wie durch ihr Handeln der institutionelle Wandel auf historisch vorbereiteten Pfaden erfolgt.

Weiterführende Literatur

(Vgl. die in den einzelnen Unterkapiteln angegebene.)

II. Gewerkschaften

Die gewerkschaftlichen Organisationen gehören (neben den Arbeitgeberverbänden) zu den wichtigsten kollektiven Akteuren im System der industriellen Beziehungen. Anders als in der Historiographie der Arbeiterbewegung werden Gewerkschaften hier nicht allein als kollektive Widerstands- und Kampfinstrumente in den Händen der Arbeiterschaft begriffen, sondern auch als Mitproduzenten und Mitgestalter jener intermediären Sphäre zwischen Kapital und Arbeit, die wir als industrielle Beziehungen bezeichnet haben. Diesem Verständnis von der gewerkschaftlichen »Doppelfunktion« liegt das Konzept eines Funktionswandels der Gewerkschaften zugrunde, dessen theoretische Erörterung im einleitenden Kapitel (5) dieses Teils erfolgt. Die historischen Phasen in der Organisierung der gewerblichen und dienstleistenden Arbeitnehmerschaft zeichnet das anschließende Kapitel (6) nach. Die Sicherung der internen Bestands- und Handlungsvoraussetzungen von Gewerkschaften - Mitglieder und Mitgliederbeteiligung - stehen im Zentrum der theoretischen Diskussion und empirischen Darstellung der beiden folgenden Kapitel (7 und 8).

Kapitel 5
Theorie der Gewerkschaften:
Aufgaben und Funktionen

Gewerkschaften sind historische Gebilde, Organisationen, die unter spezifischen Bedingungen entstanden und von den politischen Auseinandersetzungen und wirtschaftlichen Entwicklungen des jeweiligen Landes geprägt sind. Ihre Entstehungsbedingungen ebenso wie die politischen Wechselfälle und ökonomischen Konjunkturen, denen sie ausgesetzt waren, haben sich als Traditionen in ihnen niedergeschlagen, ihre Organisationsformen und -strukturen geprägt, ihre programmatischen Ziele beeinflußt. Ungeachtet der breiten Vielfalt in den Organisationsformen, den Strategien und Zielsetzungen haben die Gewerkschaften des westlichen Industriekapitalismus ein Gemeinsames: sie sind Kinder der frühen Industrialisierung und der damit einhergehenden Proletarisierung im späten 18. und frühen 19. Jahrhundert. Aus den Bedingungen des Lohnarbeitsverhältnisses entstanden und grundsätzlich keine Angehörigen fremder Sozialgruppen erfassend, sind die Gewerkschaften »klassenrein« (Briefs 1926, S. 201), das heißt aus eigener Kraft geschaffene Organe der Arbeiterschaft, die nur Klassenangehörige zu Mitgliedern haben.

Die ältere Bedeutung von Gewerkschaft bezieht sich auf die Gesamtheit der Beschäftigten eines Berufes. Was wir heute als Gewerkschaft bezeichnen, hieß früher Gewerkverein, Gewerksgenossenschaft oder auch Arbeiterschaft. Der englische Begriff von Gewerkschaft - *trade union* - wurde erstmals 1790 von den Schuhmachergesellen im heutigen Sinne gebraucht: Sie sprachen von »a union of the trade« und meinten damit die Vereinigung der Arbeiter eines Berufes, weit über die lokalen Grenzen hinaus, tendenziell des gesamten Landes. Sie kündigten damit die traditionelle - meist lokal begrenzte - Allianz zwischen Meistern und Gesellen zugunsten einer Klassenallianz auf (vgl. Leeson 1979, S 261).

Es ist nicht zu erwarten, eine Definition der Gewerkschaften zu finden, die sowohl der historischen wie der internationalen Vielfalt gewerkschaftlicher Organisationen gerecht werden könnte. Wir stellen im folgenden einige, zum Teil schon klassische Definitionen einander gegenüber.

Sidney und Beatrice Webb

(1) Unter Gewerkschaft »verstehen wir eine dauernde Verbindung von Lohnarbeitern zum Zweck der Aufrechthaltung oder Besserung ihrer Arbeitsbedingungen.« (S. u. B. Webb 1895, S. 1)

Diese Definition steht am Anfang der ersten systematischen, heute als klassischer Text geltenden Gewerkschaftsgeschichte der britischen Trade Unions (1894 erstmals veröffentlicht; 1895 ins Deutsche übersetzt). Sie enthält drei wesentliche Elemente:

a) *Dauerhafte Verbindung:* Spontane und zeitweilige Zusammenschlüsse, informelle und ad hoc gebildete Koalitionen, wie sie im frühen Kapitalismus häufig auftraten, bleiben per definitionem ausgeschlossen (als dauerhafte Verbindungen konnten die Webbs Gewerkschaften in England schon für das frühe 18. Jahrhundert nachweisen).

b) *Lohnarbeiter:* Nur dort, wo die große Masse der Arbeiter den Status unabhängiger Produzenten, die selbst den Arbeitsprozeß kontrollieren und Eigentümer des Materials und Produkts ihrer Arbeit sind, verloren hatte und zur Lohnarbeit auf Lebenszeit gezwungen wurde, konnten Gewerkschaften entstehen. (Mit guten Gründen lehnten die Webbs die damals von Lujo Brentano vertretene These ab, daß die Gewerkschaften aus den mittelalterlichen Handwerkergilden hervorgegangen seien.)

c) Aufrechterhaltung oder Verbesserung der *Arbeitsbedingungen:* damit waren die existentiellen Interessen von Lohnarbeitern angesprochen.

In einem wenige Jahre später erschienenen Buch, »Industrial Democracy« (1897), setzten sich die Webbs systematisch mit der »Theorie und Praxis der Englischen Gewerkvereine« (so der Titel der deutschen Übersetzung von 1898) auseinander und destillierten aus dem Wust der in den Satzungen und Programmen niedergelegten Ziele und Methoden der Gewerkschaften drei grundlegende »Mittel oder Werkzeuge« (*instruments or levers*):

– die Methode der gegenseitigen Versicherung *(Mutual Insurance),*
– die Methode der kollektiven Vertragsschließung *(Collective Bargaining),*
– die Methode der gesetzlichen Verfügung *(Legal Enactment).*

Mit der ersten »Methode« sprechen die Webbs die älteste Form gewerkschaftlicher Funktionen an: die Einrichtung von Hilfskassen zur gegenseitigen Unterstützung bei Einkommensverlust infolge sozialer und persönlicher Notfälle, Arbeitslosigkeit und Maßregelung. Als zweite »Methode« wird die zur eigentlichen und zentralen Aufgabe der Gewerkschaften gewordene Tarifvertragspolitik genannt. Die dritte »Methode« schließlich meint die politische Einwirkung auf die Gesetzgebung zugunsten der Lohnarbeiter.

Goetz Briefs

Die Webbsche Definition der Gewerkschaft und ihrer Methoden ist so allgemein, daß sie auch noch heute die wesentlichen Merkmale von Gewerkschaften zutreffend benennt. Dies gilt auch für eine zweite Definition von *Goetz Briefs*:

(2) »Gewerkschaft ist die freie, dauernde, nach innen genossenschaftliche, nach außen Interessen ihres Lebenskreises vertretende institutionelle Verbindung besitzloser, auf Lohneinkommen gestellter Arbeitnehmer.« (Briefs 1927, S. 1117)

Neben den bereits in der Webbschen Definition genannten Merkmalen führt Briefs als zusätzliches Definitionsmerkmal die *freie* Verbindung ein, womit er jene Gewerkschaften, die nach dem Prinzip des *Closed Shop* (gewerkschaftliche Zwangsmitgliedschaft) organisiert sind, auszuschließen scheint. Des weiteren trifft Briefs die wichtige Unterscheidung zwischen zwei »gewerkschaftlichen Zweckkreisen«: einem innergewerkschaftlichen, auf gegenseitiger Hilfe beruhenden, und einem äußeren, die Interessenvertretung gegenüber Dritten umfassenden Zweckkreis der Gewerkschaften. Kerngehalt der Briefsschen »Zweckkreise« sind die Webbschen »Methoden« der gegenseitigen Versicherung und kollektiven Vertragsschließung.

Als kollektive Interessenvertretung nach *außen* ist die Gewerkschaft *Arbeitsmarkt-Kartell* und *Kampfverband*. In dieser Funktion sucht sie, den Arbeitsmarkt überschaubar zu machen, zu organisieren und die Bedingungen des Arbeitsverhältnisses gemäß den Interessen ihrer Mitglieder zu regeln. Die von den Gewerkschaften für diese Zwecke entwickelten und angewandten Mittel sind vielfältiger Natur. In der Frühzeit, als Gewerkschaften noch ausschließlich Berufsgewerkschaften gelernter Facharbeiter waren (vgl. dazu Kap. 6), bedienten sie sich des *Arbeitsnachweises* und der *Arbeitsvermittlung* für die von ihr organisierten Berufe - Aufgaben, die heute von Arbeitsämtern wahrgenommen werden.

Vor dem Ersten Weltkrieg war der Arbeitsnachweis, das heißt die örtliche oder regionale Zusammenfassung von Stellenangeboten und Stellengesuchen für einen bestimmten Wirtschaftssektor, zwischen Gewerkschaften und Unternehmerverbänden heftig umstritten. Beide Seiten versuchten, mit der Einrichtung einseitiger Arbeitsnachweise Einfluß auf den Arbeitsmarkt zu nehmen. Wegen der schwächeren Position der Gewerkschaften auf dem Arbeitsmarkt konnte der gewerkschaftliche Arbeitsnachweis in der Regel nur für die Bereiche qualifizierter und gut organisierter Facharbeiter wirksam sein, was für einige Berufsgewerkschaften sicherlich zutraf. Um die Jahrhundertwende forderten die freien Gewerkschaften den paritätischen kommunalen Arbeitsnachweis, der nach dem Ersten Weltkrieg zur gesetzlichen Institution wurde.

Des weiteren suchten die frühen Gewerkschaften auf das lokale Arbeitsangebot Einfluß zu nehmen. Sie kontrollierten den örtlichen Zuzug bestimmter Berufe und gewährten ihren Berufsgenossen Reiseunterstützungen, damit sie gegebenenfalls andernorts ihre Arbeitskraft anbieten konnten. Eine wirksame, bis in die siebziger Jahre in den angelsächsischen Ländern verbreitete Methode ist die gewerkschaftliche Zwangsmitgliedschaft, genannt *Closed Shop*. Wörtlich ist damit die Schließung eines Betriebes gegenüber Nichtmitgliedern gemeint; Beschäftigung soll nur der finden, der entweder schon Mitglied der im Betrieb vertretenen Gewerkschaft ist oder sich verpflichtet, es zu werden.

Ist es einer Gewerkschaft in einem Betrieb gelungen, alle oder fast alle Beschäftigten zu organisieren, dann hat sie selbstverständlich das Ziel, dieses Organisationsverhältnis, das zugleich ihre Verhandlungsmacht gegenüber dem Unternehmer stärkt, zu erhalten. In nicht wenigen Fällen vereinbarten Gewerkschaften mit den jeweiligen Unternehmern formelle Abkommen, die festlegten, daß neu eintretende Arbeitnehmer entweder Gewerkschaftsmitglieder sein oder werden müssen. Aber auch wo die Unternehmerseite zu solchen Übereinkommen nicht bereit ist, kann sie diese Praxis tolerieren. Ist die Gewerkschaft stark genug, kann sie dieses Ziel auch gegen den Willen des Unternehmers durchsetzen. In der angelsächsischen Literatur wird zwischen zwei Formen unterschieden: »pre-entry closed shop« und »post-entry closed shop«. Im ersten Fall wird verlangt, daß nur Gewerkschaftsmitglieder eingestellt werden, im zweiten Fall, daß Neueingestellte innerhalb einer bestimmten Zeit der Gewerkschaft beitreten müssen.

In neuerer Zeit - vor allem nach dem Ersten Weltkrieg - erfolgte die Organisation des Arbeitsmarktes durch die Gewerkschaft im wesentlichen durch die Organisierung großer Arbeitnehmermassen ganzer Industriezweige und durch den Abschluß von *Tarifverträgen* (vgl. dazu Kap. 14). In den zwischen Gewerkschaften und Arbeitgeberverbänden abgeschlossenen Tarifverträgen werden gemeinsame Arbeitsbedingungen festgelegt, die in der Regel (nicht zwingend) auch für die Nichtorganisierten gelten. Wichtigstes Mittel zur Durchsetzung der von den Gewerkschaften vertretenen Interessen ist der *Streik* (vgl. dazu Kap. 3 u. 13).

Nach *innen* ist die Gewerkschaft - immer noch nach der Briefsschen Definition - eine *genossenschaftliche Hilfskasse*. In den frühen Einrichtungen der Kranken-, Hilfs- und Sterbekassen kann man den historischen Ursprung des Gewerkschaftswesens sehen. Als die ersten Formen gewerkschaftlicher Tätigkeit tragen ihre Unterstützungsleistungen der extrem unsicheren Lage des freien Lohnarbeiters Rechnung und geben darüber hinaus, in einer Zeit stärksten gesetzlichen und politischen Drucks gegen Koalitionen, »die Möglichkeit zu lockerem organisatorischen Zusammenhalt innerhalb der arbeitenden Klasse« (Todt/Radandt 1950, S. 60).

Während der frühen Industrialisierungsphase kam es in den meisten kapitalistischen Ländern zur Gründung von Hilfskassen (*Friendly Societies* in England; *Sociétés de secours mutuels* in Frankreich; *Societa di mutuo socorso* in Italien). Sie unterlagen zwar nicht dem Koalitionsverbot, wurden aber teilweise streng überwacht, da den Behörden nicht verborgen blieb, daß unter ihrem Deckmantel auch verbotene Koalitionen und subversive Absprachen erfolgten. In solchen Fällen drohte den Hilfskassen die Beschlagnahme ihres Vermögens. Gleichwohl bildeten sich zahlreiche Hilfskassen zur gegenseitigen Unterstützung bei Krankheit, Arbeitslosigkeit, Invalidität und Todesfällen lange vor der Aufhebung des Koalitionsverbots - unter Tolerierung, teilweise sogar Förderung der staatlichen Instanzen.

Die Einrichtung und Ausdehnung staatlicher Sozialpolitik und Sozialversicherung relativierte die genannten Aufgaben des »innergewerkschaftlichen Zweckkreises« und trug dadurch zur Erosion des solidarischen Zusammenhalts bei; allerdings wurden in einigen Ländern (z.B. Schweden, Dänemark) die Gewerkschaften an der Administration der Arbeitslosenversicherung beteiligt. Die Gewerkschaften haben später versucht, zur Unterstützung ihrer Mitgliederwerbung und Mitgliederbindung interne Dienstleistungssysteme zur exklusiven Nutzung ihrer Mitglieder zu schaffen (z.B. Freizeit-Unfallversicherung, Ferienheime, Automobilclub etc.).

Es gibt jedoch genossenschaftlich-solidarische Unterstützungen, die, im Dienste der äußeren Zwecke, als Hilfsmittel des Kampfes beziehungsweise als Voraussetzung wirksamer Interessenvertretung anzusehen sind. Hierzu zählen vor allem die seit der Frühzeit der Gewerkschaftsbewegung übliche Streik- und Gemaßregelten-Unterstützung sowie die später institutionalisierte gewerkschaftliche Rechtshilfe bei Arbeitsstreitigkeiten.

Aus den zuletzt angeführten gewerkschaftlichen Aufgaben wird deutlich, daß zwischen dem inneren und äußeren Zweckkreis ein Wechselverhältnis besteht, daß die inneren Zwecke direkt oder indirekt für die Erfüllung der äußeren Zwecke wichtig sind. Aber schon Briefs machte darauf aufmerksam, daß das Verhältnis zwischen innerem und äußerem Zweckkreis nicht konstant sei, sondern von zahlreichen Faktoren bestimmt werde (u.a.: Rechtslage, Mitgliederzusammensetzung, gewerkschaftliche Traditionen, Gewerkschaftsvermögen, ökonomisches und politisches Kräfteverhältnis).

Karl Marx

Eine Definition mit einer weiteren Differenzierung gewerkschaftlicher Funktionen finden wir in einem Text von *Karl Marx:*

(3) »Gewerksgenossenschaften entstanden ursprünglich durch die spontanen Versuche der Arbeiter, (ihre Konkurrenz untereinander - Einfügung WMJ) zu beseitigen oder wenigstens einzuschränken, um Kontraktbedingungen zu erzwingen, die sie wenigstens über die Stellung bloßer Sklaven erheben würden. Das unmittelbare Ziel der Gewerksgenossenschaften beschränkte sich daher auf die Erfordernisse des Tages, auf Mittel zur Abwehr der ständigen Übergriffe des Kapitals, mit einem Wort, auf Fragen des Lohns und der Arbeitszeit. (...) Auf der anderen Seite sind die Gewerksgenossenschaften, ohne daß sie sich dessen bewußt wurden, zu Organisationszentren der Arbeiterklasse geworden, wie es die mittelalterlichen Munizipalitäten und Gemeinden für das Bürgertum waren. Wenn die Gewerksgenossenschaften notwendig sind für den Guerillakrieg zwischen Kapital und Arbeit, so sind sie noch weit wichtiger als organisierte Kraft zur Beseitigung des Systems der Lohnarbeit und Kapitalherrschaft selbst.« (MEW 16, S. 196f.)

Mit dieser Definition trifft Marx eine Unterscheidung zwischen inner- und anti-kapitalistischen Funktionen der Gewerkschaften. Lenkte Briefs unsere Aufmerksamkeit auf das Wechselverhältnis von inneren und äußeren Funktionen der Gewerkschaften, so lenkt Marx unseren Blick auf die Dialektik von systemimmanenten und systemtranszendierenden Funktionen. In theoretischen Versuchen, die die verstreuten Aussagen von Marx über Gewerkschaften zu einer marxistischen Gewerkschaftstheorie zusammenfügten, ist auch vom »Doppelcharakter der Gewerkschaften« (vgl. Auerbach 1922; Zoll 1976) die Rede. Demzufolge fällt den Gewerkschaften innerhalb des kapitalistischen Lohnsystems die Aufgabe zu, einen Preis für die Ware Arbeitskraft durchzusetzen, der es den Lohnabhängigen erlaubt, ihre Arbeitskraft voll (und nicht nur in verkümmerter Form auf dem Niveau von Sklaven und Kulis) zu reproduzieren. Marx war entschiedener Gegner des - zu seiner Zeit populären und von Lassalle verkündeten – »ehernen Lohngesetzes«, welches ausschloß, daß der durchschnittliche Arbeitslohn über die zur Reproduktion der notwendigen Lebensmittel erforderliche Höhe steigen könne. Marx hielt dem entgegen, daß die Gewerkschaften durchaus auf Arbeitslohn und Arbeitszeit einwirken könnten. Denn da Gewerkschaften die Konkurrenz unter den Arbeitern aufhöben, würden sie auch die Wirkungen des Gesetzes von Angebot und Nachfrage einschränken. Der Kapitalist könne wohl dem einzelnen Arbeiter, nicht aber den zur Koalition zusammengeschlossenen Lohnarbeitern einfach den Arbeitslohn diktieren. Zwar sei der Kapitalist von dem Bestreben geleitet, den Preis für die Ware Arbeitskraft auf das rein physische Existenzminimum herabzudrücken, durch Lohnkampf und gewerkschaftliche Organisierung könnten jedoch Lohn- und Arbeitsbedingungen zugunsten der Arbeiter beeinflußt werden. Da es bei diesen Auseinandersetzungen im wesentlichen um einen höheren oder niedrigeren Preis für die Arbeitskraft geht, ohne daß die Tatsache der Ausbeutung von Lohnarbeit durch das Kapital in Frage gestellt wird, spricht Marx von einem »Kleinkrieg gegen die Wirkungen des bestehenden Systems« und bezeichnet die Gewerkschaften – im Hinblick auf ihre ökonomischen Funktionen – als »*Preisfechter der Ware Arbeitskraft*«.

Weitergehende politische Schlußfolgerungen zog Marx aus der Beobachtung, daß die Gewerkschaften, selbst wenn sie sich nur auf Fragen des Lohns und der Arbeitszeit konzentrieren, »ohne daß sie sich dessen bewußt wurden, zu *Organisationszentren der Arbeiterklasse* geworden sind«. Und in dieser Funktion begriff Marx die Gewerkschaften als die wichtigsten Träger der proletarischen Klassenbewegung; sie schienen ihm unerläßlich für die Herausbildung proletarischen Klassenbewußtseins. So wie die Stadtgemeinden im mittelalterlichen Feudalstaat dem Bürgertum als Koalitionen gegen die Feudalherren dienten und ihr Klassenbewußtsein förderten, sollten die Gewerkschaften – in der Marxschen Vorstellung – als organisatorische Medien zur Selbstaufklärung der Arbeiterklasse über ihr gemeinsames Schicksal, ihre kollektive gesellschaftliche Lage, dienen. Im »Kommunistischen Manifest« wird das »eigentliche Resultat« der gewerkschaftlichen Kämpfe nicht in den unmittelbaren Erfolgen, sondern in der »immer weiter um sich greifenden Vereinigung der Arbeiter« (MEW 4, S. 471) gesehen. Gerade weil die Gewerkschaften rein proletarische Organisationen sind, müsse aus ihnen die politische Bewegung der Arbeiterklasse hervorgehen. An anderer Stelle spricht Marx von den Gewerkschaften als »*Schulen für den Sozialismus*«. Dabei führt er drei Voraussetzungen an: erstens der tägliche Kampf gegen das Kapital, der die Arbeiter die Klassengegensätze zwischen Kapital und Arbeit erkennen läßt; zweitens die Organisierung der Masse der Arbeiter, unabhängig von ihrer politischen Orientierung; und drittens die erzielten materiellen Verbesserungen, die den

Arbeitern erst die Möglichkeit für politische Aktivitäten eröffnen, weil sie aus der »Lazarusschicht« ein kampffähiges Proletariat machen.

Die Marxsche Bestimmung der antikapitalistischen Funktionen der Gewerkschaften bleibt letztlich zwiespältig. Einmal heißt es, daß den Gewerkschaften der Kampf gegen das Lohnsystem aufgrund der kapitalistischen Krisengesetzlichkeiten aufgezwungen werde, so daß unmittelbares Interesse und Endziel zusammenfallen; ein andermal heißt es, daß sie sich bewußt auf die Verfolgung politischer, das heißt hier: emanzipatorischer Ziele richten müssen, weil im Tageskampf (»Kleinkrieg«) das Endziel (»historische Mission«) verfehlt werden kann.

Von historischen Ausnahmesituationen abgesehen, stand und steht die reale gewerkschaftliche Praxis jedoch eindeutig im Bannkreis der innerkapitalistischen Funktionen; allein in ihren programmatischen Verlautbarungen blieben einige antikapitalistische Restbestände erhalten.

Franz Neumann

In einer gleichsam resümierenden Definition versammelt der Jurist und Politologe *Franz L. Neumann* die von den Webbs, von Briefs und Marx hervorgehobenen Momente zu einer dreifach gegliederten Funktionsbestimmung.

(4) »Sie sind Genossenschaften und beruhen auf dem Grundsatz der gegenseitigen Hilfe. Sie helfen ihren Mitgliedern in den verschiedensten Richtungen. Sie gewähren ihnen Krankheits- und Unfallunterstützung, Arbeitslosenhilfe, Alterspensionen, Streik- und Aussperrungsunterstützungen und vieles andere. Sie gewähren ihren Mitgliedern Rechtsschutz vor Gerichten, Verwaltungsbehörden und Sozialversicherungskörpern. Sie bemühen sich um die Erziehung und Unterweisung ihrer Mitglieder in Kursen und Schulen der verschiedensten Art. (...) Fast alle staatlichen Arbeitsnachweis- und Arbeitslosenversicherungssysteme, Unfall- und Krankeneinrichtungen für Arbeitnehmer sind den autonomen gewerkschaftlichen Einrichtungen nachgebildet. Diese innergewerkschaftliche Funktion, wie wir sie nennen können, hat ihre höchste Entwicklungsstufe in England erreicht und die Gewerkschaftsbewegungen fast aller anderen Länder, insbesondere Deutschlands, tief beeinflußt.

Die zweite Funktion der Gewerkschaften kann als Markt- oder als Kartellfunktion bezeichnet werden. Die Gewerkschaften sind nicht in erster Linie Unterstützungsvereine, sie sind primäre Kampfverbände und zielen auf eine Be-

herrschung des Arbeitsmarktes ab. Sie stellen der monopolistischen Gewalt des Privateigentums die kollektive Macht der organisierten Arbeit gegenüber. (...) Das wichtigste Mittel für die Regelung der Lohn- und Arbeitsbedingungen ist der Tarifvertrag, dessen Bestimmungen den ungünstigeren Regelungen des individuellen Arbeitsvertrags vorgehen. Zur Erreichung ihres Zieles benutzen sie friedliche Mittel (Verhandlungen, Untersuchungen, Überredung), aber auch Kampfmittel wie den Streik, den Boykott und manchmal die passive Resistenz.

Schließlich sind die Gewerkschaften politische Verbände. Sie zielen nicht nur auf eine Kontrolle des Arbeitsmarktes ab, sie helfen nicht nur ihren Mitgliedern, sondern sie versuchen zur gleichen Zeit, den Staat und den staatlichen Zwangsapparat zu beeinflussen. Dieser Versuch erstreckt sich auf alle drei Staatsfunktionen, auf die Gesetzgebung, auf die Verwaltung und auf die Rechtsprechung. Zur Erfüllung dieser Zwecke verwenden die Gewerkschaften teils direkte Methoden, durch unmittelbare Teilnahme an Gesetzgebung, Verwaltung und Rechtsprechung, durch Verhandlungen mit Staatsbehörden wie auch durch den politischen Streik gegen den Staatsapparat. Ebensooft verwenden sie indirekte Mittel, um ihr Ziel zu erreichen, insbesondere dadurch, daß sie die Hilfe einer politischen Partei und einer Parlamentsfraktion in Anspruch nehmen.« (Neumann 1978, S. 150f.; zuerst 1935).

Neumann betont, daß die genannten drei Funktionen von den Gewerkschaften in jeder Periode gleichzeitig, aber nicht gleichgewichtig ausgeübt werden. Welches der Ziele in einer bestimmten historischen Situation in den Vordergrund tritt, »ob das innergewerkschaftliche, das marktmäßige oder das politische Ziel«, hängt von den jeweiligen gesellschaftlichen Bedingungen ab. Gewerkschaften sind - dieser Definition zufolge - zugleich *Genossenschaften, Kampfverbände* und *politische Organisationen*. Es sind dies Funktionsbestimmungen, die parallel zu den Webbschen drei »Methoden« und Briefschen zwei »Zweckkreisen« gelesen werden können (vgl. Übersicht 5). Die Marxschen Bestimmungen (*Preisverfechter der Ware Arbeitskraft; Organisationszentren der Arbeiterklasse; Schulen für den Sozialismus*) stehen gewissermaßen quer dazu; allein im Hinblick auf die generelle Zielsetzung finden wir bei Neumann jenes gewerkschaftliche »Doppelziel« wieder, das wir schon von Marx kennen: »Ihr Ziel kann nur ein doppeltes sein, das Lebensniveau ihrer Mitglieder und damit der Arbeiterklasse zu erhöhen und die Idee der Befreiung der Arbeiterklasse zu verwirklichen« (Neumann 1978, S. 152).

Übersicht 5: Funktionen der Gewerkschaften in klassischen Begriffsbestimmungen

Funktion Autor	interne	externe	
		ökonomische	politische
Webb	Mutual Insurance	Collective Bargaining	Legal Enactment
Briefs	genossenschaftliche Hilfskasse (innerer Zweckkreis)	Arbeitsmarktkartell (äußerer Zweckkreis)	
Neumann	Genossenschaft: gegenseitige Hilfe	Kampfverband: Kontrolle des Arbeitsmarktes	politischer Verband: Beeinflussung von Gesetzgebung, Verwaltung und Rechtsprechung
Marx	*innerkapitalistische*		*antikapitalistische*
	Preisverfechter der der Ware Arbeitskraft	Organisationszentren der Arbeiterklasse	Schulen für den Sozialismus

Die Neumannsche Definition aus dem Jahre 1935 markiert eine historische Zäsur. Zwei Jahre nach der Zerschlagung der deutschen Gewerkschaften durch den Nationalsozialismus resümiert sie noch einmal die klassischen Funktionen und Ziele der Gewerkschaften - bevor die Entfaltung der sozialstaatlichen Massendemokratie und der ökonomischen Prosperität ihre Funktionen derart tangierte, daß eine erneute Reflexion auf die Rolle der Gewerkschaften im ökonomischen und politischen Gesellschaftsprozeß unabweisbar wurde.

Neumann hat den historischen Weg, den die Gewerkschaften seit ihrer Gründung bis zu seiner Zeit gegangen waren, in vier Entwicklungsstadien unterteilt. Die erste Phase ist die des »autokratischen Liberalismus« mit rigiden Gewerkschafts*verboten* (sie endet mit der Aufhebung der Koalitionsverbote: in England 1824/25, in Preußen/Deutschland 1869, in Frankreich 1884, in Italien 1890). Die zweite Phase ist die des »aufgeklärten Liberalismus« mit mehr oder minder großzügiger Gewerkschafts*duldung* (sie endet in den meisten kapitalistischen Staaten spätestens mit dem Ersten Weltkrieg). Die dritte Phase ist die der Demokratie und der *Anerkennung* der Gewerkschaften durch den Staat. Unsicher ist Neumann - begreiflicherweise - bei der vierten Phase. In dem hier zur Diskussion stehenden Text spricht er von der Phase des totalen Staates (und er meint damit sowohl den faschistischen wie den bolschewistischen) und der Gewerkschafts*zerstörung*. In einem wenig früher erschienenen Buch (1932) spricht er noch von der beginnenden Phase der *Inkorporation* der Gewerkschaften durch den Staat. Dieser ältere Gedanke hat in der Nachkriegszeit eine unerwartete Aktualität erhalten. Die zahlreichen Analysen und Theorien über neokorporatistische Tendenzen und »tripartistische Verbundsysteme in den fortgeschrittenen kapitalistischen Gesellschaften haben den Gedanken der Inkorporation, der aktiven Einbeziehung der Gewerkschaften in das sozial- und wirtschaftspolitische Krisenmanagement aufgegriffen und weitergesponnen (vgl. Kap. 4). Aktuell und wichtig für die moderne Gewerkschaftstheorie ist ferner der von Neumann für die dritte Phase herausgestellte »Sieg des Paritätsgedankens«, das heißt die Etablierung einer formalen, vertragsförmigen Gleichheit zwischen Kapital und Arbeit bei der Regelung der Arbeitsverhältnisse.

Die klassischen Gewerkschaftstheorien sahen Gewerkschaften primär als *soziale Bewegung*, als kollektiven Ausdruck der in ihr zusammengeschlossenen Lohnabhängigen und ihrer sozialökonomischen Interessen. Interne wie externe, ökonomische wie politische Funktionen, Hebung der Klassenlage und Beseitigung der Klassenherrschaft, »Kampf im Lohnsystem« und »Kampf gegen das Lohnsystem« - alle diese Funktions- und Zielbestimmungen waren theoretisch auf die kollektiven Interessen von Lohnarbeitern zurückzuführen.

Neuere Gewerkschaftstheorien

Ihre Relativierung erfuhren diese Gewerkschaftstheorien spätestens nach dem Zweiten Weltkrieg, als evident wurde, daß im Verlauf des historischen Gesellschaftsprozesses - freilich in Sprüngen und mit Brüchen - der soziale und rechtliche Status von abhängig Beschäftigten ebenso wie die ökonomische und politische Rolle ihrer Interessenorganisationen weitreichende Veränderungen erfahren hatten. Mit der Expansion des Sozialstaates und dem Niedergang der Arbeiterbewegung als einer revolutionären, klassenkämpferischen Kraft; mit der Konzentration und Zentralisierung der Gewerkschaften zu bürokratisch geführten Massenorganisationen; mit der Übernahme sozialpolitischer Ordnungsfunktionen durch die Gewerkschaften, der wirtschaftspolitischen Funktionalisierung ihrer Tarifpolitik und der Kooptation ihres Führungspersonals in öffentliche und staatliche Beratungs-, Informations- und Entscheidungsgremien konnten Gewerkschaften nicht mehr umstandslos als organisatorische Instrumente in den Händen der Arbeiterschaft begriffen werden. Anders formuliert: Um gewerkschaftliche Organisationspraxis und Politik umfassend zu verstehen, genügte es nicht mehr, allein nach den Aufgaben und Funktionen für die *Mitglieder* zu fragen; es war nunmehr auch nach den gewerkschaftlichen Organisationsleistungen für das *sozioökonomische System* des Kapitalismus und des weiteren für das Überleben und die Stabilität der *Organisation* selbst zu fragen.

Mit den zuletzt aufgeworfenen Fragen berühren wir zentrale Punkte der neueren sozialwissenschaftlichen Gewerkschaftstheorie, deren wichtigste Elemente im folgenden zusammenfassend dargestellt werden.

1. Die modernen Gewerkschaften sind *Massenorganisationen* mit *zentralistisch-bürokratischen* Organisationsstrukturen. Schon früh hat der Soziologe Robert Michels - in seiner klassischen Studie »Zur Soziologie des Parteiwesens« (Erstausgabe 1911) - in Arbeiterparteien und Gewerkschaften gleichermaßen Tendenzen zur *Verselbständigung* der Organisation von den Mitgliedern ausgemacht. Das von Michels aufgestellte »eherne Gesetz der Oligarchie« war um so provokativer, als er es - mit einer Fülle empirischen Materials - an jenen Organisationen belegen konnte, die angetreten waren, Wirtschaft und Gesellschaft zu demokratisieren. Spätere Untersuchungen haben bestätigt, daß Massenorganisationen nahezu zwangsläufig zentralistisch-bürokratische Organisationsstrukturen mit einem hauptamtlichen Funktionärsapparat hervorbringen. Zentralisierung ist die organisatorische Antwort auf das - aus der dauernden Konfliktsituation entspringende - Postulat einer einheitlichen Strategie; Bürokratisierung und Professionalisierung sind ihre notwendigen Begleiterscheinungen. Ein hauptamtlicher Apparat entwickelt in der Regel eigene Interessen, die sich zum einen auf die persönlichen Privilegien der Funktionärsgruppe beziehen, also auf Einkommen, Arbeitsbedingungen, Machtausübung etc., und zum anderen auf das Interesse an der »Organisation als Ganzer«, das heißt auf die Sicherung ihres Bestandes und Förderung ihres Wachstums. Mit anderen Worten: In gewerkschaftlichen Massenorganisationen treten mit zunehmender Zentralisierung, Bürokratisierung und Professionalisierung - neben die primären Mitgliederinteressen - *sekundäre Organisationsinteressen*, als deren »Sachwalter« die hauptamtlichen Funktionäre anzusehen sind (in der Weimarer Republik hießen sie bezeichnenderweise »Gewerkschaftsbeamte«). Freilich darf hierbei nicht übersehen werden, daß erstens die Bestandssicherung der Organisation im (wenn auch mittelbaren) Mitgliederinteresse liegt, und daß zweitens eine zentralistisch-bürokratische Interessenvertretung der Durchsetzung von - beispielsweise - Lohninteressen nicht von vornherein abträglich zu sein braucht. Bergmann zieht gar den Schluß, »daß zentralistisch-bürokratisierte Organisationsformen mit den Erfordernissen einer kontinuierli-

chen Interessenvertretung leichter zu vereinbaren sind als basisdemokratische Formen der Willensbildung« (1979, S. 220f.).

2. Die modernen Gewerkschaften sind *befestigte* Gewerkschaften. Diesen Begriff prägte Goetz Briefs nach dem Zweiten Weltkrieg. Im Unterschied zur »klassischen« Gewerkschaft des späten 19. und frühen 20. Jahrhunderts sind die Gewerkschaften in der Phase der Befestigung zu einer »wirtschaftspolitischen, wenn nicht gar gesellschaftspolitischen Institution« (Briefs 1952, S. 103) geworden. An den folgenden drei Merkmalen erkennt Briefs ihre Befestigung:

»Das erste Kriterium der befestigten Gewerkschaft ist die volle Anerkennung durch Gesetzgebung, Arbeitgeber und öffentliche Meinung. ›Anerkennung‹ ist hier nicht gemeint als gesetzliche Tolerierung, sondern als legislativ niedergeschlagenes Zugeständnis, daß die Gewerkschaft ein ›Organ der Volkswirtschaft‹ ist, von dessen Kooperation Wichtiges abhängt; darüber hinaus ein Organ der Sozialordnung, das unentbehrliche Aufgaben erfüllt. Die Anerkennung durch den Unternehmer besagt, daß er in gutem Glauben mit ihr über die einschlägigen Bedingungen des Arbeitsvertrages verhandeln muß; er muß sich ferner jeglicher Maßnahme enthalten, die den Bestand und die Funktion der Gewerkschaft gefährden könnte, ja, er muß positiv Dinge tun, die die Gewerkschaft in ihrem Bestande zu sichern geeignet sind.

Das zweite Kriterium ist die Stabilität und Sicherheit der Institution Gewerkschaft. Sie ist so fest institutionalisiert und so stark verankert, daß sie hohe Festigkeit gegenüber den Schwankungen der Wirtschaft besitzt. Depressionen können sie nicht zerstören; sie mögen sie an Mitgliedzahl und Kassenbeständen schwächen, aber das teilt die Gewerkschaft mit allen Institutionen der Wirtschaft.

Das dritte Kriterium ist die Zuweisung öffentlicher Funktionen und Verantwortungen an die Gewerkschaften. Sie repräsentieren die organisierte Lohnarbeiterschaft, Angestelltenschaft und Beamtenschaft gegenüber den Parlamenten und den Regierungen. Durch diese Repräsentation werden die Angelegenheiten der Arbeiterschaft über den Status privater Angelegenheiten hinausgehoben. Das wieder reflektiert auf den Status der Gewerkschaften: es gibt ihnen etwas von der Würde einer quasi-öffentlichen Körperschaft. Man konsultiert sie in Dingen, die weit über ihren herkömmlichen Rahmen und über das Arbeiterinteresse hinausragen. In allen öffentlichen und politischen Institutionen haben sie Sitz und Stimme, wird mindestens ihre Stimme gehört und gewürdigt.« (Briefs 1952, S. 87f.)

3. Die modernen Gewerkschaften sind eingebunden in den Regelkreis des *institutionalisierten Klassenkonflikts*. Dieser von Theodor Geiger (1949) geprägte Terminus ist das Pendant zur Briefsschen Befestigungsthese; er zielt auf das System der *Tarifautonomie* und *Tarifvertragsbeziehungen*. Mit der rechtlichen Anerkennung der Gewerkschaften und des Arbeitskampfes sowie der staatlichen Sanktionierung der Tarifverträge - so Geiger - werde »das Spannungsverhältnis zwischen Kapital und Arbeit (...) als Strukturprinzip des

Arbeitsmarktes anerkannt und zur gesellschaftlichen Rechtseinrichtung erhoben« (1949, S. 184). Der Kampf wird bestimmten Spielregeln unterworfen, die bürgerkriegsähnliche Auseinandersetzungen ausschließen. »Damit ist dem Klassenkampf der schärfste Stachel genommen, er wird zu einem legitimen Spannungsverhältnis zwischen Machtfaktoren umgebildet, die einander die Waage halten. Kapital und Lohnarbeit ringen miteinander, schließen Kompromisse, verhandeln sich zurecht und bestimmen dadurch Lohnhöhe, Arbeitszeit und andere Arbeitsbedingungen.« (Ebd.) Die These vom institutionalisierten Klassenkonflikt läßt sich dahingehend zusammenfassen, daß Tarifautonomie strukturell erzeugte Klassenauseinandersetzungen in begrenzte und regelbare Interessenkonflikte transformiert.

Der englische Sozialwissenschaftler Allan Flanders (1968) geht noch einen Schritt weiter. Er sieht im *Collective Bargaining* nicht nur die ökonomische Funktion des Aushandelns von Löhnen, sondern einen normsetzenden Prozeß, in dem Regeln und Normen paritätisch festgesetzt werden, die die Rechte, den Status und die Sicherheit der Arbeiter gegen den willkürlichen Gebrauch unternehmerischer Macht schützen. Ihm scheint, daß dieser Vorgang adäquater mit *Joint Regulation* (statt mit Collective Bargaining) zu beschreiben sei. In der deutschen Diskussion hat vor allem Weitbrecht (1969) Erhellendes zur Analyse der Institution der Tarifautonomie und der Rolle der Gewerkschaften in diesem Prozeß beigetragen. Er sieht die Tarifautonomie unter dem doppelten Aspekt der *Konfliktregelung* und *Normsetzung*. Von anderen Regelungsmechanismen der industriellen Beziehungen wie Gesetzgebung und Arbeitsgerichtsbarkeit unterscheidet sie sich durch die autonome, das heißt von direkter staatlicher Kontrolle freien Festsetzung von Lohn- und Arbeitsnormen durch Koalitionen der Arbeitnehmer einerseits und durch die Unternehmer bzw. ihre Organisationen andererseits.

4. Die modernen Gewerkschaften sind *repräsentative* Organisationen. Sie sind weder reine »pressure groups« noch bloße »bargaining agents« für ihre Mitglieder, sondern »private Gesetzgeber« (Sinzheimer) objektiver Rechtsnormen für die Arbeitsverhältnisse. Als solche sind sie nicht nur Schöpfer, sondern auch Hüter tarifvertraglicher Arbeitsnormen; die autonome Norm erheischt die autonome Sanktion. Darin ist die Notwendigkeit des repräsentativen Charakters der Gewerkschaft begründet. Er besagt, daß die Gewerkschaft einerseits ihre Ansprüche und Forderungen in Namen aller Mitglieder (wenn nicht generell der Arbeitnehmer), aber in relativer Unabhängigkeit von ihrer Zustimmung geltend machen und andererseits die einzelnen Mitglieder auf die zumeist in Form von Kompromissen erzielten Vereinbarungen über Arbeitsnormen verpflichten kann. Seinen juristischen Ausdruck findet dieser Sachverhalt in der für das deutsche Arbeitsrecht bestimmend gewordenen Ver-

bandstheorie Sinzheimers. Demzufolge kann »nur ein die Gesamtheit repräsentierendes Vertragssubjekt« (in der Sinzheimerschen Terminologie: der »Arbeiterberufsverein«) die dem Wesen des Tarifvertrags »entsprechende einheitliche Ordnung« geben (Sinzheimer 1907, S. 81). Dies schließt die Unterordnung des Einzelwillens unter den Gruppenwillen und die Geltung der Normen auch für solche, »die jene Normen nicht ausdrücklich gewollt haben« (Sinzheimer 1976, Bd. I, S. 157; zuerst 1915), zwingend ein.

Wenn Sinzheimer - und in ähnlicher Weise Flanders - die Notwendigkeit relativer Unabhängigkeit der Gewerkschaften von ihren Mitgliedern und deren Interessen aus ihren Funktionen im Prozeß der Normensetzung und Normendurchsetzung folgern, dann ist darin unschwer die Begründung der Notwendigkeit *kompromiß- und verpflichtungsfähiger* Gewerkschaften zu erkennen. Erst die Bereitschaft zum Verhandlungskompromiß und die Fähigkeit, diesen gegenüber den Mitgliedern durchzusetzen, so unsere Schlußfolgerung, haben den Gewerkschaften die Anerkennung als (repräsentative) Vertragspartner und Rechtsquelle eingetragen.

5. Die modernen Gewerkschaften sind schließlich *intermediäre* Organisationen (vgl. Übersicht 6). Es gibt mindestens drei Bedeutungen von intermediären Organisationen: (a) Organisationen, die zwischen Staat und Gesellschaft auf der einen und ihren Mitgliedern auf der anderen Seite vermitteln; (b) Organisationen, die zwischen differierenden Interessen unterschiedlicher Sozialgruppen vermitteln; (c) Organisationen, die zwischen verschiedenen Ebenen (Makro- Meso-, Mikroebene) der Interessenrepräsentation vermitteln. In allen drei Fällen können sie als »Zwischenträger in gesamtgesellschaftlichen Integrationsprozessen« (Streeck 1987, S. 473) fungieren. Für das Konzept der intermediären Gewerkschaft (Müller-Jentsch 1982) sind insbesondere die beiden letzten Bedeutungen relevant.

Konstitutiv für die Praxis intermediärer Gewerkschaften ist nicht die (ungebrochene) Vertretung der Mitgliederinteressen, sondern deren Vermittlung bzw. *Mediatisierung*. Im Gegensatz etwa zu einer syndikalistischen Bewegung, deren Politik und Praxis allein die Mitglieder bestimmen, oder einer den Interessen eines Unternehmers verpflichteten *Company Union*, ist die Politik der intermediären Gewerkschaft Ausdruck einer pragmatischen Vermittlung zwischen Kapitalinteressen auf der einen und Arbeitnehmer- bzw. Mitgliederinteressen auf der anderen Seite. Die Interessenvermittlung ist Ergebnis eines komplexen innerorganisatorischen Verarbeitungsprozesses, bei dem vielfältige externe »Daten« (wirtschaftliche, politische und gesetzliche Rahmenbedingungen, Kräfteverhältnisse, Interessenpotentiale etc.) - unter Berücksichtigung erwarteter Reaktionen und organisationaler Imperative (z.B. Bestands-

Übersicht 6: Gewerkschaftliche Strukturtypen und Politikvarianten

Interessenstruktur / dominanter Aktionsradius	ARBEITER-Klasseninteressen	»allgemeine«/kompatible Interessen sektionale Arbeiter-/Kapitalinteressen	KAPITAL-Klasseninteressen
Makro-Ebene	revolutionäre Gewerkschaft	*Intermediäre Gewerkschaft* »politischer Tausch« (Sozialpakt)	wirtschaftsfriedliche (»gelbe«) Gewerkschaft
Meso-Ebene		konfliktive Politik kooperative Politik	
Mikro-Ebene	syndikalistische Gewerkschaft	»Produktivitäts-koalition«	unternehmensabhängige Gewerkschaft (Company Union)
dominante Funktion	autonome/klassenorientierte Interessenvertretung		system-/kapitalfunktionale Interessenvertretung

interessen) - durch interne Selektionsmechanismen in gewerkschaftliche Politiken und Strategien transformiert werden. Evident ist, daß eine Vermittlung zwischen Kapital- und Arbeiterinteressen nicht in der Dimension antagonistischer Klasseninteressen stattfinden kann, sondern allein für *allgemeine* und *sektionale* Interessen denkbar ist. Allgemeine oder auch kompatible Interessen von Kapital und Arbeit sind vor allem jene, die sich auf stabile und berechenbare Vertragsverhältnisse beziehen (weil sie einerseits Grundlage kontinuierlicher Reproduktionssicherung der Arbeitnehmer, andererseits Voraussetzung für zuverlässige Kalkulationen und relativ störungsfreie Produktion sind). Ähnliches gilt für das gemeinsame Interesse an einer wachsenden Wirtschaft, da sie die materielle Basis für Konsens und Kompromiß zwischen Kapital und Arbeit bildet. Sektionale Interessen sind - auf Arbeitnehmerseite - die für einzelne Berufs- und Beschäftigtengruppen variierenden Reproduktionsinteressen (Beschäftigung, Lohn, Arbeitszeit, Qualifikation) und - auf Kapitalseite - die aufgrund von branchen- und betriebsspezifischen Produktionsstrukturen, Güter- und Arbeitsmärkten variierenden Verwertungsbedingungen. Von ihrer Eigenart her sind die sektionalen Interessen, im Gegensatz zu den antagonistischen, konsens- und kompromißfähig. Allerdings können auch sie unter restriktiven wirtschaftlichen Bedingungen ihre Kompromißfähigkeit verlieren und müssen in Arbeitskämpfen erst auf kompromißfähige Größen und Dimensionen herabgesetzt werden.

Konstitutiv für die Vermittlungsleistungen sind 1. *zentralisierte Massenorganisationen*, die nicht nur vor der Notwendigkeit zur vereinheitlichenden und überbetrieblichen Interessenpolitik stehen, sondern auch über die organisatorischen Disziplinierungsmittel verfügen, um die Mitglieder auf erzielte Vereinbarungen zu verpflichten; 2. rechtlich-institutionelle Einbindung im Rahmen der *Tarifautonomie*, die gegenseitige Anerkennung, Kompromißbereitschaft und kontinuierliches Zusammenwirken der Tarifvertragsparteien fördert; 3. objektive Einbeziehung in das dichte Netz *makroökonomischer Interdependenzen*, die die gewerkschaftlichen Entscheidungsgremien zur rationalen Kalkulation der ökonomischen und politischen Effekte ihrer Praxis auf die Handlungs- und Erfolgsbedingungen künftiger Interessenpolitik zwingt. Eine zusätzliche, wenn auch nicht notwendige Bedingung ist die Kooptation der gewerkschaftlichen Führungseliten in wirtschaftspolitische Konsultations- und Steuerungsgremien.

Die stabilste Form der Interessenvermittlung ist die der *Kooperation*. Neben ihr existieren als weitere Varianten die *Konfrontation* und der »politische Tausch« (*Sozialpakt*, »Bündnis für Beschäftigung« etc.). Gemeinsam ist ihnen die pragmatische, auf Ausgleich und Kompromiß zielende Interessenpolitik unter faktischer Anerkennung der kapitalistischen Verwertungszwänge und

Marktgesetzlichkeiten als Rahmenbedingungen gewerkschaftlichen Handelns. Die kooperative Politik vermag die Interessenvermittlung explizit auf systemische und kapitalfunktionale Erfordernisse abzustellen; ihr »Wohlverhalten« steht unter der Erwartung, an späteren Wachstumsgewinnen partizipieren zu können und/oder politische Zugeständnisse zu ernten. Konfliktive Politik tendiert dahin, Mitgliederinteressen auch unter (partieller) Verletzung der kapitalistischen Funktionslogik zu vertreten; ihr »Störverhalten« will Konzessionen erzwingen, wenn auch der Ausgang ungewiß ist, da ausgeübte Organisationsmacht ungeplante Konsequenzen in Form systemischer Sanktionen (Arbeitslosigkeit, Inflation) und unternehmerischer Gegenmobilisierung nach sich ziehen. Am »politischen Tausch« orientierte Politik respektiert zwar die ökonomischen Systemzwänge - nicht zuletzt, um jene genannten ungeplanten Konsequenzen zu vermeiden -, fordert aber für die Rücksichtnahme auf übergeordnete ökonomische Zwänge (z.B. Weltmarkt) und für den Verzicht auf die Ausübung potentieller Organisationsmacht substantielle Konzessionen und Reformen (z.B. Steuerreform, aktive Arbeitsmarktpolitik, Sozialgesetzgebung, Mitbestimmung). Auf der Mikroebene der Unternehmung können solche Bündnisse den Charakter von »Produktivitätskoalitionen« (Windolf 1989) annehmen.

Ökonomische Gewerkschaftstheorien

In den Wirtschaftswissenschaften haben sich vornehmlich amerikanische Ökonomen theoretisch mit den Gewerkschaften befaßt. Fokussiert sind ihre Ansätze zum einen auf die Markt- und Produktivitätsfunktion der Gewerkschaft, zum anderen auf das Verhältnis von Organisation und Mitgliedern. Zum ersten Komplex werden nachfolgend die wichtigsten Theorieansätze vorgestellt, während der zweite, mit den zugehörigen Theorien von Olson und Hirschman, im 7. und 8. Kapitel abgehandelt wird.

Hinsichtlich ihrer *Marktfunktion* hat die Mikroökonomie, ausgehend von der Theorie der Wettbewerbsmärkte, ein Monopol-Modell der Gewerkschaften (erstmals Dunlop 1944) erstellt; dessen Referenzfall sind Gewerkschaften mit hohem Organisationsgrad, die unternehmensbezogene Lohntarife aushandeln. Während demnach die Gewerkschaft als monopolistischer Anbieter von Arbeit nur den Lohnsatz aushandelt, entscheidet das Unternehmen über das Beschäftigungsniveau. Fungierend als Agent der Interessen ihrer Mitglieder, sucht die Gewerkschaft, bei gegebener Arbeitsnachfrage, den Lohn zu maximieren. Unterstellt wird damit eine zum Unternehmensverhalten analoge Nutzenmaximierung. In diesem reichlich abstrakten Modell sind entfernte Parallelen zur (früheren) Praxis amerikanischer Gewerkschaften zu erkennen, für die man ja auch den Begriff »business union« (in Analogie zur »business firm«) geprägt hat. - Eine Erweiterung dieses Modells stellt das der effizienten Verhandlungen dar (vgl. McDonald/Solow 1981). Diesem Modell zufolge berücksichtigt die Gewerkschaft den *Trade-off* [1] zwischen Lohnhöhe und Beschäftigung, indem sie in kombinierte Verhandlungen über beide Ziele eintritt und dabei einen Kompromiß sucht, der den Nutzen ihrer Mitglieder in bezug auf Einkommen und Beschäftigung maximiert.

Die hauptsächlich von sozialwissenschaftlicher Seite vorgetragene Kritik am ökonomischen Gewerkschaftsmodell stellt die faktische Relevanz der unterstellten Nutzenmaximierung in Frage. Schon früh wandte Dunlops amerikanischer Kollege Ross (1948) dagegen ein, daß die gewerkschaftliche Praxis nicht primär als ökonomischer, sondern als politischer Prozeß zu verstehen und zu werten sei (als »Dunlop-Ross-Kontroverse« hat diese Auseinandersetzung Eingang in die wissenschaftliche Literatur gefunden).

Im Hinblick auf die *Produktivitätsfunktion* räumt die mikroökonomische Theorie den gewerkschaftlichen Aktivitäten nur einen indirekten Einfluß ein: Unternehmen, die durch monopolistische Gewerkschaftspraxis hohe Löhne zahlen müssen, reagieren darauf mit der Einstellung qualifizierter Arbeitskräfte, zumal sie aufgrund des hohen Lohnniveaus unter den Bewerbern auswählen können. Der Effekt ist eine höhere Arbeitsproduktivität, welche gleichfalls zu erwarten ist, wenn der Faktor Arbeit nach seiner Verteuerung durch Kapital substituiert wird.

Eine Gegenposition zu dieser neoklassischen Ansicht über die Produktivitätswirkung kollektiver Organisierung des Faktors Arbeit haben Freeman/Medoff (1984) formuliert. Sie sprechen von den »zwei Gesichtern der Gewerkschaft« - einem des Monopols und einem der *Collective Voice*. In ihrer ambivalenten Einschätzung der Effekte von Gewerkschaften nehmen sie zum einen die im Monopol-Modell erklärten Lohnsteigerungen über das auf Wettbewerbsmärkten zu erzielende Niveau auf und setzen ihnen zum anderen die sich aus der *Collective Voice*-Funktion ergebenden positiven Produktivitätsfolgen entgegen.

Anknüpfend an Hirschmans (1974) Unterscheidung zwischen »Abwanderung« und »Widerspruch« bzw. *Exit*- und *Voice*-Optionen (s. Kap. 8) sehen

---

[1] Mit diesem schwer zu übersetzenden Begriff ist ein Zusammenhang gemeint, der sich in einer meist inversen Funktion darstellen läßt; hier: ansteigende Löhne führen zur Verringerung von Beschäftigung und umgekehrt.

Freeman/Medoff in der Gewerkschaft ein Medium, durch das die Beschäftigten mit dem Management kommunizieren und Widerspruch anmelden können. Auf diese Weise lassen sich Unzufriedenheiten in der Belegschaft thematisieren und durch Verhandlungen beseitigen, so daß die Beschäftigten weniger die alternative Option der Abwanderung wählen. Höhere Arbeitszufriedenheit bedeutet geringere Fluktuation und geringere Fehlzeiten, und diese manifestieren sich in höherer Arbeitsproduktivität. Die Schlußfolgerung, die die Autoren aus ihrem reichen empirischen Material für die USA ziehen, lautet, daß die positiven Effekte der *Collective Voice*-Funktion die negativen Effekte der Monopolisierung des Faktors Arbeit kompensieren oder gar übertreffen.

Zum Abschluß dieses Kapitels sei noch eine *juristische* Definition der Gewerkschaft zitiert:

»Eine Arbeitnehmerkoalition ist jede freigebildete, demokratisch strukturierte Vereinigung, die von ihrem Gegenspieler und vom Staat wie von gesellschaftlichen Organisationen unabhängig und bereit ist, für den von ihr verfolgten Zweck der Wahrung und Förderung von Arbeits- und Wirtschaftsbedingungen notfalls auch zum Mittel des Arbeitskampfes zu greifen.«
(Däubler/Hege 1976, S. 75)

In dieser Definition finden sich jene Koalitionsmerkmale, die für die herrschende Arbeitsrechtsprechung als unerläßlich für eine Gewerkschaft angesehen werden: Freiwilligkeit, Demokratiegebot, Gegnerfreiheit, Unabhängigkeit und Kampfbereitschaft (zur rechtlichen Begründung dieser Koalitionsmerkmale vgl. Däubler 1995, Bd. 1, S. 98ff.).

Weiterführende Literatur

a) Klassische Texte zur Gewerkschaftstheorie:

S. u. B. Webb, *Geschichte des Britischen Trade Unionismus*, 1895.

S. u. B. Webb, *Theorie und Praxis der Englischen Gewerkvereine (Industrial Democracy)*, 1898.

K. Marx/F. Engels, *Über die Gewerkschaften*, 1953.

Goetz Briefs, *Gewerkschaftswesen und Gewerkschaftspolitik*, 1927.

Goetz Briefs, *Gewerkschaften am Scheideweg*, 1952.

Franz L. Neumann, *Die Gewerkschaften in der Demokratie und in der Diktatur*, 1935 (1978).

b) Neuere Texte zur Theorie der Gewerkschaften:

J. Bergmann/O. Jacobi/W. Müller-Jentsch, *Gewerkschaften in der Bundesrepublik*, 1975 (1979).

Walther Müller-Jentsch, *Gewerkschaften als intermediäre Organisationen*, 1982.

Wolfgang Streeck, *Gewerkschaftliche Organisationsprobleme in der sozialstaatlichen Demokratie*, 1981.

Franz Traxler, *Evolution gewerkschaftlicher Interessenvertretung: Entwicklungslogik und Organisationsdynamik gewerkschaftlichen Handelns*, 1982.

Christoph Weischer, *Kritische Gewerkschaftstheorie*, 1988.

Helmut Wiesenthal, *Kritischer Rückblick auf die emphatische Gewerkschaftstheorie*, 1989.

Jürgen Hoffmann u.a (Hg.): *Jenseits der Beschlußlage. Gewerkschaften als Zukunftswerkstatt*, 1990.

Helmut Martens, *Gewerkschaftspolitik und Gewerkschaftssoziologie*, 1992.

R. B. Freeman/J. L. Medoff, *What Do Unions Do?* 1984.

Ökonomie und Gesellschaft, Jahrbuch 7: *Die Gewerkschaft in der ökonomischen Theorie*, 1989.

Gewerkschaftstheorien: klassische, ökonomische, sozialwissenschaftliche, in: Handwörterbuch Arbeitsbeziehungen in der EG, 1993.

Kapitel 6
Gewerkschaftliche Organisationsprinzipien und Organisationsformen

Gewerkschaften haben als Interessenvertretungen von »Arbeitskraftanbietern« zum Ziel, den Arbeitsmarkt zugunsten ihrer Mitglieder zu beeinflussen oder gar zu kontrollieren. Sie tragen auf diese Weise in entscheidendem Maße zur gesellschaftlichen Organisation der Arbeit bei. Es ist sicherlich nicht falsch, wenn man Gewerkschaften unter Arbeitsmarktaspekten als Preis- und Konditionenkartelle der Anbieter von Arbeitskraft begreift. In welchem Ausmaße Gewerkschaften Arbeitsmärkte kontrollieren können, hängt nicht zuletzt von ihrer Organisationsform ab. Gewerkschaften, deren Organisationsform mit vorherrschenden »Berufsschneidungen« und anderen Strukturmerkmalen der für sie wichtigen Arbeitsmärkte korrespondieren, können daraus strategische Vorteile ziehen.

Organisationsprinzipien

Neben der räumlichen oder *territorialen* Dimension sind es vor allem *arbeitsmarktbezogene* (Beruf, Betrieb und Industrie) und *politisch-weltanschauliche* Kriterien, die für die gewerkschaftliche Organisationsbildung von entscheidender Bedeutung sind (vgl. Übersicht 7).

Zentrales Kriterium für die Markt- und Verhandlungsmacht von Gewerkschaften ist die Einschränkung der Substituierbarkeit von Arbeitskräften. Können die Unternehmer, bei begrenztem Arbeitskräftezustrom auf den lokalen Arbeitsmärkten, ihr Rekrutierungsgebiet räumlich ausdehnen, dann sehen sich auch die Gewerkschaften gezwungen, ihren Organisationsbereich räumlich zu erweitern. Sind Unternehmer vorwiegend auf handwerklich qualifizierte Arbeitskräfte angewiesen, dann bildet die beruflich-exklusive Organisation der Facharbeiter die Basis für eine durchsetzungsfähige gewerkschaftliche Interes-

Übersicht 7: Gewerkschaftliche Organisationsformen

Organisations-prinzipien	1. territoriale	2. arbeitsmarkt-bezogene	3. politisch-weltanschauliche
typische Organisations-formen	Lokalverband Regionalverband Zentralverband	Betriebsgewerkschaft (Werksverein) Berufsgewerkschaft Standesorganisation (Angestellten-/ Beamtengewerk-schaft) Industriegewerkschaft Allgemeine Gewerkschaft (General Union)	Richtungsgewerkschaft Einheitsgewerkschaft
Beispiele: DGB/IG Metall	Zentralverband	Industriegewerkschaft	Einheitsgewerkschaft
DAG/DBB	Zentralverband	Standesorganisation	Einheitsgewerkschaft

senvertretung. Bieten schließlich technische und arbeitsorganisatorische Rationalisierungen den Unternehmen die Chance, qualifizierte Facharbeiter durch angelernte Arbeitskräfte zu ersetzen, dann geraten berufsverbandlich organisierte Gewerkschaften unter den Zwang, ihre Rekrutierungsfelder auf jene an- und ungelernten Arbeitskräfte auszudehnen, die von den Unternehmern als »Reservearmee« für die qualifizierten Arbeiter je nach Bedarf eingesetzt werden können. Und nicht zuletzt begründet die Existenz von betrieblichen Arbeitsmärkten, insbesondere in Großbetrieben, eine materielle Basis für die Bildung von Betriebsgewerkschaften. Anders als in den USA und in Japan, wo Betriebsgewerkschaften die Regel sind, blieben in Deutschland betriebsgebundene Gewerkschaften - obwohl von Unternehmerseite zeitweise (bis 1918) stark gefördert - die Ausnahme. Die vorherrschenden Organisationsformen in der deutschen Gewerkschaftsgeschichte sind *Berufsverbände* und *Industriegewerkschaften*.

Für die gewerkschaftliche Organisationsbildung waren freilich nicht nur die mit den vorhandenen Arbeitsmärkten und Berufsschneidungen korrespondierenden Kriterien ausschlaggebend. Politisch-ideologische Abgrenzungen waren gleichfalls von großer Bedeutung. Besonders in jenen Ländern, wo starke konfessionelle Strömungen und weltanschaulich orientierte Massenparteien Einfluß auf die Arbeiterschaft zu nehmen versuchten, bildeten sich konkurrierende Gewerkschaftsorganisationen heraus. Das für die gewerkschaftliche Entwicklung im kontinentalen Europa typische Organisationsmuster war die Auffächerung in drei oder mehr *Richtungsgewerkschaften;* in der Regel

- eine sozialistische bzw. sozialdemokratische,
- eine christlich orientierte und
- eine liberale Gewerkschaftsbewegung.

Dies war bis zum Ende der Weimarer Republik auch das für Deutschland vorherrschende Organisationsmuster. Allein in England, dem Land mit der ältesten Arbeiterbewegung, hatte sich früh der Gedanke der *Einheitsgewerkschaft* durchgesetzt. In Deutschland fand das Prinzip der Einheitsgewerkschaft erst mit der Wiederbegründung der deutschen Gewerkschaftsbewegung 1949 seinen Durchbruch.

Einheitsgewerkschaften zeichnen sich dadurch aus, daß sie tendenziell alle abhängig Beschäftigten, unbeschadet ihrer politischen und weltanschaulichen Überzeugungen und Bindungen, zu organisieren trachten und überdies parteipolitische Unabhängigkeit (nicht gleichbedeutend mit parteipolitischer Neutralität) wahren. Demgegenüber stehen Richtungsgewerkschaften unter dem Einfluß politischer und weltanschaulicher Strömungen (z.B. Sozialismus, Christentum), denen sie - zumindest in ihren programmatischen Zielen - ideologisch verpflichtet sind. Wo starke politische und weltanschauliche Polarisierungen in der Gesellschaft vorherrschen, sind eher Richtungsgewerkschaften zu erwarten, während zunehmende Säkularisierung und die Herausbildung eines gesellschaftlichen Grundkonsenses der Bildung von Einheitsgewerkschaften förderlich sind.

Historisch gesehen sind in der Geschichte der Arbeiterbewegung drei große Etappen der gewerkschaftlichen Organisierung von Arbeitnehmergruppen zu unterscheiden. Sie werden an Hand der deutschen Entwicklung nachfolgend dargestellt (vgl. auch Übersicht 8).

Organisierung in Berufsgewerkschaften (1. Phase)

Die ersten Gewerkschaftsgründungen auf deutschem Boden gingen - ähnlich wie in England, im Mutterland der Industrialisierung - aus beruflichen Zusammenhängen hervor. Lockere berufliche Zusammenschlüsse auf lokaler Basis lassen sich für Buchdrucker und Tabakarbeiter schon vor 1848 nachweisen.

Übersicht 8: Historische Phasen der gewerkschaftlichen Organisierung in Deutschland

1. Phase ab 1848/1860	Organisierung der qualifizierten Handarbeiter (»Handwerkerelite«) in BERUFSVERBÄNDEN	Richtungsgewerkschaften
2. Phase ab 1890	Organisierung der Fabrikarbeiter (»Industrieproletariat«) in INDUSTRIEGEWERKSCHAFTEN	
3. Phase ab 1900	Organisierung der Angestellten und Beamten in ANGESTELLTEN-/BEAMTEN-VERBÄNDEN	
Verbot der Gewerkschaften (1933-1945)	Zwangsorganisierung von Arbeitnehmern und Arbeitgebern in der Deutschen Arbeitsfront (DAF)	
Wiedergründung 1949	Organisierung von Arbeitern, Angestellten und Beamten in einheitlichen INDUSTRIEGEWERKSCHAFTEN	Einheitsgewerkschaften

Vornehmlich diese Berufsgruppen waren es auch, die während der 1848er Revolution erste Versuche zu nationalen Zusammenschlüssen unternahmen. Auf der ersten nationalen Buchdruckerversammlung im Juni 1848 in Mainz forderten die Delegierten bereits einen Reichstarif zur Regelung der Löhne, der Arbeitszeit und des Lehrlingswesens, wie er damals schon in einzelnen Städten (namentlich Breslau und Leipzig) bestand. Ihr Vorhaben scheiterte indes - trotz eines großen Streiks - am Widerstand der Unternehmer und schließlich auch an der einsetzenden politischen Reaktion nach der gescheiterten 1848er Revolution.

In den frühen sechziger Jahren des 19. Jahrhunderts waren es wiederum die Tabakarbeiter und Buchdrucker, die die ersten zentralen Berufsgewerkschaften gründeten: 1865 den *Allgemeinen Deutschen Zigarrenarbeiter-Verein;* 1866 den *Deutschen Buchdrucker-Verband;* ihnen folgte 1867 die Gründung des *Allgemeinen Deutschen Schneidervereins.*

Erst in den Jahren danach ergriffen die politischen Parteien ihrerseits die Initiative zur Gründung von Gewerkschaften. Wie die neuere historische Forschung nachgewiesen hat, »waren es keineswegs die politischen Parteien, die die Gewerkschaftsbewegung in Gang brachten (...). Sowohl die (lassalleanischen) Sozialdemokraten wie die (fortschrittlichen) Liberaldemokraten schalteten sich in die Bewegung erst ein, als diese längst eingesetzt hatte und abzusehen war, daß gewerkschaftlicher Zusammenschluß der den überhaupt aktivierbaren Arbeitern am meisten einleuchtende, weil ihren elementaren sozialpolitischen Interessen optimal entsprechende Organisationstypus zu werden versprach - daß also die Gewerkschaften gewissermaßen zur Primärform und damit am ehesten zur Massenbasis der Arbeiterbewegung werden würden« (Engelhardt 1977, Bd. 2, S. 1214f.). Freilich trugen die politischen Initiativen von liberalen und sozialdemokratischen Politikern zur Expansion der jungen Gewerkschaftsbewegung bei, aber gleichzeitig bewirkten sie die Spaltung in Richtungsgewerkschaften.

Bis 1890 war in Deutschland der zunächst lokale, später zentrale Berufsverband die ausschließliche gewerkschaftliche Organisationsform, in der sich exponierte Berufsgruppen qualifizierter Facharbeiter zusammenschlossen. Es handelte sich dabei vorwiegend um relativ homogene, ausgeprägt berufsständisch orientierte Arbeiterschichten, die als »Handwerkerelite« (wie die Buchdrucker) ihr traditionell hohes Sozialprestige gegen den drohenden Statusverlust zu verteidigen suchten oder die als Handarbeiter in großbetrieblicher Produktion (wie die Zigarrenarbeiter) sich um die Anhebung ihres sozialen Status bemühten. Für diese und andere Gruppen, die über ein hohes Maß beruflicher Kohäsion und gruppeninterner Kommunikation verfügten, bot sich der Berufsverband als adäquate Organisationsform ihrer berufsständisch geprägten Interessen an.

Es war die spezifische Mitgliederzusammensetzung, die den frühen Berufsverbänden ihren exklusiven Charakter gab. Ihre Mitglieder waren ausschließlich qualifizierte Handwerker und Facharbeiter; Frauen war häufig die Mitgliedschaft verwehrt. Stärkstes gewerkschaftliches Bindemittel war die berufliche Zugehörigkeit; sie war gleichsam die natürliche Grundlage der gewerkschaftlichen Organisierung. Ähnlich wie die *Craft Societies* in England verfolgten die in den frühen Berufsgewerkschaften organisierten Gruppen keine politisch umstürzlerischen Ziele, sondern verteidigten ihr berufliches Ansehen, forderten einen redlichen Lohn und einen angemessenen Lebensstandard. Da sie, von wirtschaftlichen Abschwungperioden einmal abgesehen, häufig günstige Arbeitsmarktbedingungen vorfanden beziehungsweise ihre Arbeitskraft verknappen konnten und sie überdies oft strategisch wichtige Positionen in der Produktion einnahmen, fanden ihre Organisationen bald die Anerkennung der Unternehmer, mit denen sie nicht selten kooperative Vertragsverhältnisse pflegten, welche gelegentliche Streiks selbstverständlich nicht ausschlossen.

Daß dennoch viele der Berufsverbände in Deutschland der politischen Reaktion und Repression zur Zeit des Sozialistengesetzes (1878-90) zum Opfer fielen und verboten wurden, war eher dem generellen Mißtrauen des Obrigkeitsstaates gegen eigenständige Aktivitäten der Arbeiterschaft zuzuschreiben als realen politischen Gefahren, die ihm von diesen Organisationen drohten.

Aus dem exklusiven Charakter der Berufsgewerkschaften ergaben sich andererseits zwei schwerwiegende Nachteile: 1. Als gegenüber anderen Berufs- und Tätigkeitsgruppen »geschlossene« Gewerkschaften verfügten sie über eng umgrenzte Rekrutierungsfelder, mit der Folge, daß - nach Erreichen einer gewissen Organisationsdichte - ihre Mitgliederschaft stagnierte, ja unter Umständen sogar schrumpfte. 2. Vor allem mit der technischen Entwicklung und der Tendenz zur großbetrieblichen Produktion verflüssigten sich die traditionellen »Berufsschneidungen«; es entstanden neue Berufe, andere spalteten sich auf, so daß Grenzstreitigkeiten zwischen verschiedenen Berufsverbänden über die jeweiligen Rekrutierungsfelder keine Seltenheit waren.

Entstehung von Industriegewerkschaften (2. Phase)

Im letzten Jahrzehnt des 19. Jahrhunderts verlagerte sich der Kern der Gewerkschaftsbewegung auf jene Berufsgruppen und Gewerbezweige, die von der sich ausbreitenden industriellen Produktionsweise, von maschineller Massenproduktion, Zusammenballung unterschiedlicher Berufsgruppen und Arbeiterkategorien in großbetrieblichen Produktionsstätten und von fortschreitender Arbeitszerlegung geprägt waren. Die nach dem Fall des Sozialistengesetzes und der zyklischen Krise 1891-94 einsetzende »große Reorganisation der Gewerkschaftsbewegung« (Ritter/Tenfelde 1975, S. 88) bedeutete für die sozialdemokratischen (»freien«) Gewerkschaften in Deutschland den Durchbruch zur Massenorganisation.

Ab 1890 bildeten sich erstmals Gewerkschaftsorganisationen der Hilfsarbeiter:

– 1890 der Verband der Fabrikarbeiter,
– 1891 der Verband der Baugewerkschaftlichen Hilfsarbeiter und
– 1897 der Zentralverband der Handels-, Transport- und Verkehrsarbeiter.

Etwa zur gleichen Zeit entstanden, durch Verschmelzung verwandter und branchengleicher Berufsgewerkschaften, die ersten Industriegewerkschaften auf deutschen Boden:

- 1891 der Deutsche Metallarbeiterverband,
- ebenfalls 1891 der Deutsche Textilarbeiterverband und
- 1893 der Deutsche Holzarbeiterverband.

Die wirtschaftlich-technische Entwicklung seit dem ausgehenden 19. Jahrhundert, vor allem der Übergang zum industriellen Großbetrieb, die Ausdehnung der Arbeitsmärkte und die Zunahme der Mobilität der Arbeitskräfte hatte die Substitutionskonkurrenz erhöht und damit die natürliche Machtbasis der alten Berufsverbände unterminiert. Traditionelle Berufe verschwanden oder spalteten sich in verschiedene Spezialberufe auf, wieder andere entstanden völlig neu, wodurch die Organisationsgrenzen von Berufsgewerkschaften immer wieder neu in Frage gestellt wurden. Die wachsende Zahl der Hilfsarbeiter und Angelernten fand in den bestehenden Organisationen keine Aufnahme. Technische und arbeitsorganisatorische Rationalisierungen ließen traditionelle handwerkliche Arbeitsweisen und althergebrachte Gewohnheiten zunehmend veralten. In vielen Großbetrieben arbeiteten die unterschiedlichsten Berufsgruppen Hand in Hand. Und vollends die »wissenschaftliche Betriebsführung« Frederick Taylors und die Fließbandproduktion Henry Fords mit ihrer extremen Zergliederung und Atomisierung des Arbeitsprozesses veränderten die Produktionsbedingungen so nachhaltig, daß qualifizierte Arbeitskräfte mehr und mehr durch angelernte Arbeiter ersetzt werden konnten.

Die alten, »horizontal« organisierenden Berufsverbände hatten den Charakter von exklusiven *Berufsgemeinschaften*. Ihre organisatorische Stärke beruhte auf der (oft schwer ersetzbaren) Qualifikation ihrer Mitglieder und der von ihnen gepflegten beruflichen Solidarität. Demgegenüber versuchten die neuen, »vertikal« organisierenden Industriegewerkschaften, mit ihrer Offenheit gegenüber allen Berufs- und Arbeiterkategorien der gleichen Industrie, organisatorische Stärke durch die »große Zahl« und durch die Förderung von *Klassensolidarität* zu gewinnen. Obwohl auch hier häufig die Facharbeiter weiterhin das Rückgrat der Organisation bildeten (was um so mehr zutraf, wenn sie durch Verschmelzung verschiedener Berufsgewerkschaften entstanden waren), entwickelten sie - in negativer Abgrenzung zum »Berufsdünkel« - eine Solidarität, die über den Beruf hinausging. Diesen Verschiebungen in der Mitgliederbasis entsprachen die unterschiedlichen Zielsetzungen der beiden Organisationstypen. Die Berufsverbände waren den traditionellen Interessen ihrer Berufsgenossen verpflichtet und verfolgten im wesentlichen partikularistische Ziele, während die Industriegewerkschaften sich stärker auf die Vertretung verallgemeinerter Interessen, das heißt auf die Durchsetzung von »allgemeinen Arbeitsregeln« (in Form des Standardlohns, des Normalarbeitstages und anderer genereller Tarif- oder Gesetzesnormen) konzentrierten. Anders als die frühen Berufsverbände hatten die Industriegewerkschaften schon wegen ihres umfassenderen Organisationsprinzips und ihres politischen Charakters anfangs mit weitaus größerem Widerstand der Arbeitgeber und ihrer Verbände zu rechnen. Besonders in der Groß- und Schwerindustrie ergriffen viele Unternehmer aktive Kampfmaßnahmen gegen die gewerkschaftliche Organisierung in ihren Betrieben; kollektivvertragliche Regelungen konnten in vielen wichtigen Industriebereichen Deutschlands erst nach 1918 durchgesetzt werden.

Die 40 Jahre von 1890 bis 1933 waren gekennzeichnet durch die Koexistenz von Berufsverbänden und Industriegewerkschaften, mit einer unverkennbaren Entwicklungstendenz zugunsten der letzteren. Der allmähliche Wandel in den Organisationsformen vollzog sich über Kartelle, Unionen und letztlich Verschmelzungen von Berufsverbänden untereinander oder auch von Berufsverbänden mit Organisationen der Hilfsarbeiter in den entsprechenden Industriezweigen. Dieser Wandlungsprozeß fand seinen Niederschlag in den programmatischen kontroversen Diskussionen über die angemessene Organisationsform auf verschiedenen Gewerkschaftskongressen (insbesondere 1892 in Halberstadt, 1914 in München und 1922 in Leipzig).

Organisierung der Angestellten und Beamten (3. Phase)

Bildeten in der Frühzeit der Arbeitergewerkschaften die Angestellten und Beamten noch eine relativ kleine und privilegierte Gruppe von Beschäftigten, deren soziale Distanz zu den Arbeitern in der Regel größer war als zu den Unternehmern und Dienstherren, so änderte sich die Situation mit den Ende des 19. Jahrhunderts entstehenden Großbetrieben und Großverwaltungen, dem wachsenden Bedarf an staatlichen Aufgaben und Leistungen. Obwohl diese zunehmenden Angestellten- und Beamtentätigkeiten weiterhin durch eine besondere Form des Arbeitsvertrages und der Entlohnung honoriert wurden, verloren Angestellte und Beamte mehr und mehr ihren privilegierten Status. Als eine Folge dieser sozialen Entwicklung sind die um die Jahrhundertwende einsetzenden Gründungen erster gewerkschaftlicher oder gewerkschaftsähnlicher Organisationen von Handlungsgehilfen, technischen Angestellten und subalternen Beamten anzusehen. In den Revolutionsjahren 1918/19 erfuhren die Beamten und Angestelltenorganisationen eine gewisse Radikalisierung, die selbst noch den kaisertreuen *Deutschen Handlungsgehilfenverband* erfaßte, der sich zur Vertretung genuin gewerkschaftlicher Interessen genötigt sah.

Übersicht 9: Historische Entwicklung der gewerkschaftlichen Dachverbände in Deutschland (mit Gründungsdaten)

politische Richtung \ beruflicher Status	Arbeiter	Angestellte	Beamte
a) von der Gründung bis 1933			
sozialdemokratisch/ freigewerkschaftlich	1890 Generalkommission 1919 Allgemeiner Deutscher Gewerkschaftsbund (ADGB)	1921 Allgemeiner freier Angestelltenbund AfA-Bund	1922 Allgemeiner Deutscher Beamtenbund (ADB)
christlich (-national)	1901 Gesamtverband der christlichen Gewerkschaften	1919 Gesamtverband Deutscher Angestelltengewerkschaften (Gedag)	1920 Gesamtverband Deutscher Beamten- und Staatsangestelltengewerkschaften 1926 Fusion mit DBB
liberal (Hirsch-Duncker)	1869 Verband der Deutschen Gewerkvereine	1919 Gewerkschaftsbund der Angestellten (GDA)	1922 Ring Deutscher Beamtenverbände 1928 Fusion mit DBB
politisch unabhängige Standesorganisation			1918 Deutscher Beamtenbund (DBB)
b) Wiedergründung nach 1945			
Einheitsgewerkschaft	1949 Deutscher Gewerkschaftsbund (DGB) mit 16 Industriegewerkschaften		
politisch unabhängige Standesorganisation		1949 Deutsche Angestellten-Gewerkschaft (DAG)	1950 Deutscher Beamtenbund (DBB)

Auch der 1918 gegründete *Deutsche Beamtenbund* wurde bald in Arbeitskonflikte und Streiks hineingezogen. Das weiterhin vorherrschende fachlich-berufliche Sonderbewußtsein der Angestellten und Beamten verhinderte indessen einen gemeinsamen Zusammenschluß mit den Arbeitergewerkschaften. Selbst die freigewerkschaftlich orientierten Angestellten- und Beamtengewerkschaften schlossen sich zu separaten Dachorganisationen, dem *Allgemeinen freien Angestelltenbund* (AfA-Bund) und dem *Allgemeinen Deutschen Beamtenbund* (ADB), zusammen.

Bis zum Ende der Weimarer Republik bieten die gewerkschaftlichen Organisationen ein verwirrendes Bild (vgl. Übersicht 9). Es gab Richtungsgewerkschaften sozialdemokratischer (»freier«), christlicher und liberaler Provenienz. Innerhalb jeder Richtung gab es Berufs- und Industriegewerkschaften für Arbeiter sowie Angestellten- und Beamtengewerkschaften, die jeweils eigene Dachverbände bildeten, so daß jede der drei Richtungen über drei gesonderte Dachverbände der Arbeiter-, Angestellten- und Beamtengewerkschaften verfügte. Diese waren untereinander - als »Kartell« (freie Gewerkschaften), »Bund« (christliche Gewerkschaften) oder »Ring« (liberale Gewerkschaften) - zu einem lockeren Verbund zusammengeschlossen. Nicht genug damit, ging das Gros der Beamten einen gesonderten Weg: Sie gründeten eine einheitliche Beamtenorganisation außerhalb und unabhängig von den drei genannten Richtungen. Dieser organisatorischen Zersplitterung stand gleichwohl eine Konzentration der Mitgliederzahlen in den freigewerkschaftlichen Verbänden des ADGB und AfA-Bundes gegenüber. Allein 85 Prozent der gewerkschaftlich organisierten Arbeiter waren Mitglied einer ADGB-Gewerkschaft.

Die weitere Entwicklung nach 1945

Der Wiederaufbau der Gewerkschaften im westlichen Teil des ehemaligen Deutschen Reiches, dem Territorium der späteren Bundesrepublik, erfolgte nach dem Ende des Zweiten Weltkrieges unter der Kontrolle der westlichen Militärregierungen. Die Gewerkschafter, die Terror und Krieg überlebt hatten, zogen aus den Erfahrungen der Vergangenheit den Schluß zum Aufbau von Einheitsgewerkschaften. Damit sollte der weltanschauliche und politische Richtungsstreit, der auch zur Schwächung der Arbeiterbewegung in der Weimarer Republik beigetragen hatte, vermieden werden. Unterschiedliche Meinungen gab es jedoch darüber, ob die Einheitsgewerkschaft einen zentralistischen oder föderalen Charakter erhalten sollte. Die ehemalige Führungsgruppe des ADGB um Hans Böckler, dem späteren Gründungsvorsitzenden des DGB, präferierte das Organisationsmodell einer »Allgemeinen Gewerkschaft«, die nicht als Dachorganisation, sondern als einzige Gewerkschaft mit nachgeordneten Industrie- bzw. Berufsgruppen konzipiert war. Daß nicht dieses - von Kritikern als »arbeitsfrontähnliches Monstrum« (Mielke/Rütters 1995, S. 309) bezeichnete -, sondern das föderale Organisationsmodell eines Dachverbandes mit autonomen Industriegewerkschaften zum Zuge kam, war letztlich den Militärregierungen in den Westzonen zuzuschreiben, die, beraten von Gewerkschaftsführungen in ihren Heimatländern, das zentralistische Konzept ablehnten (für Details s. Kolb 1983). Auf dem Gründungskongreß im Jahre 1949 nahm der Deutsche Gewerkschaftsbund eine Organisationsstruktur an, die über 40 Jahre lang unverändert blieb. Seine Mitgliederorganisationen sind seither parteipolitisch und konfessionell unabhängige *Einheitsgewerkschaften*, gegliedert nach dem *Industrieprinzip* auf betrieblicher Grundlage, unter Einschluß der dem jeweiligen Organisationsbereich beschäftigten Angestellten und Beamten.[1] Die 1949 durch den Zusammenschluß von Zonen- und Landesgewerkschaften entstandene Zahl von 16 Industriegewerkschaften erhöhte sich im Jahre 1978 durch den Beitritt der bis dahin außerhalb des DGB stehenden Gewerkschaft der Polizei auf 17 und verringerte sich im Jahre 1989 durch die Fusion der IG Druck und Papier mit der Gewerkschaft Kunst zur IG Medien wieder auf 16 (vgl. Tabelle 1).

Neben den 16 Industriegewerkschaften des DGB existieren gesonderte Organisationen der Angestellten (*Deutsche Angestellten-Gewerkschaft*) und der Beamten (*Deutscher Beamtenbund*); im Gegensatz zu den zwanziger Jahren sind in ihnen jedoch weniger Angestellte und Beamte organisiert als in den Gewerkschaften des DGB. Der Vollständigkeit halber ist noch der weniger als 300.000 Mitglieder zählende *Christliche Gewerkschaftsbund* zu nennen, der in drei Gesamtverbände (jeweils der Arbeiter, Angestellten und öffentlichen Bediensteten) und 17 Berufsgewerkschaften gegliedert ist. Seinem Selbstverständnis nach ist er eine Konkurrenzorganisation zum DGB; als Tarifvertragspartei hat er jedoch kein Gewicht.

Nach dem politischen Umbruch in der DDR und dem von der DDR-Volkskammer beschlossenen Beitritt der DDR zur Bundesrepublik faßten die Gewerkschaften des Freien Deutschen Gewerkschaftsbundes der DDR den Beschluß zu ihrer Auflösung und forderten ihre Mitglieder zum Beitritt in die Gewerkschaften des DGB auf, so daß nach der deutschen Vereinigung am 3.

---

1 Einen organisationspolitischen Ausnahmefall stellt der Bereich Erziehung und Wissenschaft dar; hier organisiert die Gewerkschaft Erziehung und Wissenschaft (GEW) die Beamten und Angestellten, die ÖTV die Arbeiter - dies ist gewissermaßen ein Strukturbruch im ansonsten unbestrittenen Organisationsprinzip »ein Betrieb - eine Gewerkschaft«.

Tabelle 1: Deutscher Gewerkschaftsbund: Einzelgewerkschaften und Mitgliederzahlen am 31. Dezember 1995

Gewerkschaft	insgesamt	Anteil in %	Anteil Ost in %	Arbeiter	Angestellte	Beamte	Männer	Frauen
IG Metall	2.869.469	30,7	18,1	2.363.947	505.522		2.357.734	511.735
Gew. Öffentl. Dienste, Transport und Verkehr	1.770.789	18,9	34,3	779.727	919.322	71.740	956.404	814.385
IG Chemie-Papier-Keramik	723.240	7,7	15,2	573.915	149.325		554.944	168.296
IG Bau-Steine-Erden	639.851	6,8	32,1	575.382	64.469		577.890	61.961
Deutsche Postgewerkschaft	529.233	5,7	18,6	196.297	76.721	256.215	304.576	224.657
Gew. Handel, Banken und Versicherungen	520.166	5,6	30,0	59.711	460.455		169.707	350.459
Gew. der Eisenbahner Deutschlands	398.404	4,3	33,2	205.960	60.165	132.279	322.674	75.730
IG Bergbau und Energie	376.366	4,0	31,0	289.924	86.210	232	348.434	27.932
Gew. Nahrung-Genuß-Gaststätten	322.019	3,4	23,8	252.401	69.618		193.888	128.131
Gew. Erziehung und Wissenschaft[1]	306.448	3,3	46,0		143.454	119.666	98.580	207.868
Gew. Textil-Bekleidung	216.288	2,3	14,4	107.750	17.704		87.388	128.900
IG Medien[1]	206.786	2,2	19,6	88.932	48.464		139.142	67.644
Gew. der Polizei	198.897	2,1	25,9	10.745	22.729	165.423	171.043	27.854
Gew. Holz und Kunststoff[1]	170.908	1,8	15,3	134.306	12.532		139.174	31.734
Gew. Gartenbau, Land- und Forstwirtschaft	82.725	0,9	54,6	67.556	12.573	2.596	59.336	23.389
Gew. Leder	23.081	0,2	14,4	20.842	2.239		12.302	10.779
DGB 31.12.95	9.354.670	100		5.727.395	2.651.502	748.151	6.493.216	2.861.454
Anteil in %	100,0		25,2	62,8[2]	29,0[2]	8,2[2]	69,4	30,6

[1] Summe »Arbeiter«, »Angestellte« und »Beamte« ergibt nicht immer die Zahl »insgesamt«, da manche Gewerkschaften zusätzlich »Sonstige« (Rentner, Arbeitslose, etc.) in ihren Statistiken führen.
[2] Bereinigt um »Sonstige«

Quelle: DGB, Mitgliederstatistik

Oktober 1990 auch die Einheit der Gewerkschaften wiederhergestellt wurde. »In den meisten Fällen erfolgte die Mitgliederübernahme durch Einzelerklärungen der Mitglieder. In manchen Fällen (...) traten allerdings die entsprechenden Ost-Gewerkschaften kollektiv der DGB-Gewerkschaft bei.« (Artus 1996) Praktisch bedeutete dies, daß die Einzelgewerkschaften des DGB ihre Organisationsbereiche auf das Territorium der ehemaligen DDR ausdehnten (DAG und DBB folgten dieser Praxis). Der damit erzielte enorme Mitgliederzuwachs erwies sich als Scheinblüte; denn der bald darauf erfolgte Zusammenbruch der industriellen Basis in den neuen Bundesländern führte zu massiven Arbeitsplatzverlusten und damit einhergehendem Mitgliederschwund (s. Kap. 7).

Mit der gewerkschaftlichen Expansion in die neuen Bundesländer erhielt die bereits durch längerfristige Entwicklungen angestoßene Diskussion über eine Reorganisation des DGB neue Anlässe. Die Abgrenzungen der Organisationsbereiche im FDGB waren denen im DGB ähnlich, aber nicht deckungsgleich. Darin erkannten einige Gewerkschaften die Chance, mit einer »elastischen« Erweiterung ihrer überkommenen Organisationsdomäne angrenzende Rekrutierungsfelder zu erschließen. Daß diese Chance vor allem Gewerkschaften wahrnahmen, deren Mitgliederpotential durch den sektoralen Strukturwandel schrumpft, sollte nicht überraschen. Verständlich war daher auch der Versuch der westlichen IG Bergbau und Energie, von der östlichen IG Bergbau-Energie-Wasserwirtschaft auch jenes Mitgliedersegment zu übernehmen, welches im Westen von der ÖTV organisiert wird. Der damit provozierte Abgrenzungskonflikt zwischen zwei DGB-Gewerkschaften war nur einer von vielen. Ein Schiedsspruch des DGB vom Februar 1991 schrieb schließlich den Organisationszuschnitt der Einzelgewerkschaften auf den für die alte Bundesrepublik geltenden fest.

Während die Debatte über eine grundlegende Organisationsreform des DGB noch im Gange ist, sind einzelne Gewerkschaften bereits zu Fusionen und Kooperationen übergegangen.

So haben sich 1996 die IG Bau-Steine-Erden und die Gewerkschaft Gartenbau, Land- und Forstwirtschaft zur neuen IG Bauen-Agrar-Umwelt (IG BAU) zusammengeschlossen. Im Jahre 1997 vereinigten sich IG Chemie-Papier-Keramik, IG Bergbau und Energie sowie Gewerkschaft Leder zur IG Bergbau, Chemie, Energie. In den Jahren 1998 und 1999 will die IG Metall mit der Gewerkschaft Textil-Bekleidung und der Gewerkschaft Holz und Kunststoff fusionieren. Einen Kooperationsvertrag haben IG Medien, die Deutsche Postgewerkschaft und die Gewerkschaft Handel, Banken und Versicherungen abgeschlossen.

Bei den Fusionen und Kooperationen geht es nicht immer um die Bereinigung umstrittener Organisationsabgrenzungen. Die Gründe können ebensogut in finanzieller Notlage und schrumpfendem Mitgliederpotential oder in der Verbesserung des innerverbandlichen Einflusses und den gemeinsamen gewerkschaftspolitischen Grundüberzeugungen liegen.

Nach den erfolgten und bereits vereinbarten Fusionen hat der DGB nur noch 11 Mitgliedsverbände. Einige Gewerkschaftsvorsitzende haben sich dahingehend geäußert, daß die große Reorganisation des DGB am Ende nur noch fünf bis acht Einzelgewerkschaften übriglassen werde (vgl. Schmidt/Trinczek 1993, S. 84).

Weiterführende Literatur

U. Borsdorf/H. O. Hemmer/M. Martiny (Hg.), *Grundlagen der Einheitsgewerkschaft*, 1977.
(Historische Dokumente und Materialien über die Entwicklung der gewerkschaftlichen Organisationsprinzipien und -formen.)

Karl-Heinz Sohn, *Berufsverband und Industriegewerkschaft*, 1964.
(Historisch-theoretische Darstellung der Organisationsprinzipien der deutschen Gewerkschaften.)

W.J. Mommsen/H.G. Husung (Hg.), *Auf dem Weg zur Massengewerkschaft*, 1983.
(Reader mit fundierten historischen Beiträgen englischer und deutscher Autoren über die Ursachen und Ablaufmuster des Durchbruchs zur Massengewerkschaft in England und Deutschland Ende des 19. Jahrhunderts.)

Theo Pirker, *Die blinde Macht*, 1979.
(Detaillierte Darstellung des organisatorischen Wiederaufbaus der Gewerkschaften nach dem Krieg und ihres ersten Jahrzehnts, zugleich eine kritisch-polemische Abrechnung mit den politischen Optionen der westdeutschen Gewerkschaften.)

T. Leif/A. Klein/H.-J. Legrand, *Reform des DGB*, 1993.
(Sammelband mit informativen Beiträgen über die aktuelle Diskussion der Organisationsreform des DGB.)

Ingrid Artus, *Die Etablierung der Gewerkschaften*, in: Bergmann/Schmidt (Hg.) 1996.
(Zusammenfassender Rückblick auf die Etappen und Wege, die zur Gewerkschaftseinheit in Gesamtdeutschland führten.)

Kapitel 7
Gewerkschaften als Mitgliederorganisationen

Gewerkschaftliche Macht ist Organisationsmacht, die auf *Mitgliederzahlen* und *Mobilisierungspotentialen* beruht. Die Mitgliederzahlen fundieren einen Anspruch auf legitime Repräsentation bedeutsamer Teile der arbeitenden Bevölkerung; das Mobilisierungspotential verweist auf die Reichweite (potentieller) gewerkschaftlicher Störungsmacht. Erhaltung und Ausweitung dieser Machtbasis liegen in den bestands- und zielorientierten Interessen jeder Gewerkschaft.

Bestands- und Handlungsvoraussetzungen

In bezug auf die Mitglieder ist die Handlungs- und Durchsetzungsfähigkeit einer Gewerkschaft im einzelnen an die folgenden Voraussetzungen gebunden:

1. Abhängig Beschäftigte müssen in ausreichender Zahl Gewerkschaftsmitglied werden und bleiben, als auch
2. regelmäßig Beiträge zur Finanzierung eines Verwaltungsapparates und der gewerkschaftlichen Unterstützungsleistungen abführen.
3. Die Mitglieder müssen sich gegenüber Beschlüssen und Vereinbarungen der Entscheidungs- und Führungsgremien loyal und folgebereit verhalten, sowie
4. in akuten Konfliktsituationen sich für Kampfmaßnahmen zu aktivem solidarischen Verhalten mobilisieren lassen.

Die ersten beiden sind als grundlegende *Bestands*voraussetzungen, die letzten beiden als *Handlungs*voraussetzungen von Gewerkschaften anzusehen. Um gewerkschaftliche Ziele nach außen durchzusetzen, ist die formale Teilhabe in Form zahlender Mitgliedschaft nicht hinreichend; gewerkschaftliches Handeln nach außen bleibt rückgebunden an die innere Solidarität in Form von (passiver) Loyalität und (aktiver) Kampfbereitschaft. Ohne die Folgebereitschaft und Mobilisierbarkeit der Mitglieder (oder zumindest eines größeren Teils der Mitglieder) bleibt eine Gewerkschaft machtlos.

Wir müssen hierbei jedoch zwischen zwei verschiedenen Aggregatzuständen der Organisationsmacht unterscheiden, zum einen der *potentiellen* und zum anderen der *manifesten* bzw. ausgeübten Organisationsmacht. Zwischen beiden besteht ein enger Zusammenhang; denn potentielle Organisationsmacht beruht auf dem von der Gegenseite für wahrscheinlich oder möglich gehaltenen Umschlag in manifeste (Streiks oder streikähnliche Kampfformen), die den sozialen Konsens in Frage stellt und den Kontrahenten mit Kosten belastet. Während in der Frühzeit der Gewerkschaften Interessendurchsetzung in der Regel auf dem Wege manifester Machtauseinandersetzungen notwendig war, basiert heute die Durchsetzung kollektiver Interessen weitgehend auf potentieller Organisationsmacht. In der Mehrzahl der Tarifverhandlungen werden Interessenkompromisse ohne Arbeitskampfmaßnahmen gefunden - freilich mit dem Bewußtsein, daß die Gewerkschaften weiterhin im Streik ihr unverzichtbares »Schwert an der Wand« sehen, das sie nicht rosten lassen werden. Die Konzessionsbereitschaft der Unternehmer beruht sicherlich zu einem großen Teil darauf, daß die Gewerkschaften Macht *durch* ihre Mitglieder ausüben können, sie hängt freilich ebenso davon ab, daß die Gewerkschaften auch Macht *über* ihre Mitglieder haben, das heißt diese auf ausgehandelte Kompromisse verpflichten können.

Berücksichtigt man die soziale und ökonomisch schwächere Position des Arbeitnehmers im Vergleich zum Arbeitgeber und die kollektive Schutzfunktion der Gewerkschaften, dann könnte man meinen, daß abhängig Beschäftigte sich im Regelfall gewerkschaftlich organisieren. Dies ist jedoch keineswegs der Fall. Selbst wenn viele Arbeitnehmer (in der Tat ist es die Mehrheit) Gewerkschaften für notwendig halten, heißt dies noch nicht, daß alle, die diese Ansicht teilen, auch Gewerkschaftsmitglied werden.

Es sind im wesentlichen zwei Klassen von Gründen, die einen abhängig Beschäftigten davon abhalten können, den Beitritt zu vollziehen. Das sind einmal die Sanktionen, die sie von seiten der Arbeitgeber und des Managements zu erwarten haben oder auch nur befürchten. Es kann sich dabei durchaus um sehr subtile Maßnahmen handeln, etwa die Mißbilligung durch den Vorgesetzten, die sich für die von der Bewertung des Vorgesetzten abhängigen Angestellten in ihrem beruflichen Werdegang behindernd und nachteilig auswirken kann. Für die Masse der Industriearbeiter dürfte dieser Grund am ehesten noch in Klein- und Mittelbetrieben, wo der Unternehmer in persönlichen Kontakten mit seinen Arbeitern steht, eine Rolle spielen. Abgesehen von einigen patriarchalisch geführten Unternehmungen hat das Management der

Großindustrie ein nüchternes und sachliches Verhältnis zu den Gewerkschaften, so daß den Beschäftigten aus ihrer gewerkschaftlichen Mitgliedschaft kaum ein Nachteil erwachsen dürfte.

Ein gravierenderes Problem für die gewerkschaftliche Bestandssicherung stellt die zweite Klasse von Gründen dar, die sich mit den Stichworten »öffentliche Güter« und »Trittbrettfahrer« (*free rider*) umschreiben lassen (grundlegend hierzu: Olson 1992). In der Wirtschaftstheorie werden die von den Gewerkschaften durchgesetzten Lohnerhöhungen und Verbesserungen der Arbeitsbedingungen als »öffentliche Güter« (auch: Kollektivgüter) bezeichnet. Von ihnen profitieren auch die Nichtmitglieder, die folglich aus der Erreichung kollektiver Ziele individuellen Nutzen zu ziehen vermögen, ohne sich an den Kosten der Zielerreichung in Form eines Mitgliedsbeitrags beteiligen zu müssen. Die Theorie der öffentlichen oder kollektiven Güter unterstellt als Verhaltensmaxime das individuelle Streben nach Nutzenmaximierung. Orientiert man sich an diesem Verhaltensmodell des »homo oeconomicus«, dann stellt sich die Frage, warum überhaupt jemand Gewerkschaftsmitglied wird. Die Antwort im Rahmen dieser Theorie lautet: wenn es der Gewerkschaft gelingt, selektive, für Mitglieder exklusive Leistungen zu erbringen. Hingewiesen wird in diesem Zusammenhang gewöhnlich auf die Unterstützungs- und Versicherungsleistungen der Gewerkschaft, die nur Mitgliedern gewährt werden.

Daß diese einen Anreiz für den Erwerb und die Aufrechterhaltung der Mitgliedschaft bilden, sei nicht bestritten (insbesondere wenn man an die Streikunterstützung denkt), allerdings kommt ihnen für die Mitgliedermotivation ein begrenzter Stellenwert zu. Mit dem Ausbau des staatlichen Sozialversicherungssystems haben die gewerkschaftlichen Versicherungsleistungen an Umfang und Bedeutung eingebüßt, ganz abgesehen davon, daß die noch vorhandenen Serviceleistungen wesentlich kostengünstiger als mit den von den Gewerkschaften üblicherweise erhobenen Beiträgen zu kaufen wären.

Eine alternative Erklärung für den Erwerb und die Aufrechterhaltung der gewerkschaftlichen Mitgliedschaft ist der Gebrauch von Zwangsmitteln. Das bedeutsamste Zwangsmittel, das den Gewerkschaften zur Verfügung steht, ist der *Closed Shop*. Man bezeichnet damit einen Betrieb, in dem ein Arbeitnehmer nur eingestellt wird, wenn er zugleich Mitglied der in diesem Betrieb vertretenen Gewerkschaft ist oder es wird. Diese Form der obligatorischen Mitgliedschaft ist in der Bundesrepublik rechtlich unzulässig. Freilich gibt es mildere und subtilere Formen des sozialen und moralischen Drucks, um Arbeitnehmer zum Gewerkschaftsbeitritt zu bewegen. Insbesondere dort, wo bereits ein hoher Anteil der Beschäftigten gewerkschaftlich organisiert ist, geraten Unorganisierte unter erheblichen Konformitätsdruck. Aber auch diese Erklärungsvariante hat nur eine beschränkte Reichweite. Um Zwang und Druck auszuüben, müssen die Gewerkschaften erst einmal auf freiwilliger Basis eine gewisse Organisationsmacht darstellen. Folglich bleibt die Organisationsmacht der Gewerkschaft prinzipiell an den freiwilligen Beitritt gebunden.

Weder individuelle Nutzenmaximierung noch kollektive Zwangsmaßnahmen können befriedigend erklären, warum Arbeitnehmer sich in Gewerkschaften organisieren. Der englische Soziologe Colin Crouch (1982) argumentiert auf der Grundlage des *Rational Choice*-Ansatzes, daß gewerkschaftliche Mitgliedschaft mit dem kollektiven Nutzen der Gewerkschaft für die jeweilige Arbeitnehmergruppe variiert. Den kollektiven Nutzen einer Gewerkschaft sieht Crouch dabei unter zwei Aspekten: er ist um so größer, 1. je abhängiger die betreffende Arbeitnehmergruppe von kollektiven Aktionen zur Verbesserung ihres Lebensstandards ist und 2. je leichter sie die gewerkschaftliche Organisation als Hebel zur Durchsetzung ihrer Interessen benutzen kann (1982, S. 67f.).

Neben dieser rationalen Kalkulation tragen sicherlich auch *normative* Prozesse dazu bei, daß Arbeitnehmer Mitglied werden und bleiben. »Keine Gewerkschaft kann einen Tag funktionieren, ohne jenes elementare Verständnis bei ihren Mitgliedern vorauszusetzen, daß Mitglied zu sein ein Wert an sich ist und daß die individuellen Organisationskosten nicht nach utilitaristischen Kriterien kalkuliert werden dürfen.« (Offe/Wiesenthal 1980, S. 79; eig. Übers.) Für den klassischen Industriearbeiter gehörte die kollektive Orientierung, die Verpflichtung auf solidarisches Verhalten zum festen Bestandteil seiner Arbeitsrolle. Im sozialen Lernprozeß, den er im Verlauf seiner beruflichen Sozialisation durchmachte, erlernte er nicht nur qualifikatorische Fertigkeiten und allgemeine Arbeitstugenden wie Fleiß, Pünktlichkeit, Zuverlässigkeit, sondern eignete sich auch solidarische Orientierungen und Verhaltensweisen an. Mit dem wirtschaftsstrukturellen Wandel und der »Tertiarisierung« der Berufsstruktur schrumpften indessen die klassischen Industriesektoren und damit die Arbeitsplätze für jene Beschäftigtengruppen, deren sozialen und beruflichen Milieus die Gewerkschaften starke normative Bindungen verdanken.

Neben der Werbung neuer Mitglieder stellt sich für die Gewerkschaften die Aufgabe, die Neueingetretenen dauerhaft an die Organisation zu binden, denn die *Mitgliederfluktuation* stellt ein ernsthaftes Problem dar: Die deutschen Gewerkschaften verlieren jährlich etwa 10 bis 15 Prozent ihrer Mitglieder (neben den natürlichen Abgängen durch Eintritt ins Rentenalter oder durch Tod auch beträchtliche Anteile durch Austritte). Die Bindung an die Organisation erfolgt *normativ* durch Agitation und Information (zumeist vermittelt über Vertrauensleute, Betriebsräte etc.), durch Schulung und Bildung sowie Beteiligung (s. Kap. 8). Sie erfolgt *materiell* durch Unterstützungs- und Dienstleistungen (z.B. Streikunterstützung, Rechtshilfe, Versicherungen) und *koerziv* durch die Entfaltung sozialen Drucks, der insbesondere in Betrieben mit hoher gewerkschaftlicher Organisierung ein organisationskonformes Verhalten sicherstellt. In verstärktem Maße sind die Gewerkschaften dazu übergegangen, die Mitgliederfluktuation auch mit *administrativen* Mitteln zu bekämpfen, vornehmlich durch zentrale Mitgliedererfassung durch EDV, durch automatischen Beitragseinzug (sei es als Lohnabzug oder als Bankabbuchung) und durch die Verlängerung der satzungsgemäßen Kündigungsfristen. Diese Maßnahmen können indessen nur unterstützende Funktion für die drei anderen genannten Methoden der Mitgliederbindung haben.

Die meisten Gewerkschaftssatzungen sehen, bei gewerkschaftsfeindlichem Verhalten, als organisatorisches Disziplinierungsmittel den *Mitgliederausschluß* vor. Mit dieser Sanktion sind indessen Loyalität und Solidarität nur im begrenzten Maße zu sichern, solange der gewerkschaftliche Ausschluß nicht mit handfesten materiellen Nachteilen verbunden ist. Allenfalls gewerkschaftliche Aktivisten sind auf diese Weise zu disziplinieren.

Organisationsgrad

Die Entwicklung der absoluten Mitgliederzahlen ist für eine Gewerkschaft von großer Bedeutung, weil davon das Beitragsvolumen und damit die finanziellen Ressourcen der Organisation abhängen. Gewerkschaftliche Rekrutierungserfolge können jedoch allein aus dem Organisationsgrad abgelesen werden. Der Organisationsgrad bezeichnet das Verhältnis von Gewerkschaftsmitgliedern zur Gesamtzahl der abhängigen Erwerbspersonen bzw. Beschäftigten. Berechnungen erfolgen in der Regel nach folgenden Formeln:

(1) $\dfrac{\text{Gewerkschaftsmitglieder}}{\text{Abhängig Beschäftigte}} \times 100$ (Brutto-Organisationsgrad I)

(2) $\dfrac{\text{Gewerkschaftsmitglieder}}{\text{Abhängige Erwerbspersonen}} \times 100$ (Brutto-Organisationsgrad II)

(3) $\dfrac{\text{Betriebstätige Mitglieder}}{\text{Abhängig Beschäftigte}} \times 100$ (Netto-Organisationsgrad I)

(4) $\dfrac{\text{Betriebstätige + arbeitslose Mitglieder}}{\text{Abhängige Erwerbspersonen}} \times 100$ (Netto-Organisationsgrad II)

Abhängige Erwerbspersonen = Abhängig Beschäftigte *plus* Arbeitslose
Betriebstätige Mitglieder = Gewerkschaftsmitglieder *minus* nichterwerbstätige Gewerkschaftsmitglieder (Arbeitslose, Rentner, Studenten etc.)

Die korrekte Organisationsgrad-Berechnung erfolgt nach der dritten oder vierten Formel, dem Netto-Organisationsgrad I oder II. Da indessen die Zahlen für arbeitslose, pensionierte oder studentische Mitglieder in der Regel schwierig zu ermitteln sind, behilft man sich mit dem - tendenziell überhöhten - Brutto-Organisationsgrad.

Der gewerkschaftliche Organisationsgrad gibt allein Auskunft darüber, in welchem Ausmaß es einer Gewerkschaft gelungen ist, ihr Mitgliederpotential auszuschöpfen. Er sagt nichts über die Intensität und Qualität der Mitgliederbindung aus. Sind die Rekrutierungserfolge durch selektive Anreize, in Form von Sondervorteilen, erzielt worden, dann handelt es sich um rein formale Mitgliedschaften, die zwar über die *Repräsentativität* einer Organisation, aber noch nichts über deren *Kampfkraft* aussagen.

Insbesondere in wirtschaftswissenschaftlich orientierten Theorien wird der Organisationsgrad häufig mit der Verhandlungsmacht *(barguining power)* einer Gewerkschaft gleichgesetzt und seinen Veränderungen eine für die Lohnentwicklung determinierende Rolle zugeschrieben. Gewerkschaftlicher Organisationsgrad und seine Veränderungen indizieren indessen allein ein *Machtpotential*, das nicht mit Militanz bzw. ausgeübter Macht gleichgesetzt werden kann, und zwar aus den folgenden Gründen:

– Gewerkschaftliche Macht kann sich auch in anderen Formen als der von Lohnmilitanz äußern.
– Von gewerkschaftlicher Macht wird nicht notwendig voller Gebrauch gemacht.
– Ausgeübte Macht ruft Widerstand und Gegenstrategien hervor, so daß Veränderungen der Lohnsätze nur als Resultat zweier - unter Umständen (z.B. politischer Intervention) dreier - interagierender und sich gegenseitig limitierender Kräfte zu begreifen sind.

Falsch wäre es jedoch, dem Organisationsgrad jegliche Aussagefähigkeit über gewerkschaftliche Kampfkraft abzusprechen. Als Grundinformation, die notwendige (wenn auch nicht hinreichende) Voraussetzungen gewerkschaftlichen Einflusses indiziert, bleibt er eine wichtige Kennziffer, deren Aussagefähigkeit in Kombination mit anderen Indikatoren und Informationen verbessert werden kann.

Die Ausschöpfung des jeweiligen Mitgliederpotentials kann Gewerkschaften, solange sie freiwillige Organisationen sind, immer nur zu einem Teil gelingen. Freilich gibt es von Land zu Land (a), von Personengruppe zu Personengruppe (b) und von Industrie zu Industrie (c) beachtliche Differenzen.

Tabelle 2: Gewerkschaftliche Organisationsgrade* im internationalen Vergleich

Jahr / Land	1970	1980	1990
Schweden	67,7	79,7	82,5
Finnland	51,4	69,8	72,0
Dänemark	60,0	76,0	71,4
Norwegen	51,4	56,9	56,0
Belgien	45,5	55,9	51,2
Österreich	62,2	56,2	46,2
Großbritannien	44,8	50,4	39,1
Italien	36,3	49,3	38,8
Kanada[1]	31,0	36,1	35,8
Deutschland	33,0	35,6	32,9
Niederlande	38,0	35,3	25,5
Japan	35,1	31,1	25,4
Spanien	27,4 [2]	25,0	11,0
USA	23,2	22,3	15,6
Frankreich	22,3	17,5	9,8

* Netto-Organisationsgrad I
[1] Brutto-Organisationsgrad I
[2] 1977
Quelle: OECD, Employment Outlook 1994

(a) Es gibt wohl kaum eine andere sozialökonomische Kennziffer, die so große Differenzen zwischen den industriekapitalistischen Ländern aufweist wie der gewerkschaftliche Organisationsgrad. Wie aus *Tabelle 2* ersichtlich, variiert er zwischen 10 und 83 Prozent (1990). Die Spitzengruppe (über 50 Prozent) bilden die skandinavischen Länder und Belgien. Das Mittelfeld (30 bis 50 Prozent) wird von den Ländern Österreich, Großbritannien, Italien und Deutschland sowie von Kanada belegt. Auf der unteren Skala (unter 30 Prozent) liegen die Niederlande, Spanien und Frankreich sowie die außereuropäischen Länder Japan und USA.

Schaut man auf die Entwicklung des Organisationsgrades in den letzten zwei Dekaden, so läßt sich als dominantes Muster für die *europäischen Länder* in den siebziger Jahren ein Anstieg und in den achtziger Jahren ein Sinken des Organisationsgrades feststellen. Davon weichen ab: einmal die »Spitzenreiter«

Schweden und Finnland, die auch noch in den achtziger Jahren einen steigenden Organisationsgrad aufweisen; ein andermal die »Schlußlichter« Niederlande, Spanien und Frankreich, die - entgegen dem Trend - bereits in den siebziger Jahren einen Rückgang in der Organisierung verzeichneten. Auch Österreichs Gewerkschaften erfuhren schon in den siebziger Jahren - allerdings auf einem hohen Niveau (1970: 60 Prozent) - Einbußen im Organisationsgrad, so daß sie aus der Spitzengruppe ins Mittelfeld abstiegen.

Die Gründe für das recht unterschiedliche Niveau der Organisierung sind vielfältiger Natur. Es sind zum Teil historische (Existenz einer traditionell starken Arbeiterbewegung oder nicht), zum Teil rechtliche (legaler Status der Gewerkschaften, gesetzliche Garantien und Privilegien), zum Teil wirtschafts- und sozialstrukturelle (Wirtschaftsstruktur; Zusammensetzung der Arbeitnehmerschaft), zum Teil politische Gründe (pro- oder antigewerkschaftliche Haltung von Regierung und Unternehmerschaft). Maßgeblichen Einfluß auf das Organisationsniveau haben - dem britischen *Industrial Relations*-Experten Hugh Clegg (1976, S. 27f.) zufolge - Ausmaß und Reichweite der Tarifautonomie *(Collective Bargaining)* sowie die Unterstützung der Organisationssicherung *(Union Security)* durch Arbeitgeber und, so ist hinzuzufügen, durch Staat und Regierung. Mit letzterem sind solche Regelungen und Vorkehrungen gemeint, die es abhängig Beschäftigten als ratsam und vorteilhaft erscheinen lassen, Gewerkschaftsmitglied zu werden. Streeck (1981, S. 206ff.) nennt als wichtigste institutionelle Stützen der Organisationssicherung die rechtliche Zulässigkeit von *Closed Shops* (in den USA: *Union Shops*) und die Verwaltung von Sozialversicherungen (insbesondere: Arbeitslosenversicherungen) durch Gewerkschaften. Letzteres trifft für die skandinavischen (mit Ausnahme Norwegens) und belgischen, ersteres für angelsächsische Gewerkschaften zu.

Während mit der generellen Zunahme der Arbeitslosigkeit natürlich auch die Bedeutung von Arbeitslosenversicherungen gestiegen ist (woraus sich positive Effekte für das Organisationswachstum der skandinavischen und belgischen Gewerkschaften erklären lassen), haben politische Entwicklungen in den USA und in Großbritannien die früher vorherrschenden institutionellen Stützen der Gewerkschaften unterminiert. Im Gefolge des wirtschaftspolitischen Strategiewechsels von keynesianischer Nachfragepolitik und Interessenkonzertierung zur neoliberalen Angebotspolitik und Deregulierung (auch unter den Termini *Reaganomics* und *Thatcherismus* bekannt geworden) haben unternehmerische und staatliche Offensiven - sei's in Form eines aggressiven Macho-Management, sei's durch gesetzliches Verbot des *Closed Shop* - den Gewerkschaften ihren vormals gesicherten Boden streitig gemacht.

(b) Bemerkenswerte Differenzen im Grad der Organisierung ergeben sich auch beim Vergleich der wichtigsten Beschäftigtengruppen (vgl. Tabelle 3).

Tabelle 3: Gruppenspezifische Organisationsgrade* (in %), 1970-1994

	1970	1980	1990	1994[4]
Arbeiter[1]	40,7	47,3	48,0	46,3
Angestellte[2]	18,5	21,1	19,6	19,6
Beamte[3]	66,9	68,1	60,8	60,6
Arbeitnehmer insg.[3]	35,5	38,5	36,3	35,2
Männer[3]	44,9	48,9	45,3	42,0
Frauen[3]	17,2	21,7	23,2	26,2
Jugendliche[1]	21,1	21,6	20,9	17,3
Ausländer[1]	25,0	30,6	33,9	26,2

* Brutto-Organisationsgrad I
[1] nur DGB
[2] DGB+DAG
[3] DGB+DAG+DBB
[4] Bundesgebiet West und Ost
Quellen: Angaben der Gewerkschaften, eigene Berechnungen

Es sind in der Regel *höher* organisiert:
- Arbeiter
- Männer
- Ältere
- Facharbeiter
- Inländer

Es sind in der Regel *niedriger* organisiert:
- Angestellte
- Frauen
- Jugendliche
- An-/Ungelernte
- Ausländer

Zur Erklärung der Differenzen zwischen den gruppenspezifischen Organisationsgraden können wir auf die weiter oben referierten Argumente Colin Crouchs zurückgreifen. Jene Gruppen, für die erstens die Arbeits- und Berufsrolle zentrale Bedeutung für ihr gesamtes Leben hat und die zweitens ihre Arbeits- und Lebensbedingungen nur über kollektive Aktionen verbessern können, neigen stärker zur gewerkschaftlichen Organisierung als jene Gruppen, für die die Arbeits- und Berufsrolle weniger dominant ist oder die materielle Vorteile und beruflichen Aufstieg auch mit individuellen Strategien zu erreichen glauben. Letzteres gilt vornehmlich für Angestellte, die sich einerseits stark mit ihrer Arbeits- und Berufsrolle identifizieren, aber andererseits eine individuelle Interessenorientierung haben. Für Frauen, Ausländer und Hilfsarbeiter ist die Arbeitsrolle weniger dominant, sei es, daß sie wichtige Alternativrollen, die der Hausfrau oder die des Rückkehrers, haben oder daß, wie bei den Hilfsarbeitern, der Charakter ihrer Tätigkeit ein äußerst instrumentelles Verhältnis zur Arbeit nahelegt. Auch Jugendliche identifizieren sich mit ihrer Arbeits- und Berufsrolle noch nicht so stark wie ihre älteren Kollegen. Außerdem hat der vor allem bei der jüngeren Generation häufig konstatierte »Wertewandel«[1] nicht nur die Bedeutung der Arbeitswelt mit ihren Institutionen relativiert, sondern auch ein distanziertes Verhältnis zu »bürokratischen Großorganisationen« aller Art geschaffen.

(c) Das Niveau der gewerkschaftlichen Organisierung wird von einer Reihe weiterer Faktoren beeinflußt, deren wichtigste die folgenden sind:

– *Betriebsgröße:* Großbetriebe sind in der Regel besser organisiert als Klein- und Mittelbetriebe. Der Zusammenhang zwischen Betriebsgröße und gewerkschaftlicher Organisierung ist fast ein linearer (vgl. Abbildung 1). Das durchgängig höhere Organisationsverhältnis in Großbetrieben ist relativ leicht zu erklären. Die in Großbetrieben agglomerierten Beschäftigten werden vom Management nicht als Individuen, sondern als Mitglieder von Arbeitsgruppen und -kollektiven behandelt; Arbeits- und Lohnbedingungen werden nach bürokratischen Regeln und formalen Kriterien festgelegt. Dies begünstigt die Herausbildung kollektiver Orientierungen bei den Be-

Abbildung 1: Zusammenhang zwischen Betriebsgröße und gewerkschaftlicher Organisationswahrscheinlichkeit

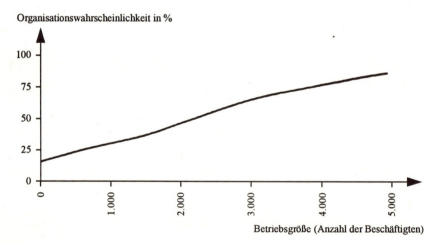

Quelle: Schnabel/Pege 1992

---

[1] Gemeint ist damit der die gesellschaftliche Modernisierung (Stichworte: industrielle Dienstleistungsgesellschaft, Bildungsexpansion, Individualisierung der Lebenslagen) begleitende Mentalitätswandel von Pflicht- und Akzeptanzwerten zu Werten individualistischer Selbstentfaltung (Autonomie, Mitbestimmung, Lebensgenuß).

schäftigten, erleichtert die gewerkschaftliche Mitgliederrekrutierung und fördert das Interesse des Managements an einer möglichst reibungslosen Zusammenarbeit mit den gewerkschaftlichen und betrieblichen Interessenorganen der Beschäftigten.
- *Region/Standort:* In industriellen Ballungsgebieten ist der Organisationsgrad in der Regel höher als in anderen Regionen, insbesondere in den ländlichen Gebieten. Da die Ballungsgebiete viele Großbetriebe aufweisen, deckt sich ein Teil der Erklärung des höheren Organisationsgrades mit der voranstehenden für die Großbetriebe. Hinzu kommt, daß in den Ballungsgebieten die Gewerkschaften eine längere Tradition haben und stärker präsent sein können als auf dem »flachen Land«. Schließlich haben die Beschäftigten der Ballungsgebiete eine längere und intensivere »industrielle Sozialisation« erfahren als die Arbeitnehmer ländlicher oder gemischter Regionen; sie sind in der Regel Industriearbeiter der dritten, vierten etc. Generation, denen ihre Väter auch die Notwendigkeit der Gewerkschaftszugehörigkeit tradiert haben. Diese Erklärung ist freilich in dem Maße zu relativieren, in dem die Ballungsgebiete ihren traditionellen Industriecharakter verlieren und Dienstleistungszentren werden.
- *Wirtschaftsstruktur:* Im sekundären (industriellen) Sektor ist der Organisationsgrad höher als im primären (landwirtschaftlichen) und tertiären (Dienstleistungs-) Sektor (vgl. Schnabel/Pege 1992, S. 84). Im stark geschrumpften agrarischen Sektor mit vielen kleinen Familienbetrieben und relativ isoliert voneinander Arbeitenden ist der niedrige Organisationsgrad nicht sonderlich überraschend. Der geringere Organisationsgrad im privaten Dienstleistungssektor hängt mit dem hohen Angestelltenanteil an den Beschäftigten zusammen. Eine Ausnahme bildet der öffentliche Dienst: In den Ländern, in denen der öffentliche Arbeitgeber die Gewerkschaften der Staatsangestellten und -Beamten anerkannt und ihnen Vertretungs- und Verhandlungskompetenzen eingeräumt hat, ist der Organisationsgrad im öffentlichen Dienst hoch, oft sogar höher als in der verarbeitenden Industrie.

Organisationswachstum

Der Deutsche Gewerkschaftsbund hat seit seiner Gründung im Jahre 1949 bis 1990 (abgesehen von einzelnen Jahren: 1959, 1966-68, 1975, 1982-84) ein kontinuierliches Wachstum seiner Mitgliederzahlen zu verzeichnen gehabt. Er wuchs von 5,5 Mio. (1950) auf nahezu 8 Mio. (1990) an. Mit der deutschen

Tabelle 4: Gewerkschaftsmitglieder und Organisationsgrad, 1950-1995

Jahr	Deutscher Gewerkschaftsbund		Deutsche Angestellten-Gewerkschaft		Deutscher Beamtenbund		Insgesamt DGB+DAG+DBB	Abhängige Erwerbspersonen[2]
			Organisationsgrad[1]					
	absolut in Tsd.	in %	absolut in Tsd.	in %	absolut in Tsd.	in %	in %	absolut in Tsd.
1950	5.450	35,7						15.254
1951	5.980	38,0						15.718
1955	6.105	34,4	343,5	2,2	234,4	1,5	41,7	17.768
1960	6.379	31,1	420,5	2,4	517,0	2,9	39,6	20.528
1965	6.574	30,0	450,4	2,2	650,0	3,2	36,4	21.904
1970	6.713	30,0	475,6	2,2	703,1	3,2	35,4	22.395
1975	7.365	31,3	461,3	2,1	721,0	3,2	35,3	23.541
1980	7.883	31,8	470,4	2,0	726,9	3,1	36,4	24.786
1985	7.719	29,8	494,9	2,0	821,0	3,3	37,1	25.863
1990	7.938	29,0	500,9	1,9	796,3	3,1	34,9	27.343
			508,6	1,9	799,0	2,9	33,8	
1991[3]	11.800	33,0	584,8	1,6	1.053,0	2,9	37,6	35.741
1992	11.016	31,2	578,4	1,7	1.095,4	3,1	35,9	35.352
1993	10.290	29,3	527,9	1,5	1.078,8	3,1	33,9	35.099
1994	9.768	27,9	520,7	1,5	1.089,2	3,1	32,5	35.063
1995	9.355	26,9	507,5	1,5	1.075,7	3,1	31,4	34.812

[1] Brutto-Organisationsgrad II
[2] Abhängig Beschäftigte plus Arbeitslose
[3] ab 1991 Bundesgebiet West und Ost

Quellen: Statistische Jahrbücher, DGB Mitgliederstatistik; eigene Berechnungen

Wiedervereinigung und der Ausdehnung der gewerkschaftlichen Organisationsdomänen auf die neuen Bundesländer konnte der DGB einen erheblichen Mitgliedergewinn von über 4 Mio. verzeichnen. Der 1991 erreichte Höchststand von 11,8 Mio. fiel in den folgenden Jahren jedoch kontinuierlich und sank 1994 wieder unter die 10-Mio.-Grenze. Die Deutsche Angestellten-Gewerkschaft und der Deutsche Beamtenbund weisen in ihrem Organisationswachstum parallele Entwicklungen auf (vgl. Tabelle 4).

Das Wachstum der absoluten Mitgliederzahlen in den genannten drei Gewerkschaftsverbänden ist zu einem erheblichen Teil den wachsenden Zahlen abhängiger Erwerbspersonen (Beschäftigte plus Arbeitslose) zuzuschreiben: 1950 gab es in der Bundesrepublik rund 15 Mio. abhängige Erwerbspersonen; 1990 waren es bereits über 27 Mio.). Und mit dem Anschluß der neuen Bundesländer erhöhte sich deren Zahl auf rund 35 Mio. (1995).

Vergleicht man die Entwicklung der absoluten Zahlen mit der Entwicklung des Organisationsgrades (wobei wir uns hier auf den DGB konzentrieren wollen), dann lassen sich folgende Phasen unterscheiden:

	Mitgliederzahlen	Organisationsgrad
50er Jahre	+	–
60er Jahre	o	o
70er Jahre	+	+
80er Jahre	o	–
1990/91	++	++
ab 1992	– –	– –

+ ansteigend   ++ stark ansteigend
– sinkend   – – stark sinkend
o stagnierend oder geringfügige Veränderung

Ansteigende Mitgliederzahlen, die sich (wie in den fünfziger und sechziger Jahren) aus der wachsenden Zahl abhängiger Erwerbspersonen ergeben, sind nicht überraschend. Erst wenn die Mitgliederzahlen überproportional zu den abhängigen Erwerbspersonen anwachsen (was sich in einem steigenden Organisationsgrad manifestiert), liegt ein erklärungsbedürftiger Sachverhalt vor. Dies ist für die siebziger Jahre und für 1990/91 der Fall. Letzterer ist unschwer auf die im Zuge der Wiedervereinigung erfolgte Ausdehnung der westdeutschen Gewerkschaften auf die neuen Bundesländer (mit ihrem wesentlich höheren Organisationsgrad) zurückzuführen.

Erklärungsbedürftig ist indessen das Organisationswachstum der siebziger Jahre. In der graphischen Darstellung (vgl. Abbildung 2) stellt sich die Entwicklung des Organisationsgrades von 1950 bis 1980 in Form einer Wanne dar, die danach wieder nach unten abknickt. Die Zunahme der absoluten Mitgliederzahlen in den fünfziger und sechziger Jahren war weitgehend dem Umstand zuzuschreiben, daß von den zusätzlich in ein Beschäftigungsverhältnis tretenden Arbeitnehmern ein (im Vergleich zum bisherigen Organisationsverhältnis unterproportionaler) Teil Gewerkschaftsmitglied wurde. In den siebziger Jahren gelang es indessen den Gewerkschaften, zusätzliche Arbeitnehmergruppen zu rekrutieren.

Abbildung 2: Entwicklung der Organisationsgrade 1951-1994*

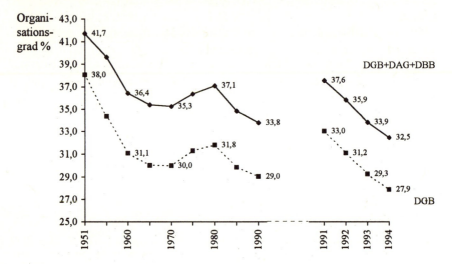

* Ab 1991 Bundesgebiet West+Ost

Betrachtet man die einzelnen Beschäftigtengruppen, dann fällt ins Auge, daß das Anwachsen der *absoluten* Mitgliederzahlen schwerpunktmäßig zum einen von der Gruppe der Angestellten und zum anderen von der Gruppe der Frauen getragen wurde, während am Wachstum des *Organisationsgrades* neben diesen beiden auch die Gruppe der Arbeiter teilhatte. Der Unterschied zwischen absolutem und relativem Wachstum dieser drei Gruppen erklärt sich aus der langfristigen Entwicklung der Beschäftigungsstruktur: der Anteil der Angestellten und der erwerbstätigen Frauen nimmt zu, der der Arbeiter sinkt; parallel dazu entwickeln sich auch die Mitgliederanteile in den Gewerkschaften. Festzuhalten ist, daß die (sich teilweise überschneidenden) Gruppen der Angestellten und Frauen, die gemeinhin zu den niedrig Organisierten zählen, ihren gruppenspezifischen Organisationsgrad erhöhten, ohne indessen die Differenz zum höheren Organisationsgrad der Arbeiter wesentlich verringern zu können. Insgesamt läßt sich somit für die siebziger Jahre ein merklicher Anstieg der Organisationsbereitschaft in allen Beschäftigtengruppen (mit Ausnahme der ohnehin hoch organisierten Beamten) feststellen.

Das Doppelphänomen des Anstiegs der Mitgliederzahlen und der Anstieg des Organisationsgrades in den siebziger Jahren trat auch in anderen europäischen Ländern auf. Es hat in den Sozialwissenschaften unterschiedliche Erklärungen gefunden. Sie sollen hier, im Zusammenhang mit einer systematischen Erörterung der vor allem in der angelsächsischen Forschung herausgearbeiteten Determinanten des »Gewerkschaftswachstums« (*union growth*), referiert werden.

Es sind dabei die folgenden Dimensionen voneinander zu unterscheiden:

– externe, außerhalb der Gewerkschaft liegende Ursachen;
– interne, in der Organisationspraxis und -politik liegende Ursachen.

Beginnen wir mit den *externen* Determinanten, die wiederum unterschieden werden können nach solchen, die langfristig, und nach solchen, die kurz- und mittelfristig das Organisationswachstum beeinflussen.

Zu den langfristigen zählen Veränderungen in der Zusammensetzung der Arbeitnehmerschaft und Verschiebungen in der Industriestruktur eines Landes, z.B. die Erhöhung des Angestelltenanteils in der abhängigen Erwerbsbevölkerung oder die Ausdehnung des tertiären Sektors. Langfristige Veränderungen dieser Art entwickeln sich zuungunsten der Gewerkschaften; denn der Anteil der geringer organisierten Personengruppen (Frauen, Angestellte) nimmt weiter zu, ebenso expandieren die niedrig organisierten Sektoren (neue Industrien, private Dienstleistungsbereiche) auf Kosten der traditionell hoch organisierten Sektoren (Kohle, Stahl, Werften, Druck). Da von diesen langfristigen Veränderungen ein sinkender Organisationsgrad (wie in den fünfziger und sechziger Jahren) zu erwarten ist, müssen wir nach anderen Determinanten des Organisationswachstums der siebziger Jahre suchen. In der relevanten Literatur werden gewöhnlich die beiden folgenden Determinanten mit kurz- und mittelfristigen Effekten auf das Organisationswachstum genannt:

(a) Konjunkturelle Schwankungen bzw. Zyklen,
(b) Veränderungen in der für die gewerkschaftliche Anerkennung relevanten Politik von Unternehmen, Staat und Regierung.

(a) Bain und Elsheikh (1976) haben in einer ökonometrischen Analyse des Organisationswachstums in Großbritannien für den Zeitraum 1893-1970 folgende Zusammenhänge herausgefunden:

- ein Anstieg der Preissteigerungsrate erhöht die Organisationsbereitschaft der Arbeitnehmer, da sie ihren Lebensstandard bedroht sehen (»threat effect«);
- ein Anstieg der Lohnsteigerungsrate erhöht die Organisationsbereitschaft der Arbeitnehmer, weil sie dies den Gewerkschaften als Erfolg zugute halten (»credit effect«);
- ein geringes Niveau und ein geringer Anstieg der Arbeitslosigkeit verändern das Organisationsverhalten der Arbeitnehmer nur wenig, während ein hohes Niveau und ein starker Anstieg der Arbeitslosigkeit negative Auswirkungen auf das Organisationswachstum haben.

Eine deutsche Untersuchung (Hagelstange 1979), die den Zusammenhang zyklischer Konjunkturbewegungen und Veränderungen des gewerkschaftlichen Organisationsgrades für den Zeitraum 1950 bis 1975 testete, kommt zu dem Ergebnis, daß sich in den Variationen der Gesamtmitgliedschaft im DGB (Zunahme im Konjunkturhoch; Abnahme im Konjunkturtief) nur die Veränderungen der Zahl der abhängig Beschäftigten reflektierten. Die Untersuchung schließt mit der Vermutung, daß längerfristige (überzyklische) ökonomische Entwicklungen möglicherweise größeren Einfluß auf den Organisationsgrad haben.

(b) Hat die ökonomische Determinante für die bundesdeutsche Gewerkschaftsentwicklung der siebziger Jahre nur eine begrenzte Erklärungskraft, so kommt der oben erwähnten politischen Determinante eine wesentlich größere Plausibilität zu. Es war wiederum Bain (1970), der erstmals am Beispiel der britischen Angestellten-Gewerkschaft die These aufstellte, daß die soziale Anerkennung der Gewerkschaften durch Staat und Unternehmer die Organisationsbereitschaft der Beschäftigten erhöht und das Organisationswachstum begünstigt. Streeck (1981) und Treu (1978) haben, anknüpfend an die Bainsche These, den erstaunlichen Mitgliederzuwachs seit Ende der sechziger Jahre mit der Regierungsbeteiligung der Sozialdemokratischen Partei zunächst an der Großen (ab 1966) und später an der Kleinen Koalition (ab 1969) erklärt.

Durch den politischen Machtwechsel haben die Gewerkschaften, so ihre These, ihre Rekrutierungschancen in mehrfacher Hinsicht verbessern können. So habe die verstärkte wirtschaftspolitische Mitverantwortung (etwa im Rahmen der »Konzertierten Aktion«) und öffentliche Anerkennung ihrer gesellschaftlichen Funktionen vor allem bei Angestelltengruppen Hemmungen gegen den Gewerkschaftsbeitritt abgebaut und bei Unternehmern Widerstände gegen die Organisierung ihrer Belegschaften verringert. »Über die klimatischen Einflüsse des Regierungswechsels hinaus waren es vor allem zwei Gesetze, mit denen die sozial-liberale Regierung in den siebziger Jahren die Position der Gewerkschaften in den Betrieben gestärkt hat: das neue Betriebsverfassungsgesetz von 1972 und die Erweiterung der Mitbestimmung in Großunternehmen außerhalb des Montanbereichs im Jahre 1976« (Streeck 1981, S. 224). Sie haben nicht nur die Mitbestimmungs- und

Mitwirkungsrechte der Betriebsräte erweitert, sondern auch ihre Verhandlungsmacht als faktische Repräsentanten der Gewerkschaften im Betrieb gestärkt; überdies hätten diese Gesetze die Verbindung zwischen Betriebsrat (als der wichtigsten Rekrutierungsinstanz im Betrieb) und Gewerkschaft institutionell gesichert und durch verbesserte Zugangsrechte hauptamtlicher Gewerkschaftsvertreter zum Betrieb rechtlich formalisiert. Streeck erkennt darin wichtige politische und rechtliche Voraussetzungen zur Verstärkung des obligatorischen Charakters der gewerkschaftlichen Mitgliedschaft (vor allem in Großbetrieben, wäre hinzuzufügen).

Damit wird bereits die Klasse der *internen* Determinanten des Organisationswachstums angesprochen. Hierbei handelt es sich vornehmlich um spezifische, in der jeweiligen Politik der leitenden Gremien und mitgliederrekrutierenden Instanzen begründeten Organisationspraktiken und -methoden. Immer wieder gelingt es einzelnen Organisationen, durch besondere Anstrengungen (Werbekampagnen, spektakuläre Aktionen, kämpferische Interessenpolitik) ihre Mitgliederzahlen sprunghaft zu erhöhen. Zu beobachten ist dies vor allem bei kleineren Gewerkschaften, die mit anderen, größeren Organisationen konkurrieren und/oder um ihre Anerkennung durch den Arbeitgeber kämpfen müssen.

Die Frage, inwieweit die angeführten spezifischen internen Determinanten der Organisationssicherung zum Organisationswachstum der siebziger Jahre beigetragen haben, ist nicht einfach zu beantworten, da die Gewerkschaften während dieser Dekade in allen Industriezweigen bei allen Personengruppen Rekrutierungserfolge zu verzeichnen hatten. Streeck, der das Organisationswachstum zum einen aus der Veränderung des »politischen Klimas« Ende der sechziger Jahre und zum anderen aus den administrativen Rationalisierungen und organisatorischen Reformen kausal zu erklären versucht, zieht denn auch aus der Tatsache des in allen Branchen und Gruppen gleichermaßen erfolgten Anstiegs des Organisationsgrades die Schlußfolgerung, daß die in den sechziger und siebziger Jahren in den Gewerkschaften durchgeführten Reformen und Rationalisierungen »nicht überall gleich aussehen müssen, die aber hinsichtlich der Rekrutierung von Mitgliedern als äquifunktional gelten können« (Streeck 1981, S. 105). Durch diese Verallgemeinerung kann Streeck spezifische Organisationspolitiken und -techniken als Erklärungsvariable für globale Veränderungen im gewerkschaftlichen Organisationsgrad heranziehen.

Als (generelle) interne Determinante des Organisationswachstums der siebziger Jahre ist schließlich der Wechsel im Modus der gewerkschaftlichen Interessenvertretung anzuführen (vgl. Müller-Jentsch 1979a; 1979b; Brandt u.a. 1982). Der durch viele Faktoren (u.a. Veränderung des »politischen Klimas«, steigende Inflationsraten, »wilde Streiks«) beeinflußte und zunächst von einzelnen Gewerkschaften, freilich nicht isoliert, vollzogene Wechsel von einer vorwiegend kooperativen Interessenpolitik (der sechziger Jahre) zu einer vorwiegend konfliktorischen Interessenpolitik (der siebziger Jahre) erhöhte die Organisationsbereitschaft der abhängig Beschäftigten. Die Voraussetzungen zur Rekrutierung neuer und Bindung alter Mitglieder waren besonders günstig während der frühen siebziger Jahre. Nicht nur, daß die Gewerkschaften auf bedeutende lohn- und tarifpolitische Erfolge hinweisen und damit den von Bain/Elsheikh hervorgehobenen »credit effect« mobilisieren konnten, die deutliche Zunahme der Konflikt- und Streikhäufigkeit förderte überdies das ökonomische Selbstinteresse an finanzieller Streikunterstützung. Unter Berücksichtigung des weiteren Wachstums der Mitgliederzahlen und des Organisationsgrades in der zweiten Hälfte der siebziger Jahre kommen die Autoren zu dem Schluß, daß die großen Tarifauseinandersetzungen über die Sicherung des sozialen Besitzstandes (qualitative Tarifpolitik) offensichtlich ebenso mitgliederwerbend waren, wie die militanten Lohnauseinandersetzungen in der ersten Hälfte.

Zusammenfassend kann das Organisationswachstum der siebziger Jahre im wesentlichen den folgenden Determinaten zugeschrieben werden: (a) der öffentlichen Anerkennung und Aufwertung der Gewerkschaften in der Ära der sozialliberalen Koalition; (b) der im Kontext einer kämpferischen Lohn- und qualitativen Tarifpolitik erhöhten Streikbereitschaft und Streikpraxis; (c) den internen administrativen Rationalisierungen. Als weitere, mehr vermittelt wirkende Determinante sind ökonomische Entwicklungen (Preise, Löhne, Beschäftigung) und schließlich Veränderungen im Bewußtsein der Lohnabhängigen zu nennen.

Im erneuten Rückgang des Organisationsgrades ab 1980 treten wieder die Effekte des langfristigen wirtschafts- und berufsstrukturellen Trends zur Tertiarisierung und Feminisierung des Arbeitskräftepotentials hervor; denn die entgegenwirkenden Tendenzen schwinden und der starke Abbau von Arbeitsplätzen manifestiert sich in einer dauerhaften Massenarbeitslosigkeit.

Mit der Ablösung der sozialliberalen Regierungskoalition durch die liberalkonservative Regierung Kohl (1982) wird ein wirtschaftspolitischer Strategiewechsel eingeleitet, der - wie auch schon in anderen Ländern - die Deregulierungsproblematik auf die Agenda setzt. Wenn auch weniger rigoros als in den USA (unter Reagan) und Großbritannien (unter Thatcher), wo die Gewerkschaften von Regierung, Gesetzgebung und Management massiv in die Defensive gedrängt und diszipliniert wurden, so erfahren doch auch die deutschen Gewerkschaften einen politischen Klimawechsel, der ihre öffentliche Anerkennung und ihren politischen Einfluß schmälert. Eine weitere Parallele zu anderen europäischen Ländern finden wir im generellen Rückgang kämpferischer Tarifauseinandersetzungen und Arbeitskämpfe (der Kampf um die 35-Stunden-Woche bleibt die große Ausnahme), von denen mitgliederwerbende Effekte ausgehen könnten. Ausgeschöpft sind schließlich auch die administrativen Ressourcen zur Mitgliederrekrutierung und -bindung.

Mit wenigen Jahren Verzögerung zeigt sich im Osten Deutschlands das gleiche Bild. Dem anfänglichen Zugewinn von 4,2 Mio. ostdeutschen Mitgliedern (welcher den gesamtdeutschen Organisationsgrad sprunghaft um 4 Prozentpunkte ansteigen läßt), folgt ein schnelles Absinken von Mitgliederzahlen und Organisationsgrad in den folgenden Jahren, das vor allem, aber nicht ausschließlich durch den »industriellen Kahlschlag« mit seinen exorbitant hohen Arbeitsplatzverlusten bedingt ist. Daß viele (z.T. unrealistisch) hohe Erwartungen, die in die nach Osten expandierenden Gewerkschaften gesetzt worden waren, enttäuscht wurden, hat sicherlich auch zum Rückgang der Mitgliederzahlen beigetragen. Ende 1995 hatte sich der Organisationsgrad im Osten auf das Niveau des Westens eingependelt; die Mitgliederzahl war auf 2,4 Mio. geschrumpft.

Weiterführende Literatur

Mancur Olson, *Die Logik des kollektiven Handelns*, 1992 (3. Aufl.).
(Klassische Analyse des gewerkschaftlichen Rekrutierungsdilemmas, begründet in der Theorie der »kollektiven Güter«.)

C. Offe/H. Wiesenthal, *Two Logics of Collective Action*, in: Political Power and Social Theory, Jg. 1, 1980.
Colin Crouch, *Trade Unions: The Logic of Collective Action*, 1982.
(Zwei Arbeiten, die an Olson anknüpfen, aber seine Prämissen für Gewerkschaften in Frage stellen und neue Erklärungsmodelle anbieten.)

Wolfgang Streeck, *Gewerkschaften als Mitgliederverbände*, in: Bergmann (Hg.) 1979.
(Knapper, gedrängter Erklärungsversuch des Wachstums der Mitgliederzahlen und des Organisationsgrades der westdeutschen Gewerkschaften seit den sechziger Jahren.)

Walther Müller-Jentsch, *Eine neue Topographie der Arbeit - Organisationspolitische Herausforderungen für die Gewerkschaften*, in: Abromeit/Blanke (Hg.) 1987.
Claus Schnabel, *Bestimmungsgründe gewerkschaftlicher Mitgliedschaft*, in: Hamburger Jahrbuch für Wirtschafts- und Gesellschaftspolitik, Jg. 38, 1993.
(Zwei einschlägige Überblicke der Dimensionen und Determinanten gewerkschaftlicher Mitgliederrekrutierung, disaggregiert nach gruppenspezifischen Organisationsgraden.)

OECD, *Employment Outlook*, 1991.
(International vergleichende Daten über gewerkschaftliche Mitgliedschaft und Organisationsgrade.)

Kapitel 8
Innergewerkschaftliche Demokratie und Gewerkschaftsprogrammatik

Nachdem wir uns im vorangegangenen Kapitel mit den Bestandsvoraussetzungen von Gewerkschaften befaßt haben, wollen wir nun ihre Handlungsvoraussetzungen am Komplex der innergewerkschaftlichen Demokratie erörtern sowie ihre langfristigen Handlungsorientierungen, die sich in den Grundsatzprogrammen niedergeschlagen haben, diskutieren.

Innerverbandliche Demokratie

Zu klären ist zunächst die Frage, auf welche Weise Gewerkschaften bei ihren Mitgliedern Loyalität und Kampfbereitschaft erzeugen. Wie können sie, mit anderen Worten, die Mitglieder - über deren formale Teilhabe hinaus - zu solidarischem Verhalten und koordiniertem Handeln motivieren? Wir wissen, daß Gewerkschaften Organisationsmacht letztlich nur *durch* ihre Mitglieder ausüben können; zur effektiven Machtausübung bedarf es jedoch gleichzeitig der Macht *über* die Mitglieder, weil nur so die Einheitlichkeit des Handelns, beispielsweise im Tarifkonflikt, und die Verpflichtungsfähigkeit gegenüber dem Tarifkontrahenten sichergestellt werden kann. Beides verlangt die organisationspolitische Integration der Mitglieder, die typischerweise durch ihre Beteiligung an der internen Willensbildung, das heißt durch innerverbandliche Demokratie erfolgt.

Diese funktionalistische Begründung innergewerkschaftlicher Demokratie ist freilich nicht die einzige. Zumindest zwei weitere verdienen Erwähnung. Da ist einmal das traditionelle demokratische *Selbstverständnis* der Gewerkschaften, das ihnen seit ihrer Gründungszeit eigen ist und welches in den meisten Satzungen durch die Selbstverpflichtung zum demokratischen Aufbau niedergelegt ist. Da ist zum anderen die in der verfassungs- und arbeitsrechtlichen

Literatur nahezu einhellig vertretene Rechtsauffassung, daß die Gewerkschaften - ähnlich wie die politischen Parteien - unter dem *Verfassungsgebot* der demokratischen Legitimation und Willensbildung von unten nach oben stünden. Begründet wird diese Auffassung mit den öffentlichen Funktionen der Gewerkschaften, insbesondere mit der Koalitionsfunktion, im einzelnen mit der Normsetzungsbefugnis (Biedenkopf 1964) bzw. mit der Koalitions- und Tariffähigkeit (Popp 1975). Generell und zusammenfassend heißt es dazu in einem bekannten Lehrbuch des Arbeitsrechts:

»Die innere Ordnung des Verbandes und seine Willensbildung muß auf demokratischen Grundsätzen beruhen. Das entspricht angesichts der großen Bedeutung der Koalitionen, ihrer Verantwortlichkeit und ihrer Legitimation gegenüber dem Staat und ihren Mitgliedern, namentlich zur tariflichen Regelung und zum Arbeitskampf den Grundforderungen des demokratischen und sozialen Rechtsstaates (Art. 20, 28 GG). Das, was Art. 21 Abs. 1 Satz 2 GG für die Parteien bestimmt, muß auch für die Koalitionen gelten. Nur dann kann den Mitgliedern die Bindung an den Tarifvertrag und an Arbeitskampfbeschlüsse zugemutet werden. Daher kein Führerprinzip, entscheidende Mitwirkung der Mitglieder, namentlich aktives und passives Wahlrecht, freie Meinungsäußerung, Mehrheitsprinzip, Gleichheitsgrundsatz usw.« (Hueck/Nipperdey 1967, II/1, S. 101f.)

Das Problem der innergewerkschaftlichen Demokratie liegt in jener - letztlich unauflöslichen - Spannung zwischen dem Zwang zur Einheitlichkeit des Handelns und der Notwendigkeit, die Mitglieder an der Willensbildung und Entscheidungsfindung partizipieren zu lassen. Symptomatisch für dieses Spannungsverhältnis, das insbesondere große Industriegewerkschaften mit heterogener Mitgliederschaft durchzieht, sind die immer wieder auftretenden Konflikte zwischen Mitgliederbasis und Führung. In der sozialwissenschaftlichen Literatur wird es auch als *Dilemma zwischen Bürokratie und Demokratie* thematisiert. In einem kurzen und kursorischen Rückblick wollen wir einige klassische Antworten auf das bezeichnete Dilemma referieren, bevor wir das Verhältnis zwischen Organisation und Mitgliedern, wie es sich für die deutschen Gewerkschaften darstellt, analysieren und die Beteiligungschancen bzw. Kontrollmöglichkeiten der Mitglieder erörtern.

Die bereits erwähnten Historiker der britischen Gewerkschaften, *Sidney* und *Beatrice Webb*, haben im ersten Teil ihres Werkes »Industrial Democracy« (1897) Entstehung und Entwicklung demokratischer Praktiken des 18. und 19. Jahrhunderts detailliert beschrieben. Sie sahen mit den Gewerkschaften »Tausende von Arbeiterdemokratien« entstehen, in denen »die Arbeiter das Problem zu lösen suchen, wie sich eine leistungsfähige Verwaltung mit der Volkskontrolle verbinden läßt« (dt. Ausg. 1898. Bd. I, S. VIII). In dieser Formulierung können wir unschwer das oben bezeichnete Zentralproblem innergewerkschaftlicher Demokratie wieder entdecken; es bleibt das Leitmotiv vieler späterer

Untersuchungen über gewerkschaftliche Organisationsprobleme. Die Webbsche Analyse verfolgt die Entstehung der Gewerkschaftsdemokratie bis in ihre Anfänge zurück. An den lokalen Fachvereinen des 18. Jahrhunderts expliziert sie die Charakteristika der *direkten Demokratie* (»primitive democracy«), die als einzige Autorität die »Stimmen aller Beteiligten« (ebd., S. 3) anerkannte und nach der Maxime verfuhr: »Über das, was alle angeht, sollen auch alle entscheiden« (ebd., S. 8). Diese Art von Demokratie war offenbar nur bei einem »geringstmöglichen Quantum Arbeit« (ebd.) und bei relativ friedlichen Beziehungen mit den Unternehmern praktizierbar. (In der Tat hatte die Organisation der Londoner Schneider beispielsweise zwei Verfassungen: eine demokratische für Friedens-, eine zentralistische für Kriegszeiten.) Mit dem Wachstum der Organisationen und den damit einhergehenden erhöhten Anforderungen wurde die direkte allmählich durch Formen *repräsentativer Demokratie* ersetzt. Als deren modernste und gleichzeitig effektivste Ausprägung identifizierten die Webbs »die aus Wahlen hervorgegangene Repräsentativversammlung, welche einen Exekutivausschuß ernennt und kontrolliert, unter dessen Leitung die ständige Beamtenschaft ihre Arbeiten verrichtet« (ebd., S. 34). (Setzt man für Repräsentativversammlung Gewerkschaftstag, für Exekutivausschuß Vorstand und für ständige Beamtenschaft hauptamtliche Funktionäre, dann gilt diese Aussage in ihrem formalen Gehalt auch heute noch.) In der optimistischen Perspektive der Webbs erscheint die repräsentative Demokratie, die sie in den britischen Gewerkschaften vor der Jahrhundertwende vorfanden, als erfolgreiche Lösung »des fundamentalen Problems der Demokratie«, nämlich effiziente Verwaltung mit der Kontrolle durch die Mitglieder zu verbinden (ebd., S. 35).

Pessimistischer beurteilt *Robert Michels,* der kritische Beobachter und Analytiker der deutschen sozialistischen Arbeiterbewegung, anderthalb Jahrzehnte später die organisatorischen Lösungen des erwähnten Zentralproblems in seiner (erstmals 1911 erschienenen) »Soziologie des Parteiwesens«. Aus seinen Erfahrungen mit Organisationen, die angetreten waren, eine neue, demokratische und sozialistische Gesellschaft zu erkämpfen, zog er den desillusionierenden Schluß, daß jede Massenorganisation zur »Herrschaft der Gewählten über die Wähler, der Beauftragten über die Auftraggeber, der Delegierten über die Delegierenden« (1925, S. 370) tendiert. Damit ist die Quintessenz des von Michels aufgestellten »ehernen Gesetzes der Oligarchie« formuliert, demzufolge die Mitglieder in eine irreversible Abhängigkeit von den Führungen geraten müssen. Neben fragwürdigen psychologischen Ursachen (wie »Unreife der Massen« und »Geltungsbedürfnis der Führer«) nennt Michels eine Reihe organisationstechnischer und organisationspolitischer Zwänge zur Zentralisierung und Oligarchisierung: für das Funktionieren großer Organisationen seien Fachwissen, arbeitsteilige Verwaltung, Hierarchie der Kompetenzen, zentrale Leitung, schnelle Entschlüsse und damit oligarchisch-bürokratische Strukturen unvermeidlich. Gegen Michels haben Sozialwissenschaftler unterschiedlicher Provenienz gewichtige Einwände ins Feld geführt: Die von ihm unterstellte Unfähigkeit der Mitglieder zur demokratischen Kontrolle beruhe auf einer fragwürdigen Massenpsychologie; seine Idee von Demokratie beruhe auf der Idealvorstellung einer strikten Identität von Herrschenden und Beherrschten; aber unter Berücksichtigung der antagonistischen gesellschaftlichen Verhältnisse, innerhalb derer die Gewerkschaften agieren, könne man nicht erwarten, daß sie in ihren Organisationsformen bereits die freie Gesellschaft antizipieren.

Eine bekannte Untersuchung der amerikanischen Soziologen *Lipset, Trow* und *Coleman* (1956) über die amerikanische Typographen-Gewerkschaften (*International*

Typographic Union) und ihre internen Prozesse hatte zum Ergebnis, daß die an spezifische Voraussetzungen gebundene Existenz eines gewerkschaftlichen Zwei-Parteien-Systems das »eherne Gesetz der Oligarchie« außer Kraft zu setzen vermag. Die Autoren begreifen ihre Untersuchung als eine Studie über einen »abweichenden Fall« (ohne die Dominanz oligarchischer Tendenzen in den meisten Gewerkschaften in Zweifel zu ziehen), der sich einmaligen Voraussetzungen verdankte, vornehmlich der »occupational community« der Typographen (das heißt einer beruflich homogenen und selbstbewußten Mitgliederschaft mit hohem Bildungsniveau, die durch ein dichtes Netz von Arbeitskontakten, informellen Beziehungen und Klubs sozialen Zusammenhalt findet). Besondere Aufmerksamkeit verdient der von den Autoren revidierte Demokratiebegriff. Anders als Michels verstehen sie Demokratie als ein System von Regeln zur Auswahl des Führungspersonals mit organisierter Opposition bzw. Fraktionsbildung. Dieses am Modell westlicher politischer Systeme entwickelte pluralistische Demokratieverständnis geht an der empirischen Realität der Gewerkschaften vorbei. Die effektive Interessenvertretung nach außen hat allemal Vorrang vor internen Auseinandersetzungen. Da Fraktionskämpfe die Organisation in ihren Konflikten mit Unternehmern und ihren Verbänden schwächen können, sind Fraktionsbildung und organisierte Opposition innerhalb der Gewerkschaften äußerst selten, ja als ein Verstoß gegen die Verbandssolidarität verpönt.

Der bei Lipset fehlende Bezug auf die von den Gewerkschaften nach außen zu vertretenden Interessen ist Angelpunkt einer britischen Studie von *V.L. Allen* (1954). Er unterläuft das Michelssche Argument, indem er geltend macht, daß Gewerkschaften den Lebensstandard ihrer Mitglieder zu verteidigen und zu verbessern und nicht die Arbeiter in Demokratie einzuüben hätten. Gewerkschaften müßten ihre Mitglieder zufriedenstellen, andernfalls liefen sie davon; ihr »Voting by feet« sei gleichbedeutend mit demokratischer Kontrolle gewerkschaftlicher Praxis. Während Lipset für die innergewerkschaftliche Demokratie politische Mechanismen angibt, die für gewerkschaftliche Organisationen untypisch sind, existiert für Allen dieses Problem nicht, weil er der Gewerkschaftsführung ihre Mitglieder als eine bloße Klientel, die zufriedenzustellen ist, gegenüberstellt.

Eine jüngere Analyse von *Weitbrecht* (1969) verknüpft die Webbsche Partizipationsthese mit der Michelsschen Oligarchiethese. In seine Überlegungen gehen nicht nur die interessenbedingten Zielfunktionen der Gewerkschaft ein, sondern auch die durch die Gegenseite (Unternehmer) und das institutionalisierte Konfliktregelungssystem (Tarifautonomie) konstituierten Zwänge zum Kompromiß. Gewerkschaften müssen bei ihren Vereinbarungen kompromiß- und verpflichtungsfähig sein, aber nur den Mitgliedern gegenüber legitimierbare Kompromisse können verpflichtend sein. Er formuliert folgendes Dilemma: »Für die Kompromißfähigkeit wird eine geringe Beteiligung, für die Verpflichtungsfähigkeit eine hohe Beteiligung der Mitglieder an Entscheidungsprozessen gefordert« (1969, S. 252). Dieses Dilemma läßt sich auflösen, indem die tarifpolitischen Entscheidungsprozesse von den Willensbildungsprozessen, die der Verpflichtung der Mitglieder dienen, abgetrennt werden: »Entscheidungsprozesse mit quasi-demokratischer Beteiligung auf der einen Seite müssen also demokratische Beteiligungsprozesse mit Quasi-Entscheidungen auf der anderen entsprechen.« (1969, S. 92) Mit anderen Worten: Die Gewerkschaften können die Demokratie als Anspruch nicht aufgeben (weil sie dann ihre Mitglieder nicht verpflichten können), aber auch nicht praktizieren (weil sie dann ihre Kompromißfähigkeit einbüßen).

Das von Weitbrecht bezeichnete Dilemma innerorganisatorischer Willensbildung haben nach ihm andere Autoren (Streeck 1972; Bergmann 1979; Teubner 1979) in anderen

Kontexten bestätigt, ja zum Teil radikalisiert. Hatte Michels die für Massenorganisationen typischen Erscheinungen - bürokratisch-formalisierte Strukturen, Verselbständigung der Führung gegenüber den Mitgliedern - auf verbandsimmanente Tendenzen und organisationsinterne Zwangsläufigkeiten zurückgeführt, so begründen die genannten Autoren die Notwendigkeit der Abkoppelung der Mitgliederbeteiligung von den politikrelevanten Entscheidungen der Organisation mit externen Zwängen, die aus den wirtschaftlichen Folgen gewerkschaftlicher Interessenpolitik resultieren. Als antizipierte gehen die möglichen Folgen schon in das strategische Kalkül der Führungsgruppen ein, die negative wirtschaftliche Auswirkungen ihrer Interessenpolitik (etwa steigende Inflationsraten und Arbeitslosigkeit) möglichst zu vermeiden suchen. Das längerfristige Organisationsinteresse, die Erhaltung künftiger Erfolgschancen legen es nahe, Rücksicht auf das »wirtschaftlich Mögliche und Gebotene« zu nehmen, eine »Tarifpolitik mit Augenmaß« zu betreiben. Unter bestimmten Bedingungen kann dieses rationale Kalkül zur externen Vorschrift (mit mehr oder minder obligatorischem Charakter) werden, und zwar dann, wenn die staatliche Wirtschafts-und Einkommenspolitik lohnpolitische Orientierungsdaten und Leitlinien vorgibt. - Hierher gehört auch der Hinweis von Lipset auf den grundlegenden Konflikt zwischen einer demokratisch verfaßten und »verantwortlich« handelnden Gewerkschaft. Wörtlich: »So können die in vielen Gewerkschaften anzutreffenden diktatorischen Mechanismen angesehen werden als funktionale Anpassung an die unternehmerische Forderung, daß ihrem Nachgeben (...) gewerkschaftliche Verantwortung folgen muß« (Lipset 1972, S. 143). Im übrigen sei an dieser Stelle an den intermediären Charakter moderner Gewerkschaften erinnert (vgl. Kap. 5).

Aus den dargelegten Gründen besteht eine starke Tendenz zur Oligarchisierung und bürokratischen Zentralisierung der Gewerkschaften, zur Erosion der innergewerkschaftlichen Demokratie, die »die Gestalt eines formalisierten Verfahrens an(nimmt), das den Entscheidungen der Führungen eine dürftige Legitimation verleiht« (Bergmann 1979, S. 233).

Satzungs- und Realanalyse

Wie sieht es nun mit der innergewerkschaftlichen Demokratie in den deutschen Gewerkschaften heute tatsächlich aus? Die Frage soll am Beispiel der IG Metall beantwortet werden (auf entscheidende Abweichungen zu anderen Gewerkschaften wird hingewiesen). Für die uns gestellte Aufgabe müssen wir zwei Dimensionen oder Ebenen der Analyse auseinanderhalten:

1. die Analyse des formalen Organisationsaufbaues und der den einzelnen Organen und Gremien zugeschriebenen Rechte und Pflichten *(Satzungsanalyse);*
2. die Analyse der faktischen Organisationsprozesse und -strukturen *(Realanalyse).*

Die Satzungsanalyse geht der Realanalyse voraus, weil sie die formalen Voraussetzungen der demokratischen Infrastruktur von Gewerkschaften klärt. Satzungen können der innerverbandlichen Willensbildung Restriktionen setzen, aber ihr auch Freiheitsspielräume einräumen. Auf der anderen Seite können innerverbandliche Prozesse und Strukturen satzungsmäßige Restriktionen unterlaufen oder, umgekehrt, satzungsmäßige Rechte einschränken. Jedenfalls kann die Satzungsanalyse wichtige Anhaltspunkte für Chancen oder Barrieren innergewerkschaftlicher Demokratie liefern. Inwieweit die Organisationswirklichkeit diesen »Vorgaben« entspricht, bedarf der weiteren Untersuchung.

Bevor wir uns dieser doppelten Aufgabe unterziehen, seien noch kurz die demokratischen Grundsätze angeführt, deren Verwirklichung - nach Selbstverständnis, politischer Funktion und Verfassungsgebot - von den Gewerkschaften erwartet werden kann. Es sind dies die folgenden Minimalkriterien:

- Willensbildung von unten nach oben;
- Richtungsbestimmung der Politik und personelle Auswahl durch die Mitglieder;
- Trennung der »legislativen« von den »exekutiven« Funktionen.[1]

Beim ersten Schritt, der *Satzungsanalyse,* können wir uns auf eine Reihe von Arbeiten aus der Rechtswissenschaft (Föhr 1974; Popp 1975; Stindt 1976) stützen. Beginnen wollen wir mit dem formalen Organisationsaufbau, sodann die Kompetenzen der einzelnen Satzungsorgane, insbesondere des zentralen Exekutivorgans, erläutern und schließlich nach den satzungsgemäßen Beteiligungs- und Mitwirkungsrechten der Mitglieder fragen.

(a) Formal sind die Einzelgewerkschaften (wie auch die Dachorganisation) in der Regel dreigliedrig (manche Gewerkschaften auch viergliedrig) nach räumlichen Kriterien aufgebaut. Von der Orts- und Kreisebene über die Bezirksebene bis zur Bundesebene erstreckt sich ein *mehrstufiges Delegiertensystem,* dem auf jeder Ebene ein beschlußfassendes Repräsentativorgan und ein ausführendes Leitungs- oder Exekutivorgan zugeordnet ist (vgl. Übersicht 10).

Repräsentativorgan der *Verwaltungsstelle* ist die von den Mitgliedern gewählte Vertreterversammlung, die das örtliche Leitungsorgan, die Ortsverwaltung (bzw. den Verwaltungsstellenvorstand) sowie die Delegierten für die Repräsentativorgane der beiden höheren Ebenen wählt. - Die Verwaltungsstellen sind in *Bezirke* zusammengefaßt, ihr beschlußfassendes Organ ist die Bezirkskonferenz und deren Exekutivorgan die Bezirksleitung (bzw. der Bezirksvorstand). In Abweichung von den Satzungen anderer Gewerkschaften schreibt die der IG Metall die Wahl nur des ehrenamtlichen Teils des bezirkli-

---

1 Weitergehende, auf den Idealtypus einer »genossenschaftlich-demokratischen« Organisation bezogene Merkmale nennt Witjes (1976, S. 240f.)

Übersicht 10: *Formaler Organisationsaufbau der IG Metall*

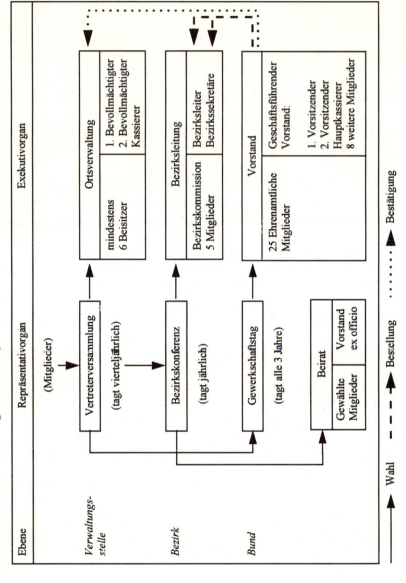

chen Leitungsorgans vor; der hauptamtliche Teil wird vom Vorstand bestellt. Die Bezirkskonferenz wählt auch die Mitglieder des Beirats.

Auf *Bundesebene* ist der Gewerkschaftstag das höchste beschlußfassende Organ. Exekutivorgan ist der von den Delegierten des Gewerkschaftstags gewählte Vorstand (bzw. Hauptvorstand), der sich aus einem geschäftsführenden Vorstand mit hauptamtlichen Mitgliedern und einem erweiterten Vorstand mit ehrenamtlichen Mitgliedern zusammensetzt. Daneben gibt es noch den Beirat, ein Interimsorgan, das zwischen den Gewerkschaftstagen als höchstes beschlußfassendes Gremium fungiert und dem (in der IG Metall und einigen anderen Gewerkschaften) der gesamte Vorstand ex officio angehört. Ein weiteres Organ, der Kontrollausschuß, dient der Prüfung von Mitgliederbeschwerden gegen den Vorstand; auch seine Mitglieder werden vom Gewerkschaftstag gewählt und dürfen keine Funktionen in der Organisation ausüben.

(b) Neben diesem dreigliedrigen System beschlußfassender Repräsentativ- und ausführender Leitungsorgane gibt es einige wichtige Funktionen und Organe, die in der Satzung allenfalls erwähnt, aber nicht geregelt sind. Es handelt sich dabei einmal um die gewerkschaftlichen *Vertrauensleute* und ein andermal um die *Tarifkommission*. Deren Wahl, Bildung und Aufgaben werden durch gesonderte Richtlinien des Vorstands geregelt (eine Ausnahme bildet die IG Chemie, die beide Institutionen auch in ihrer Satzung verankert hat).

Vertrauensleute werden von den Mitgliedern in den Betrieben (häufig abteilungsweise) gewählt, zum geringen Teil auch von der Ortsverwaltung ernannt. Sie bilden im Betrieb einen gemeinsamen Vertrauensleutekörper, der in der Regel einen leitenden Ausschuß wählt (Vertrauenskörperleitung). Gewählte Betriebsratsmitglieder, die der Gewerkschaft angehören, sind ex officio Mitglied des Vertrauenskörpers. - Die für die Lohn- und Tarifpolitik wichtigen Diskussions- und Legitimationsgremien, die Tarifkommissionen, werden gewöhnlich durch Leitungsorgane eingesetzt bzw. bestätigt. In der IG Metall werden die Mitglieder auf Verwaltungsstellenebene von der zuständigen Ortsverwaltung ausgewählt und von der Bezirkskonferenz bestätigt.

(c) Ein übereinstimmendes Ergebnis vieler Satzungsanalysen ist die Betonung der *Kompetenzhäufung beim Vorstand*. Als zentrales Exekutivorgan trifft er alle *personellen* Entscheidungen über Anstellung, Versetzung und Entlassung des hauptamtlichen Personals entweder allein oder in Absprache mit den zuständigen Organen; letzteres vornehmlich bei Wahlfunktionen für die örtlichen und bezirklichen Leitungsorgane.

Bei der IG Chemie stehen den zuständigen Repräsentativorganen für die Wahl der Geschäftsführer und Bezirksleiter nur solche Kandidaten zur Auswahl, die der Hauptvorstand vorschlägt; außerdem bedürfen die gewählten ehren- wie hauptamtlichen Mitglieder der Verwaltungsstellen- und Bezirksvorstände der Bestätigung durch den Hauptvorstand. Bei der IG Metall müssen die von der Vertreterversammlung gewählten Geschäftsführer sowie die gesamte Ortsverwaltung vom Vorstand bestätigt werden; der Bezirksleiter und die Bezirkssekretäre werden direkt vom Vorstand angestellt.

Neben den personellen Kompetenzen verfügt der Vorstand über weitreichende *finanzielle* und *kommunikative* Ressourcen, zum einen durch die Finanzhoheit, das heißt die Verfügung über das Beitragsaufkommen und Organisationsvermögen, zum anderen durch Herausgabe und Kontrolle der Mitgliederzeitung und anderer Gewerkschaftspublikationen. Redakteure sind weisungsgebundene Angestellte des Vorstandes; Redaktionsstatute zur Sicherung der inneren Pressefreiheit sind unbekannt. - Sehr weitreichend sind auch die *tarifpolitischen* Kompetenzen des Vorstandes. Er entscheidet über Tarifkündigungen, Urabstimmungen und Arbeitskämpfe; überdies erläßt er verbindliche Richtlinien für die Tarifpolitik und die Bildung von Tarifkommissionen

(d) Der Anhäufung der Kompetenzen beim Vorstand stehen nur beschränkte Kontrollrechte der Repräsentativorgane und relativ geringe Kompetenzen der Exekutivorgane der unteren Ebenen gegenüber. Das Delegiertensystem einschließlich des Gewerkschaftstages ist zur Kontrolle des Vorstandes wenig geeignet. Der Tagungsturnus des Gewerkschaftstages (alle drei bis vier Jahre für eine Woche) und die zu bewältigende Flut von Anträgen erschweren schon aus Zeitgründen eine den Beschlußfassungen vorausgehende Sachdiskussion. Anstehende Sach- und Personalentscheidungen sind in der Regel vorgeklärt und teilweise abgesprochen. Die zur Bewältigung der zahlreichen Anträge vorgesehene Antragsberatungskommission, die sachlich zusammengehörige Anträge zusammenfaßt und Empfehlungen ausspricht, wird in der Regel mit Delegierten besetzt, die der Vorstand auswählt. Für hauptamtliche Funktionäre gibt es keine satzungsgemäßen Beschränkungen für die Wahl zu den Repräsentativorganen; verbreitet ist die ex officio-Zugehörigkeit des Vorstands zum Gewerkschaftstag (so bei der IG Chemie, IG Bau und ÖTV) oder zum Beirat (so bei der IG Metall, IG Bau und HBV). Auf der Bezirksebene liegt der tatsächliche Einfluß eindeutig beim Exekutivorgan, vor allem beim Bezirksleiter, der auch dort, wo er gewählt wird, weisungsabhängig vom Vorstand ist und die Aufgabe hat, die unteren Organisationseinheiten zu kontrollieren, so daß er »mehr als Repräsentant des Hauptvorstandes zur Durchsetzung der Vorstandspolitik als ein Repräsentant der im Bezirk zusammengefaßten Ortsverbände gegenüber dem Hauptvorstand zu charakterisieren ist« (Popp 1975, S. 207).

(e) Restriktiv definiert sind die den Mitgliedern eingeräumten Satzungsrechte. Ihre Beteiligung an der personellen Auswahl beschränkt sich auf die Wahl der örtlichen Delegierten. Eine Mitwirkung auf die Richtungsbestimmung der Politik ist für sie allein bei der sicherlich nicht unbedeutenden Einrichtung der Urabstimmung vor Arbeitsniederlegungen möglich. Aber selbst bei positivem Votum (benötigtes Quorum: 75%) ist die Genehmigung des Vorstands erforderlich.

Als Resümee der *Satzungsanalyse* ist festzuhalten, daß die angeführten formalen Regelungen sich auf den gemeinsamen Nenner des *Zentralismus* bringen lassen. Der im formalen Aufbau des Delegiertensystems angelegte Grundsatz der Willensbildung »von unten nach oben« wird durch das Übermaß an Kompetenzen der zentralen Führung konterkariert; das in der Zweiteilung von Repräsentativ- und Exekutivorganen zum Ausdruck kommende Prinzip der »Gewaltenteilung« wird entwertet durch die personelle Verflechtung (ex officio-Mitgliedschaft) zwischen beschließenden und ausführenden Organen und die damit gegebenen Einflußmöglichkeiten der exekutiven auf die legislativen Gremien, der »Kontrollierten« auf die »Kontrolleure«.

Durch das eindeutige Machtgefälle von oben nach unten und von der »Exekutive« zur »Legislative« enthält schon der »Konstruktionsplan« gravierende Abweichungen von den Grundsätzen der innerverbandlichen Demokratie. In der folgenden *Realanalyse* ist ergänzend zu fragen, ob diese Abweichungen durch die Organisationswirklichkeit abgeschwächt oder verstärkt werden.

(a) Der Kompetenzanhäufung bei den zentralen Führungsorganen entspricht der *oligarchische* Charakter der gewerkschaftlichen Führungsgruppen. Typischerweise rekrutieren sie sich, unter Ausschaltung des Delegationsprinzips und des Konkurrenzmechanismus, aus dem hauptamtlichen Funktionärskörper. Ihre Wahl in den Vorstand gleicht oft einem formellen Akt nach vorausgegangener Kandidatenauswahl durch die amtierende Führung, die die Besetzung vakant werdender Vorstandspositionen sorgfältig, durch informelle Absprachen mit Gremien und Repräsentanten wichtiger Gruppen und Untergliederungen vorzubereiten pflegt. Witjes bezeichnet diesen Vorgang mit »konsultativer Kooptation« (1976, S. 211).

Abwahlen aus erreichten Führungspositionen sind seltene Ausnahme; über die Hälfte der Gewerkschaftsführer scheidet aus Alters- oder Gesundheitsgründen oder wegen Übernahme neuer Führungspositionen freiwillig aus dem Amt. Der oligarchische Charakter der gewerkschaftlichen Führungsgruppen ergibt sich aus der Selbstrekrutierung durch faktische Kooptation, aus der »Karrierekontrolle«, die sie über das engere Rekrutierungsfeld ausüben und aus der relativ hohen Sicherheit, nicht abgewählt werden zu können. - Da Mitglieder gewerkschaftlicher Führungsgruppen in der Regel einen sozialen Aufstieg erfahren haben (ihr Herkunftsstatus ist wesentlich niedriger als der erworbene Status), verknüpft sich ihr Interesse an der Positionserhaltung mit Bemühungen, die eigenen Befugnisse und Machtmittel zu steigern und die Kontrollmöglichkeiten der Mitglieder zu reduzieren (ein Zusammenhang, auf den zuerst Michels und nach ihm Lipset aufmerksam gemacht haben).

(b) Der Gewerkschaftstag, der laut Satzung als höchstes Organ über personelle Auswahl der Führungsspitze sowie Richtung und Inhalte der Gewerkschaftspolitik bestimmt, steht unter beherrschendem Einfluß jener Exekutive, die er zu wählen hat. Der Vorstand steuert die Zeit- und Ablaufplanung, kontrolliert die personelle Zusammensetzung des Tagungspräsidiums und der Verhandlungsleitung, und er bestimmt die Verfahrensweise, nach der Anträge, Abstimmungen und Diskussionen gehandhabt werden. Das Resümee der Untersuchung von zwei Gewerkschaftstagen der IG Metall lautet: »Die richtungsweisenden und personellen Entscheidungen wurden vom Vorstand getroffen und den Delegierten durch die beiden Antragskommissionen vorgetragen. Die Empfehlungen der Antragskommissionen wurden bis auf wenige Ausnahmen angenommen. An dem Zustandekommen der Empfehlungen waren die Delegierten nicht beteiligt. Auf den hier untersuchten Gewerkschaftstagen war also der Vorstand und nicht die Delegierten der eigentliche Entscheidungsträger« (Bosch 1974, S. 118).

(c) Zwar verfügen die hauptamtlichen Führungsapparate aufgrund ihrer Kompetenzen und Verfügungsmacht über finanzielle, personelle und kommunikative Ressourcen über ein erhebliches Maß an Handlungsautonomie, dennoch bleiben sie auf Unterstützung und Zustimmung anderer Gruppen angewiesen. Schon zur Sicherung der Bestandsinteressen benötigen sie die Kooperation der Betriebsräte. Bergmann zufolge bilden die Betriebsräte, »obwohl ein von den Gewerkschaften formell unabhängiges Vertretungsorgan, neben dem Delegiertensystem die ›zweite Säule‹ der gewerkschaftlichen Organisationsstruktur. Da das Betriebsverfassungsgesetz die Gewerkschaften vom Betrieb fernhält, fungieren die Betriebsräte als Substitut einer betrieblichen Gewerkschaftsorganisation.« (Bergmann 1979, S. 215f.) Sie nehmen Schlüsselfunktionen ein, von denen Präsenz und Spielraum der Gewerkschaften im Betrieb und die Mitgliederwerbung entscheidend abhängen. »Diese für die Organisation unabdingbar notwendigen Leistungen verschaffen den Betriebsräten im lokalen Organisationsbereich einen überragenden Einfluß, der sich, vermittelt über den generalisierten Wahlmechanismus, auf das Delegiertensystem der übergeordneten Organisationsebenen überträgt. In der Regel bilden daher die Betriebsräte nicht nur in den lokalen Vorständen, sondern auch in der Delegiertenversammlung, in der Tarifkommission und im Vorstand des Bezirks, sowie auf den Gewerkschaftstagen zumindest die relative, nicht selten auch die absolute Mehrheit.« (Bergmann/Jacobi/Müller-Jentsch 1979, S. 373) In diesem

Zusammenhang ist auch häufig von einer stabilen Koalition zwischen den Betriebsräten der Großbetriebe und den hauptamtlichen Spitzenfunktionären gesprochen worden (vgl. dazu Kap. 16).

Die zentralistische Satzung wird in der realen Organisationspraxis also verstärkt durch Tendenzen zur *Oligarchisierung, Bürokratisierung* und *Professionalisierung*. Es handelt sich bei dem einen wie dem anderen um Strukturmerkmale, wie sie für Großorganisationen generell charakteristisch sind, ja von vielen Organisationssoziologen für zwangsläufig angesehen werden. Im Falle der Gewerkschaften wird gewöhnlich darauf verwiesen, daß sie als Massenorganisationen vielfältige und komplexe Aufgaben zu erfüllen haben und sie es überdies mit einem überlegenen Gegner zu tun hätten. Beides erfordere zwingend die innere, formale Durchorganisierung und eine straffe, zentralistische Verbandsführung; zwischen innergewerkschaftlicher Demokratie und effektivem Verbandshandeln bestünde ein Zielkonflikt.

Mitglied und Organisation

Wenn die innergewerkschaftliche Demokratie auch gravierende Mängel hat, so dürfen wir doch nicht vergessen, daß Gewerkschaften immerhin *freiwillige* Organisationen sind, die überdies auf die unbezahlte Mitarbeit zumindest eines Teils der Mitgliederschaft angewiesen sind. Folglich müssen sie ihren Mitgliedern als nützlich und notwendig erscheinen; »selbst die diktatorischsten Gewerkschaftsführer (müssen) die wirtschaftlichen Bedürfnisse ihrer Mitglieder berücksichtigen« (Lipset 1972, S. 178). An die Stelle innergewerkschaftlicher Demokratie kann indes ein *ökonomisches Austauschverhältnis* zwischen Organisation und Mitglied treten, vermittels dessen die Loyalität der Mitglieder aufrechterhalten wird. Dies gilt sicherlich für die Masse der passiven Mitglieder; für die Minderheit der Aktivisten und Engagierten muß jedoch, über einen solchen Leistungsaustausch hinaus, eine *normative Integration* durch Beteiligung am Organisationsgeschehen erfolgen. Von dieser Erkenntnis lassen sich auch neuere Beteiligungs- und Organisationsentwicklungs-Projekte der Gewerkschaften leiten, wie z.B. Zukunftswerkstätten, Stammtische, problembezogene Arbeitskreise, Wohnbereichsprojekte (vgl. Oetjen/Zoll 1994; Bundesmann-Jansen/Frerichs 1995). Offensichtlich sind die Beteiligungswünsche der Arbeitnehmer generell gestiegen: Die letzte diesbezügliche Umfrage des Trendbarometers (1996) ergab, daß sich rund 50

Prozent der Mitglieder eine zeitlich befristete und problembezogene Mitarbeit in ihrer Gewerkschaft vorstellen können. (vgl. Übersicht 11) Freilich wollen die Mitglieder nicht an allen zu regelnden Fragen beteiligt werden. Da dies mit erheblichem Zeitaufwand verbunden wäre, wissen sie es auch zu schätzen,

Übersicht 11: Bereitschaft zur aktiven Mitarbeit

Frage: »Können Sie sich vorstellen, aktiv in Ihrer Gewerkschaft mitzuarbeiten?«	
	Ja
Trendbarometer 1994:	39%
Trendbarometer 1996:	48%
Frage: »Wenn ja, in welcher Form?«	*1996*
Bei bestimmten Aktionen/Anlässen	63%
In einem Arbeitskreis/einer Arbeitsgruppe zu einem aktuellen Thema	49%
Im Betriebs-/Personalrat bzw. Mitarbeitervertretung	46%
Als Vertrauensperson	39%
In einer anderen ehrenamtlichen Funktion	24%

Quelle: Trendbarometer 96

wenn sie durch die Tätigkeit kompetenter Repräsentanten von der generellen Verpflichtung zur Beteiligung entlastet werden. Das Verhältnis von Organisation und Mitglied läßt sich am besten darstellen, wenn wir die Mitglieder nach Maßgabe ihres Engagements differenzieren. Es lassen sich grob drei Mitgliedergruppen unterscheiden:

1. die passiven Mitglieder, die etwa zwei Drittel ausmachen,
2. die aktiven Mitglieder (im weiteren Sinne), die das restliche Drittel stellen, und darunter wiederum
3. die eigentlichen »Aktivisten« (aktive Mitglieder im engeren Sinne), die nicht mehr als fünf bis zehn Prozent betragen.

Die *dritte* Gruppe besteht zum größten Teil aus ehren- und hauptamtlichen Funktionären (Vertrauensleute, Betriebsräte, Jugendvertreter, örtliche Sekretäre), die die lokalen Gewerkschaftsaktivitäten tragen und die entsprechenden Gremien und Ausschüsse besetzen. Sie sind unentbehrliche Multiplikatoren, denen die Aufgaben der Mitgliederrekrutierung, -information und -mobilisierung zufallen. In der Regel hochmotiviert, zeichnen sie sich durch ein aktives Engagement aus. Die *zweite* Gruppe stellen jene Mitglieder, die zur Organisation in einem Verhältnis aktiver Loyalität stehen; sie nehmen zumindest gelegentlich an gewerkschaftlichen Versammlungen, Wahlen etc. teil. In der Mehrzahl handelt es sich bei ihnen um männliche deutsche Fach- und Spezialarbeiter aus Großbetrieben (»Stammarbeiter«), für die die Zugehörigkeit zur Gewerkschaft mehr oder weniger Bestandteil ihrer Berufsrolle ist, sowie um Gruppen engagierter Angestellter. Für sie ist das ökonomische Austauschverhältnis zwischen Organisation und Mitgliedern von besonderer Bedeutung. Ihre Interessen bestimmen auch die Prioritäten gewerkschaftlicher Tarifpolitik. Dennoch sind nicht alle organisierten Stammarbeitnehmer zu den aktiven Mitgliedern zu zählen. Bedingt durch örtliche, berufliche, familiäre etc. Umstände, findet sich ein großer Teil von ihnen in der *ersten* Gruppe, den passiven Mitgliedern. Zu dieser Gruppe gehört des weiteren das Gros der organisierten Frauen, Ausländer und gering Qualifizierten. Gewerkschaftspolitisch nehmen sie eine Randstellung ein, obwohl die Organisation in Konfliktfällen auch mit ihrer zumindest passiven Loyalität rechnen kann.

Das bestehende Austauschverhältnis und die freiwillige Mitarbeit bringen es mit sich, daß die Mitglieder, unabhängig von den formalen demokratischen Prozeduren, Einfluß auf die Politik der Organisationen nehmen können. In einer wichtigen amerikanischen Untersuchung hat Albert Hirschman (1974) zwei wesentliche Einflußmechanismen analysiert: »Abwanderung« (*Exit*) und »Widerspruch« (*Voice*). Der erste ist identisch mit dem »Voting by feet«: Gewerkschaften, die den Interessen und Bedürfnissen ihrer Mitglieder nicht nachkommen, müssen mit Austritten oder erschwerter Mitgliederrekrutierung rechnen. Solange eine Gewerkschaft ihre Mitgliederzahlen und ihren Organisationsgrad erhöhen kann, wird sie sich in ihrer Politik bestätigt finden. Erst spürbare Mitgliederverluste zwingen sie zur Überprüfung ihrer bisherigen Praxis. Aber vor und neben der »Abwanderung« gibt es eine Vielzahl von Möglichkeiten, »Widerspruch« gegen die betriebene Politik zum Ausdruck zu bringen. Je näher eine Mitgliedergruppe dem Aktivitätszentrum der Organisation ist, um so wirksamer kann sie »Krach schlagen«. Die Möglichkeiten sind vielfältig; ein englischer Autor (Hemingway 1978) hat die Kontroll- und Einflußmöglichkeiten, die den Mitgliedern zur Verfügung stehen, ausgelotet. Für ihn realisiert sich Gewerkschaftsdemokratie durch innerverbandliche Konflikte und innerorganisatorische Aushandlungsprozesse. Einige dieser Möglichkeiten seien hier genannt:

– Unterstützung oppositioneller (statt der vom »Apparat« nominierten) Kandidaten bei Wahlen zu Betriebsräten und Gewerkschaftsgremien;
– Artikulation von Protest und Opposition in Form von Beschlüssen und Resolutionen;
– Verweigerung von Beitragserhöhungen;
– unautorisierte (»wilde«) Streiks;
– Abspaltung und Gründung konkurrierender Gewerkschaften.

Aktivitäten und Maßnahmen dieser Art zeigen, daß die Defizite der innergewerkschaftlichen Demokratie Mitglieder nicht machtlos macht, weil sie auch über andere Kanäle als die satzungsgemäßen ihren Einfluß geltend machen können. Hervorzuheben ist schließlich auch, daß oligarchisch verfaßte Organisationen paradoxerweise zur Stabilisierung und Sicherung der politischen Demokratie durchaus beitragen können. In der zugespitzten Formulierung von Lipset: »Selbst die diktatorischste Gewerkschaft ist ein besserer Schutz der wirtschaftlichen Interessen der Arbeiter und der politischen Demokratie innerhalb der Gesamtgesellschaft als überhaupt keine Gewerkschaft.« (1972, S. 177)

Grundsatzprogramme des DGB

Während die *Satzung* einer Gewerkschaft normativ das *interne* Organisationsgeschehen regelt, enthält das *Programm* die grundsätzlichen Ziele und Mittel gewerkschaftlicher Politik und orientiert perspektivisch auf die *externe* Praxis der Organisation. Zwar sind Gewerkschaften keine »von Natur aus programmatisch angelegten sozialen Bewegungen« (Hemmer 1982, S. 506), das heißt Aktivitäten und Erfolge auf lohn- und tarifpolitischem Gebiet schienen ihnen wichtiger für die Attraktion neuer und die Bindung alter Mitglieder als etwa gesellschaftsverändernde Programme, gleichwohl gehörten sie, zumal im 19. und frühen 20. Jahrhundert (in manchen Ländern noch heute), zum integralen Bestandteil größerer sozialer bzw. weltanschaulicher Bewegungen. In Deutschland bezogen die freien Gewerkschaften ihre langfristigen Ziele und politischen Orientierungen von der sozialdemokratischen Arbeiterpartei, während die christlichen Gewerkschaften sich an der Weltanschauungslehre der katholischen Kirche orientierten. Mit dem Durchbruch zu Massenorganisationen lösten sich die Gewerkschaften mehr und mehr aus der politischen und programmatischen Hegemonie von Partei und Kirche und begannen, eigene Forderungskataloge aufzustellen. Mit der Durchsetzung parteipolitisch unabhängiger Einheitsgewerkschaften entstand das Bedürfnis nach Erarbeitung einer eigenständigen politischen Plattform und längerfristigen Zielperspektive, um die vielfältigen gewerkschaftlichen Traditionen und Orientierungen politisch zu integrieren. Dies ist die Geburtsstunde der *Grundsatzprogramme* zu deren Kerngehalt neben den grundsätzlichen Zielvorstellungen die gesellschaftliche Standortbestimmung der Gewerkschaft gehört. (*Aktionsprogramme* sind ergänzende Programme, die gewöhnlich aus den allgemeinen Zielen des geltenden Grundsatzprogramms konkrete Forderungen ableiten, deren Verwirklichung mittelfristig angestrebt wird.)

Die Formulierung gemeinsamer Grundsätze und Ziele in Programmen hat für den Zusammenschluß von Einzelverbänden zu einem einheitsgewerkschaftlichen Bündnis die Funktion der *Integration* und der (langfristigen) *Handlungsorientierung.* Beides hängt eng miteinander zusammen. Erst auf der Grundlage gemeinsamer Interessen und Ziele ist solidarisches Handeln möglich, welches seinerseits Integration fördert. Als eine weitere Funktion ist die der *Repräsentation* nach außen zu nennen; denn gewöhnlich erhebt die gewerkschaftliche Programmatik gegenüber Staat und Öffentlichkeit den Anspruch, für die gesamte Arbeitnehmerschaft (nicht nur für die Mitglieder) zu sprechen.

Den Programminhalten selbst liegt eine für die handelnden Akteure (Funktionäre, Aktivisten) mehr oder weniger verbindliche Interpretation der (vereinheitlichten, verallgemeinerten) Arbeitnehmerinteressen im Kontext der gesellschaftlichen Verhältnisse zugrunde. Zu den unabdingbaren Bestandteilen gewerkschaftlicher Programme gehören:

– Sicherung und Verbesserung der materiellen Lebenslage und der Arbeitsbedingungen der Arbeitnehmer: Arbeitsplatzsicherheit, Erhöhung des Lebensstandards, Schutz der Arbeitskraft vor dem Verschleiß im Arbeitsprozeß, soziale Sicherheit bei Krankheit, Arbeitslosigkeit und Invalidität *(materielle Basisinteressen);*
– *rechtlich-institutionelle Garantien,* die gewerkschaftliche Organisierung und gewerkschaftliches Handeln erst ermöglichen: Koalitionsfreiheit, Tarifautonomie, Streikrecht.

Jenseits dieser für jede Gewerkschaft im Kapitalismus unabdingbaren Programmpunkte ist der Ziel-Mittel-Katalog gewerkschaftlicher Programme variabel.

Man muß realistischerweise davon ausgehen, daß die Masse der (passiven) Mitglieder sich wenig um die Programmatik kümmert; denn anders als eine Partei führt die Gewerkschaft nicht politisch Gleichgesinnte zusammen, sondern organisiert Menschen gleicher sozialer Lage. Nicht übereinstimmende politische Zielsetzungen, sondern gleichgerichtete wirtschaftliche und soziale Interessen sind das wichtigste Bindemittel. Gleichwohl können Gewerkschaften, zumal Einheitsgewerkschaften, aus den oben genannten Gründen (Integration, Handlungsorientierung, Repräsentation) nicht auf ihre Programmatik verzichten. Als weiteres kommt hinzu, daß eine eigenständige Programmatik die parteipolitische Unabhängigkeit, für Einheitsgewerkschaften unabdingbare Voraussetzung, stärker unterstreicht. Freilich steht die Programmatik von Einheitsgewerkschaften unter dem Gebot, daß die über die Basisinteressen hinausgehenden Ziele nicht die Einheit der Organisation gefährden. Hieraus erklären sich zwei Eigentümlichkeiten der gewerkschaftlichen Programme:

zum einen ein weiterer Interpretationsspielraum, der es den verschiedenen Flügeln und Fraktionen erlaubt, die gleichen »Worthülsen« mit unterschiedlichen Inhalten zu füllen; zum anderen eine Orientierung auf gesellschaftlich anerkannte, aber nicht realisierte Wertvorstellungen (z.B. »Gleichberechtigung von Kapital und Arbeit«; »gerechte Einkommensverteilung«; »Gleichstellung der Geschlechter«; »Mitbestimmung«; »Humanisierung der Arbeit«; »ökologische Verantwortung«).

Im Verlauf seiner bisherigen Geschichte hat sich der DGB vier Grundsatzprogramme gegeben, die neben den erwähnten Mindestbestandteilen relativ umfangreiche Forderungskomplexe in bezug auf Wirtschaftsordnung und Wirtschaftspolitik enthalten:

– Das *Münchener Programm* von *1949*, in seiner Grundtendenz antikapitalistisch, strebte die »Neuordnung von Wirtschaft und Gesellschaft« auf der Grundlage von Vergesellschaftung der Grund- und Schlüsselindustrien, wirtschaftlicher Gesamtplanung und paritätischer Mitbestimmung an. Mit diesen drei Säulen bietet das Programm einen konsequenten und relativ geschlossenen »Gegenentwurf zur kapitalistischen Wirtschaftsordnung« (Hemmer 1982, S . 511). Es »war antikapitalistisch wie viele Programme jener Jahre. Sowohl in den programmatischen Äußerungen der SPD wie im Ahlener Programm der CDU in der Britischen Zone von 1947 wurde der Kapitalismus als historisch überholt betrachtet. Durch die Weltwirtschaftskrise und das Bündnis der privaten Industrie mit dem Faschismus war der Kapitalismus für große Teile der Bevölkerung diskreditiert. Daraus zogen alle Neuordnungspläne ihre Legitimation« (Bergmann/Jacobi/Müller-Jentsch 1979, S. 156). Bereits zum Zeitpunkt, als es verabschiedet wurde, waren die Chancen zur Realisierung seiner zentralen gesellschafts- und wirtschaftspolitischen Zielsetzungen vertan. Die machtpolitischen Weichen für die Restauration waren schon früh durch die Politik der Alliierten und dann durch das Wahlergebnis zum ersten deutschen Bundestag (1949) gestellt worden; statt der SPD hatten die Wähler dem bürgerlich-konservativen Lager die Mehrheit verschafft (das sollte bis Ende der sechziger Jahre auch so bleiben). Nachdem die restaurierte privatkapitalistische Wirtschaftsordnung weder von tiefen Krisen erschüttert noch (wie die Väter des Münchener Programms gehofft hatten) bei den Massen diskreditiert worden war, sondern zu prosperieren begann und der Lebensstandard der abhängig Beschäftigten sich erhöhte, verlor das Münchener Programm seine Praxisrelevanz für die Gewerkschaften. Ihr Rückzug auf die klassische Tarifpolitik dokumentierte sich in der Verabschiedung ihres Aktionsprogramms von 1955, das sich im wesentlichen auf systemkonforme Nahziele beschränkte. Eine Revision des Grundsatzprogramms fand indessen nicht vor 1963 statt.
– Das *1. Düsseldorfer Programm* von *1963*, in seiner Grundtendenz pragmatisch-reformistisch, zielte auf die Modernisierung und Verwissenschaftlichung der Wirtschaftspolitik im Sinne des Keynesianismus. Im Vergleich zu den Münchener Grundsätzen stellt es einen Verzicht auf Endziele und gesellschaftliche Gegenentwürfe dar und folgt der linkskeynesianischen und reformorientierten Linie des Godesberger Programms der SPD aus dem Jahre 1959. »In den wirtschaftspolitischen Grundsätzen (...) kommt ein neues Selbstverständnis der westdeutschen Gewerkschaftsbewegung zum Ausdruck, das in

seinen Grundzügen systemkonform ist. Die Münchener Programm*ziele* - Planung, Sozialisierung, Mitbestimmung - sind allenfalls als untergeordnete oder systemkonforme *Mittel* der Wirtschaftspolitik erhalten geblieben. In seinem Ziel-Mittel-Katalog enthält das Düsseldorfer Programm ein nicht zu übersehendes Kooperationsangebot an Staat und Unternehmer, gemeinsam, innerhalb des gegebenen institutionellen Rahmens, Vollbeschäftigung, Wachstum und Stabilität auf Dauer zu stellen« (Bergmann/Jacobi/Müller-Jentsch 1979, S. 172). Die Vorstellung von der »modernen Industriegesellschaft« verdrängte die vom »krisenanfälligen Kapitalismus«.

- Das *2. Düsseldorfer Programm* von *1981* folgte der reformorientierten Linie des vorhergehenden Programms, dem gegenüber es keine substantiellen Veränderungen, sondern lediglich Ergänzungen und Umgruppierungen des Forderungskatalogs aufweist; »genaugenommen ist es dessen, wenn auch stark überarbeitete Neufassung« (Hemmer 1982, S. 515). In der Präambel enthält es noch, wie im Programm von 1961, Elemente sozialistischer Kapitalismusanalyse. Der nachfolgende Forderungskatalog steht dazu in einem eigentümlichen Spannungsverhältnis, da er sich weitgehend auf systemkonforme Zielsetzungen oder unverbindliche Postulate an die politisch Verantwortlichen beschränkt. Offensichtlich hat der linke Gewerkschaftsflügel stärker in der Präambel, der sozialpartnerschaftliche stärker in den wirtschaftspolitischen Forderungen des Programms seine Vorstellungen durchsetzen können.

Ein neues Grundsatzprogramm, 1996 in Dresden beschlossen, trägt dem umfassenden sozialökonomischen Wandel seit den achtziger Jahren Rechnung. Von seinen Vorgängern unterscheidet sich das *Dresdener Programm* vor allem darin, daß es den Umkreis gewerkschaftlicher Grundsatzaussagen und Forderungen thematisch eingrenzt; es greift nicht mehr universal, von der Koalitionsfreiheit bis zum Weltfrieden, alle erdenklichen Themen auf. Statt dessen beschränkt es sich auf eine Präambel und fünf Kapitel:

Unsere Zukunft - Aufforderung zur Mitarbeit (Präambel),
I. Zukunft der Arbeit,
II. Gestaltung der Ökonomie,
III. Den Sozialstaat durch Reformen sichern,
IV. Anforderungen an unsere demokratische Gesellschaft,
V. Die Zukunft der Gewerkschaften.

Inwieweit es adäquate Antworten auf die mannigfachen Umbrüche im Politischen (Zusammenbruch des Kommunismus und Ende des Ost-West-Konflikts; deutsche Wiedervereinigung; Europäische Union), im Ökonomischen (Globalisierung der Märkte; Krise des Keynesianismus und Umbau des Sozialstaats; Deregulierung; ökologisches Wirtschaften) und im Ideologischen (Relativierung der Klassengegensätze; Verabschiedung sozialistischer, planwirtschaftlicher und gemeinwirtschaftlicher Ideen) bietet, werden wir der Zukunft überlassen müssen. Hervorzuheben sind die eindeutige Befürwortung der

Europäischen Union sowie der programmatische Verzicht auf eine Wirtschaftsordnung jenseits der Marktwirtschaft. Zwar wird diese als »sozial regulierte« qualifiziert, und es werden der marktwirtschaftlichen Steuerung sozialstaatliche Interventionen an die Seite gestellt, aber beides dient allein der Absage an einen »ungebändigten Kapitalismus«. Bemerkenswert sind des weiteren das bekundete Interesse an »funktionsfähigen und mitgliederstarken Arbeitgeberverbänden«, mit denen die Gewerkschaften das System der Flächentarifverträge nicht nur erhalten, sondern auch flexibel ausgestalten wollen. Das erweiterte Verständnis des Arbeitnehmerbegriffs auf »bislang ungeschützte Beschäftigte und ökonomisch abhängige Selbständige« sowie auf alle, »die eine Ausbildung und Arbeit anstreben, arbeitslos oder im Ruhestand sind«, trägt den Aufsplitterungen des Arbeitsmarktes und Differenzierungen des Mitgliederpotentials Rechnung.

Programmatik und Selbstverständnis

In der Literatur werden gewerkschaftliche Programmatik und gewerkschaftliches Selbstverständnis häufig synonym gebraucht. Eine Gleichsetzung dieser Begriffe nähme uns jedoch die Möglichkeit, Diffenzierungen vorzunehmen, auf die wir nicht verzichten wollen.

Die Programmatik stellt gewissermaßen das verbandsoffizielle *Selbstverständnis* dar. Indes bestehen neben und unterhalb der Programmatik zusammenhängende Vorstellungen über Aufgaben und Ziele der Gewerkschaften im Bewußtsein der Funktionäre und aktiven Mitglieder, die nicht nur von der offiziellen Programmatik abweichen, sondern auch untereinander bemerkenswerte Differenzen aufweisen können. Zwar bleiben die programmatischen Äußerungen, sei es in Verbandsprogrammen, sei es in Kongreßbeschlüssen oder Reden leitender Funktionäre, das Gravitationszentrum des gewerkschaftlichen Selbstverständnisses; da sie aber häufig das Ergebnis von Formelkompromissen (etwa zwischen »linkem« und »rechtem« Flügel) sind, lassen sie unterschiedliche Interpretationen und Lesarten zu. »Die in programmatischen Texten vorgegebenen Interpretationen der sozialen Realität, der Arbeitnehmerinteressen und der Bestimmungen gewerkschaftlicher Aufgaben und Ziele erfahren innerhalb der gewerkschaftlichen Organisationen spezifische, in ihrem Gehalt unterschiedliche Konkretisierungen. In den einzelnen Gewerkschaften - und dort wiederum auf den verschiedenen Organisationsebenen - findet auf dem Wege der praktischen Umsetzung eine zweite Interpretation statt, die unter dem Einfluß spezifischer Traditionen, Bedingungen und Erfahrungen steht. Aus diesem Grund bilden sich Varianten der Interpretation von Gewerkschaftsprogrammen heraus, die nun konkretisiert, auf spezifische Situationen bezogen, ein gewerkschaftliches Selbstverständnis einzelner Gewerkschaften und bestimmter Gruppierungen innerhalb dieser Gewerkschaften konstituieren, das als solches wiederum auf die offizielle Programmatik zurückwirkt. Aus dieser Bestimmung folgt, daß ein einheitliches gewerkschaftliches Selbstverständnis nicht zu erwarten ist.« (Bergmann/Jacobi/Müller-Jentsch 1979, S. 178)

Übersicht 12: Varianten gewerkschaftlichen Selbstverständnisses

Dimensionen des Selbstverständnisses	systemkritisches Selbstverständnis	systemkonformes Selbstverständnis
Interessenstruktur	Interessenantagonismus	Interessenpluralismus
Staatsverständnis	sozialer Rechtsstaat als Aufgabe Ziel: umfassende Demokratisierung aller gesellschaftlichen Bereiche	Sozialer Rechtsstaat als Realität Ziel: Sicherung und Ausbau des sozialen Rechtsstaats
Rolle der Gewerkschaften	Gewerkschaften als soziale Reformbewegung	Gewerkschaften als Ordnungsfaktor
Strategiewahl (generell)	Interessenvertretung als Kampfaufgabe (Interessenkonflikt)	Interessenvertretung durch gemeinsame Lösungen (Interessenausgleich)
Strategiewahl (spezifisch)	aktive Lohnpolitik mit dem Ziel der Umverteilung	produktivitätsorientierte Lohnpolitik plus Vermögensbildung

Es sei hier nur exemplarisch auf zwei markante und polare Ausprägungen gewerkschaftlichen Selbstverständnisses hingewiesen (vgl. Übersicht 12). Es handelt sich um die summarische Wiedergabe einer Analyse des Selbstverständnisses der IG Metall (systemkritisches Selbstverständnis) und der IG Bau-Steine-Erden (systemkonformes Selbstverständnis).

Auf welche Quellen und Ursachen diese konträren Ausprägungen gewerkschaftlichen Selbstverständnisses im einzelnen zurückzuführen sind, kann hier nicht dargelegt werden, allein auf ihre Funktionen für die tarifpolitische Praxis sei abschließend noch hingewiesen.

Weiter oben nannten wir als Funktionen der gewerkschaftlichen Programmatik die Integration und langfristige Handlungsorientierung des Gesamtverbandes sowie die gegenüber Staat und Öffentlichkeit in Anspruch genommene

Repräsentation der arbeitenden Bevölkerung. Die Funktionen des gewerkschaftlichen Selbstverständnisses haben einen doppelten Brennpunkt, zum einen im Verhältnis von Organisation und Mitgliedern und zum anderen im Verhältnis von Gewerkschaften und ihren jeweiligen Tarifkontrahenten.

Ein *systemkritisches Selbstverständnis*, das den Klassencharakter kapitalistischer Gesellschaften und die darin begründeten Interessengegensätze hervorhebt, gibt den Mitgliedern Deutungsmuster für ihre eigene soziale Verortung in dieser Gesellschaft an die Hand (Orientierungsfunktion), betont die Notwendigkeit kollektiver Organisierung und solidarisch-kämpferischen Handelns (Solidarisierungs- und Mobilisierungsfunktion); gegenüber den Unternehmern hat es Drohcharakter, indem es ihnen signalisiert, daß Rückgriffe auf radikalere Forderungen möglich sind (Droh- und Signalfunktion). Ein *systemkonformes Selbstverständnis*, das den Interessenpluralismus und die darin eingeschlossenen Möglichkeiten des Interessenausgleichs betont, trägt zur Erosion des traditionellen dichotomischen Arbeiterbewußtseins bei, konditioniert die Mitglieder auf sozialpartnerschaftliche Kooperation und signalisiert den Unternehmern den expliziten Verzicht auf unternehmerfeindliche Ziele (z.B. Sozialisierung, Umverteilung). - Es versteht sich von selbst, daß Gewerkschaften mit traditioneller Konfliktstrategie und reicher Arbeitskampfpraxis ein systemkritisches Selbstverständnis, Gewerkschaften mit Kooperationsstrategien und Streikabstinenz ein systemkonformes Selbstverständnis haben und pflegen.

Weiterführende Literatur

Robert Michels, *Zur Soziologie des Parteiwesens*, 1911 (2. Aufl.: 1925).
(Soziologischer Klassiker über Oligarchisierungstendenzen in Partei und Gewerkschaften.)

Joachim Bergmann, *Organisationsstruktur und innergewerkschaftliche Demokratie*, in: Bergmann (Hg.), 1979.
(Gedrängter Überblick der theoretischen Diskussion und empirischen Befunde zur Demokratie in den Gewerkschaften.)

H. Oetjen/R. Zoll (Hg.), *Gewerkschaften und Beteiligung*, 1994.
(Zwischenbilanz der neueren Beteiligungsansätze und Partizipationsprojekte deutscher Gewerkschaften.)

Hans-Otto Hemmer, *Stationen gewerkschaftlicher Programmatik*, in: Matthias/Schönhoven (Hg.) 1984.
(Kurzer und informativer Überblick über die Programmgeschichte der deutschen Gewerkschaften von der Weimarer Republik bis zum 2. Düsseldorfer Programm.)

III. Arbeitgeberverbände

Die Verbände der Arbeitgeber, wie die Gewerkschaften *kollektive Akteure* im System der industriellen Beziehungen, haben eine kürzere Geschichte als diese. Sie verdanken ihre Entstehung der unternehmerischen Antwort auf die Koalitionsbildungen der Arbeiter, nehmen indes heute - auf der anderen Seite des Arbeitsverhältnisses - eine zu den Gewerkschaften notwendig komplementäre Funktion wahr: die der kollektiven Interessenpräsentation und »privaten Gesetzgebung« durch Tarifverträge. Bedingt durch die Materiallage und den - im Vergleich zur Gewerkschaftsforschung - geringeren Forschungsstand fallen Darstellung und Analyse der Arbeitgeberverbände knapper aus als die über ihren kollektiven Gegenspieler. Das erste Kapitel dieses Teils befaßt sich, unter theoretisch-historischen Fragestellungen, generell mit den Organisationsproblemen und Funktionen unternehmerischer Zusammenschlüsse. Das nachfolgende Kapitel enthält die Darstellung der Organisationsstrukturen, Willensbildung und Tätigkeitsfelder der deutschen Arbeitgeberverbände.

Kapitel 9
Die Organisation der Kapitalinteressen

Arbeitgeberverbände haben in der Literatur und der sozialwissenschaftlichen Forschung eine unverhältnismäßig geringere Aufmerksamkeit gefunden als Gewerkschaften. Erklärt wird dies gewöhnlich mit Zugangsproblemen: Unternehmerzusammenschlüsse gelten, was Verbandsinterna betrifft, generell als publizitätsscheu und weniger auskunftsfreudig als Gewerkschaften, deren Geschäftsberichte viele organisationsinterne Daten und Informationen (etwa über Mitglieder und Finanzen) der Öffentlichkeit zugänglich machen und deren Verbandskongresse von den Medien aufmerksam verfolgt werden. Ein weiterer Grund dürfte darin zu suchen sein, daß die Gewerkschaften als Massenorganisationen mit dem Ziel der Veränderung des Status quo für die soziologische und politikwissenschaftliche Forschung auch aus inhaltlichen Gründen bedeutend attraktiver sind als die Verbände des Kapitals. Hinzu kommt, daß die unternehmerischen Zusammenschlüsse als nachgeordnete Instrumente und Medien zur Durchsetzung von Kapitalinteressen anzusehen sind - neben dem Markt, den Monopolen und Kartellen und neben der staatlichen Wirtschaftspolitik im weitesten Sinne. Schließlich haben auch politische Sympathien mit der Arbeiterbewegung und ihren emanzipatorischen Zielen nicht selten die Wahl des Untersuchungsgegenstandes zugunsten der Gewerkschaften beeinflußt.

Markt und Organisation

Fragen wir zunächst nach dem Stellenwert der Organisation für den Unternehmer und seine Interessen. Im Gegensatz zum ökonomisch schwächeren Arbeitnehmer ist der Unternehmer viel weniger auf die Organisation angewiesen. Während der »freie Lohnarbeiter« unter einem strukturellen Organisationszwang steht, weil er seine sozialökonomischen Basisinteressen in der Regel nur durch die »Koalition« mit seinesgleichen durchsetzen kann, realisiert der

Unternehmer seine wirtschaftlichen Interessen primär über den Markt und mit Hilfe betrieblicher Aktionsparameter, die es ihm ermöglichen, ungünstige Marktbedingungen zu kompensieren. Beispielsweise kann er teuer eingekaufte Arbeitskräfte durch Rationalisierungen, Kontroll- und Anreizsysteme zur effektiveren Arbeitsverausgabung veranlassen, durch Vereinfachung der Arbeitsvollzüge (Entqualifizierung) verbilligen oder durch Automatisierung überflüssig machen. Außerdem ist der einzelne Unternehmer von vornherein schon eine »Koalition«, da er gewöhnlich über eine Vielzahl von Arbeitsplätzen verfügt. Diese Verfügungsgewalt über Arbeitsplätze, die sich letztlich aus den Eigentumsrechten an den Produktionsmitteln ergibt, begründet die in *Kapitel 2* analysierte Machtasymmetrie zwischen Unternehmer und einzelnem Arbeitnehmer. Hinzu kommt ein Weiteres: Schon Adam Smith und Friedrich Engels haben erkannt, daß die Unternehmer über vielfältige Möglichkeiten der informellen Absprache und stillschweigenden Übereinkunft verfügen. In seinem Werk über den »Wohlstand der Nationen« schrieb Adam Smith 1776:

»Wer (...) den Schluß zieht, Unternehmer würden sich selten untereinander absprechen, kennt weder die Welt, noch versteht er etwas von den Dingen, um die es hier geht. Unter Unternehmern besteht immer und überall eine Art stillschweigendes, aber dauerhaftes und gleichbleibendes Einvernehmen, den Lohn nicht über den jeweils geltenden Satz zu erhöhen. (...) Mitunter finden sich Unternehmer auch zusammen, um die Löhne sogar unter das bestehende Niveau zu senken. Diese Absprache geschieht bis zum Zeitpunkt der Ausführung stets in aller Stille und möglichst heimlich.« (Smith 1978, S. 58)

Und Engels konstatiert in einer Artikelserie für eine englische Gewerkschaftszeitung 1881:

»Die Kapitalisten sind immer organisiert. In den meisten Fällen brauchen sie keinen formellen Verband, keine Statuten, keine Funktionäre etc. Ihre im Vergleich zu den Arbeitern geringe Zahl, der Umstand, daß sie eine besondere Klasse bilden, ihr ständiger gesellschaftlicher und geschäftlicher Verkehr untereinander, machen das alles überflüssig.« (MEW 19, S. 256)

Obwohl die formelle und dauerhafte Organisierung für Unternehmer von sekundärer Bedeutung zu sein scheint, ist es um so erstaunlicher, daß sie - und das gilt nicht nur für die Bundesrepublik und das frühere Deutsche Reich - in einem erheblich höheren Maß organisiert sind als die Arbeitnehmer. (vgl. Windmuller/Gladstone 1984, S. 22 sowie Kap. 10). Um dieses scheinbare Paradox zu erklären, wollen wir der Frage nachgehen, aus welchen Gründen und unter welchen Bedingungen Unternehmer formelle Organisationen bilden.

Historisch gesehen bilden die Arbeitgeberverbände nicht die ersten Formen von Unternehmerzusammenschlüssen. In einer frühen Arbeit über die deutschen Arbeitgeberverbände hat Gerhard Kessler (1907, S. 5ff.) vier Gruppen von Unternehmerverbänden unterschieden, die ihre jeweiligen Zwecke und zeitlichen Gründungsschwerpunkte hatten:

1. *Verkehrsvereine*, die älteste Gruppe, die im Zeitraum 1850-70 ihre Hauptaktivitäten zugunsten einer »Pflege der Verkehrspolitik«, als dem »hervorragendsten Merkmal aller dieser Verbände« entfaltete; u.a. »Bearbeitung von Schiffahrts-, Münz-, Zoll-, Eisenbahn- und ähnlichen Verkehrsfragen« (Kessler 1907, S. 6).
2. *Schutzzollvereine*, die nach der Gründerkrise um 1873 entstanden und deren wichtigstes Ziel »die Erhaltung oder auch Erkämpfung schützender Zollschranken« (ebd.) war. Später haben sich die älteren Verkehrsvereine wie die Schutzzollvereine der Wahrnehmung aller möglichen wirtschaftlichen Interessen zugewandt, so daß Kessler sie unter dem gemeinsamen Namen der *Wirtschaftsvereine* zusammenfaßt.
3. *Kartelle, Syndikate*, von Kessler als *Verkaufsverbände*, von anderen als *Marktverbände* bezeichnet, bildeten sich verstärkt in den beiden letzten Jahrzehnten des 19. Jahrhunderts; ihr zentraler Zweck war und ist die Preisregulierung.
4. *Arbeitgeberverbände*, die mit dem Aufschwung der deutschen Gewerkschaftsbewegung nach dem Fall des Sozialistengesetzes (1890) in größerer Zahl gegründet wurden (vereinzelte Gründungen gab es freilich schon früher); ihr Zweck war und ist die Regelung der Arbeitsverhältnisse in der Industrie (später auch in anderen Wirtschaftsbereichen).

»Es ist unverkennbar«, so Kesslers Resümee, »daß diese ganze Entwicklung von dem Grundsatz beherrscht wird: für jeden neuen Zweck eine neue Organisation.« (1907, S. 7) Die Folge davon ist, daß die gleichen Unternehmen in verschiedenen, parallelen Organisationen vertreten sind, während einzelne Führungspersonen wiederum in Personalunion die Leitung mehrerer Verbände innehaben können. Der Grund für diese scheinbare organisatorische Zersplitterung ist vor allem in der Konkurrenzsituation der Unternehmer zu suchen. Ist das zentrale Organisationsproblem für die Gewerkschaft der »Trittbrettfahrer«, dann ist es für Unternehmerverbände die *Konkurrenz* - beides sind organisationshemmende Faktoren. Um sich zu organisieren, müssen die Unternehmer neben den marktvermittelten Konkurrenzbeziehungen ein System solidarisch-kollektiven Interessenhandelns schaffen, das die Konkurrenz neutralisiert. Die Lösung dieses Organisationsproblems ist insofern prekär, weil den Unternehmern, wie bereits ausgeführt, nicht nur alternative Optionen zur Verfügung stehen (z.B. individualisierende Tarifpolitik oder Ausweichmöglichkeiten auf betrieblicher Ebene), sondern weil ihnen auch jener spontane Vergesellschaftungsmechanismus abgeht, dem die Arbeitnehmer durch ihre Agglomeration und Kooperation im Industriebetrieb unterliegen; sie bilden den natürlichen Nährboden für solidarisch-kollektives Handeln auf seiten der Arbeiterschaft. Erleichtert wird die Organisierung der Kapitalinteressen hingegen durch die Konzentration des Kapitals und die damit einhergehende Bildung von Großkonzernen mit institutioneller Trennung von Eigentum und Unternehmensleitung; gleichwohl bedeutet eine mit der Kapitalkonzentration einhergehende Oligopolisierung der Märkte nur eine Einschränkung, nicht aber die Aufhebung der Konkurrenz.

Die Konkurrenz als organisationshemmenden Faktor zu neutralisieren, gelingt in der Regel erstens unter der Voraussetzung, daß die Unternehmer ihre wirtschaftlichen Interessen nicht mehr problemlos über Marktprozesse und dezentrale Investitionsentscheidungen realisieren können; und zweitens unter der Bedingung, daß die ihnen abgeforderte Solidarisierung sich auf einen bestimmten, eng umgrenzten Ausschnitt unternehmerischer Interessen bezieht. Die erste Voraussetzung ist die der *»Politisierung«*, die zweite die der *»separaten Organisierung«* der Unternehmerinteressen.

Eine sozialwissenschaftliche Arbeit über die Organisation von Unternehmerinteressen (Schmitter/Streeck 1981) knüpft an Thesen des amerikanischen Politikwissenschaftlers Truman (1951) zur »Politisierung« ökonomischer Interessen an, wenn sie die folgenden drei historischen Gründe nennt, die zur Organisierung von Kapitalinteressen führen können:

1. die Gefährdung der Marktposition durch ausländische Konkurrenz und Abhängigkeit von Rohstofflieferanten;
2. die Bedrohung der durch das Eigentum an Produktionsmitteln gegebenen Marktvorteile durch die Mobilisierung und Organisierung der Arbeiterschaft;
3. die Risiken politischer Regelungen und Eingriffe, die nach der Demokratisierung des Wahlrechts vom Sozial- und Interventionsstaat ausgehen.

Gefährdungen ihrer Marktposition durch ausländische Konkurrenten und Rohstofflieferanten suchten die Unternehmer durch die Organisierung in Schutzzollvereinen, in Kartellen und Syndikaten oder generell in Wirtschaftsverbänden abzuwehren. Mit der Bildung von Arbeiterkoalitionen, die den Unternehmern ihre strategischen Vorteile auf dem Arbeitsmarkt streitig zu machen suchten, entstand auf Unternehmerseite das Bedürfnis nach organisierter Abwehr – nach Antistreik- und Antigewerkschaftsvereinen, den Vorläufern der heutigen Arbeitgeberverbände. Die politischen Risiken schließlich, die der »ökonomischen Minderheit« von den Interventionen der »politischen Mehrheit« drohen, suchten die Unternehmer, je nach Thematik und Interessensegment, mit Hilfe ihrer Wirtschaftsverbände oder ihrer Arbeitgeberorganisationen einzudämmen.

In diesen verschiedenartigen Organisationen und Verbänden manifestiert sich auch der partikulare Charakter unternehmerischer Solidarisierung, die Begrenzung der Organisationszwecke auf je spezifische Interessenausschnitte. Im Gegensatz zur gewerkschaftlichen Organisation, die grundsätzlich das gesamte Spektrum der Arbeitnehmerinteressen vertreten kann, erschwert auf der Kapitalseite die Konkurrenz eine umfassende Organisierung aller relevanten Unternehmerinteressen. Beispielsweise haben jene Unternehmer, die sich durch die Importe ausländischer Konkurrenz bedroht sehen, ein gemeinsames Interesse an einer Schutzzollpolitik, während die Importeure darin eine Gefährdung ihrer wirtschaftlichen Existenz sehen müssen. Umgekehrt können beide Gruppen wiederum gemeinsame Interessen im Hinblick auf Verkehrspolitik oder die Regulierung der Arbeitsverhältnisse haben. Auch Interessendivergenzen zwischen Groß- und Kleinbetrieben führen häufig zur Bildung separater Organisationen.

Internationale Vergleiche zeigen, daß nicht nur die Zahl der Unternehmerverbände insgesamt, sondern schon allein die der Arbeitgeberverbände in der Regel größer ist als die Zahl der Gewerkschaften (vgl. Traxler 1993, S. 149 u. 164f.; v. Waarden 1995, S. 100).

Die oben referierte Erklärung der Organisierung von Kapitalinteressen beruht auf der Annahme einer fast mechanistischen Übersetzung von ökonomischen in politische Interessen, sobald die wirtschaftlichen Aktivitäten auf Widerstände stoßen. Diese *strukturelle* Erklärung, die eigentlich nur die objektiven Voraussetzungen (»Politisierung«) für einen Zusammenschluß der Unternehmerinteressen benennt, findet ihre Ergänzung durch jene Erklärungsansätze, die ein *rationales Wahlhandeln* der einzelnen Akteure zum Ausgangspunkt nehmen. Die Grundlage dieser theoretischen Ansätze zur Organisationsfähigkeit von Interessen hat Olson (1992) gelegt. Er problematisierte die Annahme, daß rational handelnde und eigeninteressierte Akteure sich bereits dann zusammenschließen, wenn sie ihre Ziele kollektiv besser durchsetzen können. Wir haben seine Unterscheidung zwischen öffentlichen (bzw. kollektiven) und privaten Gütern bereits bei der Erörterung des Problems der »Trittbrettfahrer« für die Mitgliederrekrutierung von Gewerkschaften kennengelernt (vgl. Kap. 7). Nach Olsons Theorie des kollektiven Handelns können sich große Gruppen wie Arbeitgeberverbände und Gewerkschaften nicht auf die Bereitstellung öffentlicher Güter (Tarifverträge; Lobbyismus) beschränken, da sie auch Nichtmitgliedern zugute kommen, sondern sie müssen überdies private Güter (z.B. Rechtsberatung, Unterstützung bei Arbeitskämpfen) als »selektive Anreize« zum Organisationsbeitritt bereitstellen. Aus dieser Sicht haben die Arbeitgeberverbände die gleichen Probleme der Organisationssicherung zu lösen wie die Gewerkschaften.

Dem widersprechen Offe und Wiesenthal (1980). Sie betrachten das Olsonsche Problem des kollektiven Handelns unter klassentheoretischen Gesichtspunkten und kommen zu dem Schluß, daß der Primat privater Kapitalakkumulation es den Arbeitgebern erheblich leichter als den Arbeitnehmern mache, ihre Interessen zu organisieren. Da die Unternehmer nicht nur Förderung durch die staatliche Wirtschaftspolitik erführen, sondern generell über mehr (außerverbandliche) Alternativen der Interessendurchsetzung verfügten als die Arbeitnehmer, sei das Spektrum an Kapitalinteressen, welches durch die Organisation vertreten werden muß, auch wesentlich kleiner als das von den Gewerkschaften zu vertretende Spektrum von Arbeitnehmerinteressen. Die größere Interessenhomogenität der Arbeitgeber erleichtere diesen die Lösung ihrer verbandlichen Repräsentations-, Aggregations- und Exekutionsprobleme. Folglich sei der verbandliche Zusammenschluß der Arbeitgeber mit geringeren Kosten belastet als der der Arbeitnehmer, woraus sich schließlich ihr höherer Organisationsgrad erkläre.

Streeck (1992) wiederum hebt auf die größere Interessenheterogenität der Unternehmer ab, indem er zwischen deren Produktmarkt- und Arbeitsmarkt-Interessen differenziert. Die größere Zahl der Unternehmerverbände beruht ihm zufolge darauf, daß die Produktmarkt-Interessen spezifischer und disparater sind als die Arbeitsmarkt-Interessen. Darauf führt er die im Vergleich mit den Arbeitgeberverbänden größere Zahl der Wirtschaftsverbände zurück. Die Gewerkschaften ihrerseits würden die Vertretung von Produktmarkt-Interessen der Arbeitnehmer gewissermaßen externalisieren, das heißt den Wirtschaftsverbänden der Unternehmer überlassen; dies mache die Interessen der Arbeitnehmer homogener und verschaffe den Gewerkschaften günstigere Bedingungen für den Aufbau umfassender Verbände. Gehen Offe/Wiesenthal von der objektiv in der Klassenstruktur begründeten Interessenlage der Unternehmer aus, dann bezieht sich Streeck auf deren in der Verbändestruktur sedimentierte Interessenartikulation.

Beide Erklärungen hält Traxler für unzureichend, da »verbandliche Organisationsfähigkeit (...) nicht als bloßer Reflex einer wie auch immer gefaßten Interessenkonstellation begriffen werden« könne (1993, S. 154); von entscheidender Bedeutung seien überdies die jeweiligen Machtressourcen, die für Interessendurchsetzung und Verbandsbildung mobilisiert werden können. Die Ressourcenfrage ist für Traxler »in einer doppelten Weise relevant, indem sie einerseits auf die Organisationsfähigkeit und andererseits auf den Organisationsbedarf der individuellen Interessenten Einfluß nimmt« (ebd., S. 155).

Im Hinblick auf den *Organisationsbedarf* wurde bereits dargelegt, daß die Arbeitgeber über eine Reihe alternativer Optionen zur Interessendurchsetzung verfügen, so daß für sie der kollektive Zusammenschluß weniger dringlich ist als für die Arbeitnehmer. Naheliegend, aber nicht zwingend ist ihr verbandlicher Zusammenschluß, wenn die Arbeitnehmer sich in überbetrieblichen Gewerkschaften organisieren und wenn der Sozialstaat regulierend in die Arbeitsverhältnisse eingreift. Aber selbst unter diesen Umständen können Großunternehmen noch über hinreichende Machtressourcen verfügen, um ihre Interessen allein durchzusetzen.

Bei der *Organisationsfähigkeit* unterscheidet Traxler zwei Dimensionen: erstens, die der Rekrutierung von Mitgliedern und zweitens, die der Folgebereitschaft bzw. Loyalität der Mitglieder. Hier konstatiert er eine charakteristische Asymmetrie zwischen Arbeitgebern und Arbeitnehmern: Während Arbeitgeberverbände geringe Probleme bei der Mitgliederrekrutierung, aber große bei der Sicherung der Mitgliederloyalität haben, ist dies bei den Gewerkschaften umgekehrt. Die Vorteile einer Organisierung der Arbeitgeberseite bestehen zunächst darin, daß es meist genügt, wenn sich einige wenige Unternehmen mit einer großen Zahl von Beschäftigten zusammenschließen, um einen mächtigen Verband aufzubauen; des weiteren verfügen die Arbeitgeber über vielfältige positive und negative Sanktionsmittel, um ihre Beschäftigten vom Gewerkschaftsbeitritt abzuhalten, so daß insgesamt gesehen die Opportunitätskosten eines Verbandsbeitritts für Unternehmer geringer sind als für Arbeitnehmer. Anders stellt sich die Situation für die Verbandsführung und die Praxis der Interessenvereinheitlichung dar. Prekär bleibt für Arbeitgeberverbände die Sicherung der Mitgliederloyalität bei der Verfolgung gemeinsamer Ziele, insbesondere bei der in Tarifverhandlungen erforderlichen Kompromiß- und Verpflichtungsfähigkcit. Denn aufgrund ihrer »exklusiven Machtmittel« sind einzelne Unternehmen in der Lage, nicht nur im »Alleingang« ihre Interessen zu verfolgen, sondern auch die Politik ihres Verbandes zu unterlaufen, etwa wenn dessen Vereinbarungen den Eigeninteressen widersprechen. »Anders als im Fall der relativen Kosten von Beitritt bzw. Mitgliedschaft sind daher die relativen Kosten der Loyalität für die Arbeitgeber im Regelfall höher als für die Arbeitnehmer.« (Traxler 1993, S. 158) Es sind die Loyalitätsprobleme, welche den Arbeitgeberverbänden die Kompromißfindung erschweren und sie in ihrer Verpflichtungsfähigkeit schwächen. Sie sehen sich daher häufig gezwungen, »ihre Politik möglichst weitgehend den Eigen- und Sonderinteressen spezifischer Mitgliedergruppen anzupassen« (ebd., S. 159). Die überlegene Ressourcenausstattung der Unternehmer verschafft diesen somit nicht nur einen Machtvorsprung gegenüber den Arbeitnehmern, sondern verhilft ihnen auch zu einer machtvollen Position gegenüber ihren eigenen Verbänden.

Arbeitgeberverbände und ihre Funktionen

Kann die Bildung von Gewerkschaften als eine kollektive Reaktion der Arbeiter auf die ökonomische Übermacht des Kapitals auf dem Arbeitsmarkt begriffen werden, so versteht sich die Gründung von Arbeitgeberverbänden als eine sekundäre Reaktion der Unternehmer auf die Gewerkschaften. Anders gesagt: Auf der Grundlage des individuellen Arbeitsvertrages erwuchsen der Kapitalseite erhebliche Machtvorteile gegenüber den Arbeitern; suchten diese, durch gewerkschaftliche Zusammenschlüsse und Kollektivverträge dieses Machtungleichgewicht abzutragen, so war und ist es das Ziel der »koalierten Arbeitgeber«, die ursprüngliche Asymmetrie der Marktchancen wiederherzustellen. Schon Kessler sah in den Gewerkschaften die Geburtshelfer der Arbeitgeberverbände:

»Die Gewerkschaft ist überall die primäre, der Arbeitgeberverband die sekundäre Erscheinung. Die Gewerkschaft greift ihrer Natur nach an, der Arbeitgeberverband wehrt ab (daß gelegentlich das Verhältnis sich umkehrt, ändert an der allgemeinen Richtigkeit dieser Tatsache nichts). Die Gewerkschaft ist in ihrer Jugendzeit vornehmlich Streikverein, der Arbeitgeberverband Antistreikverein. Je früher in einem Gewerbe eine kräftige Gewerkschaft auftritt, um so früher bildet sich auch ein ausgeprägter Arbeitgeberverband.« (Kessler 1907, S. 20)

Das Verhältnis der Arbeitgeberverbände zu den Gewerkschaften änderte sich mit erstarkender Gewerkschaftsbewegung und der Störanfälligkeit der Produktionsprozesse durch organisierte, unzufriedene Arbeitermassen. In einigen Branchen und Ländern früher als in anderen erkannten die (organisierten) Unternehmer, daß es ihrem Geschäft förderlicher ist, wenn sie sich mit den Gewerkschaften einigen und Verträge abschließen, die ihnen zum einen eine konkurrenzeinschränkende Standardisierung der Lohn- und Arbeitsbedingungen, zum anderen einen zeitweiligen »Waffenstillstand« in den Auseinandersetzungen über eben diese Bedingungen garantieren konnten. In manchen Industrien Englands, wo die Gewerkschaften besonders stark waren und den Unternehmern ihre Bedingungen einseitig aufzwingen konnten, ging die Initiative zu Tarifverhandlungen und regulären Tarifbeziehungen sogar von den Arbeitgeberverbänden aus. Insbesondere dort, wo die kleingewerbliche »Schmutzkonkurrenz« mit Lohnunterbietung und exzessiver Lehrlingsausbeutung blühte (wie im Druck- und Baugewerbe), erkannten Arbeitgeberverbände früh ihr Interesse an tarifvertraglichen Vereinbarungen mit Gewerkschaften, durch die die Lohnkosten aus dem Konkurrenzkampf herausgenommen werden konnten. In jenen Sektoren jedoch, wo die Unternehmer - nach Größe und Zahl - günstige Bedingungen für die (umweglose) Kartellbildung vorfanden, mußten die Gewerkschaften erst mächtig genug werden, um als potentieller oder faktischer Störfaktor ernst genommen und als Verhandlungspartner akzeptiert zu werden. Die von den einen auf kooperative, von den anderen auf konfliktorische Weise übernommene *Tariffunktion* machte aus den Antistreik- und Antigewerkschaftsvereinen erst Arbeitgeberverbände im eigentlichen Sinne.

Kessler unterscheidet drei konsekutive Aufgabenbereiche der frühen Arbeitgeberverbände:

1. Maßnahmen zur Verhütung von Arbeiterbewegungen und Streiks,
2. Maßnahmen zur Bekämpfung und Unschädlichmachung der Streiks,
3. paritätische Vereinbarungen mit der Arbeiterschaft.

»Die Maßnahmen der ersten Gruppe setzen im allgemeinen voraus, daß man die Gewerkschaftsbewegung ohne Kampf vernichten, verdrängen oder mindestens ignorieren könne. Wenn sich diese Voraussetzung als irrig erwiesen hat, tritt der unvermeidliche Kampf ein, und die Arbeitgeberschaft verwendet die Maßnahmen der zweiten Gruppe. Haben aber beide Gegner ihre Kräfte zur Genüge aneinander gemessen, so finden sie früher oder später Wege zur Verständigung und zur gemeinsamen Arbeit, wie die dritte Gruppe sie darstellt.« (Kessler 1907, S. 141)

Die Kesslersche Definition des Arbeitgeberverbandes (ebd., S. 20) lautet:

»*Der Arbeitgeberverband ist also die Organisation der gewerblichen Unternehmerschaft zur Regelung ihres Verhältnisses zu den organisierten Arbeitern.*« (Kessler 1907, S. 20)

Die Begrenzung auf »gewerbliche Unternehmer« erklärt sich aus der historischen Situation; ebenso wie Gewerkschaften zuerst im gewerblich-industriellen Sektor gegründet wurden, entstanden die ersten Arbeitgeberverbände in diesem Bereich. Erst mit der späteren gewerkschaftlichen Organisierung im Dienstleistungssektor bildeten sich dort auch Arbeitgeberverbände. Eine zweite, heute nicht mehr haltbare Einschränkung betrifft die Adressaten. Mit der Entstehung und Entwicklung des Sozialstaates wird dieser, neben der organisierten Arbeiterschaft, zum zweiten Adressaten. Die von den sozialstaatlichen Institutionen durch Arbeitsrecht und Sozialpolitik gesetzten Rahmenbedingungen (vgl. Kap. 18) nehmen auf die Gestaltung der Austauschbeziehungen zwischen Kapital und Arbeit Einfluß und rufen die Arbeitgeberverbände zur Verteidigung der Kapitalinteressen gegen legislative, exekutive und judikative Eingriffe in das bis dato »freie Vertragsverhältnis« auf den Plan.

Wenn wir die Funktionsbereiche der Arbeitgeberverbände, wie sie sich uns heute darstellen, betrachten, dann müssen wir zunächst die *externen* von den *internen* Funktionen unterscheiden (vgl. Übersicht 13). Im Gegensatz zu den frühen Gewerkschaften, bei denen die internen Aufgaben der solidarisch-genossenschaftlichen Selbsthilfe den externen Aufgaben der Interessendurchsetzung gegenüber den Unternehmern historisch vorausgingen, leiten sich die primären Aufgaben der Arbeitgeberverbände aus der Konfrontation mit der organisierten Arbeitnehmerschaft her. Sie sind in erster Linie *Tarifvertragspartei*. Für sie war und ist die Organisierung des Arbeitsmarktes durch Regelung der Arbeitsverhältnisse - gegen die und mit den Gewerkschaften - der Brennpunkt ihrer Aktivitäten. Die Aufgaben, Tarifverhandlungen zu führen, Kompromisse zu finden, Vereinbarungen abzuschließen und Arbeitskämpfe zu koordinieren, weisen ihnen - neben den Gewerkschaften - eine Schlüsselfunktion im System der industriellen Beziehungen zu.

In einem zweiten, ebenfalls externen Funktionsbereich, der Öffentlichkeitsarbeit und korporativen Repräsentation, agieren die Arbeitgeberverbände einerseits als *Pressure Group* und andererseits als *Träger öffentlicher Regulierungsfunktionen*. Beide Funktionen stehen in enger Korrespondenz. Als Pressure Group versuchen sie, die politischen Instanzen, Gesetzgebung und Rechtsprechung auf dem Gebiet des Arbeits- und Sozialwesens durch Eingaben und Gutachten, Rechtsklagen, Parteienunterstützung etc., kurz durch klassischen Lobbyismus, in ihrem Sinne zu beeinflussen. In der Ausübung öffentlicher Regulierungsfunktionen, durch die Mitarbeit in zahlreichen Gremien und Beiräten (besonders in der Sozialversicherung, Berufsbildung und Arbeitsverwaltung), aber auch durch die Entsendung von Arbeitsrichtern, bringen sie ihre korporativen Interessen direkt zur Geltung. Daneben ist die Öffentlichkeit ein wichtiger Adressat, der generell über die Medien angesprochen wird. Die Meinungsbeeinflussung erfolgt auf direktem Wege durch eigene Informationsdienste und Publikationen und auf indirektem durch die Pflege der sogenannten »Public Relations«, vornehmlich durch Zusammenarbeit mit Redakteuren und Journalisten, mit Schulen, Institutionen der Erwachsenenbildung, Vereinen etc.

Ein dritter, interner Funktionsbereich umfaßt die Serviceleistungen für die Mitgliedsunternehmen; sie stehen in einem mehr oder minder engen Zusammenhang mit der primären Tarifarbeit. Im Lichte dieser Funktion erscheint der Arbeitgeberverband als *Selbsthilfeverband*. Die Serviceleistungen für die Mitglieder lassen sich wiederum unterteilen in Unterstützung, Beratung und Information. Die finanzielle Unterstützung der Mitglieder in Arbeitskämpfen gehört zu den historisch ältesten internen Aufgaben von Arbeitgeberverbänden. Um die Jahrhundertwende gründeten Arbeitgeberverbände hierzu eigens »Streikversicherungen« bzw. »Streikentschädigungsgesellschaften«. Auch heute noch spielt der Arbeitskampffonds eine wichtige Rolle. Andere interne Dienstlei-

Übersicht 13: Funktionen, Adressaten und Tätigkeitsfelder von Arbeitgeberverbänden

Funktionsbereiche		Adressaten	Tätigkeitsfelder/Aufgaben
extern	TARIFVERTRAGSPARTEI Tarifpolitik	Gewerkschaften	*Kollektivverhandlungen*: Koordination und Durchführung von Tarifverhandlungen und Schlichtungsverfahren; Abschluß von Tarifverträgen *Arbeitskämpfe*: Beschlußfassung und Koordination von Aussperrungen
extern	PRESSURE GROUP Öffentlichkeitsarbeit (Lobbyismus, Public Relations)	Öffentlichkeit	*Öffentliche Meinung*: Beeinflussung durch Presse und Medien; Herausgabe von Informationsdiensten
extern		Regierung/Parlament staatliche Verwaltung	*Arbeits- und Sozialpolitik*: Eingaben, Stellungnahmen und Gutachten; Mitarbeit in Gremien, Ausschüssen, Beiräten
extern	TRÄGER ÖFFENTLICHER REGULIERUNGSFUNKTIONEN Korporative Repräsentation	Rechtsprechung	*Arbeits- und Sozialrecht*: Entsendung von Arbeitsrichtern; Führung von Musterprozessen
intern	SELBSTHILFEVERBAND Serviceleistungen	Mitgliedsunternehmen	*Unterstützung*: finanzielle bei Arbeitskämpfen; rechtliche bei grundsätzlichen Streitfragen *Beratung/Information*: in technischen, wirtschaftlichen und rechtlichen Angelegenheiten

stungen haben sich mit der Expansion des Sozialstaates entwickelt; sie beziehen sich auf die Beratung in arbeits- und sozialrechtlichen Fragen, aber auch in Angelegenheiten der Personal- und Lohnpolitik. Die Grenzen zwischen Beratung und Information sind fließend. Die Informationsdienste der Arbeitgeberverbände mit Daten über wirtschaftliche, sozial- und lohnpolitische Entwicklungen sind zahlreich und werden vor allem von kleineren und mittleren Unternehmen genutzt. Zu den verbreiteten historischen Kampfmitteln der Unternehmerverbände gehörte ein spezieller Informationsdienst, der unter dem Namen »Schwarze Listen« in die Sozialgeschichte eingegangen ist; in ihnen fanden sich die Namen der gewerkschaftlichen Aktivisten, politisch Unbequemen, Aufwiegler, Agitatoren und Streikführer.

Historische Entwicklung der Arbeitgeberverbände

Zu Beginn dieses kurzen historischen Abrisses über Entstehung und Entwicklung der Arbeitgeberverbände sei in Erinnerung gerufen, daß erstens den Arbeitgeberverbänden andere und frühere Formen von Unternehmerzusammenschlüssen vorausgegangen sind, und, zweitens, daß Arbeitgeberverbände eine Reaktion auf die Bildung von Gewerkschaften darstellen. Letzteres bedarf einer weiteren Differenzierung: Unternehmer schlossen sich zu Arbeitgeberverbänden vor allem dann zusammen, wenn die organisierten Arbeiter in ihren Forderungen offensiver auftraten und zu ihrer Durchsetzung den Streik nicht scheuten. Die westeuropäische Sozialgeschichte ist reich an Beispielen der Entstehung von Arbeitgeberverbänden im Verlauf von größeren und ausgedehnten Arbeitskämpfen. Kessler hat einen »engen Zusammenhang zwischen der Gründung von Arbeitgeberverbänden und dem Auf und Ab der wirtschaftlichen Konjunktur« (1907, S. 37) festgestellt; und zwar konstatierte er eine deutliche Zunahme der Gründungen in Jahren der wirtschaftlichen Hochkonjunktur und einen deutlichen Rückgang in Depressionsjahren. Dieser Zusammenhang erklärt sich wiederum daraus, daß bei guter wirtschaftlicher Konjunktur die Unternehmergewinne steigen, die Position der Arbeiter auf dem Arbeitsmarkt sich verbessert und sie daher offensiver in ihren Forderungen auftreten und mit größeren Erfolgsaussichten streiken können.

Die Gründung und Entwicklung von Arbeitgeberverbänden erfolgte in einem typischen Dreischritt:

Die *erste* größere Gründungswelle von Arbeitgeberverbänden ist in den westeuropäischen Industrieländern auf das Ende der ersten Industrialisierungsphase zu datieren: in England um die Mitte des 19. Jahrhunderts, in Frankreich und Deutschland im letzten Viertel des 19. Jahrhunderts. Die Schwerpunkte der Gründungen von Arbeitgeberverbänden waren in dieser Zeit handwerkliche Industrien, insbesondere das Druck- und Baugewerbe. Die britische Textil- und Maschinenbauindustrie sowie die französische Seidenwarenindustrie bildeten gleichfalls frühe industrielle Schwerpunkte, wo Arbeitgeberverbände entstanden. Die Unternehmer der genannten Gewerbezweige wurden am frühesten mit der Herausforderung gewerkschaftlich organisierter Arbeiter konfrontiert. Nicht viel anders als auf gewerkschaftlicher Seite vollzog sich der Organisationsprozeß auf Arbeitgeberseite zunächst über lokale, dann regionale und später nationale Organisationen in den betreffenden Industrien. Gewerkschaften und Arbeitgeberverbände im Druckgewerbe zählen in vielen Ländern zu den ältesten Organisationen ihrer Art. Im Druckgewerbe war es auch, wo die Arbeitgeberverbände am frühesten geregelte und stabile Tarifvertragsbeziehungen mit den Gewerkschaften aufbauten; freilich gingen auch hier einer solchen »Institutionalisierung des Klassenkonflikts« häufig große und intensive Arbeitskämpfe voraus. Nicht sonderlich verschieden von der Druckindustrie gestaltete sich die Entwicklung in der Bauindustrie, ebenfalls ein Sektor, in dem schon früh starke Berufsgewerkschaften sich gebildet hatten. In diesen handwerklich geprägten Industrien war die soziale Distanz zwischen Beschäftigten und Beschäftigern nicht so groß wie in den später entstandenen Branchen des Metallgewerbes und der Schwerindustrie. Die geringe soziale Distanz, der hohe Lohnkostenanteil an den hergestellten Produkten und die relativ kleinen Betriebsgrößen förderten zwischen beiden Seiten ein kooperatives Klima und ließen ein gemeinsames Interesse an der Beschränkung des Konkurrenzkampfes entstehen. Tarifverträge, die allgemeine Lohnsätze und Arbeitsbedingungen für ein ganzes Gewerbe regelten, konnten als effektiver Ersatz für anders schwer zu bildende Kartelle genutzt werden.

Anders sah die Organisationsbildung der Arbeitgeber in der großen Industrie, vor allem im Metallbereich und in der Schwerindustrie, aus. Aufgrund der hohen Kapitalkonzentration und Kartellierung bestand für sie kein Bedarf an der Kartellfunktion des Tarifvertrags. In diesen Sektoren vollzog sich die Organisationsbildung der Arbeitgeber in einer *zweiten* Welle (etwa 1890-1910) in einem wesentlich konfliktreicheren Klima und unter weitaus gewerkschaftsfeindlicheren Vorzeichen. Als Hauptursache sind Umstrukturierungsprozesse in der Produktion und deren soziale Konsequenzen anzusehen. In jenen Jahrzehnten ging die kapitalintensive und hochkonzentrierte Schwerindustrie zur arbeitsteiligen Massenfertigung mit Hilfe großer Gruppen von an- und ungelernten Arbeitern über. Die dadurch in ihrem beruflichen Status gefährdeten Facharbeiter und die neuen »Massenarbeiter« dieser Industrien schlossen sich in neuartigen gewerkschaftlichen Organisationsformen, in Allgemeinen und Industriegewerkschaften, zusammen (vgl. Kap. 6). Da die neuen Massengewerkschaften stärker Klassen- als Berufsinteressen vertraten und zu einer militanteren Praxis als die alten Berufsverbände tendierten, verstärkten sich die Organisationsbemühungen der Unternehmer. In den großen westeuropäischen Industrieländern bildeten sich im letzten Jahrzehnt des 19. Jahrhunderts jene nationalen Organisationen schwer- und metallindustrieller Arbeitgeber heraus, die zu den mächtigsten und einflußreichsten Arbeitgeberverbänden ihres jeweiligen Landes werden sollten.

Unter ihrer maßgeblichen Beteiligung und Initiative entstanden dann - nach der Jahrhundertwende, gleichsam in einer *dritten* Phase - auch die großen zentralen Dachverbände der Arbeitgeber. Soweit deren Bildung nicht aus Anlaß großer Streikbewegungen (wie in Schweden und Deutschland) erfolgt war, entstanden sie spätestens im und nach dem Ersten Weltkrieg. Viele Sozialhistoriker sehen den Ersten Weltkrieg als einen Wendepunkt in der Entwicklung der Sozialbeziehungen zwischen Kapital und Arbeit einerseits und zwischen Staat und den beiden Arbeitsmarktparteien andererseits. In diesen Jahren des »nationalen Notstandes« suchte der Staat die Kooperation von Gewerkschaften und Arbeitgeberverbänden, um die vielfältigen wirtschaftlichen Planungs- und Steuerungsaufgaben bewältigen zu können. Sofern noch keine zentralen Organisationen auf der einen oder anderen Seite bestanden, erfolgte ihre Gründung gleichsam mit staatlicher Starthilfe. Strukturell gesehen, fand zu diesem Zeitpunkt die Organisierung der Arbeitgeber ihren vorläufigen Abschluß; die damals etablierte Organisationsstruktur blieb, in ihren Grundzügen, bis heute erhalten.

Nach den soeben skizzierten allgemeinen Entwicklungslinien läßt sich auch die Geschichte der deutschen Arbeitgeberorganisationen in drei historische Phasen unterscheiden:

1840-70 und 1871-73. Die gelegentlichen Gründungen von lokalen und regionalen Arbeitgeberverbänden in den Jahren 1840-70 und die zahlreicheren Koalitionsbildungen in den »Gründerjahren« 1871-73 waren nicht von Dauer. Allein der Deutsche Buchdruckerverein (gegründet 1869) hatte als erster nationaler Arbeitgeberverein dauerhaften Bestand.

1887-1904. Mit der Ende der achtziger Jahre einsetzenden Hochkonjunktur und der politischen Liberalisierung vor dem endgültigen Fall des Sozialistengesetzes vermehrten sich die Gewerkschaftsgründungen und erstarkte generell die Arbeiterbewegung; dies führte auf Arbeitgeberseite zu einer größeren Zahl dauerhafter Neugründungen. Von den 39 nationalen Arbeitgeberverbänden, die vor 1904 gegründet wurden, sind die meisten Interessenorganisationen solche kleingewerblicher und handwerklich geprägter Industriezweige (die bedeutendsten unter ihnen sicherlich die des Buchdrucks und des Baugewerbes); allein der Gesamtverband Deutscher Metallindustrieller (gegründet 1890) vertrat bereits Arbeitgeber der großen Industrie. Als weitere Besonderheit dieser zweiten Phase sind die »gemischten Lokalverbände« zu nennen, die in einem Ort oder einer Region Arbeitgeberverbände aus unterschiedlichen Industrien zusammenführte (der 1890 gegründete Arbeitgeberverband Hamburg-Altona war der erste dieser Art).

1904-1920. Der große Streik der Weber von Crimmitschau um den 10-Stunden-Tag veranlaßte die in zwei Wirtschaftsdachverbänden zusammengeschlossene Großindustrie zur systematischen Gründung von Arbeitgeberverbänden. Im Jahre 1904 entstanden, parallel zu den beiden industriellen Spitzenverbänden (Zentralverband Deutscher Industrieller; Bund der Industriellen), zwei zentrale Arbeitgeberverbände: die »Hauptstelle Deutscher Arbeitgeberverbände«, die zum überwiegenden Teil großindustrielle Arbeitgeberverbände zusammenfaßte, und der »Verein Deutscher Arbeitgeberverbände«, der Arbeitgeberverbände der weiterverarbeitenden Industrie und des Handwerks, unter Führung des Gesamtverbandes Deutscher Metallindustrieller, unter seinem Dach vereinigte. Im Jahre 1913 fusionierten beide Organisationen zur »Vereinigung der Deutschen Arbeitgeberverbände«; seitdem haben die deutschen Arbeitgeberverbände eine einheitliche Spitze. Nach dem Ersten Weltkrieg entstanden auch in anderen Bereichen als der Industrie, z.B. im Handel und der Landwirtschaft, Arbeitgeberverbände. 1920 bildete sich schließlich der »Arbeitgeberverband Deutscher Gemeinde- und Kommunalverbände«. Damit fand das System der Arbeitgeberorganisation, in den wesentlichen Grundzügen, seinen vorläufigen Abschluß.

Weiterführende Literatur

Gerhard Kessler, *Die deutschen Arbeitgeberverbände*, 1907.
(Materialreiche und anregende Arbeit über die Entstehungszusammenhänge der deutschen Arbeitgeberverbände, ihre ersten Organisationen und Zusammenschlüsse.)

Hans-Peter Ullmann, *Wirtschaftsverbände in Deutschland*, in: Zeitschrift für Unternehmensgeschichte, Jg. 35, 1990.
(Historischer Überblick der Entstehung und Entfaltung von Wirtschaftsverbänden im Verlauf ihrer über 150jährigen Geschichte.)

Edwin Buchholz, *Die Wirtschaftsverbände in der Wirtschaftsgesellschaft*, 1969.
(Theorie und Systematik der Wirtschaftsverbände, ihrer Organisationsstrukturen, Willensbildung und Selbsthilfeaufgaben.)

D. Sadowski/O. Jacobi (Hg.), *Employers' Association in Europe*, 1991.
(Beiträge zur Theorie und Empirie der Organisierung von Kapitalinteressen in Europa.)

Franz Traxler, *Gewerkschaften und Arbeitgeberverbände*, in: Müller-Jentsch (Hg.) 1993.
(Systematischer Vergleich der Probleme der Organisierung und Interessenvereinheitlichung beider Verbandstypen.)

Kapitel 10
Organisation und Politikfelder der Arbeitgeberverbände

Charakteristisch für die Verbandsbildung der Unternehmer in Deutschland ist eine dreigliedrige Organisierung:

1. Organisierung in *Arbeitgeberverbänden*, die die sozial- und tarifpolitischen Interessen der Unternehmer wahrnehmen. Die Dachorganisation der privatwirtschaftlichen Arbeitgeber ist die Bundesvereinigung der Deutschen Arbeitgeberverbände (BDA).
2. Organisierung in *Wirtschaftsverbänden*, die die wirtschaftspolitischen Interessen der verschiedenen Unternehmergruppen wahrnehmen. Hier ist der Bundesverband der Deutschen Industrie (BDI) die einflußreichste Dachorganisation.
3. Organisierung in *Industrie- und Handelskammern*, die öffentlich-rechtlichen Charakter mit Pflichtmitgliedschaft haben und die die gemeinsamen regionalen Interessen der gewerblichen Wirtschaft wahrnehmen. Zusammengefaßt sind die Kammern in der Dachorganisation Deutscher Industrie- und Handelstag (DIHT).

Nur mit geringfügigen Modifikationen wurden nach dem Vereinigungsprozeß diese Verbandsstrukturen auch auf die neuen Bundesländer übertragen. Im Gegensatz zu den Gewerkschaften konnten die westdeutschen Unternehmerverbände dabei an keinerlei Vorgänger-Organisationen anknüpfen. In der unmittelbaren Wendezeit entwickelten sich zwar einige »DDR-eigene Verbändeinitiativen«, die jedoch im rasanten Tempo des Einigungsprozesses »dem sich ausdehnenden westdeutschen Verbändesystem zum Opfer« fielen (Henneberger/Rosdücher 1995, S. 295). Mit dem Institutionentransfer von West- nach Ostdeutschland handelten sich allerdings die Arbeitgeberverbände erhebliche Legitimations- und Integrationsprobleme ein, die vor allem in der Privatwirtschaft hervortraten (dazu weiter unten).

Organisationsstrukturen und Organisationsgrad

Arbeitgeberverbände wie Wirtschaftsverbände weisen eine komplexe Organisationsstruktur auf, die sich teilweise aus den im voranstehenden Kapitel beschriebenen Organisationsproblemen der Kapitalseite erklären. Das Prinzip der separaten Organisierung kommt nicht nur in der verbandlichen Differenzierung nach spezifischen Interessen zum Ausdruck, sondern auch in der für Unternehmerorganisationen typischen Konstruktion des »Verbändeverbandes«. Eine Vielzahl partikularer (Elementar-)Verbände baut sich stufenweise über immer umfassendere (Spitzen- und Dach-)Verbände zu Verbänden 2. und 3. Ordnung auf. Während die Gewerkschaften über ein mehrstufiges Delegiertensystem zentralistisch aufgebaut sind und ihre unteren Organisationseinheiten von den oberen abhängig und weisungsgebunden sind, bilden die Unternehmerverbände - formal gesehen - eine Hierarchie unabhängiger Organisationen, die an die übergeordneten Verbände Kompetenzen delegieren.

Die Arbeitgeberverbände, mit denen wir uns im folgenden ausschließlich befassen werden, weil sie allein für die industriellen Beziehungen zuständig sind, haben sich zu einer Dachorganisation der privaten Arbeitgeberverbände (BDA) zusammengeschlossen, die nicht nur Arbeitgeberverbände der Industrie, sondern auch des Handwerks, der Landwirtschaft, des Handels, des privaten Bankgewerbes, des Verkehrsgewerbes, des Versicherungssektors und sonstiger Dienstleistungen umfaßt. Die BDA ist ein Verband 3. Grades, das heißt ihre Mitgliedsverbände sind ihrerseits bereits Spitzenverbände auf fachlicher und Vereinigungen von Arbeitgeberverbänden auf Landesebene. Als unmittelbare Mitglieder hat die BDA

- 47 *Fachspitzenverbände,* welche auf Bundesebene jeweils die regionalen Arbeitgeberverbände eines Wirtschaftszweiges zusammenfassen und
- 15 *überfachliche Landesverbände,* in denen alle Arbeitgeberorganisationen des jeweiligen Bundeslandes zusammengefaßt sind.

Überdies gehören der BDA drei Gastmitglieder an: die Arbeitgebervereinigung Stahl, die Vereinigung der Arbeitgeberverbände energie- und versorgungswirtschaftlicher Unternehmungen und die Sozialpolitische Arbeitsgemeinschaft Verkehr. Der Status der Gastmitgliedschaft ergibt sich bei den beiden letztgenannten Vereinigungen daraus, daß sie Unternehmungen repräsentierten, die nur teilweise privatisiert sind, während bei der Arbeitgebervereinigung Stahl die Regelungen der Montanmitbestimmung einer Vollmitgliedschaft im Wege stehen. Da in diesem Bereich die Arbeitsdirektoren (die nach dem Montanmitbestimmungsgesetz durch die Gewerkschaften bestellt werden) in den Tarifkommissionen des Arbeitgeberverbandes vertreten sind, sieht die BDA die »Gegnerfreiheit« des Verbandes nicht mehr gewährleistet. Im Gegensatz dazu sind die Arbeitgeberverbände des Bergbaus, in dem gleichfalls das Montanmitbestimmungsgesetz gilt, Mitglied der Bundesvereinigung, weil in diesem Wirtschaftszweig die Arbeitsdirektoren nicht in den Tarifkommissionen vertreten sind (zur Montanmitbestimmung und zu den Arbeitsdirektoren vgl. Kap. 16).

Die doppelte - fachliche und territoriale - Organisierung der Arbeitgeber läßt sich beispielhaft wie folgt verdeutlichen: Metallunternehmen A, B, C... in Hessen sind Mitglied des Hessischen Metallarbeitgeberverbandes (Fachverband), der seinerseits Mitglied sowohl des »Gesamtverbandes der Metallindustriellen Arbeitgeberverbände« (Fachspitzenverband) als auch der »Vereinigung der Hessischen Arbeitgeberverbände« (überfachlicher Landesverband) ist. Der Fachspitzenverband wie der überfachliche Landesverband, beides Verbände 2. Grades, sind wiederum Mitgliedsverbände der BDA. Mittelbar sind der BDA über ihre Mitgliedsverbände mehr als 500 Fach-Arbeitgeberverbände angeschlossen.

Die *öffentlichen* Arbeitgeber sind von den privatwirtschaftlichen getrennt organisiert; sie haben eigenständige Vereinigungen gebildet. Es sind dies

- für die Bundesregierung: das Bundesinnenministerium;
- für die Bundesländer: die Tarifgemeinschaft deutscher Länder;
- für die Gemeinden: die Vereinigung der kommunalen Arbeitgeberverbände.

Die Vereinigung der kommunalen Arbeitgeberverbände ist, wie die meisten privatwirtschaftlichen Arbeitgeberverbände, ein Verband von Verbänden; ihre Mitglieder sind Arbeitgeberverbände der Kommunen auf Landesebene.

Der *Organisationsgrad* der Arbeitgeberverbände läßt sich auf zwei verschiedene Weisen berechnen:

$$（I) \quad \frac{\text{Zahl der Mitgliedsunternehmen}}{\text{Zahl der Unternehmen im gesamten Organisationsbereich}} \times 100$$

$$(II) \quad \frac{\text{Beschäftigte in den Mitgliedsunternehmen}}{\text{Beschäftigte im gesamten Organisationsbereich}} \times 100$$

Der Organisationsgrad nach der ersten Formel hat nur begrenzte Aussagekraft. Denn setzt man einfach die Anzahl der faktischen zu den potentiellen Mitgliedsfirmen ins Verhältnis, dann zählt ein Kleinbetrieb ebensoviel wie ein Großunternehmen mit vielen Tausend Beschäftigten. Die Tatsache, daß Arbeitgeberverbände ungleiche Mitglieder organisieren, findet in der zweiten Formel Berücksichtigung. Sie trägt zugleich der Tatsache Rechnung, daß weniger die Zahl der organisierten Firmen, als die Zahl der von ihnen beschäftigten Arbeitnehmer, für die Tarifverträge abgeschlossen werden, das tarifpolitische Gewicht eines Arbeitgeberverbandes bestimmt.

Tabelle 5: Gesamtmetall: Mitgliedsfirmen und Organisationsgrad*

Jahr	Mitgliedsfirmen		Beschäftigte in den Mitgliedsfirmen	
	absolut	Organisations-grad I %	absolut	Organisations-grad II %
1960	9.626		2.755.264	
1965	9.935		3.040.108	
1970	9.594		3.264.598	73,3
1975	9.471		2.865.519	70,4
1980	9.108	57,5	2.950.325	72,7
1985	8.374	54,6	2.817.186	73,8
1990	8.173	46,4	2.936.637	69,4
91	8.168	45,2	2.920.487	68,2
92	8.081	44,0	2.738.722	65,7
93	7.752	42,8	2.458.665	64,2
94	7.458	43,1	2.305.423	64,9

* Bundesgebiet West
Quelle: Gesamtmetall

Im allgemeinen sind die Arbeitgeberverbände sehr zurückhaltend mit Daten über ihre Organisationsverhältnisse; gleichwohl gibt es Schätzungen von Experten und arbeitgebernahen Institutionen. Von den öffentlichen Arbeitgebern ist bekannt, daß sie fast zu 100 Prozent organisiert sind; nur einige Kommunen sind formell nicht Mitglied der Vereinigung kommunaler Arbeitgeberverbände. Eine Schätzung des Organisationsgrades der privaten Arbeitgeber, die sich hartnäckig in der Verbandsliteratur eingenistet hat, geht auf eine Quelle aus dem Jahr 1969 (Franke 1969) zurück; ihr zufolge liegt der Organisationsgrad für die Bereiche Industrie, Banken und Versicherungen bei etwa 80 Prozent der Unternehmen, in denen 90 Prozent der Beschäftigten arbeiten (zit. n. Müller 1980, S. 55). Nach einer jüngeren Schätzung der BDA für das Gebiet Bundesrepublik West arbeiten in den Mitgliedsunternehmen rund 80 Prozent aller Beschäftigten der Privatwirtschaft (Schnabel/Wagner 1996, S. 294). Daß auch diese Schätzung, wie die erstere, überhöht sein dürfte, läßt sich daraus schließen, daß für den größten Mitgliedsverband der BDA, Gesamtmetall, ein

Organisationsgrad von nur 65 Prozent der Beschäftigten in der westdeutschen Metallindustrie errechnet wurde (vgl. Tabelle 5).

Verglichen mit dem Organisationsgrad der Gewerkschaften erfreuen sich die Arbeitgeberverbände eines deutlichen Organisationsvorsprungs, der in Deutschland eine lange Tradition hat; bereits 1907 beschäftigten die Mitgliedsfirmen von Arbeitgeberverbänden über ein Drittel der in Handel und Industrie tätigen Arbeiter, während die Gewerkschaften nur wenig mehr als ein Fünftel von ihnen organisiert hatten (Groh 1973, S. 104).

Nach repräsentativen Daten für die verarbeitende Industrie Niedersachsens waren 1994 über die Hälfte der Betriebe mit insgesamt zwei Dritteln der Beschäftigten Mitglied eines Arbeitgeberverbands[1] (Schnabel/Wagner 1996, S. 299f.). Die Wahrscheinlichkeit der Mitgliedschaft steigt, dieser Erhebung zufolge, mit

- der Größe und dem Alter des Betriebs;
- dem branchenspezifischen Arbeitskampfrisiko;
- dem Anteil der gewerkschaftlich organisierten Arbeitnehmer.

Großunternehmen sind in der Regel Mitglied eines Arbeitgeberverbandes; die höhere Organisationsbereitschaft der Großunternehmen manifestiert sich auch in der statistischen Differenz zwischen dem (niedrigeren) Organisationsgrad der Unternehmen (Org.grad I) und dem (höheren) der von ihnen beschäftigten Arbeitnehmer (Org.grad II). Eine prominente Ausnahme von dieser Regel bildet die ehemals bundeseigene Volkswagen AG, die sich seit ihrer Privatisierung keinem Arbeitgeberverband angeschlossen hat.

Geringere Neigung zum Beitritt findet sich unter jüngeren und exportorientierten Betrieben. Im Osten Deutschlands ist die Organisationsneigung der Arbeitgeber deutlich niedriger als im Westen: Nach einer DIW-Umfrage von 1995 sind nur 26 Prozent der privaten Industrieunternehmen mit 61 Prozent der Beschäftigten Mitglied eines ostdeutschen Arbeitgeberverbands (DIW-Wochenbericht 27-28/1995, S. 484).

Generell verzeichnen seit den späten achtziger Jahren die Arbeitgeberverbände (wie auch die Gewerkschaften) einen Rückgang ihrer Mitgliederzahlen und ihres Organisationsgrades (vgl. beispielhaft für die Metallindustrie Tabelle 5). Der Rückgang resultiert zum einen aus den Austritten von Unternehmen, zum anderen aus Nichteintritten bei Unternehmensneugründungen.

---

1 Das »Hannoveraner Firmenpanel«, dem diese Angaben entstammen, erfaßt auch die Betriebe des größten niedersächsischen Arbeitgebers, der VW-Werke, welche keinem Arbeitgeberverband angehören, so daß für die gesamte verarbeitende Industrie des Bundesgebiets West eher mit höheren Organisationsgraden zu rechnen ist.

Austritte erfolgen typischerweise nach einer längeren Phase der Unzufriedenheit mit der Tarifpolitik des Verbandes (Langer 1994; Schroeder/Ruppert 1996a; 1996b, S. 41). Unter 161 untersuchten Austrittsfällen finden sich mehrheitlich mittlere Unternehmen (mit 100 bis 500 Beschäftigten) sowie Eigentümerunternehmen (Schroeder/Ruppert 1996b). Unternehmen mit über 1000 Beschäftigten haben bislang selten ihrem Verband den Rücken gekehrt (ebd., S. 13). Unter den Großen ist IBM noch ein spektakulärer Einzelfall geblieben: Nach der Ausgliederung mehrerer Tochterunternehmen mit Informations- und Servicefunktionen verblieb nur die IBM-Produktionsgesellschaft im metallindustriellen Arbeitgeberverband; für die anderen Unternehmen wurden - mit einer schwachen Gewerkschaft (DAG) - Haustarifverträge mit ungünstigeren Lohn- und Arbeitsbedingungen abgeschlossen. Inwieweit von dieser in der Öffentlichkeit stark diskutierten »Verbands- und Tarifflucht« von IBM Demonstrationseffekte für andere Arbeitgeber ausgingen, läßt sich schwer überprüfen. Unbeschadet dessen haben in den letzten Jahren eine Reihe mittelgroßer Unternehmen (mit 500 bis 1000 Beschäftigten), unter ihnen einige größere Verlagshäuser, ebenfalls die »Verbandsflucht« ergriffen, um der Bindung von Flächentarifverträgen zu entgehen.

Gravierender als die Austritte sind auf Dauer wahrscheinlich die *Nichteintritte* in Arbeitgeberverbände zu werten. Während in Westdeutschland von »Verbandsflucht« gesprochen wird, heißt das vergleichbare Phänomen in Ostdeutschland »Verbandsabstinenz« (vgl. Ettl/Heikenroth 1996). So verzichteten nach der Privatisierung viele ehemalige Treuhandbetriebe, aber auch zahlreiche neugegründete ostdeutsche Firmen (unter ihnen auch Neugründungen von westlichen Unternehmen mit traditionellen Verbandsbindungen) häufig auf die Mitgliedschaft in einem Arbeitgeberverband. Aber selbst die formale Mitgliedschaft in einem Arbeitgeberverband garantiert noch nicht, daß der jeweils gültige Tarifvertrag auch von allen Mitgliedsunternehmen eingehalten wird.

Öffentliche Kritik an der Tarifpolitik der Arbeitgeberverbände äußern seit einiger Zeit lautstark vor allem Vereinigungen mittelständischer Unternehmen (z.B. Arbeitsgemeinschaft Selbständiger Unternehmer, Bundesverband Junger Unternehmer). Sie plädieren für eine »gespaltene Mitgliedschaft« im Arbeitgeberverband, das heißt für die Wahlmöglichkeit zwischen einer Mitgliedschaft *mit* oder *ohne Tarifbindung*. In den Arbeitgeberverbänden wird diese Frage sehr kontrovers diskutiert, und bislang haben erst vereinzelte Arbeitgeberverbände ihre Satzung für eine assoziierte Mitgliedschaft ohne gleichzeitige Tarifbindung verändert. Im Osten Deutschlands bieten einige regionale Arbeitgeberverbände eine Art »Schnuppermitgliedschaft« ohne Tarifbindung für eine begrenzte Zeitdauer an.

Bei der Diskussion über Vor- und Nachteile der Mitgliedschaft in Arbeitgeberverbänden wird meist hervorgehoben, daß ein unorganisiertes Unternehmen frei darüber entscheiden könne, welche Lohn- und Arbeitsbedingungen es anwendet; vergessen wird dabei aber, daß ein einzelnes Unternehmen, auf sich allein gestellt, sehr angreifbar ist, wenn eine starke Gewerkschaft es mit Streik überzieht, um den Abschluß eines Firmentarifvertrags zu erzwingen. In der Regel werden Unternehmen, deren Belegschaften gewerkschaftlich gut organisiert sind, sich hüten, dem Arbeitgeberverband fernzubleiben.

Interne Willensbildung

Die formale Organisationsstruktur der Arbeitgeberverbände besteht in der Regel aus mindestens drei Organen:

- der Mitgliederversammlung,
- dem Vorstand,
- der Geschäftsführung.

Die *Mitgliederversammlung* als das repräsentative Organ setzt sich in Elementarverbänden aus Vertretern der Mitgliedsfirmen, in Verbänden höherer Ordnung aus Vertretern der Mitgliedsverbände zusammen. Das Stimmrecht ist in der Regel gewichtet nach dem Beitragsaufkommen oder der Lohn- und Gehaltssumme (des Mitgliedsunternehmens bzw. des Mitgliedsverbandes). Die Mitgliederversammlung tagt meist im jährlichen Turnus und ist zuständig für die Aufstellung und Genehmigung des Haushaltes, für die Festsetzung der Beiträge sowie die Entlastung des Vorstands und der Geschäftsführung. Der *Vorstand* ist das Leitungsorgan des Verbandes; er wird gewöhnlich von der Mitgliederversammlung gewählt; die Gewählten sind meist Inhaber oder Manager von Mitgliedsunternehmen; ihre Tätigkeit im Verband üben sie ehrenamtlich aus. Ist der Vorstand relativ groß, dann ist es üblich, daß ein engerer Vorstand - *Präsidium* (so bei der BDA und Gesamtmetall) - gebildet wird. Ist der Vorstand relativ klein, dann kann zwischen ihm und der Mitgliederversammlung die Satzung ein intermediäres Organ - z.B. *Mitgliederrat* (so beim Bundesarbeitgeberverband Chemie) - vorsehen (vgl. Übersicht 14). Die *Geschäftsführung* ist ausführendes Organ des Vorstands; sie wird hauptamtlichen Funktio-

Übersicht 14: Organisationsaufbau von Arbeitgeberverbänden (am Beispiel der Spitzenfachverbände in der Metall- und Chemieindustrie)

GESAMTVERBAND DER METALLINDUSTRIELLEN ARBEITGEBERVERBÄNDE (GESAMTMETALL)	BUNDESARBEITGEBERVERBAND CHEMIE
MITGLIEDERVERSAMMLUNG Zusammensetzung: Delegierte aus 15 Landesfachverbänden, gewichtet nach Beitragsaufkommen Tagungsturnus: jährlich Aufgaben: Aufstellung des Haushalts Festsetzung der Beiträge Entlastung des Vorstandes Satzungsänderungen	**MITGLIEDERVERSAMMLUNG** Zusammensetzung: Delegierte aus 13 Landesfachverbänden, gewichtet nach Lohn- und Gehaltssumme Tagungsturnus: jährlich Aufgaben: Genehmigung des Haushalts Festsetzung der Beiträge Entlastung des Vorstandes Satzungsänderungen
	MITGLIEDERRAT Verkleinerte Mitgliederversammlung, gewichtet nach Lohn- und Gehaltssumme wählt den Vorstand auf 2 Jahre
VORSTAND Zusammensetzung: Vorsitzende der 15 Mitgliedsverbände	**VORSTAND** Zusammensetzung: Vorsitzender, 2 Stellvertreter und 9 weitere Mitglieder
PRÄSIDIUM Engerer Vorstand: 5 Mitglieder (Präsident, Schatzmeister, 3 Vizepräsidenten)	
GESCHÄFTSFÜHRUNG Hauptgeschäftsführer und weitere Angestellte, durch Präsidium berufen	**GESCHÄFTSFÜHRUNG** Hauptgeschäftsführer und weitere Angestellte, durch Vorstand berufen
AUSSCHÜSSE u.a.: Volkswirtschaftlicher Ausschuß Berufsbildungsausschuß Ausschuß für betriebliche Leistungsentlohnung Ausschuß für Öffentlichkeitsarbeit	**AUSSCHÜSSE** u.a.: (tarifpolitischer) Koordinierungsrat Tarifkommission Ausschuß für Informations- und Öffentlichkeitsarbeit

nären, Verbandsangestellten, übertragen. Verbands- und Geschäftsführung werden von einer Reihe von Fachausschüssen unterstützt; unter ihnen sind die tarif- und sozialpolitischen Ausschüsse die wichtigsten. Die Bedeutung der Ausschüsse und der hauptamtlichen Geschäftsführung wächst mit den von ihnen zu erbringenden Koordinierungs- und Integrationsleistungen, das heißt mit der Komplexität und Heterogenität des Bundesverbands.

Übersicht 15: Zusammensetzung der Mitgliederversammlungen

BDA
Die Mitgliederversammlung besteht aus den Vertretern der beteiligten Organisationen (§ 1).
Jede Organisation hat mindestens 1 Vertreter (§ 2).
Übersteigt bei einem Mitglied (fachliche Organisation) die Zahl der bei seinen Betrieben beschäftigten Arbeiter und Angestellten 100.000, so ist für jede angefangenen weiteren 100.000 ein weiterer Vertreter zur Mitgliederversammlung zu bestellen (§ 3).

Gesamtmetall
Die Mitgliederversammlung besteht aus den Vertretern der Mitglieder des Verbandes (§ 12,1).
In die Mitgliederversammlung entsendet jedes Mitglied auf je angefangene 2% der Beitragssumme aller Mitglieder einen Vertreter, höchstens jedoch 12 Vertreter.
Jeder Vertreter hat eine Stimme (§ 12,2).

BAGV Chemie
Die Mitgliederversammlung besteht aus den Vertretern der Mitgliedsverbände (§ 8,1).
Je 100.000 DM der Berufsgenossenschaft gemeldeten Lohn- und Gehaltssumme berechtigen zur Abgabe einer Stimme. Jede angefangenen 100.000 DM werden voll gerechnet (§ 8,2).

Ihrem Charakter als Führungsverbände (im Gegensatz zu Massenverbänden[2]) entsprechend, ist in Arbeitgeberverbänden ein Abstimmungsmodus üblich, der statt des demokratischen Grundprinzips »eine Person – eine Stimme« eine Stimmendifferenzierung nach Betriebsgröße vorsieht; dies gilt vor allem für die Spitzenfachverbände, in deren repräsentativen Gremien die Stimmengewichtung nach Beitragsaufkommen bzw. Lohn- und Gehaltssumme üblich ist (vgl. Übersicht 15).

---

2 Diese Begriffe stammen von Friedrich Wieser (Das Gesetz der Macht, Wien 1926) und wurden von Buchholz (1969) zur Charakterisierung des Unternehmerverbandes als Führungsverband und der Gewerkschaft als Massenverband übernommen.

»Dank der großen Verbreitung dieser Methode und ihrer offenen Anerkennung in den Satzungen - insbesondere bei den Verbänden der höheren Stufenordnung - wird die ›Vormachtstellung der Großen‹ geradezu zu einem Prinzip aufgewertet, dessen begünstigende Wirkung auf eine Zentralisation der Willensbildung noch durch eine Reihe anderer Faktoren unterstützt wird.« (Buchholz 1969, S. 104) Relativierend ist dem hinzuzufügen, daß seit einiger Zeit die Mächtigen und Großen in den Verbänden sensibler auf die kleineren und mittelständischen Unternehmen reagieren; Ausdruck dessen ist auch die Tatsache, daß nun häufiger mittelständische Unternehmer mit dem Verbandsvorsitz betraut wurden.

Nicht nur der Abstimmungsmodus begünstigt die großen Unternehmen, sondern auch ihre personellen und finanziellen Ressourcen, die es ihnen erlauben, Experten für die (ehrenamtliche) Verbandsarbeit freizustellen. Die oligarchischen Eliten der Arbeitgeberverbände rekrutieren sich, im Gegensatz zu den gewerkschaftlichen, nicht primär aus hauptamtlichen Funktionären, sondern aus Repräsentanten der Unternehmensvorstände; allenfalls die angestellten Hauptgeschäftsführer sind diesen Eliten zuzurechnen.

Das Zusammenspiel von oligarchischer Führung und Dominanz der Großunternehmen in den Arbeitgeberverbänden ist von Sozialwissenschaftlern, die Forschungen auf diesem Gebiet betrieben haben, immer wieder bestätigt worden. Viele haben diesen Befund als Ausdruck einer »natürlichen« Affinität der Unternehmer zu autoritären Strukturen und als Übertragung des von ihnen vertretenen Führungsprinzips auf einen »Führungsverband« interpretiert. Ein *Insider*, langjähriger Geschäftsführer eines Unternehmerverbandes, resümiert: »Insgesamt läßt sich sagen, daß für eine konsequente formale Demokratisierung nach parlamentarischem Muster in den Industrieverbänden kein Bedürfnis und auch keine organisatorischen Voraussetzungen (...) bestehen.« (Huppert 1973, S. 62) Die relativ große Entscheidungsautonomie der Vorstände (einschließlich ihrer Geschäftsführungen) korrespondiert mit ihrer Scheu, Verbandsinterna der Öffentlichkeit ungefiltert zugänglich zu machen. Öffentlichkeit und Publizität suchen sie nur insoweit, als sie ihnen durch *Public Relations* beeinflußbar erscheinen.

Tätigkeitsfelder

Nimmt man die Satzungen der Arbeitgeberverbände als Auskunftsquelle für ihre Aufgaben und Zwecke, dann findet man in der Regel nur sehr allgemein gehaltene Formulierungen. In der Satzung der BDA heißt es lapidar: »Die Bundesvereinigung hat die Aufgabe, solche gemeinschaftlichen sozialpolitischen Belange zu wahren, die über den Bereich eines Landes oder den Bereich eines Wirtschaftszweiges hinausgehen und die von grundsätzlicher Bedeutung sind.« (§ 2 der Satzung vom 13.1.1990)

Auch die Fachspitzenverbände lassen sich nicht auf konkretere Zweckbestimmungen ihrer Organisationen ein (vgl. Übersicht 16). »Sozialpolitisch« ist die immer wiederkehrende Vokabel in jenen Satzungsparagraphen, die die

Übersicht 16: Aufgaben von Arbeitgeberverbänden

»Gesamtmetall«	Bundesarbeitgeberband Chemie
§ 2 Zweck	§ 2 Zweck
1. Der Verband hat den Zweck, alle sozialrechtlichen und sozialpolitischen Belange der Metall- und Elektroindustrie sowie verwandter Industrien zu wahren, die von grundsätzlicher Bedeutung sind. Der Verband hat ferner die Aufgabe, den sozialpolitischen und tarifpolitischen Erfahrungs- und Nachrichtenaustausch seiner Mitglieder zu fördern und ein einheitliches Vorgehen in allen Fragen von allgemeinem Interesse zu sichern. 2. Der Verband wird die gemeinsamen fachlichen Belange seiner Mitglieder insbesondere gegenüber den zentralen Behörden, den überfachlichen Zusammenschlüssen der Arbeitgeber, den Gewerkschaften und gegenüber sonstigen Organisationen vertreten. 3. Ein auf Gewinn gerichteter Geschäftsbetrieb ist ausgeschlossen. *(Satzung vom 14.12.1995)*	1. Zweck des Zusammenschlusses ist es, sozialpolitische und sozialrechtliche Fragen von grundsätzlicher oder übergeordneter Bedeutung gemeinsam zu erörtern, Stellung zu ihnen zu nehmen, ein einheitliches Vorgehen zu sichern und Beschlüsse nach außen hin zu bekunden und zu vertreten. 2. Der Bundesarbeitgeberverband Chemie ist berechtigt, Tarifverträge abzuschließen, jedoch nur mit Wirkung für diejenigen Mitgliedsverbände, die ihm dazu im Einzelfall eine besondere Vollmacht erteilt haben oder die dem Tarifvertrag nachträglich beitreten. 3. Die Mitgliederversammlung kann Grundsätze für die tarifpolitische Koordinierung festlegen. Ein solcher Beschluß bedarf der satzungsändernden Mehrheit; er kommt jedoch nicht zustande, wenn mindestens ein Drittel der Mitgliedsverbände dagegen stimmt. Die Koordinierungsgrundsätze sind Bestandteil der Satzung. 4. Ein auf Gewinn gerichteter Geschäftsbetrieb ist ausgeschlossen. *(Satzung vom 13.05.1991)*

Zwecke festlegen. Werden Tarifpolitik und Arbeitsrecht nicht ausdrücklich genannt, sind sie, dem Verständnis der Arbeitgeberverbände nach, Bestandteile der »sozialpolitischen Belange«. Geschäftsberichte, sofern sie erstellt und der Öffentlichkeit zugänglich gemacht werden, geben mehr Auskunft über die Tätigkeit der Arbeitgeberverbände als die Satzung. Beispielsweise nennt der Geschäftsbericht von »Gesamtmetall« für den Zeitraum 1993-1995 folgende Tätigkeitsfelder:

- Tarifpolitik,
- Presse- und Öffentlichkeitsarbeit,
- Technik und Arbeit,
- Gesetzgebung und Rechtsanwendung,
- Berufsbildung,
- internationale Sozialpolitik.

Über die internen Dienste, die Serviceleistungen für die Mitgliedsverbände und Mitgliedsfirmen ist in dem gleichen Geschäftsbericht wiederum weniger zu finden. Diese Zurückhaltung scheint, unserem bereits zitierten *Insider* zufolge, übliche Praxis zu sein: »Noch weniger als über die nach außen gerichteten Aktivitäten wird über die *internen* Verbandsarbeiten berichtet, obwohl sie gewöhnlich viel größeren Aufwand erfordern.« (Huppert 1973, S. 37)

Die *Tarifpolitik* stellt das wichtigste Tätigkeitsfeld von Arbeitgeberverbänden dar; die übrigen Aufgaben stehen in direktem oder indirektem Bezug zu diesem Kernbereich. In der metallverarbeitenden und der chemischen Industrie sind die Trägerorganisationen der Tarifautonomie auf Arbeitgeberseite die Landesfachverbände; nur mit deren Mitwirkung oder in deren Auftrag kann der jeweilige Bundesverband Tarifverhandlungen mit den Gewerkschaften führen. Gleichwohl sind die genannten Fachspitzenverbände seit Jahren äußerst aktive Koordinationszentren der Tarifpolitik in ihren jeweiligen Wirtschaftszweigen. Diese Diskrepanz zwischen Satzungsbestimmung und tarifpolitischer Praxis findet sich auch im Verhältnis zwischen Dachverband (BDA) und den Fachspitzenverbänden. Die Satzung der BDA schreibt vor:

»Die Selbständigkeit der Mitglieder darf auf tarifpolitischem Gebiet nicht durch Maßnahmen der Bundesvereinigung und ihrer Organe eingeschränkt werden. Empfehlungen auf diesem Gebiet sind jedoch zulässig, sofern sie vom Vorstand der Bundesvereinigung einstimmig beschlossen werden.« (§ 3 der Satzung vom 13.10.1990)

Aus den harmlosen »Empfehlungen« sind in der tarifpolitischen Praxis zeitweilig Vorschriften geworden. Seit Mitte der fünfziger Jahre hat die BDA das Netz ihrer tarifpolitischen Koordination enger und enger gezogen. Anstöße dazu gingen von großen gewerkschaftlichen Streiks, Durchbruchsaktionen und präjudizierenden Tarifvereinbarungen aus. Bereits Mitte der sechziger Jahre stellte sie einen »Katalog der zu koordinierenden lohn- und tarifpolitischen Fragen« (durch die Medien als »*Tabu-Katalog*« bekannt geworden) zusammen. Er enthält tarifpolitische Grundsätze, die vom Lohn- und Tarifpolitischen Ausschuß (LTA) erstmals 1965 zusammengefaßt und in späteren Jahren ergänzt und modifiziert wurden. Der »Tabu-Katalog« gliedert sich in drei Teile, die nicht nach Regelungsgegenständen, sondern nach den für die Koordinierung zuständigen Gremien der BDA gegliedert sind. Im ersten Teil werden tarifpolitische Gegenstände aufgeführt, die der Koordination im *LTA* unterliegen, um »negative Präjudizierungen« zu vermeiden. Im zweiten Teil werden Regelungsgegenstände aufgeführt, die für die Tarifgestaltung von so wesentlicher Bedeutung sind, daß abweichende Regelungen »die vorherige Konsultation des *Präsidiums*« der BDA voraussetzen. Im dritten Teil schließlich werden jene »Grundsatzfragen« zusammengefaßt, die »für die Tarifpolitik ein besonders entscheidendes Gewicht haben«, von denen nur nach vorhergehender Konsultation des *Vorstands* der BDA abgewichen werden darf. Die referierte Staffelung bringt deutlich zum Ausdruck: je wichtiger ein Regelungsgegenstand von der BDA angesehen wird, desto höher ist das Gremium, das über abweichende Regelungen zu befinden hat.

Die jährlichen Geschäftsberichte der BDA enthalten relativ ausführliche Darstellungen über die »tarifpolitische Koordinierung«, die in der Regel über den »Präsidialarbeitskreis Tarifpolitik« unter der Leitung des Präsidenten und über den Lohn- und Tarifpolitischen Ausschuß läuft. Wie der Berichterstattung über die entsprechenden Aktivitäten unschwer zu entnehmen, sind diese wohl kaum noch unter dem arglosen Rubrum »Empfehlungen« zu fassen. Beispielsweise berichtete die BDA, anläßlich ihrer Vorbereitung auf die »Tarifauseinandersetzungen über die Arbeitszeitfrage«, über »Bemühungen um eine möglichst lückenlose Koordinierung der arbeitgeberischen Tarifpolitik auf allen Ebenen« (BDA-Geschäftsbericht 1983, S. 41). Den Vorwurf einer »Knebelung der Mitgliedsverbände« erhoben die Gewerkschaften nach einer erfolgreichen Intervention der BDA in der Brauindustrie 1978. Nachdem dort ein Tarifvertrag abgeschlossen worden war, dessen Vereinbarungen (in bezug auf Urlaub und Mitbestimmung) den Grundsätzen der höchsten Koordinierungsstufe zuwiderliefen, wurde auf Druck der BDA der bereits rechtswirksame Tarifvertrag durch die Arbeitgeberseite wieder rückgängig gemacht (Gleixner 1980, S. 99f.).

Auch die Praxis der Allgemeinverbindlichkeitserklärung von Tarifverträgen koordiniert die BDA nach besonderen Grundsätzen. Das Tarifvertragsgesetz sieht die Möglichkeit vor, daß der Bundesarbeitsminister, auf Antrag einer

Tarifpartei und im Einvernehmen mit dem aus Vertretern der Spitzenorganisationen von Arbeitgebern und Gewerkschaften gebildeten Tarifausschuß, einen Tarifvertrag für allgemeinverbindlich erklären kann. Voraussetzungen sind, daß die tarifgebundenen Arbeitgeber mindestens 50 Prozent der unter den Tarifvertrag fallenden Arbeitnehmer beschäftigen und die Allgemeinverbindlichkeitserklärung einem »öffentlichen Interesse« entspricht. In seinen »Grundsätzen« definiert die BDA das »öffentliche Interesse« restriktiv.

Die in den Grundsätzen zunächst allgemein gehaltene Fomulierung, ein »öffentliches Interesse« sei dann gegeben, »wenn es gilt, nachgewiesene Lohn- und Arbeitsbedingungen der Außenseiter zu beseitigen«, hat der LTA in Form einer »Interpretationshilfe« für die Beisitzer in den Tarifausschüssen der neuen Bundesländer dahingehend verschärft, daß es dabei entscheidend sei, »ob von den Antragstellern glaubhaft gemacht werden kann, daß eine beträchtliche Zahl von bei Außenseitern tätigen Arbeitnehmern mit erheblich unter den jeweils geltenden Tarifsätzen liegenden Entgelten beschäftigt ist« (BDA-Jahresbericht 1994, S. 68).

Gemäß dem Grundsatz, daß ein öffentliches Interesse nicht schon deswegen gegeben sei, weil beide Tarifparteien die Allgemeinverbindlichkeitserklärung gemeinsam beantragen (ebd.), scheute die BDA auch nicht vor handfesten Konflikten mit ihr angeschlossenen Arbeitgeberverbänden zurück. So stimmten ihre Vertreter im Tarifausschuß 1996 gegen einen Antrag, den die Bauarbeitgeberverbände, gemeinsam mit der IG BAU, auf Allgemeinverbindlichkeitserklärung eines Tarifvertrages über Mindestlöhne gestellt hatten.

In den Fachspitzenverbänden gehört die tarifpolitische Koordination ebenfalls zu den wichtigsten Aufgaben der Verbandsführung. Eine ältere Analyse des tarifpolitischen Willensbildungs- und Koordinierungsprozesses in den metallindustriellen Arbeitgeberverbänden kam zu dem Schluß, daß bei Verhandlungen, die den gesamten Industriezweig betreffen, die Entscheidungen über tarifpolitische Konzeptionen, Strategien und Abschlüsse in den Händen von 50 Personen liegen, die ihrerseits Inhaber von Führungspositionen bei »Gesamtmetall« und zugleich Vertreter der Großindustrie sind (Noé 1970, S. 198ff.). Davon kann heute schwerlich noch die Rede sein. Die in »Gesamtmetall« vereinigten Arbeitgeberverbände der Metall- und Elektroindustrie bieten der Öffentlichkeit ein Bild der Zerstrittenheit und Konzeptionslosigkeit. Wie ein Kenner der Materie im »Handelsblatt« (vom 12./13.7.1996, S. 5) berichtete, bemühten sich Verbandsvertreter seit 25 Jahren vergeblich, den tarifpolitischen Prozeß zu zentralisieren, um der IG Metall die Möglichkeit zu nehmen, regionale Gegebenheiten für einen günstigen Pilotabschluß auszunutzen.

Eine reibungslosere Koordinierung der tarifpolitischen Aktivitäten seiner Mitgliedsverbände gelingt offenbar dem Bundesarbeitgeberverband Chemie. Nach seinen »Grundsätzen für die tarifpolitische Koordinierung«, die Bestandteil der Satzung sind, entsendet jeder Landesverband einen Vertreter (mit gewichtetem Stimmrecht) in den Koordinierungsrat, der mit Zweidrittel-Mehrheit die jeweiligen Richtlinien für die Tarifverhandlungen beschließt. Welche Bedeutung dem Koordinierungsrat beigemessen wird, geht aus der Tatsache hervor, daß der Verbandspräsident selbst den Vorsitz übernimmt. Die Mitgliedsverbände sind gehalten, alle relevanten Termine und Informationen über Tarifverhandlungen dem Bundesvorstand anzuzeigen und diesem die Gelegenheit zu geben, beratend teilzunehmen und »dabei auf die Einhaltung der (...) festgelegten Richtlinien hinzuweisen«.

Nach der Tarifpolitik gehört die *Öffentlichkeitsarbeit* zu den wichtigsten Aufgabengebieten der Arbeitgeberverbände. Hierüber berichten auch die Geschäftsberichte relativ ausführlich. Aus ihnen ist zu ersehen, daß die Arbeitgeberverbände mit einer Vielzahl publizistischer Mittel und einer nach Adressatengruppen tiefgestaffelten Informationspolitik die öffentliche Meinung in ihrem Sinne zu beeinflussen versuchen. Es findet zwischen dem Dachverband, der BDA, und ihren Mitgliedern, den Fachverbänden, in der Öffentlichkeitsarbeit eine Aufgabendifferenzierung insofern statt, als die BDA, als allgemeiner Repräsentant der Arbeitgeber, vornehmlich in Grundsatzfragen der Tarif-, Sozial- und Wirtschaftspolitik sowie des Arbeitsrechts den Arbeitgeberstandpunkt erarbeitet und publik macht, während die Öffentlichkeitsarbeit der Fachverbände stärker auf die konkrete und aktuelle Tarifpolitik Bezug nimmt.

Die wichtigsten Medien der Öffentlichkeitsarbeit von Arbeitgeberverbänden sind:

– Publikationen, wie Monographien, Verbandszeitschriften (z.B. »der arbeitgeber«), Broschüren, Unterrichts- und Argumentationshilfen, deren Adressaten zuvörderst die betrieblichen Führungskräfte und die sogenannten »Meinungsbildner« (Schulen, Kirchen, Parteien etc.) sind;
– Informationsdienste (z .B. »Pressedienst Arbeitgeber«), Pressekonferenzen und Pressegespräche, deren Adressaten Redakteure und Journalisten, vornehmlich Wirtschaftsjournalisten, von Presse, Funk und Fernsehen sind;
– Flugblätter und Anzeigen, mit denen »großangelegte Aufklärungsaktionen« zur Beeinflussung der öffentlichen Meinung gestartet werden.

Das 1951 gemeinsam von der BDA und dem BDI gegründete Deutsche Industrieinstitut, 1973 umbenannt in »Institut der deutschen Wirtschaft« (IW), kann als die »politisch-ideologische Leitstelle« (Simon 1976, S. 139) arbeitgeberischer Öffentlichkeitsarbeit angesehen werden. Ihm angeschlossen ist der Deutsche Instituts-Verlag, der die Periodika und Buchveröffentlichungen des

IW vertreibt. Das IW allein beschäftigt über 100 hauptamtliche Mitarbeiter, davon etwa die Hälfte wissenschaftlich und publizistisch ausgebildete Fachkräfte, die neben wissenschaftlichen Untersuchungen Informationen und Meinungen zu jenen Fragen produzieren, die für die Arbeitgeber von allgemeiner Bedeutung sind. Die für Presse- und Öffentlichkeitsarbeit zuständigen Ressorts und Ausschüsse der BDA und der Fachspitzenverbände arbeiten eng mit dem IW zusammen; sei es, daß sie gemeinsam Broschüren und Informationsdienste erstellen, sei es, daß sie die vom IW veröffentlichten Untersuchungen als »argumentativen Flankenschutz« benötigen.

Ein weiteres wichtiges Aufgabengebiet der Arbeitgeberverbände ist das *Arbeits- und Sozialrecht*. Wie bei der Tarifpolitik verschränken sich auch hier externe und interne Aufgaben. Zu den externen gehören vornehmlich die Beobachtung und Kommentierung der Rechtsentwicklung sowie die Erhebung von Verbandsklagen (gegen Mitbestimmung, Warnstreiks und dergl.), aber auch die »Kontaktpflege« zur etablierten Arbeitsrechtswissenschaft, nicht zuletzt durch Vergabe lukrativer Rechtsgutachten an renommierte Juristen. Zu den internen Aufgaben zählen die mannigfachen Informations- und Beratungshilfen für Mitglieder, vor allem in Fragen des Betriebsverfassungsrechts, und ihre juristische Unterstützung bei Rechtsstreitigkeiten. Ein differenziertes System von Ausschüssen, Arbeits- und Gesprächskreisen in der BDA und den Fachverbänden garantiert in diesem für die Arbeitgeber hochsensiblen Bereich die notwendige Transparenz und erforderliche Koordination.

Weitere Tätigkeitsfelder der Arbeitgeberverbände sind die *Sozialpolitik*, die *Arbeitsmarktpolitik* und die *Berufsbildung*. Für den sozialpolitischen Aufgabenkreis ist in der Regel die BDA zuständig. Ihre Gremien und Ausschüsse verfassen bei anstehenden Gesetzesvorhaben die arbeitgeberischen Stellungnahmen und Denkschriften, welche den dafür zuständigen staatlichen Bürokratien übermittelt werden. Des weiteren erarbeiten sie die Grundlagen für die Tätigkeit der Arbeitgebervertreter in den Selbstverwaltungsorganen der Sozialversicherung und der Arbeitsverwaltung. Zuständig für Arbeitsmarktpolitik und Berufsbildung ist gleichfalls die BDA, zumindest wenn es sich um allgemeine Stellungnahmen und Strategien - sei's zur Arbeitslosigkeit, sei's zur Ausländerbeschäftigung - handelt. Wo es indessen um die Erarbeitung neuer Berufsbilder (wie zuletzt in der Metallindustrie) geht, sind die jeweiligen Fachverbände zuständig.

Die vorstehende Aufzählung der Aufgabenbereiche von Arbeitgeberverbänden kann nicht den Anspruch der Vollständigkeit erheben. Neben den internen Dienstleistungen, die nur am Rande Erwähnung fanden, fehlt vor allem eine Darstellung des im politischen Umfeld praktizierten *Lobbyismus*, über den sich die Geschäftsberichte aus naheliegenden Gründen ausschweigen;

denn die Aktivitäten zur Beeinflussung von Ministern, Ministerialbeamten, Parlamentariern etc. bewegen sich häufig in einer »Grauzone«, die sich für den investigativen Journalismus als ein dankbares Terrain erwiesen hat.

Ideologie und Programmatik

Im Gegensatz zu den Gewerkschaften sind die Arbeitgeberverbände keine soziale Bewegung. Wenn sie eine Veränderung des Status quo wollen, dann handelt es sich vornehmlich um den Abbau von Sozialabgaben und kollektiven Schutzvorkehrungen zugunsten individueller Vorsorge und unternehmerischer Entscheidung. Ihr gesellschaftlicher Konservatismus gibt sich im Semantischen betont progressiv. In den programmatischen Äußerungen von Arbeitgeberverbänden werden Begriffe wie Eigenverantwortung, Initiative, Leistung, Fortschritt positiv aufgeladen und als die wichtigsten Attribute des Unternehmers in der »freiheitlichen Marktwirtschaft« herausgestellt. Die freie Wirtschaft wird zum Garanten der freiheitlichen Demokratie erklärt, die bedroht werde durch »Kollektivismus«, »staatlichen Dirigismus«, »arbeitsrechtliche Überregulierung« und »leistungsfeindliches Besitzstandsdenken«.

Der gewerkschaftlichen Forderung nach Ausdehnung der Mitbestimmung sind die Unternehmer mit dem Kampfbegriff vom »Gewerkschaftsstaat« entgegengetreten. Wo die Gewerkschaften die Parität fordern, sehen sie eine »Übermacht der Gewerkschaften«. Gegen den Gesetzesentwurf der Bundesregierung zur Mitbestimmung im Unternehmen erhob die BDA in ihrer Programmschrift »Fortschritt aus Idee und Leistung« (1975) die folgenden Einwände:

»Die in diesem Gesetzesentwurf vorgesehene *paritätische* Mitbestimmung gefährdet die Funktionsfähigkeit der Unternehmen in einer *marktwirtschaftlichen* Ordnung und die in ihm vorgesehene *gewerkschaftliche* Mitbestimmung die Pluralität der gesellschaftlichen Gruppen in einer *freiheitlichen* Ordnung. (...) Diese Unvereinbarkeit einer paritätischen Mitbestimmung mit der verfassungsrechtlich gewährleisteten Tarifautonomie sowie die über eine zulässige Sozialbindung des Eigentums hinausgehende Verletzung der Eigentumsgarantie des Grundgesetzes ragen wegen ihrer verfassungsrechtlichen Unabweisbarkeit aus der Vielzahl aller weiteren wirtschafts-, ordnungs- und staatspolitischen Einwände gegen eine paritätische gewerkschaftliche Mitbestimmung hinaus.« (S. 39)

Nach Verabschiedung des Mitbestimmungsgesetzes 1976 legten ein Jahr später 29 Arbeitgeberverbände Verfassungsbeschwerde mit der Begründung ein, daß die paritätische Mitbestimmung im Aufsichtsrat mit dem »nur leichten

Übergewicht der Kapitalseite« der Eigentumsgarantie des Artikel 14 des Grundgesetzes widerspreche. Unter Hinweis auf die Letztentscheidung der Anteilseignerseite und die ihr verbliebene Kontrolle über Investitionsentscheidungen wies das Bundesverfassungsgericht 1979 die Klage zurück.

Seit Ende der achtziger Jahre sind die Arbeitgeberverbände ideologisch in die Offensive gegangen. Ihre Kritik am »überbordenden Sozialsystem« und an kollektivvertraglicher Regelungsdichte erhält durch die im Zuge der Globalisierung der Wirtschaftsbeziehungen verschärfte Standortkonkurrenz eine erhöhte Brisanz. Mit einer neuen Denkschrift, »Der Sozialstaat vor dem Umbau« (1994), drängt die BDA auf eine grundlegende Reform der sozialen Sicherungssysteme. Die Denkschrift ist Bestandteil der generellen arbeitgeberischen Offensive für Privatisierung öffentlichen Eigentums und »Deregulierung«, das heißt Ersetzung gesetzlicher und kollektivvertraglicher Regelungen zugunsten marktlicher Steuerung und einzelvertraglicher Vereinbarungen.

Weiterführende Literatur

Gerhard Erdmann, *Die deutschen Arbeitgeberverbände im sozialgeschichtlichen Wandel der Zeit*, 1966.
(Darstellung aus der Sicht eines langjährigen Geschäftsführers der BDA.)

Walter Simon, *Macht und Herrschaft der Unternehmerverbände*, 1976.
(Kritische Untersuchung der politischen und ökonomischen Macht der Dachorganisationen der Unternehmer in der Bundesrepublik.)

Volker Berghahn, *Unternehmer und Politik in der Bundesrepublik*, 1985.
(Zeitgeschichtliche Darstellung der wirtschafts- und sozialpolitischen Positionen und Beziehungen der westdeutschen Unternehmerschaft und ihrer Verbände.)

C. Schnabel/J. Wagner, *Ausmaß und Bestimmungsgründe der Mitgliedschaft in Arbeitgeberverbänden*, in: Industrielle Beziehungen, Jg. 3, 1996.
(Empirische Untersuchung auf der Basis neuerer und repräsentativer Daten.)

W. Schroeder/B. Ruppert, *Austritte aus Arbeitgeberverbänden*, in: WSI-Mitteilungen, Jg. 49, 1996.
(Empirische Analyse von 161 Austrittsfällen in der Metall- und Elektroindustrie.)

W. Ettl/A. Heikenroth, *Strukturwandel, Verbandsabstinenz, Tarifflucht: Zur Lage der Unternehmen und Arbeitgeberverbände im ostdeutschen verarbeitenden Gewerbe*, in: Industrielle Beziehungen, Jg. 3, 1996.
(Empirische Daten und analytische Befunde zur Verbandsabstinenz und Tarifflucht der Arbeitgeber in Ostdeutschland.)

IV. Tarifvertragsbeziehungen zwischen Kooperation und Konflikt

Wir haben in den vorhergehenden Teilen die Parteien und Protagonisten von Arbeit und Kapital vorgestellt, ihre internen Strukturen und Willensbildungsprozesse, ihre Aufgaben und Ziele analysiert. Jetzt wollen wir uns ihren Konflikt- und Austauschbeziehungen zuwenden. Sie finden typischerweise auf zwei Ebenen statt: 1. auf der sektoralen des Industrie- oder Wirtschaftszweiges und 2. auf der betrieblichen Ebene. Es gibt Länder, in denen Tarifverträge auf beiden Ebenen abgeschlossen werden. In der Bundesrepublik finden wir ein *duales System* vor, das Tarifvertragsbeziehungen auf sektoraler Ebene und Arbeitsbeziehungen auf betrieblicher Ebene kennt. Diese Dualität der industriellen Beziehungen manifestiert sich - rechtlich-institutionell - im System der *Tarifautomie* einerseits und dem der *Betriebsverfassung* andererseits. Die Rahmenbedingungen und Regulierungsprinzipien beider Systeme sind, auf jeweils unterschiedliche Weise, durch Rechtsnormen festgelegt.

Nach einem einleitenden Kapitel (11) über das duale System und seine charakteristischen Strukturmerkmale widmen sich die weiteren Kapitel dieses Teils der Darstellung und Analyse der Tarifvertragsbeziehungen; der folgende wird sich mit den betrieblichen Arbeitsbeziehungen befassen. In einem theoretisch orientierten Kapitel werden zunächst Wesen und Funktionen der Tarifautonomie erörtert sowie ihre Regelungsstufen und deren rechtliche Normierung dargelegt (12). Dem folgt ein Kapitel über qualitative und quantitative Aspekte des Arbeitskampfes und seine Bedeutung für die Konfliktlösung tarifpolitischer Streitfragen (13). Den Abschluß bildet eine systematische Darstellung der Formen und Inhalte von Tarifverträgen, den »Waffenstillstandsabkommen« zwischen Kapital und Arbeit (14).

Kapitel 11
Duales System der Interessenrepräsentation

Das System der industriellen Beziehungen, das sich in den vergangenen Jahrzehnten in Deutschland herausgebildet hat, wird auf internationalen Kongressen und in einflußreichen Publikationen seit einiger Zeit als »deutsches Modell« gehandelt; und zwar als ein Modell, das - nicht anders als das japanische oder vormals das schwedische bzw. (für die radikale Linke) das italienische Modell - anderen Ländern als Leit- und Vorbild dienen könnte.

Wäre in den fünfziger und frühen sechziger Jahren schon von einem deutschen Modell die Rede gewesen, dann hätte man sicherlich das System der Mitbestimmung gemeint. Sie zog damals die größte Aufmerksamkeit der Sozialwissenschaften auf sich. Die großen Untersuchungen (vgl. die Überblicke in Diefenbacher 1983 und in Funder 1995) jener Jahre konzentrierten sich fast ausschließlich auf die Institution der Mitbestimmung in Unternehmen der Montanindustrie, das heißt auf die qualifizierte Mitbestimmung im Aufsichtsrat und auf die Position des Arbeitsdirektors als eines von der Arbeitnehmerseite vorgeschlagenen und gleichberechtigten Mitglieds im Unternehmensvorstand. Die Mitbestimmung des Betriebsrats nach dem Betriebsverfassungsgesetz fand in diesen Untersuchungen nur ein nachgeordnetes Interesse.

Erst mit der Ende der sechziger Jahre einsetzenden Renaissance der deutschen Industriesoziologie weiteten sich die Forschungsgegenstände aus. Neben zahlreichen Untersuchungen zum Themenkomplex »Humanisierung der Arbeit« entwickelte sich eine eigenständige Forschung über Gewerkschaften und Tarifpolitik sowie über Betriebsräte und betriebliche Rationalisierungsprozesse. Im Rahmen der langjährigen und umfangreichen Gewerkschaftsforschung am Frankfurter Institut für Sozialforschung wurde auch der Begriff »duales System der Interessenvertretung« geprägt.[1] Seither wird das »deutsche

---

[1] Erste Explikationen dieses Begriffes finden sich bei Erd (1978) für die Verrechtlichungsthese, bei Müller-Jentsch (1979) für die Konfliktverarbeitung und bei Teschner (1977) für die Lohnpolitik. Die drei Autoren waren als wissenschaftliche Mitarbeiter an der Frankfurter Gewerkschaftsforschung beteiligt. Kritische Anmerkungen zum Dualismusbegriff bei Streeck (1979), der ihm die Metapher der »widersprüchlichen Einheit« (1979, S. 217) vorzog.

Modell« mit der Dualität von gewerkschaftlicher und betrieblicher Interessenvertretung bzw. von Tarifautonomie und Betriebsverfassung gleichgesetzt.
Aufgrund der nunmehr wesentlich breiteren Materialbasis liegt den Aussagen über das »deutsche Modell« heute ein völlig anderes Referenzmodell zugrunde als früheren Urteilen und Einschätzungen. Seine spezifischen Strukturen und charakteristischen Merkmale lassen sich in fünf Stichpunkten zusammenfassen.

(1) Dualität

Am auffälligsten ist die bereits erwähnte duale Struktur von Tarifautonomie und Betriebsverfassung, die zwar bis in die Weimarer Republik zurückreicht, aber erst unter den politischen und ökonomischen Bedingungen der Bonner Republik ihre regulativen Potentiale entfalten konnte. Sie ermöglicht eine funktionale Differenzierung der Austragung und Verarbeitung von Interessenkonflikten in zwei - nach Interessen, Akteuren und Durchsetzungsformen - voneinander getrennten *Arenen* (zum Arenen-Konzept vgl. Kap. 4).

In der Arena *Tarifautonomie* verhandeln und vereinbaren die kollektiven Akteure Gewerkschaft und Arbeitgeberverband vorwiegend, wenn auch nicht ausschließlich, die »Verkaufsbedingungen« der Arbeitskraft (wie Lohnsätze, Arbeitszeiten, Rahmenregelungen der Beschäftigungsverhältnisse) - notfalls unter dem legitimen Rückgriff auf Mittel des Arbeitskampfes. In der Arena *Betriebsverfassung* regeln die Akteure Betriebsrat und Management die konkreten »Anwendungsbedingungen« der Arbeitskraft, allerdings unter Ausschluß offener Kampfmaßnahmen.

Dieser Differenzierung zwischen a) Konfliktgegenständen, b) prozeduralen Modalitäten und c) Akteuren verdankt sich die »Kleinarbeitung« der Interessenkonflikte zwischen Kapital und Arbeit. Die Wahrnehmung partikularer und aus der betrieblichen Arbeitskraftnutzung resultierender »qualitativer« Interessen durch den Betriebsrat entlastet die gewerkschaftliche Interessenvertretung, die sich auf »quantitative«, das heißt aggregierbare Interessen konzentrieren kann, und die ihrerseits, durch ihre Zuständigkeit für die Lohnproblematik, die betriebliche Interessenvertretung von der Regelung einer der konfliktträchtigsten Materien befreit. Diese wechselseitige Entlastung erlaubt die Koexistenz von Konflikt in der einen und Konsens in der anderen Arena, weil sie der Kumulation von Konflikten entgegenwirkt.

(2) Intermediarität

Weniger offensichtlich als die duale Struktur, aber von erheblicher Relevanz, sind die in den Institutionen und Organisationen der industriellen Beziehungen sedimentierten Programme zur pragmatischen Vermittlung zwischen den Interessen von Kapital und Arbeit. Die Institution des Betriebsrats enthält bereits in der gesetzlichen Konstruktion paradigmatisch ein »intermediäres Programm«. Der Betriebsrat ist Interessenvertretung der Arbeitnehmer, aber eben nicht Interessenvertretung pur, sondern unter expliziter Beachtung der wirtschaftlichen Betriebsziele.

Eine derartige Verknüpfung zweier tendenziell gegensätzlicher Interessensphären und Handlungslogiken in einer einzigen Institution ist keineswegs der Regelfall für betriebliche Arbeitnehmervertretungen. Wie die Entwicklung in anderen westlichen Ländern zeigt, ist von den Akteuren des industriellen Konflikts vielmehr die Bildung unabhängiger Vertretungsorgane, die sich der je eigenen Interessensphäre eindeutig zuordnen lassen, zu erwarten. Mit anderen Worten: Eine *intermediäre* Institution wie der Betriebsrat konnte nur mit der Geburtshilfe des Staates entstehen und nur durch die gesetzliche Verankerung auch Zeiten verschärfter Interessenkämpfe überleben.

Anders verhält es sich mit den Gewerkschaften. Sie sind zunächst reine Arbeitnehmerkreationen, entwickeln sich aber in einem langen historischen Prozeß zu intermediären Organisationen (Müller-Jentsch 1982). Sowohl Veränderungen in den organisations- und interessenpolitischen Grundlagen als auch die sozio-ökonomischen Funktionen, in welche Gewerkschaften mit zunehmender Anerkennung durch Unternehmer, Staat und Gesellschaft hineinwuchsen, konditionierten sie zu einer Politik und Praxis der Mediatisierung von Mitgliederinteressen und der Kooperation mit Staat und Kapital. Entscheidend beigetragen hatte dazu die Entwicklung des Systems sektoraler Tarifverträge, wodurch die Gewerkschaften nicht nur Schutz- und Verteilungsfunktionen für ihre Mitglieder, sondern auch Kartell-, Ordnungs- und Befriedungsfunktionen für die Unternehmer übernahmen. Denn der sektorale Tarifvertrag nimmt Löhne und Arbeitszeiten durch ihre Standardisierung aus der Konkurrenz und garantiert den Unternehmen für die vertragliche Laufzeit sozialen Frieden und stabile Kalkulationsgrundlagen.

Aus einer etwas anderen Sichtweise wird auch in jüngeren, ökonomisch orientierten Analysen (z.B. Freeman/Medoff 1984, S. 12) das Management als »Mediator der Interessen der relativ dauerhaft Beschäftigten, Anteilseigner und Konsumenten« charakterisiert.

Intermediarität ist demnach sowohl als Konstruktionsplan wie als kontingentes historisches Resultat von Institutionen und Organisationen zu begreifen.

(3) Verrechtlichung

Bemerkenswert für die deutschen industriellen Beziehungen ist das hohe Maß der Verrechtlichung. Sie ist das Ergebnis regulativer Politik des Staates (vgl. Kap. 18), der - wie schon unter dem Merkmal der Intermediarität angedeutet - gewissermaßen als »dritte Partei« die Bühne der industriellen Beziehungen betritt. Denn er setzt für die beiden Hauptakteure die normativen Rahmenbedingungen und Prozeduren, innerhalb derer sie ihre jeweiligen Interessen und Ziele autonom verfolgen können. Verrechtlichung im deutschen Kontext meint enge rechtliche Bindung an ein dichtes Netz vornehmlich prozeduraler Regelungen sowie rechtliche Einfriedung industrieller Konflikte und Arbeitskämpfe. So ist das duale System durch spezifische Gesetze (Tarifvertragsgesetz und Betriebsverfassungsgesetz) und eine umfangreiche Rechtsprechung geregelt, insbesondere für die Austragung offener Konflikte hat sich ein Richterrecht mit detaillierten Rechtsnormen etabliert. Hat die gesetzliche Regelung der Tarifautonomie noch den Charakter eines Verfahrensangebots, das den Akteuren nur formale Rahmenbedingungen für ihre Aushandlungsprozesse setzt, dann finden die »sensibleren Zonen« eine rechtliche Durchnormierung: die Konfliktaustragung durch das Arbeitskampfrecht und die betrieblichen Arbeitsbeziehungen durch die Betriebsverfassung.

Da Rechtsfragen häufig auch Machtfragen sind, ist der Gedanke naheliegend, daß die Rechtsinstitute der industriellen Beziehungen durch staatliche Vermittlung gestiftete und in rechtliche Formen gegossene Interessenkompromisse sind. Damit gewinnen sie eine Resistenz gegen kurzfristige Veränderungen und Anpassungen; erst bei grundlegenden Verschiebungen in den Interessenkonstellationen und Machtverhältnissen ist eine Reformulierung der institutionalisierten Kompromisse zu erwarten.

(4) Zentralisierung

Das deutsche Tarifverhandlungssystem trägt - bedingt durch die zentralisierten und für ihren jeweiligen Sektor monopolistischen Verbände der Arbeitgebe und Arbeitnehmer - seit seinen Anfängen starke zentralistische Züge (ein erster Reichstarifvertrag wurde bereits 1873 für die Buchdrucker abgeschlossen). Zwar werden Lohnabkommen und Tarifverträge nicht für die Gesamtheit der Beschäftigten abgeschlossen, aber doch für großflächige Industrie- und Wirtschaftssektoren, deren Beschäftigtenzahlen in die Millionen gehen (z.B. Metallverarbeitung, öffentlicher Dienst).

Die Interessenorganisationen beider Seiten haben wechselseitig die Konzentration und Zentralisation ihrer Verbände gefördert. Hierzu gehört auch die Durchsetzung des industrie- und einheitsgewerkschaftlichen Organisationsprinzips, das sich auf Arbeitgeberseite in Form von Parallelorganisationen widerspiegelt. Dem hohen Organisationsgrad der Arbeitgeber steht zwar ein wesentlich niedrigerer Organisationsgrad der Gewerkschaften gegenüber, aber durch die Kombination von Industrieverbandsprinzip und sektoralem Tarifvertrag gibt es keinen nennenswerten »non-union sector«: die »tarifvertragliche Deckungsrate« liegt bei 80 Prozent, während sie in Großbritannien weniger als 50 Prozent beträgt (Traxler 1996, S. 274).

(5) Repräsentativität

Die Organe der kollektiven Interessenvertretung haben repräsentativen Charakter (dies gilt indes mehr für die Arbeitnehmer- als für die Arbeitgeberseite). Sowohl die Gewerkschaften als auch der Betriebsrat stellen ihre Forderungen zwar im Namen der Mitglieder bzw. der Belegschaft, können diese aber in relativer Unabhängigkeit von deren Zustimmung geltend machen. Der Betriebsrat ist, als Vertretungsorgan der Gesamtbelegschaft, nicht an Aufträge seiner Wählerschaft gebunden, sondern seinen gesetzlichen Funktionen und den Interessen des Betriebes verpflichtet; nur über den im vierjährigen Turnus stattfindenden Wahlakt bleibt er an die durch ihn Repräsentierten gebunden. Gewerkschaften sind nach der von Sinzheimer, dem Vater des deutschen Arbeitsrechts, begründeten »Verbandstheorie« als »private Gesetzgeber« objektiver Rechtsnormen für die Arbeitsverhältnisse weder reine *pressure groups* noch bloße *bargaining agents* für ihre Mitglieder, sondern ein die gesamte Arbeitnehmerschaft »repräsentierendes Vertragssubjekt« (Sinzheimer 1907, S. 81), das die Geltung von tarifvertraglichen Arbeitsnormen auch gegenüber denen behauptet, »die jene Normen nicht ausdrücklich gewollt haben« (Sinzheimer 1976, Bd. 1, S. 157). Das Rechtsinstitut der Allgemeinverbindlichkeitserklärung von Tarifverträgen (durch den Arbeitsminister, auf Antrag und in Abstimmung mit den »Sozialpartnern«) auch für nichtverbandsgebundene Arbeitgeber und Arbeitnehmer entspricht voll diesem Postulat.

Wenn das deutsche System der industriellen Beziehungen diesen fünf Strukturmerkmalen seine bemerkenswerte Stabilität verdankt, dann sicherlich auch deshalb, weil sie sich unter relativ günstigen wirtschaftlichen Ausgangs- und politischen Rahmenbedingungen entwickeln konnten. Anders als in den Jahren der Weimarer Republik, als die ökonomischen und politischen Turbulenzen dem bereits strukturell angelegten dualen System mit seinem intermediären Programm kaum Entfaltungsmöglichkeiten ließen, kam es in den Nachkriegsjahrzehnten zu einem produktiven Wechselspiel zwischen institutionellen Vorgaben und kollektiven Lernprozessen, in deren Verlauf die strukturellen Merkmale des dualen Systems deutlicher hervortreten und ihre Potentiale voll entfalten konnten. Ihre spezifischen »Leistungen« sind unter zwei Aspekten zu bewerten.

Zum einen bilden sie Barrieren gegen die - in anderen Systemen durchaus übliche - Kumulation von Konfliktpotentialen, indem sie eine selektive Interessenvertretung durch Betriebsrat und Gewerkschaft vorschreiben, aber andererseits der Gewerkschaft das Streikmonopol einräumen. Erschwert wird damit ein *Interessen- und Konflikttransfer* von der betrieblichen auf die gewerkschaftliche Ebene, erleichtert hingegen einen *Machttransfer*, weil manifeste Organisationsmacht allein von der Gewerkschaft und nur für tarifpolitische Ziele ausgeübt werden kann. Da die »Kampfpotentiale« betrieblicher Kollektive nicht beliebig abrufbar sind, muß die Gewerkschaft von ihnen einen strategisch klugen Gebrauch machen. In der Tat haben die deutschen Gewerkschaften - vor allem die tarifführende IG Metall - in wenigen, aber großen Arbeitskämpfen, die oft den Charakter symbolisch aufgeladener Durchbruchsaktionen hatten, ihre Streikfähigkeit, selbst unter schwierigen wirtschaftlichen Rahmenbedingungen, immer wieder unter Beweis gestellt (vgl. Kap. 13). Betriebsräte können *dieses* Machtpotential nicht nutzen, aber die Institution der Unternehmensmitbestimmung gibt ihnen einen wichtigen Hebel zur Verstärkung ihrer betrieblichen Machtposition an die Hand. Da die Arbeitnehmerrepräsentation im Aufsichtsrat von Unternehmen meist in Personalunion von Vorsitzenden und geschäftsführenden Mitgliedern der Betriebsräte wahrgenommen wird, können sie nicht nur ihre Kommunikations- und Informationsnetze nach oben verlängern, sondern auch über die Bestellung (und Vergütung) des Unternehmensvorstands mitbestimmen.

Zum anderen waren die genannten Strukturmerkmale förderlich für wirtschaftliche Ziele wie hohe Arbeitsproduktivität und steigender Lebensstandard, weil sie die Entwicklung der Arbeitsbeziehungen zu »high-trust relations« (Fox 1974) begünstigten und die Akteure für Positivsummenspiele konditionierten. Durch ihre großflächige Tarifvertragspolitik lernten die Gewerkschaften, spätestens unter dem Regime keynesianischer Makrosteuerung, auch die ökonomischen Effekte ihrer sektoralen Lohnpolitik ins strategische Kalkül zu ziehen. Bergmann u.a. zufolge verdankt sich der »präzise Sinn kooperativer Gewerkschaftspolitik« dem »einsichtigen Interesse, die künftigen Bedingungen der Lohnpolitik nicht zu gefährden« (1979, S. 3). Gleichwohl bedurfte es noch der staatlichen Initiative, um das gegenseitige Mißtrauen der Tarifverbände abzubauen und sie für die beiderseitigen Vorteile korporatistischer Kooperation einsichtig zu machen. Noch Mitte der sechziger Jahre mußte der Keynesianer Karl Schiller als Wirtschaftsminister erhebliche Anstrengungen unternehmen, um Arbeitgeberverbände und Gewerkschaften zu dem von ihm vorgeschlagenen Positivsummenspiel *Konzertierte Aktion und soziale Symmetrie* zu gewinnen (vgl. Berghahn 1985, S. 292, 300).

Auf der betrieblichen Ebene war der kollektive Lernprozeß nicht weniger langwierig, wie sich an den Auseinandersetzungen um das Betriebsverfassungsgesetz 1952 und um seine Novellierung 1972 ablesen läßt (vgl. Müller-Jentsch 1995). Am Ende mußten die Unternehmer akzeptieren, daß einige ihrer manageriellen Prärogativen dem »paritätischen Prinzip« gemeinsamer Entscheidungen überantwortet worden waren, während die Betriebsräte lernen mußten, ihre Funktion der Interessenrepräsentation in Verbindung mit der der Mitverantwortung für Produktivität und wirtschaftlichen Erfolg auszuüben (vgl. Kap. 16).

Über vier Jahrzehnte förderte, konditionierte, erzwang das institutionelle Gefüge des dualen Systems solche Strategien und Politiken der beteiligten Akteure, die den sozialen Konsens verstärkten und zu einem niedrigen Konfliktniveau und hoher Produktivitätsrate beitrugen.

Seit Anfang der neunziger Jahre scheinen sich die Erfolgsfaktoren des »deutschen Modells« z.T. in belastende Hypotheken zu verwandeln. Die Gründe dafür liegen einmal in den Anpassungsproblemen der ostdeutschen an die westdeutsche Ökonomie, ein andermal im verschärften Wettbewerb globaler Kapital-, Produkt- und Arbeitsmärkte. Diese neuen Herausforderungen stellen das historisch gewachsene Institutionensystem auf den Prüfstand. Welche Veränderungen sich in den einzelnen Arenen und Dimensionen des dualen Systems abzeichnen und zu erwarten sind, wird in den nachfolgenden Kapiteln zur Sprache kommen.

Weiterführende Literatur

Walther Müller-Jentsch, *Neue Konfliktpotentiale und institutionelle Stabilität*,
Wolfgang Streeck, *Gewerkschaftsorganisation und industrielle Beziehungen*,
beide in: Matthes (Hg.) 1979.
(Zwei frühe Analysen über Strukturmerkmale und basale Prozesse im dualen System der Interessenvertretung.)

R. Schmidt/R. Trinczek, *Duales System: Tarifliche und betriebliche Interessenvertretung*, in: Müller-Jentsch (Hg.) 1993.
(Mit empirischem Material und historischen Argumenten unterfütterte Analyse des Verhältnisses von Betriebsrat und Gewerkschaft im dualen System.)

Kapitel 12
Tarifautonomie und Tarifvertragsbeziehungen

Wesen und Funktionen

Die Tarifautonomie oder *Collective Bargaining* (wie es im Angelsächsischen heißt) ist, in Verbindung mit dem Koalitionsrecht, eine Kerninstitution der Gesellschaften mit kapitalistischer Wirtschaftsordnung und liberal-demokratischer Staatsverfassung, in ihrer Bedeutung durchaus dem allgemeinen Wahlrecht vergleichbar. Und wie uns schon die Theorie der Bürgerrechte lehrte (vgl. Marshall 1992; s. auch Kap. 4), besteht zwischen dem politischen und dem wirtschaftlichen Grundrecht eine enge Komplementarität. Als formalen Partizipationsmechanismen sind dem allgemeinen Wahlrecht und der Tarifautonomie gemeinsam, daß sie - mittelbar über Parteien und Gewerkschaften - auch den sozial Schwächeren Beteiligungsrechte einräumen, das eine Mal für den politischen, das andere Mal für den wirtschaftlichen Bereich. Gemeinsam ist ihnen des weiteren, daß ihre Ergebnisse ungewiß, grundsätzlich offen bleiben. Ungehindert praktiziert, kann das allgemeine Wahlrecht die Herrschenden ihre politische Macht, die Tarifautonomie die Besitzenden ihre ökonomischen Privilegien kosten. Konsequenzen dieser Art waren insbesondere unter den - für den frühen Industriekapitalismus typischen - Bedingungen sozialer Polarisierungen und offener Klassenkämpfe zu erwarten. Hieraus erklärt sich auch der hartnäckige Widerstand der Herrschenden und Besitzenden, dem es letztlich zuzuschreiben war, daß allgemeines Wahlrecht und Koalitionsfreiheit erst in langwierigen historischen Prozessen, im Wechsel von Reformen und Repressionen, dosiert und stufenweise durchgesetzt werden konnten. Es liegt eine gewisse Paradoxie darin, daß die Tarifautonomie zwar den Klassenkampf als Geburtshelfer benötigte, aber, einmal institutionalisiert, diesen in begrenzte (d.h. von politischen Konflikten getrennte) und regelbare Verteilungs- und Interessenkonflikte transformierte. Wenn Geiger (1949) in der Tarifautonomie eine »Institutionalisierung des Klassenkonflikts« erkennt, so spiegelt sich in dieser treffenden Formulierung noch der Entstehungszusammenhang wider.

Ist heute von Tarifautonomie (oder von *Collective Bargaining*) die Rede, dann sind im Grunde genommen die formalisierten und rechtlich sanktionierten Beziehungen zwischen den Arbeitsmarktparteien - Gewerkschaften und Arbeitgeberverbänden - gemeint; mit anderen Worten: jene kontrollierten Konfliktregelungen und kollektivvertraglichen Vereinbarungen, die die widerstreitenden Interessen von Kapital und Arbeit - notfalls auch auf dem Wege sozialer Machtauseinandersetzungen in Form von Arbeitskämpfen - kompromißfähig machen.

Als *Wesensmerkmale der Tarifautonomie* sind die folgenden zu nennen:

a) Sie ist ein paritätisches Konfliktregelungs- und Normensetzungsverfahren zur Regelung der Arbeitsverhältnisse, das die früher üblichen, einseitig-autoritären Festsetzungen von Unternehmern oder von staatlicher Seite durch bilaterale Verhandlungen ersetzt. (Im Englischen ist dafür, neben dem Begriff *Collective Bargaining,* auch *Joint Regulation* gebräuchlich.)
b) Ihre Träger sind in der Regel Organisationen: Gewerkschaften und Arbeitgeberverbände; freilich gilt auf Kapitalseite auch der einzelne Unternehmer als tariffähige Partei.
c) Sie hat eine staatsfreie Sozialsphäre zur Voraussetzung, in der die Tarifvertragsparteien autonome Entscheidungen treffen können.
d) Die von den sozialen Gegenspielern vereinbarten Tarifnormen sind grundsätzlich das Ergebnis von Machtprozessen, von Konflikten und Kompromissen zwischen den Tarifparteien. Rechtliche Rahmenbedingungen haben allein Einfluß auf die Verfahrens- und Vorgehensweise.
e) Die ausgehandelten und vereinbarten Tarifnormen können nach prozeduralen und substantiellen Normen unterschieden werden: die prozeduralen regeln u.a. die Konfliktbeziehungen zwischen den Tarifvertragsparteien, die substantiellen legen die kollektiven Verkaufs- und Anwendungsbedingungen der Arbeitskraft fest.

In einem Satz zusammengefaßt, stellt die Tarifautonomie ein Regelungssystem dar, das den Tarifvertragsparteien in einem staatlicherseits gewährten Freiraum die autonome Gestaltung der Arbeitsbeziehungen und ihrer eigenen Beziehungen mit prinzipiell offenem Ausgang überläßt.

Die Tarifautonomie ist mehr als ein bloßes Rechtsinstitut (für das allein die Rechtswissenschaft zuständig wäre): sie ist eine gesellschaftliche Institution mit komplexen Funktionen. Während Sozialwissenschaftler gewöhnlich den konfliktregelnden Charakter der Tarifautonomie hervorheben, betonen Arbeits- und Staatsrechtler stärker ihren - mit staatlicher »Sanktionsleihe« ausgestatteten - Normsetzungscharakter. In Wirklichkeit handelt es sich um zwei Seiten einer Medaille: die Konfliktregelung führt zur Normsetzung, die Normsetzung dient der Konfliktregelung (Weitbrecht 1969).

Die Tarifautonomie stellt die Herrschaft des Kapitals über die Lohnarbeit ebensowenig in Frage, wie es die Betriebsverfassung tut; sie setzt sie vielmehr als gesellschaftliches Strukturprinzip voraus. Da die Tarifautonomie indessen nur dann funktionsfähig ist, wenn Gewerkschaften als legitime Interessenvertretung der abhängig Beschäftigten und ihre Beteiligung an der Festsetzung der Lohn- und Arbeitsbedingungen generell anerkannt werden, kann die organisierte Arbeitnehmerschaft die Tarifautonomie auch als Medium und Instrument ihrer eigenen Interessenpolitik verstehen. Hierin hat auch der zum Wesen der Tarifautonomie gehörende gesellschaftlich ambivalente Charakter seinen Grund. Der prinzipiell offene, unbestimmte Ausgang von Tarifauseinandersetzungen, der unvermeidliche Zwang zum Kompromiß und die Regelung durch mit der Materie vertraute Experten eröffnen Chancen für flexible und sachnahe Lösungen im Produktions- und Beschäftigungssystem. Da diese Lösungen jedoch ebenso prinzipiell aus sozialen Machtprozessen hervorgehen, bei denen strukturelle Interessengegensätze hineinspielen, bleiben Risiken und Instabilitäten wirtschaftlicher und politischer Art unvermeidbar.

Die Frage nach den Funktionen der Tarifautonomie muß daher für die beiden Arbeitsmarktparteien und den Staat gesondert beantwortet werden. Für die Arbeitnehmer ist sie eine Institution zur Sicherung des Lebensstandards und erträglicher (»humaner«) Arbeitsbedingungen *(Schutzfunktion)*, zur Beteiligung am wachsenden gesellschaftlichen Wohlstand *(Verteilungsfunktion)* und - in Verbindung mit den Institutionen betrieblicher Demokratie - zur Mitbestimmung über die Anwendungsbedingungen der Arbeitskraft *(Partizipationsfunktion)*. Für die Unternehmer, die die Arbeitskraft kaufen und verwerten, dient die Tarifautonomie der Standardisierung von Lohnsätzen und Arbeitszeiten *(Kartellfunktion)*, der Herstellung überschaubarer, stabiler Lohnstrukturen und Arbeitsbedingungen *(Ordnungsfunktion)* sowie der Erzeugung von Kooperationsbereitschaft *(Befriedungsfunktion)*. Für den Staat schließlich hat die Ausdifferenzierung einer Sphäre autonomer Regulierung der Austausch- und Konfliktbeziehungen zwischen Kapital und Arbeit *Entlastungs-* und *Legitimationsfunktionen*. Er wird von der unmittelbaren Verantwortung für die jeweiligen Arbeitsbedingungen und für die ihrer Natur nach konfliktträchtigen Arbeitsbeziehungen entbunden. Arbeitskämpfe können in der Regel ohne Legitimationseinbußen für Staat und Regierung ausgetragen werden; beim Überschreiten kritischer Schwellenwerte kann die Regierung mit der Legitimation des »neutralen Vermittlers« in die Tarifauseinandersetzungen eingreifen. Überdies verfügt sie, mit der möglichen Androhung einer Veränderung der rechtlichen Rahmenbedingungen, über ein effektives Drohpotential gegenüber den Tarifparteien. Die gesellschaftliche Effektivität der Tarifautonomie wird letztlich daran gemessen, ob sie 1. Konflikte auf ein tolerierbares Maß eindämmen und kanalisieren kann, 2. kompromiß- und verpflichtungsfähige Arbeitsnormen hervorbringt, die 3. mit den gesamtwirtschaftlichen Stabilitäts- und Wachstumsbedingungen in Übereinstimmung zu bringen sind. Wo diese Integrationsleistungen ausbleiben, sind politische Eingriffe und Korrekturen zu erwarten; zu diesen zählen auch »Deregulierungen« in Form von Rücknahmen begünstigender Rechtsnormen. Die Tarifautonomie völlig abzuschaffen, käme freilich einer Preisgabe der Demokratie gleich.

Weitbrecht (1969) konstatiert ein typisches Dilemma zwischen Effektivität und Legitimität der Tarifautonomie, das heißt konkret: zwischen der von den Verbänden erwarteten Kompromißfähigkeit einerseits und Verpflichtungsfähigkeit andererseits. Das Dilemma liegt vor allem darin, daß - wie bereits im Zusammenhang mit der innergewerkschaftlichen Demokratie (Kap. 8) ausgeführt - die Kompromißfähigkeit eine geringe, die Verpflichtungsfähigkeit eine hohe Beteiligung der Mitglieder erfordert. Die Stabilität der Tarifautonomie beruht ihm zufolge auf den folgenden Bedingungen:

- auf der Fähigkeit der Konfliktparteien, in geregelten Auseinandersetzungen zu Kompromissen zu kommen (Kompromißfähigkeit = interne Effektivität);
- auf der Fähigkeit der tarifvertraglichen Organisationen, ihre jeweiligen Mitglieder auf diese Kompromisse verpflichten zu können (Verpflichtungsfähigkeit = interne Legitimität);
- auf der Erfüllung von Anforderungen, die Staat und Gesellschaft an die Tarifautonomie stellen, wozu insbesondere die Vereinbarkeit von Verhandlungsergebnissen mit den gesamtwirtschaftlichen Zielsetzungen zählt (externe Effektivität);
- auf der Kompatibilität des gesellschaftlichen Wertesystems mit der Existenz einer relativ abgesonderten Sphäre gruppenautonomer Konfliktregelung und Normsetzung (externe Legitimität).

Regelungsstufen

Das zwischen den Tarifvertragsparteien - teils durch Rechtsnormen, teils durch freiwillige Vereinbarungen - institutionalisierte Regelungssystem umfaßt drei Stufen:

- Verhandlung,
- Schlichtung,
- Arbeitskampf.

Die widerstreitenden Interessen zwischen Kapital und Arbeit sind gleichermaßen der Rohstoff jener sich regelmäßig wiederholenden Prozesse der Kompromißfindung und Konfliktlösung, die mit der Unterzeichnung eines Tarifvertrags ihren zeitweiligen Abschluß finden; dieser ähnelt mehr einem »Waffenstillstand« als einem dauerhaften »Friedensvertrag«. Nur in wenigen Fällen durchläuft dieser Prozeß alle drei Regelungsstufen. In den meisten Fällen werden Kompromisse bereits auf dem Wege bilateraler Verhandlungen erzielt. Scheitern die Verhandlungen, folgt gewöhnlich das Schlichtungsverfahren, ein »letzter Versuch«, mit anderen Mitteln - meist unter Einschaltung von Dritten - einen Verhandlungskompromiß zu finden und den drohenden Arbeitskampf abzuwenden. Bleibt auch die Schlichtung erfolglos, ist der Arbeitskampf kaum noch zu vermeiden. Eröffnet wird er in der Regel mit einem (Schwerpunkt-) Streik der Gewerkschaften, auf den die Unternehmer von Fall zu Fall mit der (Abwehr-) Aussperrung antworten.

Die uns heute so geläufige zeitliche Stufenfolge von Tarifauseinandersetzungen ist, historisch gesehen, in genau umgekehrter Reihenfolge entstanden. Das frühe Verhältnis zwischen Kapital und Arbeit war gekennzeichnet durch Abwesenheit bilateraler Verhandlungen; die politische und gesellschaftliche Anerkennung der Gewerkschaften, der Koalitionsfreiheit und des Streikrechts hatten nicht automatisch die Anerkennung der Gewerkschaften als gleichberechtigte Verhandlungspartner durch die Arbeitgeber zur Folge. Beispielsweise war in Deutschland bis zum Ersten Weltkrieg der Tarifvertrag nur in einigen wenigen Gewerbezweigen (Druck-, Holz- und Baugewerbe) verbreitet; die Schwerindustrie hatte bis 1918 Tarifverträge kategorisch abgelehnt. Gegen die einseitige Festsetzung der Arbeitsbedingungen durch Unternehmerseite konnten sich die Arbeiter anfangs nur durch die kollektive Arbeitsverweigerung zur Wehr setzen, was insbesondere dann geschah, wenn Unternehmer die Löhne kürzten oder die Leistungsnormen heraufsetzten. Bei solchen Auseinandersetzungen übermittelten die Streikenden den bestreikten Unternehmern ihre Forderungen gewöhnlich durch Delegationen und Petitionen. Da es nicht zu eigentlichen Verhandlungen kam, endeten Arbeitskämpfe in der Regel mit Sieg oder Niederlage. Mit der wachsenden Organisierung der Arbeiter wuchs der Widerstand gegen das »Unternehmerdiktat«. Die harten und wiederkehrenden Arbeitskämpfe bewogen einige aufgeklärte Köpfe aus dem Unternehmerlager dazu, paritätisch besetzte Schlichtungskommissionen unter Leitung eines »Unparteiischen« einzuberufen, um die anstehenden Streitfragen zu klären. Im letzten Drittel des 19. Jahrhunderts wurden in England auf diese Weise zahlreiche »Boards of Conciliation and Arbitration«, als ständige oder ad hoc einberufene Schlichtungskommissionen gebildet. Deren Beratungen und Verhandlungen können gewissermaßen als Ur- oder Vorform der später zur Regel werdenden Tarifverhandlungen angesehen werden.

Es ist von großem soziologischen Interesse, daß die Institution Tarifverhandlung häufig erst auf dem Umweg über Schlichtungsverfahren entstanden ist. Tarifverhandlungen fordern den Konfliktparteien neue Verhaltensweisen ab:

sachliche und argumentative Kommunikation, Auseinandersetzung mit gegnerischen Argumenten, Verständnis für die andere Seite. Die frühen Schlichtungskommissionen unter Leitung aufgeklärter und unabhängiger Männer dienten gewissermaßen der systematischen Einübung in formalisierte Beratungen und Verhandlungen und konnten die unmittelbare Konfrontation der Konfliktparteien abbauen. Mußten Gewerkschafter lernen, wirtschaftlich zu argumentieren, so die Unternehmer, Gewerkschaftsfunktionäre als gleichberechtigte Verhandlungspartner zu akzeptieren.

Rechtliche Normierung

Die drei genannten Regelungsstufen unterliegen in unterschiedlichem Ausmaß der rechtlichen Normierung. Koalitionsfreiheit und Tarifautonomie sind grundgesetzlich garantiert. In Artikel 9 Abs. 3 des Grundgesetzes heißt es:

»Das Recht, zur Wahrung und Förderung der Arbeits- und Wirtschaftsbedingungen Vereinigungen zu bilden, ist für jedermann und für alle Berufe gewährleistet. Abreden, die dieses Recht einschränken oder zu behindern suchen, sind nichtig, hierauf gerichtete Maßnahmen sind rechtswidrig.«

Das kurze, nur elf Paragraphen umfassende *Tarifvertragsgesetz* vom 9.4.1949 (seit dem Einigungsvertrag von 1990 gesamtdeutsches Recht) fixiert rechtliche Rahmenbedingungen für Tarifverhandlungen. Demnach setzt ein rechtswirksamer Tarifvertrag voraus, daß er auf Arbeitnehmer- wie auf Arbeitgeberseite von einer tariffähigen Partei abgeschlossen und in Schriftform niedergelegt wurde. Auf Arbeitnehmerseite sind nur Gewerkschaften, auf Arbeitgeberseite ist auch der einzelne Unternehmer tariffähig. Daß auch der einzelne Arbeitgeber als Tarifpartei auftreten kann, trägt der Tatsache Rechnung, daß ein Unternehmer in der Regel über mehrere Arbeitsplätze verfügt und damit - schon als einzelner - eine »Koalition« darstellt, die dem Arbeitnehmer als wirtschaftliche Macht gegenübertritt. Der Tarifvertrag regelt die »Rechte und Pflichten der Tarifvertragsparteien und enthält Rechtsnormen, die den Inhalt, den Abschluß und die Beendigung von Arbeitsverhältnissen, sowie betriebliche und betriebsverfassungsrechtliche Fragen ordnen können« (§ 1 Abs. 1). Damit werden zwei verschiedenartige Regelungen benannt: zum einen Abmachungen, die nur die beiden Tarifparteien berechtigen und verpflichten *(schuldrechtlicher* Teil des Tarifvertrags); zum anderen Rechtsnormen, die nach Art eines Gesetzes für alle erfaßten Arbeitsverhältnisse gelten sollen *(normativer* Teil des Tarifvertrags). Letztere gelten »unmittelbar und zwingend« (§ 4 Abs. 1) für die Mitglieder der Tarifparteien. Rechtlich gesehen ist ein tarifgebundener Arbeitgeber nur verpflichtet, die Mitglieder der tarifgebundenen Gewerkschaft zu den vereinbarten Bedingungen zu beschäftigen; in der Regel gewährt er indessen auch den Nichtmitgliedern die gleichen Bedingungen, da er sie durch eine Schlechterstellung zum Eintritt in die Gewerkschaft motivieren würde. Unter bestimmten Bedingungen kann auf Antrag einer Tarifvertragspartei der Bundesminister für Arbeit und Sozialordnung einen Tarifvertrag für allgemeinverbindlich erklären, der dann im jeweiligen Geltungsbereich auch die Nichtmitglieder der Tarifvertragsparteien bindet (§ 5). Das Tarifvertragsgesetz regelt die Tariffähigkeit und Tarifzuständigkeit der Parteien, die Form des Tarifvertrags und seine Rechtswirkungen. Die eigentlichen Tarifverhandlungen werden durch dieses Gesetz nicht geregelt; sie folgen eingespielten Übungen und freiwilligen Übereinkünften zwischen den Tarifparteien.

Im Gegensatz zur Weimarer Republik kennt das bundesdeutsche Tarifwesen für die zweite Regelungsstufe, die *Schlichtung*, keine gesetzlichen Vorschriften.

Zwar hatte noch in den frühen fünfziger Jahren die Bundesregierung mit einer gesetzlichen Schlichtungsverordnung gedroht, doch waren sich die Tarifparteien, aufgrund ihrer Erfahrungen mit der Zwangsschlichtung in der Weimarer Republik, einig in der Ablehnung einer gesetzlichen Regelung des Schlichtungsverfahrens. Offensichtlich um der Gefahr staatlicher Reglementierung auszuweichen, vereinbarten DGB und BDA schon früh (1950 in Hattenheim und 1954 in Margarethenhof) Mustervereinbarungen für eine tarifliche Schlichtungsordnung, die sie ihren jeweiligen Mitgliedsverbänden als Modellabkommen empfahlen. In der Folge haben die Tarifverbände aller großen Wirtschaftszweige Vereinbarungen über Schlichtungsverfahren getroffen. Erstaunlicherweise war der große Sektor des öffentlichen Dienstes bis Mitte der siebziger Jahre ohne ein Schlichtungsverfahren ausgekommen; erst ein mehrtägiger Streik im Frühjahr 1974 veranlaßte die Tarifparteien zur Institutionalisierung eines Schlichtungsverfahrens.

Schlichtungsverfahren stellen »prozedurale Selbstbindungen« dar, »welche eine Erhöhung der Streikschwelle durch Ausschöpfung aller Verhandlungsmöglichkeiten erreichen sollen« (Keller 1985, S. 122). In diesem Verständnis ist die Schlichtung wenig mehr als die Fortführung der Verhandlungen mit anderen Mitteln, meist unter maßgeblicher Beteiligung von bisher am Konflikt »unbeteiligten Dritten«. Freilich gibt es auch Schlichtungsordnungen, die keinen »neutralen Dritten« vorsehen (das Schlichtungsverfahren in der chemischen Industrie sieht die Beteiligung von Vertretern der jeweiligen Parteien aus der Konfliktregion und aus der Vorstandsebene vor). Von der Schlichtungskommission erarbeitete (mehrheitliche) Einigungsvorschläge sind für die Tarifparteien nicht automatisch bindend; diese stimmen in der Regel gesondert über Annahme oder Ablehnung des Schlichtungsspruchs ab.

Im Gegensatz zur Koalitionsfreiheit, die als positives Koalitionsrecht in der Verfassung garantiert ist, kennt die Rechtsordnung der Bundesrepublik zwar die Streik*freiheit*, aber kein explizites Streik*recht*. In Verfassungen anderer Länder, z.B. Frankreichs und Italiens, ist auch das Streikrecht garantiert. Ein solches Recht wird in Deutschland zwar mittelbar aus dem Koalitionsrecht gefolgert, findet aber seine rechtliche Begründung erst in Grundsatzurteilen des Bundesarbeitsgerichts (insbesondere in den BAG-Entscheidungen vom 28.1.1955 und vom 21.4.1971). Legal ist demnach nur ein gewerkschaftlich geführter Streik um ein tariflich regelbares Ziel (Lohn- und Arbeitsbedingungen), der nach Ablauf der tariflichen Friedenspflicht und Ausschöpfung aller Verhandlungsmöglichkeiten (ultima ratio-Prinzip), nach dem Grundsatz der Verhältnismäßigkeit (Übermaßverbot) und den Regeln eines fairen Kampfes zu führen ist. Rechtmäßig sind ferner von der Gewerkschaft getragene Warnstreiks im Rahmen einer Tarifrunde. Sympathiestreiks - in ihrer Rechtmäßigkeit lange umstritten - sind durch das BAG (am 5.3.1985) für grundsätzlich unzulässig erklärt worden. Eindeutig verboten ist der politische Streik. Ein Streikrecht für Beamte wird von der herrschenden Meinung, unter Bezug auf die Treuepflicht des Beamten, verneint. Mit dem *Aussperrungsurteil* des BAG (vom 10.6.1980) ist die rechtliche Zulässigkeit des unternehmerischen Kampfmittels der Aussperrung für alle Teile der Bundesrepublik bekräftigt worden, unbeschadet des Aussperrungsverbots in einigen Länderverfassungen. Freilich gelten für Aussperrungen die gleichen Einschränkungen - insbesondere das Gebot der Verhältnismäßigkeit der Mittel - wie für den Streik. Demzufolge können die Arbeitgeberverbände auf gewerkschaftliche Schwerpunktstreiks nicht mit beliebigen Flächenaussperrungen antworten; ihre Kampfmaßnahmen müssen in der Größenordnung den gewerkschaftlichen Streikaktionen vergleichbar bleiben.

Vergleicht man die Normierung der einzelnen Regelungsstufen, dann ist zusammenfassend festzustellen, daß die erste Stufe, die der Verhandlungen, nur wenige rechtliche Rahmennormen kennt, die zweite Stufe, die der Schlichtung, durch freiwillige, zwischenorganisatorische Vereinbarungen prozedural durchnormiert ist; auf der dritten Stufe, der des Arbeitskampfes, finden wir eine starke externe Normierung. Es ist kein Zufall, daß gerade in der »sensibelsten Zone« des Interessenkonflikts die Tendenz zur Verrechtlichung der industriellen Beziehungen am deutlichsten sichtbar wird.

Bargaining Power / Verhandlungsmacht

Wenn zwei Parteien am Verhandlungstisch zusammentreffen, um einen Tarifvertrag auszuhandeln, dann hängt das Verhandlungsergebnis nur zum geringeren Teil von dem Verhandlungsgeschick, dem taktischen Vorgehen oder der Risikobereitschaft der Verhandlungsführer ab (wie in den meisten Verhandlungstheorien unterstellt wird). Die Macht am Verhandlungstisch gründet nicht in der Psychologie der Verhandlungsführer, sondern in den Organisationen, die sie jeweils repräsentieren. Denn am Verhandlungstisch sitzen Delegierte von Organisationen mit internen Machtstrukturen und komplexen Entscheidungsprozessen. Während des Verhandlungsprozesses besteht zwischen Verhandlungsdelegation und Organisation eine gegenseitige Beeinflussung und Rückkoppelung. Entscheidungen über die Festlegung der Ausgangsposition werden von der Organisation (bzw. den dafür zuständigen Gremien, z.B. Tarifkommissionen) getroffen; das Abrücken von dieser Position, die am Verhandlungstisch gemachten Konzessionen müssen in der Organisation nachvollzogen werden; der Abschluß schließlich bedarf der Ratifizierung durch die Organisation. Weitbrecht hat dargelegt, daß ein »Fortgang der Verhandlungen am Verhandlungstisch abhängig vom Konzessionsprozeß in den Organisationen« ist und daß »beide Parteien auch an dem Konzessionsprozeß des Gegners interessiert sein müssen«; denn ein zögernder oder schwieriger Konzessionsprozeß innerhalb der eigenen Organisation kann von dem Verhandlungsführer als »Macht-Argument am Verhandlungstisch gegenüber der anderen Partei« benutzt werden (Weitbrecht 1974, S. 228).

Die den Verhandlungsprozeß der Tarifparteien beeinflussenden Machtpotentiale der Organisationen hängen von vielen strukturellen und kontextuellen Faktoren ab. Die wichtigsten sind:

– wirtschaftlich-konjunkturelle Situationen: Lage auf den Produkt- und Arbeitsmärkten;
– weltwirtschaftliche Exponiertheit der Branche;
– Organisationsgrad der Tarifparteien;
– Verhandlungssystem: zentrales oder regionales Tarifgebiet, Durchbruchs- oder Nachzüglerregion;
– innerorganisatorische Willensbildungsprozesse: dominante Gruppen, deren Interessen und Sanktionspotentiale.

Die entscheidende Schlüsselvariable ist jedoch auf Gewerkschaftsseite die Fähigkeit und Bereitschaft zum Streik und auf Arbeitgeberseite die Fähigkeit und Bereitschaft, einem gewerkschaftlichen Streik zu begegnen (sei es durch passive Hinnahme der Produktionsunterbrechung, sei es durch aktive Gegenmaßnahmen in Form von Aussperrungen). Mit steigender Wahrscheinlichkeit eines Arbeitskampfes steigt in der Regel auch die Konzessionsbereitschaft auf beiden Seiten, das heißt die Unternehmer heben ihr Angebot an, die Gewerkschaften senken ihre Forderungen; denn die durch den Arbeitskampf zu erwartenden Kosten und Opfer machen beide Seiten ein stückweit konzessionsbereiter. Ob dieser Annäherungsprozeß schließlich zu einem gemeinsamen Punkt führt, hängt nicht zuletzt von den jeweiligen Ausgangspositionen und dem Charakter der Forderungen ab (Lohnforderungen sind kompromißfähiger als tarifpolitische Grundsatzforderungen, wie etwa der »Einstieg in die 35-Stunden-Woche« oder die Lohnfortzahlung bei Krankheit). Schließlich kann dieser Annäherungsprozeß seine Fortsetzung im und durch den Arbeitskampf finden; dieser birgt freilich auch das Risiko, daß das materielle Ergebnis schließlich mehr einem Diktat als einem Kompromiß ähnelt.

Weiterführende Literatur

Hansjörg Weitbrecht, *Effektivität und Legitimität der Tarifautonomie*, 1969.
(Richtungweisende Arbeit über den gesellschaftlichen Konfliktregelungs- und Normsetzungsmechanismus Tarifautonomie mit gescheiten systemtheoretischen Analysen ihrer internen Funktionsweise und äußeren Rahmenbedingungen.)

Hugo Sinzheimer, *Der Tarifgedanke in Deutschland (1915)*, in: Sinzheimer 1976, Bd. 1.
(Knappe und luzide Zusammenfassung der rechtstheoretischen Überlegungen Sinzheimers über den Tarifvertrag und seine Stellung in der Rechtsordnung; sie haben das deutsche kollektive Arbeitsrecht maßgeblich beeinflußt.)

Allan Flanders, *Collective Bargaining: A Theoretical Analysis*, in: Flanders 1970.
(Das englische Pendant zu Sinzheimers frühem Aufsatz.)

Peter Ullmann, *Tarifverträge und Tarifpolitik in Deutschland bis 1914*, 1977.
(Wichtige historische Arbeit über die Entstehung von Tarifvertragsbeziehungen in Deutschland.)

Wolfgang Däubler, *Tarifvertragsrecht*, 1993 (3. Aufl.).
(Umfassender Rechtskommentar mit vielen empirischen Beispielen und Informationen.)

(Weitere Literatur s. im Anschluß an Kap. 14)

Kapitel 13
Arbeitskämpfe

Ultima ratio / Schwert an der Wand

Die Ansicht, daß der Arbeitskampf »letztes Mittel« (lat. ultima ratio) zur Kompromißfindung in einem Interessenkonflikt zwischen Kapital und Arbeit sei, ist heutzutage nicht nur in der arbeitsrechtlichen Literatur weit verbreitet. Erst wenn Verhandlungen ohne Ergebnis und Schlichtungsbemühungen ohne Erfolg geblieben sind, akzeptiert die Arbeitsrechtsprechung - und mit ihr die öffentliche Meinung - den Arbeitskampf als legitimes Mittel im Interessenstreit. So betrachtet etwa der Arbeitsrechtler Rüthers den Arbeitskampf als ein systemkonformes »Konfliktlösungsinstrument«, ja als ein »Hilfsinstrument der Tarifautonomie« (Brox/Rüthers 1982, S. 10). Und keinen Zweifel läßt die herrschende Meinung darüber aufkommen, daß während der Laufzeit eines Tarifvertrages Friedenspflicht herrscht und sich erst mit der Kündigung und der Beendigung der Laufzeit eines Tarifvertrages die Möglichkeit eines Arbeitskampfes ergibt. (Freilich muß die herrschende Meinung zur Kenntnis nehmen, daß auch während der Laufzeit von Tarifverträgen unautorisierte Streiks - »spontane Arbeitsniederlegungen« in der Sprache der Gewerkschaften, »wilde Streiks« in der Sprache der Arbeitgeber - von Belegschaften geführt werden.)

Selbst Gewerkschafter verstehen den Streik, wenn auch weniger strikt als die Arbeitsrechtsprechung, als ein letztes Mittel. In einem von Gewerkschaftern häufig benutzten Bild ist er das »Schwert an der Wand«, das nur in Ausnahmefällen heruntergenommen werden dürfe. Es könnte stumpf werden, wenn man es zu oft, rostig, wenn man es nie benutzt.

In der sozialwissenschaftlichen Konfliktforschung ist die These vertreten worden, daß im Streikverhalten der Arbeiter und ihrer Organisationen ein säkularer Wandel eingetreten sei. Als Erklärung des veränderten Streikverhaltens wird gewöhnlich die »Modernisierungsthese« herangezogen. Sie beinhaltet zwei Teilaussagen: 1. das Streikverhalten wird durch (gewerkschaftliche) Organisierung rationalisiert; 2. das Mittel des Streiks wird mehr und mehr durch andere Konfliktlösungsmechanismen ersetzt. Die amerikanischen Sozialwissenschaftler Ross und Hartman (1960) haben schon früh vom allmählichen Überflüssigwerden des Streiks (»withering away of strikes«) gesprochen. Weitbrecht verlängerte diese Argumentationslinie wie folgt: »Je entwickelter (...) ein System der Tarifautonomie ist, desto seltener wird ein Streik werden, desto mehr spielt sich die Auseinandersetzung in dem sozial und ökonomisch notwendigen Rahmen ab, der durch die Interessen beider Parteien gesteckt ist.« (1969, S. 228) Volkmann schließlich hat in einer historischen Längsschnittanalyse behauptet, daß der ursprünglich vielschichtige Komplex des klassischen Arbeitskonflikts in Teilkonflikte zerlegt worden sei, so daß nur der »Tarifkonflikt als Kern des Arbeitskampfes« (1978, S. 169) übrigbliebe, und dieser werde von den Gewerkschaften rational verwaltet.

Die Thesen von der Modernisierung und Rationalisierung des Arbeitskampfes können heute als widerlegt gelten. Als Belege dafür seien drei Beispiele angeführt: 1. die großen Streikbewegungen der späten sechziger und frühen siebziger Jahre in Westeuropa (vgl. Albers u.a. 1971; Crouch/Pizzorno 1978), 2. der 1984 in Großbritannien über ein Jahr lang erbittert geführte Bergarbeiterstreik, der keineswegs nach den Rationalitätskriterien der oben zitierten Autoren ausgetragen wurde, 3. die große französische Streikbewegung vom Dezember 1995 (vgl. Touraine 1996).

Ob als Manifestation des Klassenantagonismus zwischen Kapital und Arbeit oder nur als Konfliktlösungsinstrument bzw. Hilfsmittel der Tarifautonomie verstanden, der Arbeitskampf bleibt eine unvermeidliche Erscheinungsform im Interessenkonflikt zwischen Unternehmern und den von ihnen weisungsabhängigen Arbeitnehmern. Freilich hat sich die Konfliktintensität und die Konflikthäufigkeit seit dem Kaiserreich und der Weimarer Republik merklich vermindert; gleichwohl wäre es voreilig, mit einem sukzessiven, kontinuierlichen Rückgang der Streikaktivitäten zu rechnen. Die wirtschaftlichen, politischen, sozialen und technischen Entwicklungen schaffen immer wieder neue Konfliktsituationen, zu deren Auflösung das Konfliktlösungsinstrument des Arbeitskampfes unentbehrlich ist.

Historischer und internationaler Vergleich

Sowohl im historischen wie im internationalen Vergleich sind die Streikaktivitäten in der Bundesrepublik als relativ gering einzuschätzen.

Da Daten zur Arbeitskampfstatistik im Deutschen Reich offiziell erst seit 1899 erhoben werden, kann sich der historisch-quantitative Vergleich nur auf die Zeitspanne von der Jahrhundertwende bis heute beziehen. Sowohl im Kaiserreich (Vorkriegsperiode: 1900-1914) wie in der Weimarer Republik (Zwischenkriegsperiode: 1919-1932) liegt die durchschnittliche jährliche *Streikbeteiligung* (Zahl der an Arbeitskämpfen beteiligten Arbeitnehmer) und das durchschnittliche jährliche *Streikvolumen*[1] (Zahl der durch Arbeitskämpfe ausgefallenen Arbeitstage) deutlich über den entsprechenden Werten für die Bundesrepublik (vgl. Tabelle 6). Gegenüber den früheren Perioden zeichnet

Tabelle 6: Arbeitskampfstatistik - Historischer Vergleich

Zeitperiode	Streikbeteiligung (an Arbeitskämpfen beteiligte Arbeitnehmer)	Streikvolumen (durch Arbeitskämpfe ausgefallene Arbeitstage)	durchschnittliche Streikdauer je Streikenden in Tagen
	– jeweils im jährlichen Durchschnitt –		
1900-1914 (Kaiserreich)	247.200	7.970.800	32,2
1919-1932 (Weimarer Republik)	948.700	13.852.100	14,6
1950-1992 (Bundesrepublik, West)	154.807	763.008	4,9

Quellen: Statistisches Jahrbuch für das Deutsche Reich 1934; Statistisches Bundesamt, Fachserie 1, Reihe 4.3.; ANBA Jahreszahlen 1983ff.; eigene Berechnungen.

sich die Periode 1950 bis 1992 vor allem durch ein sehr geringes Streikvolumen aus, das von dem der Vorkriegsperiode nur ein Zehntel, von dem der Zwischenkriegsperiode nur ein Achtzehntel ausmacht. Bei der Streikbeteiligung weisen die Differenzen zwar in die gleiche Richtung, fallen aber weniger extrem aus, was zum Teil daran liegt, daß die Zahl der abhängig Beschäftigten gegenüber früher ständig angewachsen ist (1907: 15,2 Mio. - 1925: 20,2 Mio. - 1975: 22,5 Mio.). Das höhere Streikvolumen in den früheren Perioden ist nicht nur auf eine höhere Streikbeteiligung, sondern mehr noch auf die durch-

---

1 Da diese Kennziffern auch die Zahlen für Aussperrungen enthalten, müßte es korrekterweise Arbeitskampfbeteiligung und Arbeitskampfvolumen heißen; wir halten uns hier indessen an die in der Literatur gebräuchlicheren Bezeichnungen.

schnittlich längere Streikdauer zurückzuführen. Hat in der Vorkriegsperiode jeder Streikende durchschnittlich etwa einen Monat im Jahr gestreikt, so waren es in der Zwischenkriegsperiode noch 15 Tage jährlich und in der Nachkriegsperiode nur noch knapp fünf Tage. Zusammenfassend ist zu sagen, daß im Kaiserreich relativ weniger abhängig Beschäftigte an Arbeitskämpfen beteiligt waren als in der Weimarer Republik, daß aber die Ausstände im Kaiserreich wesentlich länger andauerten, während in der Bundesrepublik nicht nur weniger abhängig Beschäftigte an Arbeitskämpfen beteiligt waren, sondern diese außerdem bedeutend kürzer in den Ausstand traten als in den beiden Perioden zuvor.

Für den deutlichen Rückgang der Streikaktivitäten im intertemporalen Vergleich werden in der Literatur eine Reihe von Gründen genannt, die wir hier nur summarisch aufzählen können:

1. Vor der Anerkennung der Gewerkschaften als legitimer Interessenvertretung der abhängig Beschäftigten und gleichberechtigter Verhandlungspartner war fast jede Lohnbewegung von Kampfmaßnahmen begleitet (Kaiserreich).
2. Mit der gesetzlichen Anerkennung von Tarifautonomie und Tarifverträgen als Gestaltungsinstrumente zur Regelung der kollektiven Arbeitsbedingungen war die Herausbildung und Institutionalisierung stabiler und dauerhafter Tarifbeziehungen von zahlreichen, z.T. großflächigen Konflikten begleitet (Weimarer Republik).
3. Solange die Arbeiterbewegung noch ihren organisatorischen Ausdruck in radikalen Arbeiterparteien und Gewerkschaften mit systemverändernden Zielen fanden, wurden auch die Arbeitskämpfe härter, weil mit politischen Motiven geführt (Kaiserreich/Weimarer Republik).
4. Mit der vollen Anerkennung der Gewerkschaften durch Staat und Arbeitgeber, der vollen »Institutionalisierung des Klassenkonflikts« durch Aufbau und Verbreitung von Tarifvertragssystemen und betrieblicher Mitbestimmung, schließlich mit der nachhaltigen »Entradikalisierung« der Arbeiterbewegung (zunächst durch die Gewalttaten des Faschismus, dann durch die Wohltaten des Sozialstaates und nicht zuletzt durch das mißratene Gesellschaftsexperiment des »real existierenden Sozialismus«) ging ein Rückgang der Streikaktivitäten einher (Bundesrepublik).
5. Ein Gewerkschaftssystem mit eindeutigen Rekrutierungsfeldern und übersichtlichen Organisationsgrenzen (einheitsgewerkschaftliche Industrieverbände), ein zentralisiertes Verhandlungssystem mit klaren Kompetenzregelungen, eine duale Aufsplitterung der Interessenvertretung in betriebliche und sektorale Regelungssysteme, schließlich die starke Verrechtlichung

der Austausch- und Konfliktbeziehungen zwischen Kapital und Arbeit trugen zur Kanalisierung und Eindämmung der Arbeitskämpfe bei (Bundesrepublik).

Die unter Punkt 5 genannten Merkmale erklären bereits die - im Vergleich mit anderen Ländern - relativ geringen Streikaktivitäten in der Bundesrepublik (vgl. Tabelle 7). Unter 21 OECD-Ländern weisen die Arbeitskampfdaten für die Jahre 1970-1994 nur noch für die Niederlande, Österreich und die Schweiz geringere Durchschnittswerte aus als für Deutschland. Das extrem geringe Streikvolumen in der Schweiz ergibt sich aus dem erstmals 1937 abgeschlossenen Friedensabkommen zwischen Gewerkschaften und Arbeitgeberverband

Tabelle 7: Relatives Streikvolumen in 21 OECD-Ländern, 1970-1994

Land	Ausfalltage je 1.000 Beschäftigte		
	Jahresdurchschnitt 1970-1994	Höchster Wert	im Jahr...
Italien	901	1.980	1975
Griechenland[1]	696	1.793	1980
Spanien	681	2.292	1979
Kanada	619	1.359	1976
Irland	483	1.752	1979
Finnland	450	1.667	1971
Australien	425	1.252	1974
Großbritannien	368	1.278	1984
Neuseeland	303	1.057	1986
USA	260	940	1970
Dänemark	183	2.007	1973
Frankreich	175	406	1976
Belgien[1]	171	490	1970
Portugal[1]	132	330	1981
Schweden	102	1.150	1980
Norwegen	72	575	1986
Japan	54	266	1974
Deutschland[2]	36	246	1984
Niederlande	25	144	1973
Österreich	7	71	1973
Schweiz	1	8	1976

[1] Kennziffern basieren auf einem durch Datenlücken verkürzten Untersuchungszeitraum
[2] Bis einschließlich 1992 alte Bundesländer
Quelle: Schnabel 1996 (nach: ILO; OECD; Eurostat; nationale Quellen)

der Metallindustrie; das inzwischen mehrfach erneuerte und von anderen Wirtschaftszweigen übernommene Abkommen schreibt eine absolute Friedenspflicht vor (Schnabel 1996, S. 38f.). Zu den Ländern mit geringem Streikvolumen gehören auch die skandinavischen Länder (mit Ausnahme Finnlands). Arbeitskampf-Spitzenreiter ist Italien; insbesondere in den siebziger Jahren fanden in diesem Land brisante Arbeitskämpfe statt, die auch den Durchschnittwert stark beeinflußt haben. Während der späten sechziger und der siebziger Jahre erlebten viele Industrieländer erhöhte Streikaktivitäten. Wie aus *Tabelle 7* ersichtlich, liegen für zwei Drittel der Länder die höchsten Jahreswerte des relativen Streikvolumens in den siebziger Jahren; in den achtziger Jahren und noch deutlicher in der ersten Hälfte der neunziger Jahre gehen die Streikaktivitäten generell zurück.

Als Ursachen für diesen Trend werden aufgeführt (Schabel 1996, S. 41f.):

1. der sektorale Strukturwandel: der Beschäftigtenanteil des verarbeitenden Gewerbes, in dem sich die Arbeitskämpfe konzentrieren, geht zugunsten der Dienstleistungsbereiche zurück;
2. die dauerhafte Massenarbeitslosigkeit: mit zunehmendem Beschäftigungsrisiko sinkt die Streikbereitschaft;
3. der Einstellungswandel bei Arbeitnehmern: Wertewandel und individualistischere Haltungen schaffen eine größere Distanz zur kollektiven und kampfweisen Interessendurchsetzung.

Arbeitskämpfe 1945 bis 1995

Wir haben bislang die Streikaktivitäten in der Bundesrepublik insgesamt betrachtet. Um die seit Ende des Zweiten Weltkriegs rund fünfzigjährige Periode etwas differenzierter zu beleuchten, bietet sich eine Unterteilung in sechs Phasen an:

a) die unmittelbare Nachkriegszeit 1945 bis 1949,
b) die Phase der Rekonstruktion und des Wiederaufbaus der fünfziger Jahre,
c) die Phase der Konsolidierung der sechziger Jahre,
d) die Phase der Turbulenzen (des Um- und Aufbruchs, der »neuen Militanz« der Arbeiterbewegung, der beginnenden Massenarbeitslosigkeit) der siebziger Jahre,
e) die achtziger Jahre mit dauerhaft hoher Arbeitslosigkeit,
f) die frühen neunziger Jahre des vereinigten Deutschlands.

Tabelle 8: Arbeitskampfstatistik* der Bundesrepublik Deutschland, 1950-1994

Zeitraum	betroffene Betriebe	betroffene Arbeitnehmer	ausgefallene Arbeitstage
	– im jährlichen Durchschnitt –		
1950-54	1.479	100.893	1.098.126
1955-59	568	178.575	870.044
1960-64	234	87.995	484.433
1965-69	218	75.331	148.188
1970-74	583	235.768	1.251.466
1975-79	608	160.788	1.078.085
1980-84	341	193.962	1.171.418
1985-89	123	85.222	47.617
1990-94	849	280.983	446.255

* Effektive Streiks und Aussperrungen (ohne Doppelzählungen) im Bundesgebiet West
Quellen: Statistisches Bundesamt, Fachserie 1, Reihe 4.3; ANBA Jahreszahlen, 1983ff.

Einen ersten Hinweis liefern uns die statistischen Daten (vgl. Tabelle 8). Unverkennbar ist, daß die Arbeitskampfstatistik für die fünfziger, siebziger und die frühen achtziger Jahre wesentlich höhere Jahresdurchschnittswerte ausweist als für die anderen Halbdekaden; diese Aussage gilt stärker für die Ausfalltage als für die Streikbeteiligung. Die Differenzen im zeitlichen Verlauf lassen sich deutlicher aufzeigen, wenn wir die genannten sechs Phasen qualitativ betrachten.

Die unmittelbare Nachkriegszeit, die *späten vierziger* Jahre, für die keine offiziellen Arbeitskampfstatistiken vorliegen, kannten Hungermärsche, Demonstrationen gegen Demontagen, befristete Generalstreiks für Preiskontrollen, Mitbestimmung und Sozialisierung. Diese Forderungen waren auch in den zehn Punkten des vom Gewerkschaftsrat der britisch-amerikanischen Zone erlassenen Kampfaufrufs zu einem 24stündigen Generalstreik (12. November 1948) enthalten. An diesem Streik beteiligten sich mehr als neun Millionen Arbeitnehmer - eine Rekordbeteiligung, die von keinem späteren Arbeitskampf in der Bundesrepublik erreicht wurde.

Die *fünfziger* Jahre standen im Zeichen der politischen Restauration und des wirtschaftlichen Wiederaufbaus. Politisch motivierte Proteststreiks fanden noch in den frühen fünfziger Jahren statt (1952 gegen die Verabschiedung des Betriebsverfassungsgesetzes; 1955 gegen die Aushöhlung der Montanmitbestimmung). Zugleich mußten sich die Gewerkschaften durch Streiks um Lohnerhöhungen erst wieder ihren Platz im System der Tarifverhandlungen erkämpfen. Von sozialpolitisch außerordentlicher Bedeutung war der 16wöchige

Streik, den die IG Metall 1956/57 um die Lohnfortzahlung im Krankheitsfall für Arbeiter führte. Der mit ihm erzielte sozialpolitische Durchbruch, die Gleichstellung der Arbeiter mit den Angestellten, schlug sich später auch in Gesetzesform nieder.

Nachdem die Rolle der Gewerkschaften in den wiederkehrenden Lohnrunden einmal akzeptiert worden war und sich zwischen den Tarifparteien ein institutionelles Arrangement in Form von Schlichtungsvereinbarungen, Gesetzesnormen, innerverbandlicher Zentralisierung etc. herausgebildet hatte, begann in den *sechziger* Jahren - nach dem einzigen großen Arbeitskampf in der baden-württembergischen Metallindustrie 1963 - eine längere Phase sozialfriedlicher Beziehungen, zumal die vorherrschenden Bedingungen ökonomischer Prosperität den Unternehmern ausreichende Konzessionsspielräume boten. Diese streikarme Phase der »lohnpolitischen Kooperation« dauerte bis Ende der sechziger Jahre.

Im September 1969 wurde das sozialfriedliche Arrangement durch eine Welle »wilder Streiks« in Frage gestellt. Sie trugen zur Umorientierung gewerkschaftlicher Interessenpolitik in den *siebziger* Jahren bei. Durch die inoffiziellen Streiks von 1969, denen 1973 eine zweite Welle folgte, waren die Gewerkschaftsführungen unter Legitimationsdruck geraten, denn die »wild« Streikenden brachten deutlich ihre Unzufriedenheit mit den Ergebnissen der gewerkschaftlichen Tarifpolitik zum Ausdruck. Mit einer offensiven Interessenvertretung traten die gewerkschaftlichen Führungen auf lohnpolitischem Gebiet die Flucht nach vorn an; den spontanen Streikwellen folgten jeweils Phasen militanter Lohnauseinandersetzungen mit Streiks und Aussperrungen. Nachdem die IG Metall bereits 1973 einen Arbeitskampf um die »Humanisierung der Arbeitsbedingungen« geführt hatte, kam es in der zweiten Hälfte der siebziger Jahre, unter dem Druck der zunehmenden Rationalisierungsmaßnahmen mit ihren negativen Folgen für Beschäftigung, Lohnniveau und Qualifikation, vor allem in der Metallverarbeitung und der Druckindustrie zu Arbeitskämpfen über tarifpolitische Regelungen der Rationalisierungsfolgen, dabei griffen die Unternehmer verstärkt zum Kampfmittel der Aussperrung.

Die *achtziger* Jahre waren in der ersten Hälfte gekennzeichnet durch Auseinandersetzungen um die Arbeitszeitverkürzung, vor allem um den Einstieg in die 35-Stunden-Woche, der erst nach wochenlangen Streiks und Aussperrungen in der Druck- und Metallindustrie 1984 erzielt werden konnte. Nach diesem - gemessen am Streikvolumen - größten Arbeitskampf seit 1950 gingen in der zweiten Hälfte die Streikaktivitäten deutlich zurück.

Die *neunziger* Jahre standen weiterhin im Zeichen der Massenarbeitslosigkeit, die sich noch stärker in den neuen Bundesländern verbreitete. Gleichwohl kam es dort zu ersten offiziellen Streiks: 1990 streikten die Beschäftigten der

Deutschen Reichsbahn für höhere Löhne und besseren Kündigungsschutz; 1993 rief die IG-Metall über 15.000 sächsische Metallarbeiter in einen Streik gegen die vom Metallarbeitgeberverband ausgesprochene fristlose Kündigung des Stufentarifvertrages, der für das Jahr 1994 die volle Angleichung der Ostlöhne an das Westniveau vorgesehen hatte. Schließlich streikten nach einer fast 20jährigen Pause im Jahre 1992 die Beschäftigten des öffentlichen Dienstes in Westdeutschland für höhere Löhne und Gehälter.

Streikaktivitäten in Wirtschaftszweigen und (alten) Bundesländern

Aufschlußreiche Befunde ergeben sich bei der Disaggregation der Streikbeteiligung und des Streikvolumens (hier ohne Aussperrungen) nach Wirtschaftszweigen (vgl. Tabelle 9), die sich in drei Gruppen zusammenfassen lassen.

1. Wirtschaftszweige mit sinkenden Anteilen an den Streikaktivitäten: *Bergbau, Baugewerbe; Textilindustrie*. In den fünfziger Jahren hat diese Industriegruppe noch über 40 Prozent der Streikenden gestellt, während in den siebziger und achtziger Jahren gerade noch ein bis zwei Prozent der Streikenden aus diesen Industrien kamen. Der Anteil am Streikvolumen ist gleichfalls drastisch gesunken: in den fünfziger Jahren betrug er ein Viertel aller Streikausfalltage, in den siebziger und achtziger Jahren ebenfalls nur noch ein bis zwei Prozent. Gemeinsam ist diesen »alten« Industriezweigen, daß sie eine stark rückläufige Entwicklung der Beschäftigtenzahlen zu verzeichnen haben.

2. Wirtschaftszweige mit durchgängig hohen bzw. steigenden Anteilen: *Metallverarbeitung, Eisen und Stahl, Druckindustrie*. In den besonders hohen Anteilen der Metallverarbeitung spiegelt sich die wirtschaftliche Schlüsselrolle dieser Industriegruppe wider, zu der die gesamte Investitionsgüterindustrie zählt. Diesem Industriebereich fällt fast selbstverständlich die tarifpolitische Schrittmacherrolle zu. Die Tarifkontrahenten beider Seiten sind zentralistisch organisiert: dem mächtigen Arbeitgeberverband Gesamtmetall steht die größte Einzelgewerkschaft, die IG Metall, gegenüber. Die Eisen- und Stahlindustrie, obwohl zu den »alten« Industrien mit rückläufigen Beschäftigungszahlen gehörend, weist bis in die siebziger Jahre steigende Anteile an den Streikaktivitäten aus, was wohl darauf zurückzuführen ist, daß diese Industrie zum Organisationsbereich der Tarifführergewerkschaft IG Metall gehört. - In der Druckindustrie ist ein kontinuierlicher Anstieg zu konstatieren, der auf einige größere

Tabelle 9: Verteilung der Streikaktivitäten auf einzelne Wirtschaftszweige

Wirtschaftszweig	Anteil der an Streiks beteiligten Arbeitnehmer in %				Anteil der durch Streiks ausgefallenen Arbeitstage in %			
	1950-59	1960-69	1970-79	1980-89	1950-59	1960-69	1970-79	1980-89
Bergbau	40,2	23,6	0,4	0,0	6,2	15,6	0,2	0,0
Baugewerbe	5,1	1,5	0,6	0,2	7,8	14,3	1,3	1,1
Textilindustrie	4,0	2,5	0,5	1,0	9,2	2,9	0,3	0,1
Metallverarbeitung	28,1	50,5	61,2	77,8	61,7	44,0	62,0	78,4
Eisen und Stahl	11,7	15,4	10,5	3,1	5,4	7,9	18,2	0,5
Druck und Papier	4,3	1,2	8,0	10,9	2,7	5,5	6,0	13,7
Chemische Industrie	0,1	3,5	3,2	0,4	0,2	7,4	3,4	1,4
Öffentlicher Dienst	3,3	0,4	14,3	5,1	2,5	0,1	7,6	4,0
Sonstige	3,2	1,3	1,2	1,5	4,2	2,3	0,9	0,8
	100	100	100	100	100	100	100	100

Quelle: Eigene Berechnungen auf der Grundlage der vom Statistischen Bundesamt veröffentlichten Arbeitskampfstatistik

Arbeitskämpfe in den siebziger und achtziger Jahren zurückzuführen ist. Der durch die informationstechnischen Innovationen bedingte Strukturwandel im Druck- und Medienbereich hat traditionelle Berufsgruppen des graphischen Gewerbes obsolet gemacht; die für diesen Bereich zuständige Gewerkschaft (IG Druck und Papier, seit 1989: IG Medien) hat auf diesen Strukturwandel mit einer Radikalisierung der Interessenpolitik reagiert.

3. Wirtschaftszweige mit relativ niedrigen Anteilen: *Chemieindustrie, öffentlicher Dienst.* Die Entwicklung der Streikaktivitäten in der chemischen Industrie und im öffentlichen Dienst weist keinen eindeutigen Trend auf. Aufgrund der Größe dieser Wirtschaftszweige können einzelne Arbeitskämpfe (z.B. im öffentlichen Dienst 1974) die Durchschnittswerte einer Dekade stark beeinflussen.

Die regionale Disaggregation nach *Bundesländern* (vgl. Tabelle 10) gibt ebenfalls Aufschluß über einige bemerkenswerte Regelmäßigkeiten. Während in der ersten Dekade das Bild noch uneinheitlich ist - allein fünf Länder weisen Anteilswerte an den Streikausfalltagen von über 10 Prozent auf -, erweisen sich in den beiden folgenden Dekaden Baden-Württemberg und Nordrhein-Westfalen als die Länder mit der höchsten Streikintensität: ihr gemeinsamer Anteil am Streikvolumen in den sechziger, siebziger und achtziger Jahren liegt zwischen 63 und 80 Prozent. Die verbleibenden Anteile streuen in unregelmäßiger Weise über die restlichen Länder und Stadtstaaten. (Auf Hessen fiel in den achtziger Jahren ein hoher Anteil des Streikvolumens, weil die IG Metall in ihrem Kampf um die 35-Stunden-Woche erstmals zwei Tarifbereiche einbezog: neben Baden-Württemberg auch Hessen.) Die Spitzenposition Baden-Württembergs verdankt sich zum überwiegenden Teil Arbeitskämpfen in der Metallindustrie. Für die Tarifführergewerkschaft IG Metall ist Baden-Württemberg der tarifpolitische Durchbruchsbezirk. Die hohen Anteilswerte Nordrhein-Westfalens setzen sich aus mannigfachen Streikbewegungen in verschiedenen Industrien zusammen.

Arbeitskämpfe 223

Tabelle 10: Verteilung der Streikaktivitäten nach Bundesländern

Bundesland	Anteil der an Streiks beteiligten Arbeitnehmer in %			Anteil der durch Streiks ausgefallenen Arbeitstage in %			
	1950-59	1960-69	1970-79	1980-89	1950-59	1960-69	1970-79	1980-89
Schleswig-Holstein	4,4	1,7	1,8	3,6	24,7	4,2	1,2	1,1
Hamburg	2,2	0,1	2,0	1,6	2,4	0,1	1,6	0,9
Niedersachsen	7,2	3,3	3,5	10,9	12,1	6,4	2,3	1,4
Bremen	3,0	1,4	3,6	2,0	7,8	1,3	6,5	0,6
Nordrhein-Westfalen	56,7	32,4	27,4	13,5	18,0	21,8	24,0	3,4
Hessen	8,4	5,8	5,1	10,2	15,7	4,2	3,2	23,8
Rheinland-Pfalz	1,1	0,4	1,1	1,8	0,7	2,4	0,7	0,6
Baden-Württemberg	5,4	39,7	49,1	44,5	2,2	40,8	55,8	64,6
Bayern	11,6	6,9	2,8	9,6	16,5	4,2	2,3	2,2
Saarland	K.A.	8,1	0,7	0,3	K.A.	14,2	0,4	0,0
Berlin (West)	K.A.	0,1	2,9	2,0	K.A.	0,2	2,0	1,3
	100	100	100	100	100	100	100	100

Quelle: Eigene Berechnungen auf der Grundlage der vom Statistischen Bundesamt veröffentlichten Arbeitskampfstatistik

Weiterführende Literatur

C. Schnabel, *Arbeitskämpfe*, in: Gewerkschaftsreport, Heft 1/1996.
(Aktueller internationaler Vergleich von Arbeitskampfdaten aus 21 OECD-Ländern.)

D. Albers/ W. Goldschmidt/P. Oehlke, *Klassenkämpfe in Westeuropa*, 1971.
C. Crouch/A. Pizzorno (Hg.), *The Resurgence of Class Conflict in Western Europe since 1968*, 1978.
(Zwei materialreiche und anregende Analysen der Streikbewegungen in europäischen Ländern in den späten sechziger und frühen siebziger Jahren.)

Walther Müller-Jentsch, *Streiks und Streikbewegungen in der Bundesrepublik 1950-1978*, in: Bergmann (Hg.) 1979.
(Quantitative und qualitative Aspekte der westdeutschen Arbeitskampfgeschichte bis 1978 mit zahlreichen Quellenangaben und Literaturhinweisen.)

Michael Schneider, *Aussperrung*, 1980.
(Historischer Abriß über das Kampfmittel der Unternehmer seit dem Kaiserreich.)

Rainer Kalbitz, *Aussperrungen in der Bundesrepublik*, 1979.
(Geschichte und Typologie der Aussperrungen nach 1945.)

Kapitel 14
Tarifverträge und ihre Regelungsmaterie

Systematik der Tarifverträge

Es ist die Regel, daß im ersten Paragraphen eines Tarifvertrages sein Geltungsbereich festlegt wird. Dieser wird gewöhnlich in dreifacher Weise aufgefächert: räumlich, fachlich und persönlich. Der *räumliche* Geltungsbereich kann ein einzelnes Unternehmen sein, dann handelt es sich um einen Werks- oder Firmentarifvertrag. Verbreiteter sind in Deutschland Verbandstarifverträge, die ihrerseits wiederum für regionale Tarifgebiete (häufig Bundesländer) oder für das gesamte Bundesgebiet (z.Zt. meist noch getrennt nach Ost und West) abgeschlossen werden können. Der *fachliche* Geltungsbereich kann sich auf eine einzelne Branche (z.B. Glasindustrie), auf eine Industriegruppe (z.B. metallverarbeitende Industrien) oder auf einen Wirtschaftszweig (z.B. öffentlicher Dienst) beziehen. Der *persönliche* Geltungsbereich schließlich bezieht sich auf die einzelnen Arbeitnehmergruppen: auf Arbeiter, Angestellte, Auszubildende oder auf die Arbeitnehmer insgesamt. Für Beamte werden keine Tarifverträge abgeschlossen; ihre Arbeits- und Entlohnungsbedingungen werden durch Gesetze geregelt.

Die genannten drei Dimensionen können in unterschiedlichen Kombinationen auftreten. Beispielsweise kann ein räumlich engbegrenzter Tarifvertrag (Firmentarifvertrag) für einen persönlich weiten Bereich (Arbeitnehmer insgesamt) gelten; umgekehrt kann ein räumlich weiter Tarifvertrag (Bundestarifvertrag) für eine engumgrenzte Arbeitnehmergruppe (z.B. Auszubildende) abgeschlossen werden (vgl. Übersicht 17).

Nach ihren Regelungsgegenständen werden folgende typische Formen der Tarifverträge unterschieden:

1. *Vergütungstarifverträge:* das sind Lohn- und Gehaltstarifverträge, die getrennt für Arbeiter und Angestellte, oder *Entgelttarifverträge*, die gemeinsam für alle Arbeitnehmer abgeschlossen werden. Sie regeln die Lohn- und Gehaltserhöhung und machen den größten Teil der Tarifverträge aus.

Übersicht 17: Geltungsbereiche von Tarifverträgen für den Organisationsbereich der IG Metall

Räumlicher Geltungsbereich (Tarifgebiet)	Fachlicher Geltungsbereich (Branche)	Persönlicher Geltungsbereich (Arbeitnehmergruppe)
UNTERNEHMEN (Werk-/Firmentarifvertrag)	METALLINDUSTRIE (Metallverarbeitung)	ARBEITER
		ANGESTELLTE
REGION (Regionaltarifvertrag) 22 regionale Tarifgebiete (nur teilweise mit Ländergrenzen übereinstimmend)	EISEN UND STAHL- INDUSTRIE	AUSZUBILDENDE
	METALLHANDWERK u.a.	ARBEITNEHMER insg.
	– Kfz-Handwerk	
	– Elektrohandwerk	
BUNDESGEBIET (Bundestarifvertrag)	– Schlosser-, Schmiede-, Feinmechanikhandwerk	

2. *Rahmentarifverträge* (Lohnrahmen-, Gehaltsrahmen-, Entgeltrahmentarifverträge). Sie legen Zahl, Spannweite und Definitionsmerkmale der Lohn- und Gehaltsgruppen, die Eingruppierungsgrundsätze sowie spezifische Bewertungssysteme und Regelungen zur Leistungsentlohnung fest.
3. *Manteltarifverträge.* Sie regeln die allgemeinen Arbeitsbedingungen; hierzu zählen insbesondere die tägliche und wöchentliche Arbeitszeit, Zuschläge für Mehr-, Nacht- und Schichtarbeit, Urlaubsdauer, Kündigungsfristen, Lohnanspruch bei Krankheit etc.
4. *Sonstige Tarifverträge.* Eine Reihe weiterer Regelungsgegenstände werden in gesonderten Tarifverträgen erfaßt. Dabei handelt es sich z.B. um vermögenswirksame Leistungen, um gemeinsame Einrichtungen der Tarifparteien (Berufsbildung und Weiterqualifizierung; Sozialkassen im Baugewerbe), um die Förderung bestimmter Personengruppen (Frauen; Jugendliche) oder um weitergehende betriebliche Mitbestimmungsrechte.

Die tarifpolitische Praxis kennt viele Mischformen: in einigen Bereichen werden Entgeltsysteme auch durch Manteltarifverträge geregelt; manche Materie des Manteltarifvertrags wird zunächst in Sonder- und Einzelabkommen (z.B. Rationalisierungsschutzabkommen, Urlaubs- und Arbeitszeitabkommen) vereinbart und findet später Eingang in den umfassenderen Manteltarifvertrag.

Die räumlichen Geltungsbereiche der Tarifverträge sind in den einzelnen Wirtschaftszweigen und je nach Art des Tarifvertrags verschieden (vgl. Übersicht 18). In der metallverarbeitenden Industrie werden fast sämtliche Tarifverträge, bis auf einige Sonderabkommen und Firmentarifverträge, für regionale Tarifgebiete abgeschlossen; in der chemischen Industrie sind für Entgelttarifverträge regionale, für Mantel- und Rahmentarifverträge zentrale Abkommen die Regel; im öffentlichen Dienst haben Lohn- und Manteltarifverträge

Übersicht 18: Räumliche Geltungsbereiche von Tarifverträgen nach Wirtschaftszweigen und Arten von Tarifverträgen

Wirtschaftszweig	räumlicher Geltungsbereich		
	Bundesgebiet (West)	Region	Unternehmen
Bauhauptgewerbe	RTV / L + G		
Öffentlicher Dienst	RTV / L + G		
Banken	RTV / E		
Versicherungen	RTV / E		
Druckindustrie	RTV / L	G	
Chemische Industrie	RTV	E	
Metallindustrie		RTV / L + G	
Eisen- und Stahlindustrie		RTV / L + G	
Steinkohlebergbau		RTV / L + G	
Energiewirtschaft		RTV / E	
Textilindustrie		RTV / L + G	
Holzverarbeitung		RTV / L + G	
Hotel- und Gaststättengewerbe		RTV / E	
Einzelhandel		RTV / L + G	
Mineralölindustrie			RTV / L + G

RTV = Rahmen- (auch: Mantel-) Tarifvertrag zur Regelung der Vergütungsgrundsätze
L, G, E = Lohn-, Gehalts-, Entgelttarifvertrag
Quelle: Bispinck/WSI-Tarifarchiv 1995

für Arbeiter und Angestellte einen bundesweiten Geltungsbereich (wenn auch z.Zt. noch nach Ost und West getrennt). Allein für die Beschäftigten der Deutschen Bahn AG erstreckt sich der räumliche Geltungsbereich für alle Arten von Tarifverträgen auf das gesamte Bundesgebiet; außerdem werden im Bauhauptgewerbe schon alle Tarifverträge für Arbeiter und in der Druckindustrie die Lohntarifverträge gemeinsam für die alten und neuen Bundesländer abgeschlossen. Firmentarifverträge sind in der Mineralölindustrie die Regel; ansonsten werden sie mit solchen Unternehmen abgeschlossen, die nicht Mitglied eines Arbeitgeberverbandes sind (z.B. Volkswagen AG).

Neben Geltungsbereich und Regelungsmaterie gehören die Laufzeiten (sowie die Kündigungsfristen) zu den unabdingbaren Bestandteilen von Tarifverträgen.

Die *Laufzeiten* der Tarifverträge sind je nach Tarifvertragsart unterschiedlich geregelt. Die Geltungsdauer der Lohn- und Gehaltstarifverträge beträgt in der Regel 12 Monate; doch gibt es auch hier bedeutende Abweichungen; Rahmen- und Manteltarifverträge haben gewöhnlich eine Laufzeit von mehreren Jahren; meist werden sie im Turnus von fünf Jahren neu verhandelt.

Die Zahl der jährlich neu abgeschlossenen Tarifverträge liegt zwischen 7.000 und 8.000. Seit dem Inkrafttreten des Tarifvertragsgesetzes im Jahr 1949 bis Ende 1995 sind rund 286.000 Tarifverträge vereinbart und in das Tarifregister[1] des Bundesministeriums für Arbeit- und Sozialordnung eingetragen worden (Bundesarbeitsblatt 3/1996, S. 21). Derzeit sind in West und Ost rund 43.000 Tarifverträge gültig, darunter rund 14.000 Firmentarifverträge für einen einzelnen Betrieb bzw. ein einzelnes Unternehmen. Seit Jahren besteht ein nahezu lückenloses Netz von Tarifverträgen für Wirtschafts- und Dienstleistungsbereiche, in denen rund 80 Prozent aller sozialversicherungspflichtigen Arbeitnehmer beschäftigt sind (Traxler 1996, S. 274). Ein gesetzlicher Anspruch auf die tarifvertraglich geregelten Arbeitsbedingungen besteht freilich nur dann, wenn sowohl der Arbeitgeber als auch der Arbeitnehmer Mitglied eines der den Tarifvertrag abschließenden Verbandes ist oder wenn der Tarifvertrag für allgemeinverbindlich erklärt wurde. In der Praxis reicht der tarifvertragliche Regelungsbereich jedoch weiter. Da die meisten Unternehmer ohnehin an Tarifverträge gebunden sind - sei es als Mitglied eines Arbeitgeberverbandes oder als Vertragspartei eines Firmentarifvertrags -, ist es betriebsüblich, die tarifvertraglichen Regelungen für alle Arbeitnehmer (unabhängig von der Gewerkschaftszugehörigkeit) anzuwenden. Nur zu einem sehr geringen Teil werden Tarifverträge für allgemeinverbindlich erklärt: in jedem Jahr sind es rund 150 Tarifverträge; etwa die gleiche Zahl tritt jährlich außer Kraft, so daß die Zahl der gültigen allgemeinverbindlichen Tarifverträge seit Jahren bei 600 liegt, davon über 100, die ganz oder teilweise für die neuen Bundesländer gültig sind (WSI-Tarifhandbuch 1996, S. 59). Über die Hälfte dieser

---

[1] § 6 des Tarifvertragsgesetzes bestimmt, daß beim Bundesminister für Arbeit und Sozialordnung ein Tarifregister geführt wird, in das alle Tarifverträge eingetragen werden.

Verträge konzentrieren sich auf drei Branchen: Baugewerbe, Handel, Reinigung und Körperpflege (ebd.).
Die oben erwähnte - auch im internationalen Vergleich (s. Traxler 1996, S. 274) hohe - »Deckungsrate« tarifvertraglicher Normen ist dem für das deutsche Tarifvertragssystem charakteristischen Verbands- oder Flächentarifvertrag zu verdanken. Indessen zeigt die tarifpolitische Praxis eine schleichende Erosion der regulierenden Funktion des Flächentarifvertrages, die in der »Verbandsflucht«, der »Tarifflucht« und der offenen Mißachtung geltender Tarifnormen zum Ausdruck kommt.

- *Verbandsflucht* und Verbandsabstinenz nimmt unter Arbeitgebern zu; sie treten aus Arbeitgeberverbänden aus bzw. treten mit ihren neugegründeten Unternehmen erst gar nicht bei, um der Tarifbindung zu entgehen (vgl. Kap. 10).
- *Tarifflucht* liegt dort vor, wo Arbeitgeber mit ihrem gesamten Unternehmen oder einzelnen Unternehmenssparten die Branche und den Arbeitgeberverband wechseln, um in den Genuß günstigerer Tarifbedingungen zu kommen (so trennte beispielsweise IBM ihren Dienstleistungsbereich vom Produktionsbereich, um ihn aus der Tarifbindung für die Metallindustrie herauszulösen).
- Den offenen *Tarifbruch* praktizierten zuerst die Metallarbeitgeber (1993), dann die Bauarbeitgeber (1996) in den neuen Bundesländern, indem sie die Stufentarifverträge fristlos kündigten, um die vereinbarte Angleichung der Ost-Vergütungen an das Westniveau aufzuschieben. Nicht nur im Osten (obwohl dort besonders häufig) mehren sich auch die Fälle, in denen Unternehmen - teilweise mit (erpreßtem) Einverständnis der Betriebsräte - die Normen geltender Tarifverträge unterschreiten. In Analogie zum »wilden Streik« könnte man hier von einer »wilden Kooperation« sprechen.

Die angeführten Tendenzen konzentrieren sich in der Metall-, Bau- und Druckindustrie. Es wäre daher voreilig, von einer generellen Krise des Flächentarifvertrags zu sprechen. In der chemischen Industrie beispielsweise haben die Tarifparteien in einer gemeinsamen Erklärung (»Rheingauer Erklärung« vom Oktober 1996) die Funktionsfähigkeit des Flächentarifvertrags für die Regelung der Lohn- und Arbeitsbedingungen bekräftigt, gleichzeitig aber auf die Notwendigkeit hingewiesen, Tarifverträge mit flexiblen Regelungen für die Unternehmen und Öffnungsklauseln für Nachverhandlungen der Betriebsparteien auszustatten.

Seit Mitte der achtziger Jahre werden in der tarifpolitischen Praxis bereits vermehrt Tarifverträge mit Korridorlösungen und Öffnungsklauseln vereinbart. Im ersten Fall gibt der Tarifvertrag einen Rahmen vor (z.B. variable Wochenarbeitszeit zwischen 30 und 40 Stunden, bei durchschnittlich 35 Stunden), im zweiten Fall wird der Tarifvertrag für ergänzende Betriebsvereinbarungen durch die Betriebsparteien geöffnet (vgl. weiter unten sowie Kap. 16). Unter Tarifpolitikern und Arbeitsrechtlern wird gegenwärtig heftig über die Reformbedürftigkeit der Flächentarifverträge gestritten, vor allem über die Verlagerung von weiteren tarifpolitischen Regelungskompetenzen auf die Betriebsparteien (vgl. zusammenfassend Wendeling-Schröder 1997).

Entgelt, Entgeltstrukturen, Entgeltsystem

Um besser verstehen zu können, in welcher Weise die (Lohn- und Gehalts-) Einkommen der abhängig Beschäftigten durch Tarifverträge geregelt werden, sind zunächst einige begriffliche Klärungen vorzunehmen. Wir unterscheiden

1. zwischen Tarifvergütung und Effektivvergütung,
2. zwischen Bruttovergütung und Nettovergütung,
3. zwischen Nominaleinkommen und Realeinkommen.

Die *tarifliche* Vergütung ist der im Tarifvertrag als Entgelt für geleistete Arbeit (pro Stunde, Woche oder Monat) fixierte Mindestbetrag. Das *effektive* Einkommen ist das vom Arbeitgeber gezahlte Entgelt; geht es über das tarifliche hinaus, spricht man von übertariflichen Zulagen. In expandierenden Industriezweigen und für gesuchte Facharbeitergruppen können die Effektivlöhne erheblich über den Tariflöhnen liegen.

Die *Brutto*vergütung ist das in Tarifverträgen und individuellen Arbeitsverträgen vereinbarte Entgelt; nach Abzug von Lohn- und Kirchensteuer und von Sozialversicherungsbeiträgen verbleibt das den Arbeitnehmern ausgezahlte *Netto*entgelt.

Die Unterscheidung zwischen Nominal- und Realeinkommen ist eine rein rechnerische; sie ist vor allem bei Verhandlungen und Vereinbarungen über Lohn- und Gehaltserhöhungen von Bedeutung. Das *nominale* Einkommen ist jenes Entgelt, das in Mark und Pfennig vereinbart bzw. ausgezahlt wird; bringt man die - gegenüber der letzten Erhöhung - erfolgte Preissteigerung in Abzug, dann verbleibt das *Real*einkommen. Die Tatsache steigender Löhne und Gehälter sagt allein noch nichts darüber aus, ob die Arbeitnehmer mit dem erhöhten Entgelt auch mehr Güter und Dienstleistungen kaufen können. Gleicht die Erhöhung nur die Preissteigerung aus, dann bleibt das Realeinkommen unverändert. Ist die Lohn- und Gehaltserhöhung geringer als die Preissteigerung, dann sinkt das Realeinkommen.

Bei Lohnverhandlungen[2] bemühen die Gewerkschaften gewöhnlich drei Faktoren zur Stützung ihrer Forderungen:
1. den (erwarteten) Preisanstieg,
2. den Produktivitätsfortschritt,
3. eine Umverteilungskomponente.

Als vordringlichstes Ziel ihrer Lohnpolitik betrachten die Gewerkschaften die Sicherung der Realeinkommen, das heißt die Erhöhungen sollen mindestens die seit der letzten Erhöhung eingetretenen beziehungsweise zu erwartenden Preissteigerungen kompensieren. Als nicht minder selbstverständlich betrachten es die Gewerkschaften, daß die Arbeitnehmer an den Resultaten gestiegener Arbeitsproduktivität oder am wirtschaftlichen Wachstum zumindest proportional beteiligt werden. Solange es nur um den Ausgleich der Preissteigerungen und um die Beteiligung am Wirtschaftswachstum geht, konnten die Gewerkschaften in der Periode der Vollbeschäftigung mit einem breiten Konsens rechnen. Zwar vertraten die Arbeitgeber noch bis Mitte der sechziger Jahre das Konzept der »produktivitätsorientierten Lohnpolitik«, demzufolge die *Nominal*einkommen parallel zum *realen* Produktivitätsfortschritt anzuheben seien (also ohne Berücksichtigung steigender Lebenshaltungskosten); nachdem aber der Wirtschaftsprofessor Meinhold 1965 in einem Schlichtungsverfahren neben dem Produktivitätsfortschritt auch den erwarteten Preisanstieg als Grundlage für Lohnerhöhungen zur Geltung bringen konnte, wurde die sog. »Meinhold-Formel« weitgehend akzeptiert. In modifizierter Form übernahm sie auch der Sachverständigenrat zur Begutachtung der wirtschaftlichen Entwicklung. Die seit Ende der siebziger Jahre andauernde Beschäftigungskrise veranlaßte die Arbeitgeberverbände, von dieser lohnpolitischen »Friedensformel« wieder abzurücken. Vollends kontrovers zwischen den Tarifverbänden ist die dritte Komponente, die der Umverteilung. Die Gewerkschaften argumentieren, daß die bestehende Einkommens- und Vermögensverteilung ungerecht sei und lohnpolitisch korrigiert werden müsse, und zwar durch Lohnerhöhungen, die über die Steigerungsraten der Lebenshaltungskosten und der Arbeitsproduktivität hinausgehen.

Fragt man nach den Erfolgen der mehr als vierzigjährigen gewerkschaftlichen Lohnpolitik, dann kann es nur eine gespaltene Antwort geben. Zum einen sind die Arbeitseinkommen von 1950 bis 1994 erheblich angestiegen: die nominalen Bruttoeinkommen um das Sechzehnfache, die nominalen Nettoeinkommen um das Zwölffache. Berücksichtigt man jedoch die Erhöhung der Le-

---

2 Die Termini Lohnverhandlung, Lohnrunde, Lohnpolitik (auch Lohnsteuer) beziehen sich, nach üblichem Sprachverständnis, nicht nur auf die Lohn-, sondern auch auf die Gehaltseinkommen

Tabelle 11: Durchschnittliche Arbeitseinkommen

Jahr[1]	Monatliche Bruttolohn- und Gehaltssumme je beschäftigten Arbeitnehmer		Monatliche Nettolohn- und Gehaltssumme je beschäftigten Arbeitnehmer			Preisindex für Lebenshaltung (4-Personen-Arbeitnehmer-haushalte)
	nominal		nominal		real	
	DM	1950=100	DM	1950=100	1950=100	1950=100
1950	243	100,0	213	100,0	100,0	100,0
1960	512	210,7	431	202,3	167,9	120,5
1970	1.153	474,5	894	419,7	271,0	154,9
1980	2.474	1018,1	1.765	828,6	330,0	251,1
1990	3.499	1439,9	2.432	1.141,8	352,9	323,5
91	3.710	1526,7	2.500	1.173,7	350,4	335,0
92	3.650	1502,1	2.450	1.150,2	330,2	348,3
93	3.810	1567,9	2.570	1.206,6	333,8	361,5
94	3.900	1604,9	2.570	1.206,6	324,1	372,3

[1] ab 1991 vorläufige Zahlen, 1992-1994 Ost und West
Quellen: Statistisches Bundesamt, Fachserie 18, Reihe S.15, 1990; Fachserie 17, Reihe 7, 1994; Statistisches Jahrbuch 1996

benshaltungskosten, dann sind die realen Nettoeinkommen in diesem Zeitraum nur um das Dreieinhalbfache gestiegen (vgl. Tabelle 11). Diese lohnpolitischen Erfolge waren allein auf der Basis einer ständig steigenden Arbeitsproduktivität und eines hohen wirtschaftlichen Wachstums möglich. Denn zum anderen ist den Gewerkschaften eine Umverteilung durch Lohnpolitik nicht gelungen. Annäherungsweise ist dies an der Entwicklung der (bereinigten) Lohnquote abzulesen, da sie den prozentualen Anteil der Bruttolöhne und -gehälter am Volkseinkommen mißt (vgl. Tabelle 12). Die in den meisten Wirtschafts- und Industriezweigen abgeschlossenen Tarifverträge über »Vermögensbildung in Arbeitnehmerhand« haben allenfalls geringfügige Umverteilungseffekte gehabt.

Ein weiteres wichtiges Ziel gewerkschaftlicher Lohnpolitik ist die stufenweise Angleichung der Tarifeinkommen in den neuen Bundesländern an das West-Niveau. Mitte 1996 hatten von 23 Tarifbereichen erst fünf die volle Angleichung erreicht, während die Mehrzahl der Tarifbereiche noch bei einem Niveau zwischen 80 und 95 Prozent der westlichen Tarifeinkommen lag (Bispinck/WSI-Tarifarchiv 1996, S. 407). Gleichwohl sehen die abgeschlossenen Verträge weitere Angleichungen vor, so daß bis 1998/99 für die große

Mehrheit der ostdeutschen Arbeitnehmer die tariflichen Grundvergütungen bei 100 Prozent liegen dürften.

In den bisherigen Erörterungen wurden die Lohn- und Gehaltseinkommen der Arbeitnehmer generell, ohne Berücksichtigung der Binnendifferenzierungen, betrachtet. Nun wissen wir aber, daß die Arbeitnehmer recht unterschiedliche Einkommen beziehen. Die Lohn- und Gehaltsstatistik differenziert nach Einkommen für Arbeiter und Angestellte, für Männer und Frauen sowie für einzelne Qualifikationsgruppen. In den Vergütungs- und Rahmentarifverträgen wird für den gewerblichen Bereich zwischen 4 und 15, im Angestelltenbereich zwichen 3 und 15 verschiedenen Lohn- und Gehaltsgruppen differenziert (vgl. Bispinck/WSI-Tarifarchiv 1995, S. 28)

Tabelle 12: Lohnquoten 1950-1994, Bundesgebiet West

Jahr	Lohnquote		Anteil der Arbeitnehmer an den Erwerbstätigen
	tatsächlich[1]	bereinigt[2]	
	%	%	%
1950	58,2	71,0	68,4
1960	60,1	65,0	77,2
1970	68,0	68,0	83,4
1975	74,1	71,9	86,0
1980	75,8	71,6	88,3
1985	73,0	68,7	88,6
1990	69,6	65,0	89,4
91	69,6	64,9	89,5
92 [3]	70,8	66,0	89,5
93 [3]	71,8	67,1	89,3
94 [3]	70,1	65,6	89,1

[1] Bruttoeinkommen aus unselbständiger Arbeit (einschl. Arbeitgeberanteile zur Sozialversicherung) in % des Volkseinkommens
[2] In der bereinigten Lohnquote ist durch ein rechnerisches Verfahren die Arbeitnehmerquote des Jahres 1970 konstant gehalten worden: sie gibt daher nur die Veränderungen wieder, die auf die Steigerung der Einkommen der abhängig Beschäftigten zurückgeht und eliminiert die aus der Steigerung des Anteils der Arbeitnehmer an den Erwerbstätigen resultierenden Veränderungen.
[3] Vorläufige Zahlen
Quelle: IW, Zahlen zur wirtschaftlichen Entwicklung der Bundesrepublik Deutschland, 1996

Die Differenzierung nach unterschiedlichen Entgeltgruppen kann zum einen nach beruflichen Qualifikationsmerkmalen, zum anderen nach Anforderungskriterien vorgenommen werden. Bei der ersten Methode steht die angebotene oder »mitgebrachte« Qualifikation der Ausführenden im Zentrum; die einfachste Differenzierung ist die nach der historisch gewachsenen Dreiteilung in

Ungelernte, Angelernte und Gelernte. Bei der zweiten Methode stehen die Anforderungen, die eine Tätigkeit oder ein Arbeitsplatz an die Ausführenden stellen, im Zentrum. Ist die erste eine *Arbeitnehmer*bewertung, dann die zweite eine *Arbeits*bewertung.

Methodisch werden zwei Verfahren der Arbeitsbewertung unterschieden: die summarische und die analytische. Die *summarische* Arbeitsbewertung ist die einfachere Form. Die Schwierigkeiten und Anforderungen eines Arbeitsplatzes oder einer Tätigkeit werden pauschal bewertet, mit anderen Tätigkeiten verglichen und schließlich in eine Rangfolge gebracht. Dem betriebswirtschaftlichen Vorteil, den diese vereinfachte und daher kostensparende Handhabung der Arbeitsbewertung bietet, steht als Nachteil der durch die globale Beurteilung und Bewertung entstehende große Ermessensspielraum gegenüber. Ausdifferenzierter und mit dem Schein größerer Objektivität ausgestattet ist die *analytische* Arbeitsbewertung. Um die Schwierigkeit einer bestimmten Tätigkeit differenziert zu erfassen und zu bewerten, werden die gestellten Anforderungen - in den vier Dimensionen: fachliches Können, Belastung, Verantwortung, Arbeits- und Umgebungsbedingungen - in Einzelmerkmale zerlegt und bewertet. Durch Addition der bewerteten Anforderungsarten erhält man den sogenannten *Arbeitswert*. Er dient der Zuordnung von Tätigkeiten zu Lohngruppen, die in Tarifverträgen fixiert wurden (auf eine grobe Formel gebracht: niedrige Arbeitswerte = niedrige Lohngruppen, hohe Arbeitswerte = hohe Lohngruppen). Damit ist freilich erst der anforderungsorientierte Grundlohnsatz festgelegt; eine weitere Lohndifferenzierung erfolgt durch (individuelle) Leistungsbewertung.

Neben den Systemen und Eingruppierungskriterien zur qualifikations- oder anforderungsorientierten Bestimmung des Grundlohnsatzes ist die leistungsbezogene *Lohnform* von großer Bedeutung für tarifvertragliche Vereinbarungen. Als klassische Leistungslohnsysteme gelten die folgenden:

– Akkordlohn (Lohn ist direkt abhängig von erzielter Mengenleistung),
– Prämienlohn (Lohn ist abhängig von erzielter Leistung, z.B. Menge, Maschinennutzung, Qualität, Werk- und Hilfsstoffverbrauch),
– Zeitlohn mit analytisch ermittelter Leistungszulage (fester Lohn für eine bestimmte Zeiteinheit, ergänzt durch Leistungszulage nach Maßgabe der Arbeitsquantität, Arbeitsqualität, Arbeitssorgfalt und des Arbeitseinsatzes).

Neuere leistungsabhängige Lohnsysteme sind die folgenden:

– Vertragslohn (Lohn wird für einen begrenzten Zeitraum im voraus unter Erwartung einer entsprechenden Leistung festgelegt), auch: Pensumlohn, Kontraktlohn;
– Festlohn mit geplanter Tagesleistung (Measured-Day-Work),

– Programmlohn (Fester Lohn für eine bestimmte Zeiteinheit bei Erfüllung einer festumrissenen Arbeitsaufgabe).

Von Industriesoziologen und Betriebswirten hören wir, daß technische und arbeitsorganisatorische Veränderungen die traditionellen Arbeitsbewertungssysteme ebenso wie die herkömmlichen Leistungsanreize und Statusdifferenzen in Frage stellen. Aber bislang gibt es nur wenige innovative Tarifverträge, die den neueren Entwicklungen und Herausforderungen (wie flexibler Arbeitseinsatz, Gruppenarbeit) gerecht werden (vgl. dazu v. Eckartstein u.a. 1988; Schmierl 1995; Tondorf 1994).

Arbeitszeit

Seit der Industrialisierung ist die Arbeitszeit - neben dem Arbeitsentgelt - ein zentraler Konfliktgegenstand zwischen Kapital und Arbeit; und wie die monetäre Vergütung zählt auch sie zu den wichtigsten Regelungsmaterien von Tarifverträgen. Analog zur Lohnproblematik können wir auch bei der Arbeitszeit zwischen einer *tariflichen* und einer *effektiven* Arbeitszeit unterscheiden. Die in Tarifverträgen vereinbarte Arbeitszeit kann durch Überstunden überschritten, durch Kurzarbeit oder Teilzeitarbeit unterschritten werden. Zu differenzieren ist des weiteren zwischen

– Tagesarbeitszeit,
– Wochenarbeitszeit,
– Jahresarbeitszeit und
– Lebensarbeitszeit.

Tages- und Wochenarbeitszeit stehen in engem Zusammenhang: zum Achtstundentag gehört die 48-Stunden-Woche mit sechs beziehungsweise die 40-Stunden-Woche mit fünf Arbeitstagen. Bei der Jahresarbeitszeit ist der gesetzlich festgelegte oder tarifvertraglich vereinbarte Jahresurlaub in Rechnung zu stellen. Die Lebensarbeitszeit wird begrenzt einerseits durch das Berufseintrittsalter und andererseits durch den gesetzlich oder tarifvertraglich geregelten Eintritt ins Rentenalter.

Neben den genannten Zeitdimensionen ist die Lage der Arbeitszeit eine wichtige Regelungsgröße. Die Arbeitszeit kann als normale Tagesarbeit (etwa: 7 bis 16 Uhr einschließlich Pause), als Wechselschichtarbeit (Früh-, Spät-, Nachtschicht), oder als reine Nachtarbeit vereinbart werden. Bei der normalen Tagesarbeit kann überdies eine gleitende Arbeitszeit gelten: in diesem Falle können die Arbeitnehmer Beginn und Ende ihres Arbeitstages individuell variieren, wobei für alle eine verbindliche »Kernarbeitszeit« (etwa: 9 bis 14 Uhr) gilt.

Soziale Auseinandersetzungen um die Arbeitszeit sind so alt wie der industrielle Kapitalismus. Der Kampf der Unternehmer gegen den »Blauen Montag« und die Kämpfe der Arbeiter um den »Normalarbeitstag« gehören zu den Standardthemen der neueren Sozialgeschichte. Mit der extremen Verlängerung der Arbeitszeiten in der Frühindustrialisierung begann ein mehr als hundertjähriger Kampf der organisierten Arbeiter um die Verkürzung der Arbeitszeit. Schon 1864 feierte Marx in seiner »Inauguraladresse der Internationalen Arbeiter-Assoziation« die sogenannte Zehnstundenbill (d.h. das 1847 in Großbritannien verabschiedete Gesetz über den zehnstündigen Arbeitstag für Frauen und Jugendliche) als »eine große praktische Errungenschaft«, ja als den »Sieg eines Prinzips« der Arbeit über das Kapital (MEW 16, S. 11). Der heute in vielen Ländern der Erde als gesetzlicher Feiertag geltende 1. Mai ist hervorgegangen aus dem Kampf der internationalen Arbeiterbewegung um den Achtstundentag, der bis zum Ersten Weltkrieg im Zentrum der Auseinandersetzungen zwischen Kapital und Arbeit stand.

Der *Achtstundentag* wurde 1918 in Deutschland als Normalarbeitszeit gesetzlich verankert, die Wochenarbeitszeit auf 48 Stunden begrenzt. Nach dem Zweiten Weltkrieg ging die Auseinandersetzung um Arbeitszeitverkürzung weiter: Die Gewerkschaften forderten die 40-Stunden-Woche mit arbeitsfreiem Samstag. Vorreiter dieser Forderung waren die IG Druck und Papier und die IG Metall; in der Druckindustrie wurde die 40-Stunden-Woche ab 1. Oktober 1965, in der Metallindustrie ab 1. Januar 1967 eingeführt. Im Jahre 1984 war die 40-Stunden-Woche tarifliche Regelarbeitszeit für 99 Prozent der Arbeitnehmer (Bundesarbeitsblatt 3/1985, S. 9). Im gleichen Jahr begann eine neue Phase der Auseinandersetzungen um die Arbeitszeitverkürzung mit dem Ziel der 35-Stunden-Woche[3]. Nach einem harten, wochenlangen Doppelarbeitskampf gelang den Vorreitern (wiederum IG Druck und Papier und IG Metall) 1984, mit der Verkürzung der Arbeitswoche auf 38,5 Stunden, der »Einstieg in die 35-Stunden-Woche«, welche nach zwei weiteren Zwischenstufen schließlich 1995 zur tariflichen Regelarbeitszeit für die Arbeitnehmer der Druck- und Metallindustrie in den alten Bundesländern wurde. Auch in anderen Wirtschaftszweigen kam es in den letzten Jahren zu Vereinbarungen über die Verkürzung der wöchentlichen Arbeitszeit. Ende 1995 betrug die durchschnittliche tarifliche Arbeitszeit für die Arbeitnehmer in den alten Bundesländern

---

3 Genau genommen hatte die IG Metall bereits 1978/79 in der nordrhein-westfälischen Stahlindustrie einen ersten Versuch zur Durchsetzung der 35-Stunden-Woche unternommen. In einem sechswöchigen Arbeitskampf gelang ihr jedoch noch kein »Einstieg«: die 40-Stunden-Woche wurde für weitere fünf Jahre festgeschrieben - zugunsten einer Urlaubsverlängerung und der Gewährung von Freischichten für besonders belastete Arbeitnehmergruppen.

37,5 Stunden; aber nur für etwa ein Viertel war die 35-Stunden-Woche bereits erreicht oder zumindest vereinbart worden (WSI-Tarifhandbuch 1996, S. 92 u. 98).

Ähnlich wie beim Entgelt gibt es auch bei der Arbeitszeit ein West-Ost-Gefälle: in den meisten Tarifbereichen der neuen Bundesländer beträgt die Wochenarbeitszeit weiterhin 39 oder 40 Stunden (WSI-Tarifhandbuch 1996, S. 94f.)

Die Verkürzung der Wochenarbeitszeit auf unter 40 Stunden erreichten die Gewerkschaften mit der Konzession an die Arbeitgeber, die Tarifverträge für eine betriebliche Flexibilisierung und Differenzierung der Arbeitszeit zu öffnen. Seither haben die Möglichkeiten zur flexiblen betrieblichen Arbeitszeitgestaltung erheblich zugenommen (vgl. Übersicht 19). In den meisten Tarifbereichen können die Betriebsparteien im Rahmen eines Arbeitszeitkorridors die durchschnittliche Wochenarbeitszeit über- oder unterschreiten und für einzelne Arbeitnehmer und Beschäftigtengruppen die Arbeitszeit variieren. Erreicht wurde damit eine Entkoppelung von individuellen Arbeitszeiten und Betriebszeiten. Gleichwohl drängen die Arbeitgeber auf eine weitergehende Arbeitszeitflexibilisierung; sie wollen den Samstag in die Regelarbeitszeit einbeziehen und Jahresarbeitszeitregelungen mit Vereinbarungen über ein Jahresarbeitszeitvolumen, dessen Verteilung auf Wochen und Monate des Jahres betrieblich zu regeln wäre.

*Übersicht 19: Tarifliche Arbeitszeitspielräume in der Metallindustrie**

regelmäßige Wochenarbeitszeit	35 Std.
dauerhafte Verlängerung für max. 18 % der Arbeitnehmer bis	40 Std.
befristete Verkürzung bis auf	30 Std.
ungleichmäßige Verteilung über	12 Mon.
zulässige Mehrarbeit	10 Std./Woche 20 Std./Monat
max. zulässige Wochenarbeitszeit bis zu	50 Std.

* Tarifgebiet Nordwürttemberg-Nordbaden
Quelle: WSI-Tarifhandbuch 1996

Bis zum Ersten Weltkrieg lag der Schwerpunkt der gewerkschaftlichen Forderungen zur Arbeitszeitverkürzung eindeutig auf der Reduzierung der täglichen und wöchentlichen Arbeitszeit. Erst nach dem Ersten Weltkrieg wurde auch der *Jahresurlaub* zum tarifpolitischen Thema.

Zwar hatten Beamte und Angestellte schon im Kaiserreich Anspruch auf einen Erholungsurlaub, der begründet wurde mit den besonderen Anstrengungen »geistiger Arbeit«, aber Arbeitern wurde vor 1914 Urlaub allenfalls freiwillig und individuell (als Prämie für Treue und Fleiß) gewährt. Obwohl von gewerkschaftlicher und sozialdemokratischer Seite schon um die Jahrhundertwende Urlaubsforderungen erhoben worden waren, wurden die ersten Urlaubsabkommen für Arbeiter nicht vor 1919 geschlossen. Aber bereits 1926 bestanden für rund 95 Prozent der von Tarifverträgen erfaßten Beschäftigten Urlaubsvereinbarungen, die für Arbeiter durchschnittlich 3 bis 6 Tage, für Angestellte 12 bis 18 Tage Erholungsurlaub vorsahen (Schmiede 1979, S. 77).

Nach dem Zweiten Weltkrieg wurde der tarifvertraglich vereinbarte Jahresurlaub sukzessive verlängert: von rund zwei Wochen in der ersten Hälfte der fünfziger Jahre auf fünf bis sechs Wochen Anfang der achtziger Jahre. Ende 1995 betrug die Urlaubsdauer im Westen 30, im Osten 26 bis 30 Arbeitstage (Bundesarbeitsblatt 3/1996, S. 26). Der sechswöchige Jahresurlaub als Regelurlaub für das Gros der Arbeitnehmer hat zur Konsequenz, daß in diesem Bereich vorläufig »nichts mehr geht«. Der »Tabu-Katalog« der Arbeitgeber fixiert die Höchstgrenze des Jahresurlaubs auf sechs Wochen.

Der Arbeitszeitpolitik der Gewerkschaften liegen soziale Interessen und psychische Bedürfnisse ihrer Mitglieder zugrunde, die sie in tarifpolitischen Zielsetzungen zu verallgemeinern versuchen. Ihre diesbezüglichen Ziele lassen sich wie folgt zusammenfassen:

1. Reduzierung der Arbeit als freizeitpolitisches Ziel,
2. Humanisierung der Arbeit als gesundheitspolitisches Ziel,
3. Arbeit für alle als beschäftigungspolitisches Ziel.

Unter den arbeitszeitpolitischen Zielen ist die Zurückdrängung der Arbeitszeit zugunsten frei verfügbarer Zeit das historisch älteste. Schon Marx sah in dem Kampf um den Zehnstundentag eine Voraussetzung aller politischen Emanzipation; denn ohne die Begrenzung des Arbeitstages war eine politische Arbeit für Proletarier undenkbar. Die gesundheits- und beschäftigungspolitischen Ziele haben eine neue Aktualität erhalten. Einerseits hat das Management seine Strategien zur intensiveren Nutzung der Arbeitskraft verfeinert, mit der Folge, daß die psychischen Belastungen zugenommen haben (während, aufgrund der technischen Entwicklung, die körperlichen Belastungen abnahmen). Andererseits hat die andauernde Beschäftigungskrise (in Verbindung mit ungünstigen demographischen Entwicklungen, arbeitssparendem technischem Fortschritt, zunehmender Sättigung von Konsumgütermärkten) eine Diskrepanz zwischen Produktivitätsfortschritt und dem Produktionswachstum entstehen lassen; die damit ursächlich zusammenhängende Massenarbeitslosigkeit ist zu einem dauerhaften Phänomen geworden, das die Gewerkschaften nach beschäftigungswirksamen Arbeitszeitregelungen suchen läßt.

Andere Regelungsgegenstände

Neben Lohn und Arbeitszeit, den zweifellos wichtigsten tarifvertraglichen Regelungsmaterien, sind eine Vielzahl von Arbeits- und Wirtschaftsbedingungen in Tarifverträgen geregelt worden. Zu ihnen zählen:
- Sonderzahlungen (z.B. 13. Monatsentgelt),
- Lohnfortzahlung bei Krankheit,
- Rationalisierungsschutz,
- Humanisierung der Arbeit,
- Beschäftigungssicherung,
- Berufsausbildung und berufliche Weiterbildung.

Gegenstände dieser Art sind entweder in gesonderten Abkommen oder als Bestandteil von Manteltarifverträgen geregelt. Des weiteren sieht das Tarifvertragsgesetz ausdrücklich vor, daß Tarifverträge auch »betriebliche und betriebsverfassungsrechtliche« Fragen ordnen (§ 1) und »gemeinsame Einrichtungen der Tarifvertragsparteien« (§ 4, Abs. 2) begründen können. Zu den ersteren gehören Tarifvereinbarungen, die eine Erweiterung der Mitbestimmungs- und Informationsrechte des Betriebsrats, aber auch solche, die den Schutz gewerkschaftlicher Vertrauensleute regeln; zu den letzteren zählen Tarifverträge über die Einrichtung von paritätisch verwalteten Sozialkassen, wie sie z.B. im Baugewerbe üblich sind.

Um das gesamte Spektrum tarifvertraglicher Regelungsbereiche auszubreiten, wäre ein gesondertes Buch vonnöten. Wir wollen uns hier abschließend auf zwei wichtige Regelungsbereiche beschränken: zum einen auf den Rationalisierungsschutz, zum anderen auf die Beschäftigungssicherung.

Rationalisierungsschutzabkommen, erstmals Ende der sechziger Jahre in mehreren Industriezweigen (u.a. Druck-, Metall-, Chemie-, Textilindustrie) vereinbart, sehen in der Regel folgenden tarifvertraglichen Schutz vor: (a) bei Wegfall von Arbeitsplätzen sollen die betroffenen Arbeitnehmer, soweit betrieblich möglich, umgeschult und auf andere Arbeitsplätze umgesetzt werden; (b) bei unvermeidbaren Kündigungen sollen finanzielle Abfindungen und verlängerte Kündigungsfristen wirksam werden; (c) bei Lohnminderungen infolge von Umsetzung und Abgruppierung sollen befristete Ausgleichszahlungen erfolgen. Der Anspruch auf finanzielle Abfindungen und verbesserten Kündigungsschutz bei rationalisierungsbedingten Umsetzungen und Entlassungen besteht indessen nur für jene Arbeitnehmer, die eine bestimmte Dauer der Betriebszugehörigkeit (Untergrenze 10 Jahre) nachweisen und mindestens das 40. Lebensjahr vollendet haben.

Der durch die Rationalisierungsschutzabkommen der späten sechziger Jahre gewährte Schutz entsprach zum großen Teil auch den Interessen betrieblicher Personalpolitik an »langfristiger Nutzung des Arbeitskräftepotentials«. Wo dies nicht der Fall war, etwa bei rationalisierungsbedingten Entlassungen, »verflüssigte« sich der Schutz in Form von Abfindungszahlungen. Wie wenig diese Abkommen mit der unternehmerischen Betriebspolitik konfligierten, macht auch die Tatsache deutlich, daß sie ohne gewerkschaftliche Kampfmaßnahmen durchgesetzt werden konnten. Erst unter dem Eindruck fortschreitender und spezifischer Rationalisierungserfahrungen und der breiten Debatte über eine »Humanisierung der Arbeit« in den frühen siebziger Jahren schälten sich in den Gewerkschaften weiterreichende Konzeptionen und Strategien gegen Rationalisierungsfolgen heraus, die in einigen Industriezweigen erheblich härtere Tarifauseinandersetzungen mit Arbeitskämpfen zur Folge hatten.

Der zweite tarifpolitische Anlauf zur Regelung des Rationalisierungsschutzes erfolgte unter anderen Vorzeichen als der erste. Seine veränderte Stoßrichtung manifestierte sich darin, daß zum einen die alte Abfindungskonzeption aufgegeben wurde zugunsten einer Politik der Besitzstandssicherung von Beschäftigung, Einkommen und Qualifikation, zum anderen in der inhaltlichen Erweiterung des Forderungskatalogs in bezug auf die Kontrolle der Leistungsanforderungen und die Gestaltung der Arbeitsbedingungen im Sinne einer »Humanisierung der Arbeit« (z.B. Mindesttaktzeiten, zusätzliche Erholungszeiten und zeitliche Unterbrechung der Arbeit an Bildschirmgeräten). Es waren vornehmlich die IG Metall und die IG Druck und Papier, die wichtige tarifpolitische Durchbrüche auf diesem Gebiet erzielten. Erwähnung verdienen hier drei Abkommen, die weiterhin Geltung haben:

- der Lohnrahmentarifvertrag II für die Metallindustrie Nordwürttemberg/Nordbaden von 1973 (LRTV II),
- der »Tarifvertrag über Einführung und Anwendung rechnergesteuerter Textsysteme« für die Druckindustrie sowie die Zeitungs- und Zeitschriftenverlage von 1978 (RTS-Vertrag),
- der »Tarifvertrag zur Sicherung der Eingruppierung und zur Verdienstsicherung bei Abgruppierung« für die Metallindustrie Nordwürttemberg/Nordbaden von 1978 (ATV).

In den neunziger Jahren haben Gewerkschaften und Arbeitgeber eine Reihe neuartiger *Tarifverträge zur Beschäftigungssicherung* abgeschlossen (vgl. Promberger u.a. 1995). Mit ihnen wird den Betriebsparteien erlaubt, eine Reduzierung der wöchentlichen Arbeitszeit ohne Lohnausgleich zu vereinbaren, sofern dadurch Arbeitsplätze gesichert werden. So wurden im Steinkohlebergbau zusätzliche Freischichten, in der Metallindustrie die Absenkung der wöchentlichen Arbeitszeit auf 30 Stunden und in anderen Branchen (Papierindustrie, Druckgewerbe, Banken und Versicherungen) befristete Unterschreitungen der tariflichen Wochenarbeitszeit, jeweils ohne Lohnausgleich, vereinbart. Besondere Aufmerksamkeit fand in der Öffentlichkeit der mit der Volkswagen AG abgeschlossene Tarifvertrag zur Beschäftigungssicherung. Der Ende 1993 abgeschlossene Tarifvertrag für die Beschäftigten der Volkswagen AG sieht folgende Regelungen vor:

- Absenkung der wöchentlichen Arbeitszeit um 20 Prozent, d.h. von 36 auf 28,8 Stunden, verteilt auf 4 Tage;
- Reduzierung des Jahreseinkommens um 16 Prozent (durch Kürzung von Urlaubs- und Weihnachtsgeld sowie sonstiger Sonderzahlungen blieben die Monatseinkommen konstant);
- Beschäftigungsgarantie für 2 Jahre.

Ein anderes Modell zur Beschäftigungssicherung wurde bei der Firma Opel AG in Bochum vereinbart. Auf der Grundlage des Tarifvertrags zur Beschäftigungssicherung in der nordrhein-westfälischen Metallindustrie schlossen Betriebsrat und Management eine Betriebsvereinbarung ab, um durch Umbau bedingte Produktionsschwankungen über die Variation der wöchentlichen Arbeitszeit auszugleichen. Die wichtigsten Regelungen sind die folgenden:

- für alle Beschäftigten werden individuelle Arbeitszeitkonten eingerichtet, auf denen Zeitguthaben und Zeitschulden festgehalten werden;
- für einen Zeitraum von maximal 18 Monaten kann die Arbeitszeit von 35 auf 30 Wochenstunden gesenkt werden;
- für einen gleichlangen Zeitraum kann die Arbeitszeit auf 40 Wochenstunden erhöht werden;
- für den gesamten Ausgleichszeitraum beträgt die durchschnittliche wöchentliche Arbeitszeit 35 Stunden;
- die Vergütung erfolgt für den gesamten Ausgleichszeitraum auf der Basis von 35 Wochenstunden;
- Beschäftigungsgarantie für zunächst 21 Monate, mit der Aussicht auf weitere 24 Monate.

Mit den Tarifverträgen zur beschäftigungssichernden Arbeitszeitverkürzung haben die Gewerkschaften einen neuen Weg in der Arbeitszeitpolitik beschritten. Er ist sicherlich kein Königsweg zur Bekämpfung der Massenarbeitslosigkeit, aber eine sozialpolitisch sinnvolle Alternative zu weiteren Entlassungen. Überdies zeigen diese Verträge, daß das Instrument Tarifvertrag keineswegs so rigide ist, wie seine neoliberalen Kritiker behaupten, sondern durch Öffnungsklauseln den Betriebsparteien flexible Spielräume für betriebsspezifische Lösungen einzuräumen vermag.

Weiterführende Literatur

WSI (Hg.), *Tarifhandbuch 1996*, 1996.
(Überblick der wichtigsten Tarifdaten und detaillierte Zusammenstellung der tariflichen Regelungen in Ost und West.)

Saul W. Revel, *Tarifverhandlungen in der Bundesrepublik Deutschland*, 1994.
(Sozialökonomische Analyse des deutschen Tarifverhandlungssystems.)

J. Bergmann/O. Jacobi/W. Müller-Jentsch, *Gewerkschaften in der Bundesrepublik*, Bd. 1, Kap. IV u. V, 1979 (3. Aufl.).
(Überblick über die lohnpolitischen Konzeptionen des DGB und Rekonstruktion der Tarifrunden der Lohnführergewerkschaft IG Metall von 1950 bis Mitte der siebziger Jahre.)

Karin Tondorf, *Modernisierung der industriellen Entlohnung*, 1994.
(Darstellung und Diskussion neuer Entgeltsysteme in der Metall- und chemischen Industrie.)

Michael Schneider, *Streit um Arbeitszeit*, 1984.
(Historischer Abriß des gewerkschaftlichen Kampfes um Arbeitszeitverkürzung in Deutschland.)

F. Böhle/B. Lutz, *Rationalisierungsschutzabkommen*, 1974.
(Inhaltsanalyse der Rationalisierungsschutzabkommen der späten sechziger und frühen siebziger Jahre.)

M. Promberger u.a., *Beschäftigungssicherung durch Arbeitszeitpolitik*, in: WSI-Mitteilungen, Jg. 48, 1995.
(Überblick und vergleichende Analyse der Tarifverträge zur Beschäftigungssicherung.)

Reinhard Bispinck (Hg.), *Tarifpolitik der Zukunft - Was wird aus dem Flächentarifvertrag?* 1995.
(Kritische Bestandsaufnahme der Erosionstendenzen des Flächentarifvertrags und seiner Perspektiven.)

(Weitere Literatur s. im Anschluß an Kap. 12)

V. Betriebliche Arbeitsbeziehungen

Der Betrieb ist - nach der klassischen betriebswirtschaftlichen Definition von Gutenberg - der Ort, wo die drei Elementarfaktoren Arbeitsleistungen, Betriebsmittel und Werkstoffe durch dispositive Arbeit zum Zwecke der Produktion von Sachgütern und Dienstleistungen, nach dem Prinzip der Wirtschaftlichkeit, kombiniert werden. Daß der Betrieb auch ein *Sozialsystem sui generis* ist, daß hinter den Elementarfaktoren kooperierende Arbeitnehmer, hinter der dispositiven Arbeit koordinierende Manager sich verbergen, blieb dieser auf ökonomisch-technische Sachverhalte abhebenden Definition fremd. Aber nicht nur als Kooperations- und Koordinationsgefüge, sondern auch als kapitalistischer *Herrschaftsverband* und *(mikro-)politische Arena* interessiert uns hier der Betrieb und seine sozialen Akteure. Management und Arbeitskollektive (bzw. deren Repräsentanten) sind die Protagonisten des Konflikts zwischen Kapital und Arbeit auf betrieblicher Ebene - wie es Gewerkschaften und Arbeitgeberverbände auf der sektoralen, tarifpolitischen Ebene sind. Die betrieblichen Akteure im System der industriellen Beziehungen werden in den beiden folgenden Kapiteln (15 u. 16) jeweils in ihrem institutionellen Kontext dargestellt. Ein weiteres Kapitel (17) befaßt sich mit den formellen und informellen Systemen kollektiver betrieblicher Regelungen der Arbeitsverhältnisse.

Kapitel 15
Management der Arbeit

Historische Entwicklung

Das moderne Management ist heute für viele Geschäftsbereiche eines Unternehmens zuständig: für Produktion, Einkauf, Personal, Forschung und Entwicklung, Rechnungswesen, Verkauf etc. Seine Wiege stand jedoch im Produktionsbereich. Es hat - ähnlich wie die Arbeiterbewegung - seinen Ursprung im frühindustriellen Fabriksystem. Das Management ist folglich kein zeitloses Phänomen, sondern gewinnt seine spezifische Bedeutung erst durch die industriekapitalistische Produktionsweise.

Die Zusammenballung einer großen Zahl von Arbeitskräften in den neu entstandenen Fabriken warf Probleme der Disziplin und Ordnung, des koordinierten Arbeitskräfteeinsatzes auf, zumal die Industriearbeiter der ersten Generation an völlig andere als die ihnen geläufigen Arbeitsweisen und Arbeitsrhythmen gewöhnt werden mußten. In diesem Zusammenhang ist vor einem naheliegenden Mißverständnis zu warnen: Die frühen Fabriken waren nicht entstanden, weil es die Produktionstechnik per se erforderlich gemacht hätte, sondern weil das angelegte Kapital auf diese Weise rentabler verwertet werden konnte. Häufig stellten frühe Fabriken Ansammlungen von kleineren Produktionseinheiten dar, die zunächst weiterhin nach traditionell-handwerklichen Methoden produzierten. »Lediglich durch die Aussonderung der leitenden Arbeit einerseits (in Form der Meister), der ungelernten Arbeit andererseits (Gehilfen, Knechte, Frauen, Kinder) deutet sich ein neues Prinzip der Arbeitsorganisation an. Unter dem Kern der handwerksmäßig ausgebildeten Arbeiter (...) entsteht eine wachsende Zahl ungelernter Arbeiter für Hilfsarbeiten aller Art; über diesen Kern schiebt sich eine kleine Gruppe von Aufsichtspersonen: die *Werkmeister*.« (Schmiede/Schudlich 1976, S. 69) In dieser frühen Phase war der Werkmeister »eine Art Betriebsdirektor (...), ein sekundärer Unternehmer« (Geck 1977, S. 54), der selbstherrlich über die ihm Untergebenen bestimmen konnte.

Neben der direkten Kontrolle durch den Unternehmerkapitalisten oder seinen unmittelbaren Beauftragten, den Werkmeister, war in der Frühzeit der Industrialisierung, vor allem in der englischen Industrie, das System des internen Nebenvertrags oder Subkontrakts weit verbreitet. Der industrielle Kapitalist stellte das Anlagenkapital, die Rohstoffe und Betriebsmittel, übertrug jedoch die Aufsicht und Kontrolle der Arbeitskräfte sog. *subcontractors* (Kolonnenführern, Akkordmeistern etc.), mit denen er eine Pauschalsumme für eine bestimmte Arbeit vereinbarte. Der »Subkontraktor« heuerte und feuerte die Arbeitskräfte, überwachte ihre Arbeitsleistung und entlohnte sie nach Zeit- oder Stücklohn. Sein Einkommen ergab sich aus der Differenz zwischen den gezahlten Löhnen und der vereinbarten Pauschalsumme.

Die frühesten Managementrollen kristallisierten sich somit in den Figuren des Werkmeisters und Subunternehmers heraus.

In den letzten Jahrzehnten des 19. Jahrhunderts wurden die Werkmeister allmählich durch die Ingenieure verdrängt, diese später durch Direktoren. Generell entstand, mit dem Größenwachstum der Betriebe und dem Übergang zur Massenproduktion, um die Jahrhundertwende ein separates und selbstbewußtes Management, hierarchisch gegliedert und formal getrennt von der Gruppe der Kapitalbesitzer. Die Beziehungen zwischen Kapitaleignern und Management figurieren in der mikroökonomischen Theorie als die zwischen Auftraggebern (*principals*) und Auftragnehmern (*agents*), welche die Geschäfte im Interesse der ersteren führen sollen (zur Principal-Agent-Theorie vgl. Schirmer 1993, S. 86ff.).

Als eigenständige Sozialgruppe entwickelten die Manager durchaus eigene Interessen, Strategien und Konzepte, ohne indessen die kapitalistische Verwertungsperspektive, die Orientierung an Rentabilität und Profitabilität der Produktion, aufzugeben. Seither hat sich das Management - analog zur staatlichen Administration - einen bürokratischen Unterbau, die »Industriebürokratie«, geschaffen und seine Funktionsbereiche weiter ausdifferenziert. Wir werden uns im folgenden auf die für die betrieblichen Sozialbeziehungen relevanten Bereiche Arbeitsorganisation und Personalmanagement beschränken.

Koordination und Kontrolle

Das arbeitsteilige Kooperationsgefüge eines Betriebs ist in der Regel eingebettet in ein hierarchisches System der Aufsicht und Unterordnung. Gewöhnlich wird die betriebliche Hierarchie in Form einer Pyramide dargestellt:

- an der Spitze das Management (Direktoren, Prokuristen, Abteilungsleiter);
- im oberen Bereich die Industriebürokratie (kaufmännische und technische Angestellte);
- im mittleren Bereich die unmittelbaren Vorgesetzten (Meister, Steiger);
- am Fuß der Pyramide die Ausführenden (Arbeiter, einfache Angestellte).

Von Dahrendorf (1959) stammt die Unterscheidung zwischen funktionaler und skalarer Organisation eines Betriebs oder Unternehmens. Die funktionale Organisation kennt grundsätzlich keine Über- und Unterordnung; zum Funktionieren des Ganzen sind alle Positionen - Generaldirektor wie Werkmeister wie Hilfsarbeiter - gleich wichtig. Erst die Einordnung der verschiedenen Positionen in ein System der Über- und Unterordnung begründet die skalare Organisation beziehungsweise die Autoritätshierarchie.

Die Autoritätsstruktur in einem Unternehmen wird aus einem doppelten Erfordernis abgeleitet:

1. Jede arbeitsteilige Produktion bedarf der Planung und Koordinierung, um die Teilarbeiten zu einem sinnvollen Ganzen zusammenzufügen; zur Arbeitsteilung gehört die Arbeitsvereinigung. Darin liegt die systemindifferente Funktion des Managements begründet. Selbst die marxistische Theorie erhebt die Organisierung und Leitung der Produktion in den Rang einer eigenen Produktivkraft (neben der Arbeit und der industriellen Technik). Die auf »Kombination und Kooperation« vieler zu einem gemeinsamen Resultat« (MEW 25, S. 400) gerichtete Leitungstätigkeit ist für Marx »produktive Arbeit, die verrichtet werden muß in jeder kombinierten Produktionsweise« (ebd., S. 397.)

2. Der in dieser Argumentation hervorgehobene Sachzwang zur Begründung der Trennung von koordinierender und ausführender Arbeit dient vielfach zur scheinbar objektiven Rechtfertigung der Über- und Unterordnung im Betrieb. Anderen ist er blanker Ausdruck faktischer betrieblicher Herrschaft. Sie sehen in der direktorialen Leitung arbeitsteiliger kapitalistischer Produktion eine systemspezifische Funktion des Managements: nämlich die der Sicherstellung von gewinnbringender Nutzung der Arbeitskraft durch Erzeugung eines Überschusses (Mehrwert) des Werts des Arbeitsergebnisses über die Kosten der Arbeitskraft (Lohn).

Marx, der beide Funktionen des Managements thematisiert, spricht daher auch vom »zwiespältigen Charakter« der Leitung und Oberaufsicht der kapitalistischen Produktion, deren Zwiespältigkeit daraus resultiere, daß die Produktion zugleich gesellschaftlicher Arbeitsprozeß und Verwertungsprozeß des Kapitals ist.

Während die Betriebswirtschaftslehre vorwiegend die Koordinierungsfunktionen untersucht, befaßt sich die Industriesoziologie stärker mit den Kontrollfunktionen. Nicht die Gegenstände beider Disziplinen sind verschiedene, sondern die Perspektiven, unter denen sie sie wahrnehmen. Die Tatsache, daß im Betrieb die arbeitenden Menschen einmal als Subjekte (disponierendes und organisierendes Management), ein andermal als Objekte (ausführende Arbeitskräfte) in Erscheinung treten, interpretieren die einen als von Sachzwängen diktierte Trennung von planender und exekutiver Arbeit, die anderen als Ausdruck von betrieblicher Herrschaft der anordnenden über die ausführende Arbeit.

Aus der einen Perspektive erfüllt das Management die Funktion einer permanenten Koordination der durch Differenzierung geschaffenen Stellen und Abteilungen sowie einer Abstimmung von Maschinen, Anlagen und Plänen. Staehle (1989, S. 95ff.) differenziert entsprechend zwischen verhaltens- und verfahrensorientierter Koordination, denen er die Managementaufgaben der Motivation und Führung einerseits und der Programmierung und Planung andererseits zuordnet.

Aus der anderen Perspektive hat das Management ein zentrales Kontrollproblem zu bewältigen, welches in der theoretischen Literatur in unterschiedlicher Weise expliziert wird:

a) als *Transformationsproblem* (Marx): Ausgehend von der Unterscheidung zwischen Arbeit und Arbeitskraft wird dem Management die Funktion zugeschrieben, die (gekaufte) Arbeitskraft profitabel in (verausgabte) Arbeitsleistung umzuwandeln, mit anderen Worten: möglichst viel Arbeit aus der Arbeitskraft zu extrahieren;

b) als *Opportunismusproblem* (Williamson): Ausgehend von der Annahme, daß unter den Arbeitenden generell eine Tendenz zur Leistungszurückhaltung (»Opportunismus«) besteht, muß das Management Vorkehrungen treffen, die diesen Opportunismus eindämmen.

Kritische Sozialwissenschaftler halten den Begriff der *Kontrolle* für den Zentralbegriff zur Erklärung der Funktionen des Managements. In der Sicherung der gewinnbringenden Nutzung der Arbeitskraft ist ein struktureller Interessenkonflikt zwischen Management und Belegschaft angelegt, der vielfältige Erscheinungsformen annehmen kann. Schon der Marxsche Begriff für die Arbeitskraft - »variables Kapital« - benennt dieses Problem: Variabilität besagt, daß der Arbeiter seine Arbeitskraft in unterschiedlicher Intensität verausgaben kann. Wenn das Management, unter der Zielsetzung der Gewinnmaximierung, an der extensiven und intensiven Ausnutzung der Arbeitskraft interessiert ist, dann suchen die Arbeiter - im Interesse der langfristigen Erhaltung ihres Arbeitsvermögens - den Raubbau an ihrer Arbeitskraft mit allen Mitteln (u.a. durch die schweigsame Form des Arbeitskampfes: das »Bremsen«) zu unterbinden. »Der Arbeitsplatz wird zum Kampfplatz, weil die Arbeitgeber ihre Beschäftigten zur Höchstleistung antreiben wollen, während die Arbeiter sich diesen Versuchen zwangsläufig widersetzen.« (Edwards 1981, S. 22)

In der angelsächsischen Diskussion wird der Begriff der Kontrolle im Doppelsinn von Managementkontrolle einerseits und Arbeiterkontrolle andererseits verstanden. Welche Momente und Gegenstandsbereiche der Kontrolle der einen oder anderen Seite unterliegen, ist eine Frage der Machtverhältnisse. Mit anderen Worten: Kontrolle in einer betrieblichen Sozialbeziehung besitzt, »wer aktuell und real die Verfahren und Methoden der Aufgabenerledigung, der Arbeitsgeschwindigkeit, der Arbeitseinteilung und des betrieblichen Verhaltens überhaupt bestimmt« (Jürgens 1984, S. 67). In der Regel erhebt das Management Anspruch auf die Kontrolle aller Aktionsparameter, die weder durch Gesetz noch durch Kollektivverträge und Mitbestimmungsrechte geregelt sind. Es sind dies Handlungsbereiche, die nicht nur historisch variabel sind, sondern auch von Industrie zu Industrie, von Land zu Land unterschiedlichen Umfang annehmen können. Einstellungen, Entlassungen, Beförderungen, Disziplinarmaßnahmen, Maschinenbesetzung, Produktionskontrolle und Entscheidungen über Mehrarbeit können in einigen Betrieben oder Industrien zu den Vorrechten des Managements gehören, in anderen können sie Gegenstand von Verhandlungen sein oder - im Extremfall - der unilateralen Kontrolle durch die organisierten Arbeiter unterliegen.

Die Formen und Methoden der manageriellen Kontrolle sind vielfältig. Es gibt eine Typologie der manageriellen Kontrolle (Edwards 1981), die folgende Formen unterscheidet:

- die persönliche oder direkte Kontrolle durch unmittelbare Vorgesetzte (Meister und Vorarbeiter);
- die mechanische oder technische Kontrolle durch Maschinerie;
- die administrative oder bürokratische Kontrolle durch unpersönliche Regeln und systematische Anreize.

Wirtschafts- und Sozialhistoriker behaupten eine historische Entwicklung von direkten und persönlichen zu indirekten, das heißt technischen und administrativen Kontrollsystemen. Demgegenüber unterstellte die Organisationssoziologin Joan Woodward (1970), daß die Form des manageriellen Kontrollsystems von der jeweiligen Produktionstechnologie abhängig ist. Nach ihrer Ansicht gibt es für jedes technische Produktionssystem (z.B. Einzelprodukt- und Kleinserienfertigung; Massenproduktion; kontinuierliche Prozeßproduktion) ein - im Hinblick auf den wirtschaftlichen Erfolg - angemessenes Kontrollsystem. Von Andrew Friedman (1977) stammt schließlich der Hinweis auf die historisch unspezifische Dualität zweier managerieller Leitungsprinzipien: das der *direkten Kontrolle* einerseits und der *verantwortlichen Autonomie* andererseits. Die Methoden der direkten Kontrolle dienten insbesondere dazu, die gering qualifizierten und weniger privilegierten Arbeitnehmer in die Arbeitsorganisation einzugliedern, während den qualifizierten Arbeitnehmern Autonomiespielräume eingeräumt würden - in der Erwartung, daß sie diese loyal für die Interessen des Unternehmens nutzen.

Das Arbeitsverhältnis kann nicht allein auf Zwangsmaßnahmen beruhen. Freilich kann sich das Management zunächst auf den Arbeitsvertrag und sein Dispositionsrecht stützen. Aber da der Arbeitsvertrag nur Rahmenbedingungen für den Leistungsaustausch fixiert, bleibt das Management auch auf das Entgegenkommen der Arbeiter angewiesen. Abgesehen davon, daß ein schlechtes »Betriebsklima« auch schlechte Arbeits- und Produktionsergebnisse zur Folge hat, wäre die komplexe moderne Industrieproduktion ebenso wie die hocharbeitsteilige Verwaltungsarbeit ohne die Kooperation, Zuverlässigkeit und Verantwortung der Beschäftigten schwerlich denkbar.

»Wissenschaftliche Betriebsführung«

Das historisch wirkungsvollste System der Managementkontrolle ist die von dem amerikanischen Ingenieur Frederick Taylor begründete »wissenschaftliche Betriebsführung«.

Primäres Ziel der Taylorschen »wissenschaftlichen Betriebsführung« war die Steigerung der Arbeitsproduktivität, vor allem durch die Vermeidung von unökonomischen Arbeitsvollzügen, aber auch durch die Bekämpfung kollektiver Leistungsrestriktionen der Arbeiter. Taylor selber hat unverblümt und ohne ideologische Verschleierung aus den Erfahrungen mit dem hartnäckigen Widerstand der Industriearbeiter gegen seine Methoden die Schlußfolgerung gezogen, daß den Arbeitern nach Möglichkeit alle Kontroll- und Entscheidungsmöglichkeiten über den Arbeitsablauf entzogen werden sollten. Die Trennung von Hand- und Kopfarbeit, die Festlegung der Arbeitsvollzüge durch Zeitstudien (später von seinem Schüler Gilbreth durch Bewegungsstudien ergänzt) und die Bindung des Entgelts an die Arbeitsergebnisse (Leistungslohn) waren die wichtigsten Momente, die Taylor vorschlug, um den Arbeitern ihre Kontrollmöglichkeiten über den Produktionsprozeß zu nehmen und das Management als alleinige Kontrollinstanz zu befähigen.

Taylor formulierte in seiner »wissenschaftlichen Betriebsführung« vier Prinzipien (Taylor 1919, S. 38f., 89), die sich - modern gefaßt (nach Rammert 1983) - wie folgt zusammenfassen lassen:

1. Kontrolle über die räumlich-zeitliche Dimension der Arbeitsverausgabung;
2. Kontrolle über die fachlich-qualifikatorischen Momente des Arbeitsprozesses;

3. Kontrolle über den arbeitswirtschaftlichen Aspekt des Lohn-Leistungs-Verhältnisses;
4. Kontrolle über die Quellen von Gegenmachtbildung auf seiten der Arbeiter.

Taylor war davon überzeugt, daß seine Methoden der »wissenschaftlichen Betriebsführung« unabhängig vom Entwicklungsstand der Produktionstechnik praktiziert werden können. Dies ist nur bedingt richtig, denn nur dort, wo der Arbeitsprozeß die Zerlegung in repetitive Teilarbeiten zuläßt, ist der Taylorismus konsequent anwendbar; das gilt insbesondere für die Fließbandarbeit und für Arbeiten mit fließbandähnlichem Charakter. Nicht zu Unrecht ist das erstmals 1913/14 in der Highland-Park-Fabrik in Detroit von Henry Ford eingeführte und weiterentwickelte Fließband als konsequente Fortsetzung der Taylorschen Methode verstanden worden. Schuf der Taylorismus die personalwirtschaftliche, dann der Fordismus die technisch-organisatorische Grundlage der modernen Industriearbeit. Die Kombination von Taylorismus und Fordismus mit ihrer Verquickung von bürokratischer und technischer Kontrolle der menschlichen Arbeit wurde zum dominanten Kontrollsystem der auf Massenproduktion beruhenden Industriearbeit.

Bis zum Ersten Weltkrieg blieb der Taylorismus selbst in seinem Ursprungsland umstritten. Arbeiter und Gewerkschaften setzten ihm Widerstand entgegen. In Deutschland waren es vor allem die Metallarbeiter, die der Einführung tayloristischer Methoden trotzten. Selbst unter den Ingenieuren und Unternehmern blieb der Taylorismus wegen seines einseitigen Menschenbildes umstritten. Der eigentliche Durchbruch des Taylorismus in Deutschland erfolgte mit der wachsenden Verbreitung des sogenannten REFA-Verfahrens. (REFA: »Reichsausschuß für Arbeitszeitermittlung«, der 1924 von Verbänden der Metallindustriellen und der Betriebsingenieure gegründet wurde.) In Anknüpfung an die tayloristischen Prinzipien vereinheitlichte REFA die Verfahren der Arbeitszeitermittlung und des Arbeitsstudiums; überdies führte REFA Lehrgänge für Akkordkalkulatoren durch.

Die Anpassung der tayloristischen Arbeitsorganisation an die deutschen Verhältnisse betraf drei Elemente: »(1) die Ablösung des Geldakkords durch den Zeitakkord und, damit verbunden, die Einführung »wissenschaftlicher« Zeitstudienmethoden, womit den Klagen von Gewerkschaften und Belegschaften über die »Meisterwillkür« bei der Akkordfestsetzung Rechnung getragen werden sollte; (2) die Verwendung einer »Normalleistung« anstelle der Taylorschen Maximalleistung als Bezugsgröße für die Akkordfestsetzung sowie (3) die Beibehaltung der traditionellen, proportional verlaufenen Lohn-Leistungs-Linie anstelle des tayloristischen Prämienlohns. Diese Konzessionen schwächten den Widerstand, den vor allem die Metallarbeiter schon vor dem Krieg der Einführung der tayloristischen Arbeitsorganisation entgegengebracht hatten« (Schmiede/Schudlich 1981, S. 73).

Neue Konzepte der Arbeitskraftnutzung

Wenn auch Taylorismus und Fordismus als Managementstrategien zur Nutzung der Arbeitskraft bis in die heutige Zeit Anwendung in der betrieblichen Praxis finden, so werden doch ihre immanenten Grenzen mehr und mehr erkennbar. Mag es auch übertrieben erscheinen, bereits von einem »Ende der Arbeitsteilung« (Kern/Schumann 1984) zu sprechen, so sind doch Veränderungen in der industriellen Produktion zu beobachten, die als Abkehr von fordistischen und tayloristischen Prinzipien zu deuten sind. Die für sie noch typische Arbeitsplatzstruktur mit extrem arbeitsteiligen Aufgaben, minutiösen Zeitvorgaben und kurzzyklischen Taktbindungen war auf Bedingungen standardisierter Massenproduktion und auf den angelernten »Massenarbeiter« abgestellt. Der Übergang auf hochmechanisierte und flexible Fertigungsverfahren legt schon aus produktionstechnischen Gründen eine andere Nutzung der Arbeitskräfte nahe. Die auf der Mikroelektronik basierenden neuen Informations- und Kommunikationstechniken ermöglichen eine hohe Elastizität und Flexibilität der Fertigung, wodurch sich die Kostenvorteile der Automation mit den Marktvorteilen des raschen Typen- und Modellwechsels verbinden lassen; denn die flexiblen Fertigungsverfahren sind auch bei kleinen Stückzahlen betriebswirtschaftlich rentabel. Die Flexibilität der Fertigung macht die Flexibilisierung der Arbeitsorganisation und des Personaleinsatzes erforderlich. Aus diesem Grund ist das Management hochmechanisierter Industriezweige an breiter Qualifikation und hoher Motivation seiner Arbeitskräfte interessiert.

Die Industriesoziologen Kern und Schumann haben in den industriellen Kernsektoren »neue Produktionskonzepte« des Managements entdeckt, die auf eine Lockerung der starren Arbeitsteilung und auf eine »ganzheitliche Nutzung« der Arbeitskraft hinauslaufen. Denn: »Der restringierende Zugriff auf Arbeitskraft verschenkt wichtige Produktivitätspotentiale. Im ganzheitlicheren Aufgabenzuschnitt liegen keine Gefahren, sondern Chancen; Qualifikationen und fachliche Souveränität auch der Arbeiter sind Produktivkräfte, die es verstärkt zu nutzen gilt.« (Kern/Schumann 1984, S. 19)

Die Potentiale der technischen Rationalisierung seien ausgeschöpft: der »Traum von der menschenleeren Fabrik« habe sich als unrealistisch erwiesen. Somit habe die Reprofessionalisierung der Produktionsarbeit, der »Wiedereinzug von Produktionsintelligenz in die Massenproduktion« eine reale Chance. Insbesondere den neuen Arbeitstyp des »Systemregulierers« werten sie als Indikator für die neuen Tendenzen der Umgewichtung von der herstellenden (produzierenden) zur gewährleistenden (kontrollierenden) Arbeit.

In einer breiten empirischen Untersuchung, dem »Trendreport Rationalisierung« (1994), gingen Michael Schumann und seine Kollegen diesen Thesen vom Umbruch der betrieblichen Rationalisierung weiter nach, um zu repräsentativeren Aussagen über die drei Industriesektoren Automobilindustrie, Werkzeugmaschinenbau, chemische Industrie zu kommen. Das Resultat ist zwiespältig:

»Im Gesamt der von uns untersuchten Industrien stellt der Arbeitstyp des Systemregulierers heute im Automobilbau 8%, im Werkzeugmaschinenbau 10% und in der Chemischen Industrie 47% der Produktionsarbeiter. (...) Die große Mehrheit der Produktionsarbeiter verbleibt weiterhin im Status des ›einfachen Handarbeiters‹ oder ›Lückenbüßers der Mechanisierung‹ traditioneller Prägung.« (Schumann u.a. 1994, S. 644)

Impulse für veränderte Managementstrategien im Hinblick auf die Nutzung und Kontrolle der Arbeitskräfte gehen indessen nicht nur von den Märkten und neuen Techniken aus. Initiativen zur menschengerechten Gestaltung der Arbeitsorganisation reichen bis in die fünfziger und sechziger Jahre zurück, als in Großbritannien, Norwegen und Schweden verschiedene Unternehmen, unter sozialwissenschaftlicher Beratung, neue Arbeitsformen erprobten (Sandberg 1982). Auch in den USA kam es später im Rahmen der *Quality of Working Life*-Bewegung zu Bestrebungen, die tayloristisch-fordistischen Formen der Arbeitsorganisation aufzulockern. Schließlich initiierte die sozialdemokratische Reformpolitik Anfang der siebziger Jahre in Deutschland eine Bewegung zur »Humanisierung der Arbeit«, die nicht nur von den Gewerkschaften, sondern auch von Unternehmern und ihren Verbänden mitgetragen wurde.

Diese verschiedenartigen Bemühungen um humanere Formen der Arbeitsorganisation verdankten sich unterschiedlichen Motiven und Gründen. Da waren einmal die von Sozialwissenschaftlern ausgehenden Initiativen, welche an arbeitspolitische Reformbestrebungen in ihren Ländern anknüpfen konnten. Da gab es zum anderen die Anfang der siebziger Jahre diagnostizierte Motivationskrise der Arbeit: In den USA war es in einigen Betrieben zu spektakulären Akten industrieller Aggression gekommen; in anderen Industrieländern beeinträchtigten der Anstieg der Fehlzeiten und hohe Fluktuationsraten die Arbeitsproduktivität. In der Erprobung neuer Formen der Arbeitsorganisation übernahmen skandinavische Unternehmen (z.B. VOLVO) eine Pionierrolle. Hierzulande förderte die Bundesregierung seit 1974 zahlreiche Betriebsprojekte zur Erprobung neuer Formen der Arbeitsorganisation, die seither zum festen Repertoire der Arbeitswissenschaften gehören. Es sind dies vornehmlich:

– der systematische Arbeitsplatzwechsel (*job rotation*),
– die Arbeitserweiterung (*job enlargement*),
– die Arbeitsbereicherung (*job enrichment*),
– die teilautonome Arbeitsgruppe (vgl. Übersicht 20)

Übersicht 20: Neue Formen der Arbeitsstrukturierung

- *Systematischer Arbeitsplatzwechsel* (job rotation):
  Hier werden die Arbeitsinhalte nicht verändert, sondern mehrere Arbeitnehmer wechseln sich bei der Ausführung verschiedener Arbeitsinhalte gegenseitig ab.
- *Arbeitserweiterung* (job enlargement):
  Hier wird der Umfang des Arbeitsinhalts vergrößert, d.h. den Arbeitnehmern werden mehrere ähnliche Arbeitsaufgaben übertragen, die aber auf dem gleichen Qualifikationsniveau liegen; diese Methode führt zu höheren Zyklus- beziehungsweise Taktzeiten.
- *Arbeitsbereicherung* (job enrichment):
  Hier wird die Art des Arbeitsinhaltes derart verändert, daß den Arbeitnehmern größere Qualifikationsinhalte und größere Dispositionsspielräume übertragen werden.
- *Arbeitsgruppen mit erweiterten Handlungs- und Entscheidungsspielräumen:*
  Hierbei wird einer Arbeitsgruppe ein bestimmter Arbeitsinhalt übertragen; über die Art seiner Ausführung kann sie im Rahmen vorgegebener Ziele, Zeitvorgaben und technischer Bedingungen entscheiden, z.B. über die Verteilung von Arbeitsaufgaben auf die Gruppenmitglieder.
- *Verringerung von Zeitzwängen:*
  Zwischen Arbeitsplätzen mit vorgegebenem Arbeitstempo, z.B. am Fließband, werden sogenannte Puffer installiert. Dadurch erhält der einzelne Beschäftigte die Möglichkeit, sein Arbeitstempo in gewissen Grenzen zu variieren.

An einem bewußt vereinfachten Beispiel soll kurz erläutert werden, wie die neuen Formen der Arbeitsorganisation in der Praxis eingesetzt werden können. An einem Fließband werden pro Tag 960 Kraftstoffpumpen gefertigt. Die Arbeitsplätze sind direkt hintereinander angeordnet, und zwar acht zur Montage und zwei für die Prüfung. Die Taktzeit beträgt 30 Sekunden pro Stück, so daß jeder Arbeiter nach 30 Sekunden denselben Arbeitsinhalt wiederholt. Wie könnte diese Form der Arbeitsorganisation nun verändert werden? Zur Verringerung der Zeitzwänge könnten zwischen die Arbeitsplätze Puffer gebaut werden, wo jeweils 40 Pumpen zwischengelagert werden können. Im Rahmen eines systematischen Arbeitsplatzwechsels könnte jeder Arbeiter jeden Tag einen anderen der zehn Arbeitsinhalte ausführen. Bei der Arbeitserweiterung würde die Taktzeit verdoppelt, z.B. von 30 Sekunden auf eine Minute. Dazu müßten zwei Fließbänder parallel aufgestellt werden, an denen jeweils 480 Pumpen gefertigt würden. Eine Arbeitsplatzbereicherung könnte z.B. so aussehen, daß an zehn Einzelarbeitsplätzen die Pumpen nicht nur komplett montiert, sondern auch geprüft würden. Von einer Arbeitsgruppe mit erweiterten Handlungs- und Entscheidungsmöglichkeiten würde gesprochen, wenn die zehn Arbeiter selbst über die interne Arbeitsverteilung entscheiden würden und z.B. die Materialdisposition, Stückzahlabrechnung und die Einrichtung der Arbeitsplätze übernehmen würden.

Quelle: L. Zimmermann (Hg.), Humane Arbeit, Bd. 4, S. 55f.

Partizipatives Management

Die seit zwei Jahrzehnten anhaltend hohe Arbeitslosigkeit hat die Debatte um die »Humanisierung des Arbeitslebens« wieder abklingen lassen. Ungeschwächt sind hingegen die Bemühungen der Unternehmen, durch betriebliche Beteiligungsstrategien die Motivation ihrer Mitarbeiter zu erhöhen und ihre Qualifikation umfassender zu nutzen. »Von Japan lernen«, heißt die Devise, mit der sich das »Management by motivation« neuer partizipativer Sozialtechniken bedient. Die beiden wichtigsten Formen sind *Qualitätszirkel* und *Gruppenarbeit*.

Bei Qualitätszirkeln (auch: Lernstatt, Werkstattkreis, Lern- und Vorschlagsgruppe) handelt es sich um Organisationsformen, die quer und parallel zur regulären Arbeitsorganisation eingeführt werden; man spricht auch von »Problemlösungsgruppen« beziehungsweise »diskontinuierlichen Formen der Gruppenarbeit« (Bungard/Antoni 1993, S. 383). Ein Qualitätszirkel besteht in der Regel aus einer Kleingruppe von 6 bis 12 Teilnehmern aus gleichen oder ähnlichen Arbeitsbereichen, die sich in regelmäßigem Turnus während der Arbeitszeit trifft, um unter der Leitung eines Moderators betriebs- und arbeitsbezogene Probleme zu diskutieren und Lösungen dafür zu erarbeiten.

Im Vergleich dazu ist bei der Team- oder Gruppenarbeit die Beteiligung in das Arbeitshandeln integriert; wir haben es hier mit einer Organisationsform zum Zwecke der kontinuierlichen Ausführung der Arbeitsaufgabe zu tun. Die teilautonome Arbeitsgruppe verkörpert die Rücknahme tayloristischer Arbeitszerlegung durch Reintegration vormals ausgegliederter, den indirekten und planenden Bereichen (Arbeitsvorbereitung, Instandhaltung, Qualitätsprüfung etc.) übertragenen Arbeitsaufgaben. Die Gruppe und ihre Mitglieder übernehmen dabei gewissermaßen Funktionen des Arbeitsmanagements.

Einer neueren Studie zufolge (Dreher u.a. 1995, S. 147) haben 14 Prozent der Industriebetriebe die Gruppenarbeit und 15 Prozent Qualitätszirkel eingeführt. Insbesondere in der Automobilindustrie, die bisher am nachhaltigsten durch tayloristisch-fordistische Produktionskonzepte geprägt war, findet die Gruppenarbeit ihr derzeit wichtigstes Exerzierfeld; nach einer Erhebung der IG Metall betrug der Anteil der in Gruppenarbeit beschäftigten Arbeitnehmer in dieser Branche 1994 rund 22 Prozent der Produktionsarbeiter (Roth 1995, zit. n. Sperling 1997, S. 28).

Diese Formen direkter Arbeitnehmerpartizipation sind nicht selten Bestandteil umfassender Restrukturierungsprozesse von Unternehmen. Unter den aus der anglo-amerikanischen Managementliteratur entnommenen Termini »Lean Production« und »Business Reengineering« findet eine Reorganisation von Produktions- und Arbeitsprozessen statt, die auf *Dezentralisierung* und *Enthierarchisierung* gerichtet ist (wobei operative Dezentralisierung durchaus mit strategischer Zentralisierung einhergehen kann). Hierunter fallen auch jene

Restrukturierungen, die einzelne Funktions- und Produktionsbereiche aus der bisherigen vertikalen Integration eines Unternehmens organisatorisch herauslösen. Sie können in *Cost- und Profit-Center* neu zusammengefaßt werden und agieren dann faktisch unter Marktbedingungen innerhalb des Unternehmens, wo sie ihre eigenen Kunden-Lieferanten-Beziehungen ausbilden und die betriebswirtschaftliche Eigenverantwortung »für Absatz, Kosten, Gewinne und damit zusammenhängende Entscheidungen und Maßnahmen« übernehmen (Hirsch-Kreinsen 1995, S. 426). Funktionale Teilbereiche können schließlich auch durch *Outsourcing* aus Betrieb und Unternehmen förmlich ausgegliedert und künftig marktförmig statt hierarchisch mit den übrigen Unternehmensaktivitäten koordiniert werden. Auf diese Weise entstehen Unternehmensnetzwerke, die verschiedene Arbeitsorganisationen miteinander verknüpfen.

Die neuen Formen der Unternehmens- und Arbeitsorganisation laufen auf eine Rationalisierung der Rationalisierungsfolgen tayloristischer Provenienz hinaus. Die indirekten Funktionsbereiche (Arbeitsplanung und -vorbereitung, Instandhaltung, Qualitätskontrolle etc.) und erweiterten Hierarchieebenen, beides Folgen tayloristischer Produktionsrationalisierung, werden teilweise zurückgenommen; die hierarchische Aufbauorganisation wird durch kunden- und marktnähere Ablauforganisation ersetzt. Nachdem die kostenträchtigen Folgen der Trennung von ausführenden und planenden Tätigkeiten unter dem tayloristischen Arbeitsregime deutlich zu Buche geschlagen und die Grenzen technikzentrierter Rationalisierung transparent geworden sind, setzen die neueren Rationalisierungsstrategien an den Human-Ressourcen an, um neue Quellen zur Steigerung der Arbeitsproduktivität zu erschließen.

Ihrem Anspruch nach zielen sie auf ein »neues« (oft als revolutionär apostrophiertes) Denken im Management und bei den Beschäftigten, die »mitdenkende Unternehmer« werden sollen. Anders als in den herkömmlichen, tayloristischen Organisationskonzepten, die die Beschäftigten zu bloßen Objekten der Rationalisierung machten, sollen sie nun »Rationalisierung in Eigenregie« betreiben und zu aktiven Trägern kontinuierlicher Verbesserung und Optimierung von Arbeitsabläufen und Organisationsstrukturen werden. Dezentralisierung, Enthierarchisierung, neue Arbeitsformen und Teamarbeit sollen ihnen ein höheres Maß an Kompetenz, Eigenverantwortung, Selbstorganisation und Partizipation einräumen. Was in der tayloristischen Konzeption ausdrücklich dem Management vorbehalten war, wird nun auch an die traditionellen »Nicht-Manager« delegiert (vgl. dazu auch Sperling 1994).

Unter dem Kontrollaspekt betrachtet, lassen sich die neuen Managementstrategien dem Kontrollmodell der »verantwortlichen Autonomie« (Friedman 1977, S. 77ff.) zuordnen. Das Management gesteht dem Arbeitnehmer Autonomie und Verantwortlichkeit zu und erwartet von ihm im Gegenzug Loyalität,

Anpassungsbereitschaft und Akzeptanz produktionstechnischer Veränderungen.

Ob diese Phänomene indessen mit dem Begriff Managementkontrolle noch zutreffend erfaßt werden, ist auch kritischen Sozialwissenschaftlern mittlerweile zweifelhaft geworden. Anknüpfend an ältere Diskussionen (Marx, Brentano, Polanyi) über die Besonderheiten der Ware Arbeitskraft und des Arbeitsvertrages (vgl. Kap. 2), identifizieren sie in der spezifischen »Subjekthaftigkeit« der Arbeitskraft und den »Unbestimmtheitslücken« des Arbeitsvertrages jene Momente, an denen sich die Fremdkontrolle bricht und die Eigenkontrolle notwendigerweise beginnt. Bündig formulieren es Berger und Offe: »Der Arbeiter muß auch arbeiten *wollen*.« (1982, S. 352) Ihnen zufolge besteht das Grundproblem jeder betrieblichen Organisation der Arbeit darin, den Arbeiter zur Mitwirkung an der Nutzung seiner Arbeitskraft zu veranlassen. Die Sozialwissenschaftlerin Gerlinde Dörr insistiert in ihren theoretischen Überlegungen zur »Arbeitspolitik« darauf, daß Kontrolle in der Produktion und in der Arbeit nicht nur Managementkontrolle ist, sondern auch Produzentenkontrolle« (Dörr 1985, S. 142), ja daß selbst in taylorisierten Arbeitsprozessen »die darin arbeitenden Individuen in ihren alltäglichen Handlungspraktiken eigeninitiierte und eigenkontrollierte Arbeitstechniken« ausbilden (ebd., S. 143). Eine Konsequenz daraus ist, daß das Management nicht nur das Arbeits- und Leistungsverhalten der Arbeitskräfte kontrollieren, sondern auch deren Bereitschaft zur Mitwirkung an der Nutzung ihres Arbeitsvermögens sicherstellen muß. Mit anderen Worten: Es kann auf Fügsamkeit und Zustimmung der Beschäftigten nicht verzichten (vgl. auch Minssen 1990).

Daß das kapitalistische Management abhängig ist von der schöpferischen Teilhabe der Arbeitenden, belegt auch die Tatsache, daß »Arbeit nach Vorschrift« häufig zum Zusammenbruch der Produktion führt. In einer vieldiskutierten Untersuchung von Burawoy (1979) versucht dieser den Nachweis zu führen, daß die informellen Praktiken der Leistungsrestriktion der Arbeiter (vgl. Kap. 3 und 17) wesentlich zur Erzeugung von Konsens und Konformität im Betrieb beitragen. Während Industriesoziologen gewöhnlich die negativen, widerständigen Momente solcher Praktiken hervorheben, interpretiert Burawoy sie als »Spiele«, mit denen die Arbeitenden sich Freiräume schaffen, die das Management toleriert. Nolens volens bringen die Arbeiter damit ihr Einverständnis mit den Spielregeln kapitalistischer Produktion und Mehrwerterzeugung zum Ausdruck. Denn: »Man kann nicht ein Spiel spielen und zur selben Zeit die Regeln in Frage stellen; die Zustimmung zu den Regeln wird zur Zustimmung zur kapitalistischen Produktion.« (Burawoy 1983, S. 510)

Loyalität und Engagement der Beschäftigten für die Aktivitäten und Ziele eines Unternehmens zu sichern, um selbstverantwortliches und innovatives

Arbeitshandeln im Rahmen der gesetzten Produktionsziele zu ermöglichen, ist heute mehr denn je ein zentrales Motiv managerieller Führungskonzeptionen. Direkte Kontrollen und materielle Anreize reichen dazu nicht aus; die Mobilisierung *normativer Bindungen* an das Unternehmen und seine Ziele wird zur Voraussetzung einer erfolgreichen Unternehmensführung. Die damit den Beschäftigten abgeforderten internalisierten Selbstkontrollen und abstrakten Organisationsloyalitäten (vgl. Türk 1984) können freilich nur auf der Basis reziproker und vertrauensvoller Beziehungen zwischen Management und Belegschaft gedeihen. Daß deren Existenz wiederum an äußerst voraussetzungsvolle Bedingungen geknüpft ist, läßt sich den Analysen des (japanischen) Unternehmenstypus des »Clans« (Ouchi 1980; Deutschmann 1987) entnehmen. Vom herkömmlichen Unternehmenstypus, in dem vertragsförmige Beziehungen und materielle Anreize vorherrschen, unterscheidet sich nach William Ouchi der Clan durch die gemeinsamen Werte, internalisierten Ziele und Solidaritätsgefühle der Organisationsmitglieder; mit einem Wort: durch eine starke »Organisationskultur«, die das Verhalten der Beschäftigten beeinflußt und steuert. Dieser Aspekt steht auch im Zentrum jener umfangreichen Managementliteratur, die sich mit der Unternehmenskultur (*Corporate Culture, Corporate Identity*) als dem Erfolgsfaktor exzellenter Unternehmen beschäftigt. Auf das hegemoniale, imperialistische und tendenziell totalitäre Kontrollpotential der »kulturellen Steuerung« haben einige kritische Arbeiten hingewiesen (vgl. Deutschmann 1989; Sandner 1990; Schienstock 1993), aber auch auf die mit dem Konzept der Unternehmenskultur verknüpften unrealistischen Steuerungsphantasien und Integrationsmythen (vgl. zusammenfassend Berger 1995).

Realistischer ist die Annahme, daß jedes Unternehmen eine Unternehmenskultur hat (wenn man darunter die Wertvorstellungen und Verhaltensweisen der Menschen im Betrieb versteht) - aber daß nicht jede Unternehmenskultur den innerbetrieblichen Koordinationsmaßnahmen gleichermaßen gerecht wird (Beyer u.a. 1995, S. 15 u. 157). Zur erfolgreichen Bewältigung der betrieblichen Modernisierungsprobleme bedürfe es - so die präskriptiven Ergebnisse eines Kooperationsprojekts der Bertelsmann-Stiftung und der Hans-Böckler-Stiftung (Beyer u.a. 1995) - eines integrativen, zukunftsorientierten Konzepts der Unternehmenskultur, basierend sowohl auf Vertrauen und Verbindlichkeit wie auf Partnerschaft und Mitbestimmung (ebd.).

Parallelen zu diesen Vorstellungen einer gleichzeitig markt- und mitarbeiterorientierten Unternehmenskultur finden wir in der seit den achtziger Jahren in den USA und Großbritannien breit diskutierten Konzeption des *Human Resource Management* (HRM). Es handelt sich dabei um eine integrierte Betrachtung von

- Mitarbeiterbeteiligung,
- Personalauswahl, -einsatz und -entwicklung,
- Belohnungssystem und
- Arbeitsorganisation

(Harvard-Konzept des HRM, n. Staehle 1994, S. 747).

Statt von einer untergeordneten Abteilung (Personalbüro) verwaltet zu werden, gehören dieser Konzeption zufolge die Human-Ressourcen in die Zuständigkeit des obersten Managements. Sie teilt damit die hohe Wertschätzung der Human-Ressourcen mit der älteren »Humankapital«-Theorie, derzufolge die Arbeit nicht als ein (zu minimierender) Kostenfaktor, sondern als ein Aktivposten in der Bilanz anzusehen sei, dessen Wert es zu erhalten und zu steigern gilt.

Einige Autoren haben kritisch darauf hingewiesen, daß im anglo-amerikanischen Kontext HRM auch dazu dienen soll, die Bindung der Mitarbeiter an das Unternehmen einseitig zu festigen, nämlich auf Kosten der kollektiven Interessenvertretung und der Loyalität gegenüber der Gewerkschaft (vgl. Storey 1989). Eine erste deutsche Untersuchung über diesen Komplex zeigt indessen, daß im deutschen Kontext das HRM der Interessenvertretung durch den Betriebsrat eher förderlich als abträglich sein kann (Fischer/Weitbrecht 1995).

Weiterführende Literatur

H.-D. Ganter/G.Schienstock (Hg.), *Management aus soziologischer Sicht*, 1993.
(Die Beiträge des Sammelbandes reflektieren den aktuellen Forschungsstand der Managementsoziologie.)

Wolfgang H. Staehle, *Funktionen des Managements*, 1989 (2. Aufl.).
(Knappe und übersichtliche Einführung aus betriebswirtschaftlicher Sicht unter Einbeziehung industriesoziologischer Forschungsergebnisse.)

Richard Edwards, *Herrschaft im modernen Produktionsprozeß*, 1981.
(Standardwerk über den historischen Formwandel des Managements von der direkten über die technische zur bürokratischen Kontrolle des Arbeitsprozesses.)

Paul Thompson, *The Nature of Work*, 1983.
(Eine Einführung in die neuere, von Braverman ausgelöste Debatte über den kapitalistischen Arbeitsprozeß, insbesondere über die Kontroll- und Konsensprobleme.)

Richard Hyman, *Strategie oder Struktur? Die widersprüchliche Handlungkonstellation des Managements der Arbeit,* in: Müller-Jentsch (Hg.) 1993.
(Kritische Analyse der unterschiedlichen Dimensionen der Managementkontrolle über die Arbeit.)

Karl Sandner, *Prozesse der Macht,* 1990.
(Detaillierte Analyse der Machtprozesse und Steuerungsmechanismen in Unternehmen.)

Johannes Berger, *Warum arbeiten Arbeiter?* In: Zeitschrift für Soziologie, Jg. 24, 1995.
(Zusammenfassende Darstellung der wichtigsten Theorieansätze zur Erklärung der Erzeugung von Arbeitsbereitschaft.)

Michael Faust u.a., *Dezentralisierung von Unternehmen,* 1994.
(Empirische Untersuchung mit 10 Fallstudien über Formen und Folgen unternehmerischer Dezentralisierung.)

Industrielle Beziehungen, Jg. 2, Heft 4/1995.
(Schwerpunktthema: Human Resource Management und Industrielle Beziehungen.)

Kapitel 16
Betriebliche Interessenvertretung der Arbeitnehmer

Partizipation und Mitbestimmung

Mit den im vorhergehenden Kapitel erwähnten Beteiligungsmodellen und partizipativen Führungstechniken trägt das Management der Tatsache Rechnung, daß die gekaufte Arbeitskraft nicht ebenso umstandslos wie ein sachliches Produktionsmittel eingefügt und genutzt werden kann. Das Management sieht mit Recht in der *Partizipation* Potentiale zur Erhöhung der Arbeitsproduktivität und Verbesserung der Arbeitszufriedenheit. Falsch wäre es, Partizipation als Nullsummenspiel zu begreifen, bei dem die eine Seite gewinnt, was die andere verliert. Die grundsätzlich ambivalenten Funktionen von Partizipation lassen - unter bestimmten Bedingungen - Zuwächse auf beiden Seiten zu: für das Management eine Steigerung des quantitativen und qualitativen Arbeitsertrags, für die Arbeitnehmer eine Ausweitung ihrer Autonomiespielräume und Verbesserung ihrer subjektiven Befindlichkeit. »Partizipation ist (...) eben nicht nur eine potentielle Produktivkraft und ein Integrationsfaktor, sondern auch ein emanzipatorisches Handlungspotential und eine Selbstverwirklichungschance.« (Kißler 1984, S. 220)

Nun befürchten die Gewerkschaften nicht ohne Grund, daß Partizipationsangebote des Managements die rechtlich institutionalisierten Formen der *Mitbestimmung* durch Betriebsräte und Arbeitnehmervertreter im Aufsichtsrat unterminieren könnten. Andererseits beginnen sie zu erkennen, daß diese repräsentativen Formen der Mitbestimmung ergänzungsbedürftig sind durch Formen direkter Mitbestimmung der Arbeitnehmer. Das von der Gewerkschaftslinken in den sechziger und frühen siebziger Jahren favorisierte dezentrale Konzept der »Mitbestimmung am Arbeitsplatz« (vgl. Vilmar 1971) findet seit den achtziger Jahren auch im DGB eine stärkere konzeptionelle Berücksichtigung.[1]

In diesem Kapitel beschränken wir uns auf die Darstellung und Analyse der bereits institutionalisierten Formen der (repräsentativen) Mitbestimmung, das heißt auf die Betriebsverfassung und die Unternehmensmitbestimmung. Zuvor ist jedoch eine terminologische Klärung angebracht. Die Begriffe Partizipation und Mitbestimmung werden in der Literatur recht unterschiedlich gebraucht. Da wir auf keine allgemein anerkannten Definitionen zurückgreifen können, schließen wir uns - mit Däubler - der herrschenden Terminologie an, die den Begriff *Mitbestimmung* auf die »gleichberechtigte Mitentscheidung der Arbeitnehmer oder ihrer Repräsentanten« (1973, S. 7; ähnlich auch Rube 1982, S. 24) eingrenzt. Für andere Formen der Arbeitnehmerbeteiligung, beispielsweise der beratenden Teilhabe auf der Grundlage von Informations- und Vorschlagsrechten oder in Gestalt der Mitsprache und Mitberatung, steht der Begriff *Mitwirkung* zur Verfügung. Der Begriff *Partizipation* eignet sich als Oberbegriff für alle Teilhaberechte und Beteiligungsmodelle[2].

Historische Entwicklung

Wie die Gewerkschaften hat auch die betriebliche Mitbestimmung eine Vor- und Frühgeschichte, die bis in die Anfänge der Industrialisierung zurückreicht. »Die Bestrebungen, dem arbeitenden Menschen in Betrieb und Wirtschaft ein Mitbestimmungsrecht zu verschaffen, sind im Grunde so alt wie das Fabrikwesen in Deutschland.« (Teuteberg 1961, S. XIII)

Bereits im Vormärz, noch ehe die Industrialisierung einen nennenswerten Umfang angenommen hatte, erörterten deutsche Politiker und Sozialreformer, mit Blick auf die Verhältnisse in England und Frankreich, die »soziale Frage« und wie ihr durch Reformen und Arbeitervertretungen in den Fabriken beizukommen sei. Der Frankfurter Nationalversammlung von 1848 lag als Gesetzentwurf (allerdings als Minderheitsvotum) eine erste bedeutsame Konzeption für eine betriebliche und überbetriebliche Mitbestimmung vor, die u.a. die Wahl eines Fabrikausschusses für jede Fabrik vorsah.

Die frühen »Realformen« betrieblicher Arbeitervertretung verdanken sich indessen weniger den Programmen von Sozialreformern, als der Weiterentwicklung betrieblicher

---

1 Vgl. dazu die im Dezember 1984 vom Bundesvorstand des DGB beschlossene »Konzeption zur Mitbestimmung am Arbeitsplatz«, in: DGB-Schriftenreihe Mitbestimmung Nr. 7.
2 »In einer sehr gebräuchlichen sozialwissenschaftlichen Definition versteht man unter Partizipation Beteiligung von Organisationsmitgliedern an den sie betreffenden Entscheidungen und an den Organisationsergebnissen.« (Eger/Weise 1984, S. 40)

Sozialeinrichtungen. Aus den Vorständen der Fabrikkrankenkassen, die die meisten größeren gewerblichen Betriebe bereits um die Mitte des 19. Jahrhunderts eingerichtet hatten, entstanden in einer Reihe von Fabriken Arbeiterausschüsse, gefördert und toleriert durch politisch weitblickende und liberale Unternehmer, die aus ökonomischen, sozialethischen oder politischen Gründen freiwillig auf einige ihrer traditionellen Rechte verzichteten. Wenn diese historischen Tatsachen auch die oft gehörte Meinung widerlegen, daß die Mitbestimmung gewerkschaftlichen Forderungen entsprungen sei, so ist andererseits darauf hinzuweisen, daß patriarchalische Unternehmer wie Krupp, Siemens und der Saarindustrielle Stumm gegen alle reformerischen und gesetzlichen Schritte in dieser Richtung ihre Rechte als Fabrikherren, ihren »Herrn-im-Hause-Standpunkt«, aufs heftigste verteidigten. »Wenn ein Fabrikunternehmen gedeihen soll«, postulierte Stumm, »so muß es militärisch, nicht parlamentarisch organisiert sein.« (Zit. n. Teuteberg 1961, S. 298)

Mit der Gewerbeordnungsnovelle von 1891 befaßte sich erstmals der Gesetzgeber mit der betrieblichen Interessenvertretung: die Novelle sah die Einrichtung von fakultativen Arbeiterausschüssen vor. Wenn auch die praktischen Ergebnisse zunächst »höchst kümmerlich waren«, wie Teuteberg schreibt, »so bedeutete das Gesetz doch eine entscheidende Zäsur in der Entwicklung der sozialen Betriebsverfassung: Der Staat verkündete damit den Grundsatz, daß die innere Ordnung eines Betriebes nicht mehr allein und ausschließlich vom Willen eines Unternehmers abhing« (1961, S. 529). Obligatorische Arbeiterausschüsse wurden 1905, nach einem großen Streik, in allen größeren Bergwerken gesetzlich eingeführt. Schließlich schrieb das während des Ersten Weltkrieges erlassene »Gesetz über den vaterländischen Hilfsdienst« ab 1916 für die gesamte Industrie obligatorische Arbeiterausschüsse für Betriebe mit mindestens 50 Beschäftigten vor.

Zu dieser Zeit hatte sich auch die zunächst negative Haltung der Gewerkschaften und der Sozialdemokratie zu den Arbeiterausschüssen ins Positive gewendet. Die noch Ende des 19. Jahrhunderts schroffe Ablehnung - Bebel beispielsweise nannte die Arbeiterausschüsse 1889 verächtlich ein »scheinkonstitutionelles Feigenblatt« zur Verhüllung des Fabrikfeudalismus (Teuteberg 1961, S. 621) - beruhte zum einen auf der anfänglichen und von Unternehmerseite auch bewußt gewollten Konkurrenz zwischen Arbeiterausschüssen und Gewerkschaften (die spätestens Mitte der neunziger Jahre zugunsten der Gewerkschaften entschieden worden war) und zum anderen auf der von der Sozialdemokratie propagierten politischen Zielsetzung der revolutionären Gesellschaftsveränderung (die die Mehrheit der Sozialdemokratie spätestens mit dem Eintritt Deutschlands in den Krieg und der sogenannten Burgfriedenspolitik aufgegeben hatte).

Die mit dem Betriebsrätegesetz (BRG) von 1920 erstmals geschaffene Institution des *Betriebsrates* hatte neben den Arbeiterausschüssen des Kaiserreiches die revolutionäre Rätebewegung von 1918/19 zum Vorläufer. Die nach dem Zusammenbruch des Kaiserreichs, als Folge und Ausdruck der machtpolitischen Kräfteverschiebung, vielfach spontan entstandenen Arbeiter- und Soldatenräte begriffen sich zunächst als politische und wirtschaftliche Revolutionsorgane (»Alle Macht den Räten!«, hieß eine damals verbreitete Parole). Nachdem jedoch die Mehrheit des ersten Allgemeinen Kongresses der Arbeiter- und Soldatenräte (im Dezember 1918 in Berlin) sich für die Wahl einer Nationalversammlung und damit gegen ein politisches Rätesystem entschieden hatte, stand in den folgenden Jahren nur noch das wirtschaftliche Rätesystem, die proletarische Selbstverwaltung der Wirtschaft, zur Debatte. Somit trug zwar die syndikalistische und radikal antikapitalistische Rätebewegung wesentlich zum Zustandekommen des Betriebsrätegesetzes bei, bestimmte aber nicht seinen Gehalt. Die bislang fundierteste sozialwissenschaftliche Untersuchung über die Betriebsräte in der Weimarer Republik kommt zu dem Urteil, daß im Betriebsrätegesetz »von dem ursprünglichen Rätegedanken nur ein karger Rest« (Brigl-Matthiaß 1926, S. 3) verwirklicht worden sei.

Institutionell knüpfte das Betriebsrätegesetz an die Institution der obligatorischen Arbeiterausschüsse des Kaiserreiches an, wenngleich die Mitbestimmungsrechte der Betriebsräte weit umfassender waren. Die institutionelle Kontinuität kommt bereits im ersten Paragraphen des Gesetzes zum Ausdruck: Er kodifiziert die bis heute typische Doppelloyalität des Betriebsrats, seine Pufferstellung zwischen Belegschaft und Unternehmensleitung, indem er ihm die doppelte Aufgabe der »Wahrnehmung der gemeinsamen wirtschaftlichen Interessen der Arbeitnehmer« einerseits und der »Unterstützung des Arbeitgebers in der Erfüllung der Betriebszwecke« andererseits (§ 1 BRG) überträgt. Weitere Parallelen zur heutigen Betriebsverfassung finden sich zum einen in der Repräsentation der Gesamtbelegschaft, zum anderen in der Bindung an eine betriebliche Friedenspflicht, mit der Aufgabe, »den Betrieb vor Erschütterungen zu bewahren« (§ 66 Ziff. 3 BRG) und zum dritten im Vorrang des Tarifvertrages vor der betrieblichen Vereinbarung. Brigl-Matthiaß konstatierte eine gesetzliche Funktionalisierung des Betriebsrats als »Organ des Tarifvertrags« (1926, S. 15), dem in der Praxis »die langsame, aber sichere Vergewerkschaftlichung des Betriebsrätewesens« (1926, S. 30) entsprochen hätte.

Zwar hatte die Verabschiedung des Betriebsrätegesetzes noch zu blutigen Auseinandersetzungen (mit einigen Dutzend erschossenen Demonstranten) vor dem Berliner Reichstag geführt, doch im Laufe der folgenden Jahre wurde die klassenkämpferische Bewegung der Betriebsräte mehr und mehr in ein wirtschaftsfriedliches Fahrwasser geleitet. Daß die »auf umfassende gesamtgesellschaftliche und gesamtwirtschaftliche Demokratisierung ausgerichtete Rätebewegung in den engen Rahmen einer betrieblichen Mitbestimmung kanalisiert« (Diefenbacher/Nutzinger 1984, S. 14) werden konnte, war dem gleichgerichteten Druck von Unternehmerverbänden, reformistischen Gewerkschaften und Sozialdemokratischer Partei zuzuschreiben. Auf Betreiben der Groß- und Schwerindustrie, die bis zum Ersten Weltkrieg die gewerkschaftliche Organisierung in ihren Betrieben mit allen Mitteln bekämpft hatte, schlossen die großen Arbeitgeberverbände im November 1918 eine Vereinbarung (Stinnes-Legien-Abkommen) mit den freien Gewerkschaften zur Bildung einer *Zentralarbeitsgemeinschaft*, die die Gewerkschaften als »berufene Vertretung der Arbeiterschaft« und als repräsentative Tarifvertragsparteien anerkannte und überdies die Bildung von subalternen Arbeiterausschüssen in den Betrieben vorsah. Es war der politisch-revolutionäre Charakter der Rätebewegung, der die Unternehmer veranlaßte, zu jenem Zeitpunkt den Gewerkschaften Vorrang vor den Betriebsräten einzuräumen. Die freien Gewerkschaften, für die die Rätebewegung ohnehin eine politische Herausforderung und lästige Konkurrenz darstellte, konnten nunmehr mit Unterstützung der Unternehmer und des Gesetzgebers erfolgreich die »Vergewerkschaftlichung der Betriebsräte« betreiben. Dies führte in der Folge zur Auflösung selbständiger Räteorganisationen, zur gewerkschaftlichen Eingliederung der Betriebsräte sowie ihrer Unterordnung unter die Gewerkschaftsinstanzen. Als eine Art »Tarifpolizei im Betrieb« sollten sie Hilfsfunktionen für die Durchführung und Überwachung von gesetzlichen und tariflichen Bestimmungen übernehmen.

Im faschistischen Staat Hitlers hatten Gewerkschaften und betriebliche Mitbestimmung keinen Platz; sie wurden zerschlagen und aufgelöst; an die Stelle der Gewerkschaften trat die Deutsche Arbeitsfront; das »Gesetz zur Ordnung der nationalen Arbeit« von 1934 ersetzte die Mitbestimmung durch eine autoritäre Betriebsverfassung mit Führer- und Gefolgschaftsprinzip.

Erst nach dem Zusammenbruch des Dritten Reiches konnten erneut freie Gewerkschaften und Betriebsräte entstehen. Von ihnen gingen auch Impulse, Konzeptionen und Aktivitäten zur Neuordnung der Wirtschafts- und Betriebsverfassung in Deutschland aus. Von Anfang an fanden diese Bestrebungen ihre Grenzen in der Politik der Besatzungsmächte, die wohl an einer Entflechtung der Großkonzerne und der Demokratisierung des politischen und wirtschaftlichen Lebens interessiert waren, nicht aber an einer Sozialisierung der Produktionsmittel, die viele Gewerkschafter und Betriebsräte in der frühen Nachkriegszeit forderten.

Von der im Münchener Programm (vgl. Kap. 8) anvisierten grundlegenden Umgestaltung der Wirtschaft erblickte nur wenig das Licht der Welt (vgl. dazu E. Schmidt 1971). Als einziges verwirklichtes Reformprojekt kann die 1951 erfolgte gesetzliche Festschreibung der Mitbestimmung in der Unternehmensleitung (Aufsichtsrat und Vorstand) für den wichtigen, aber begrenzten Wirtschaftsbereich der Montanindustrie gelten. Das Betriebsverfassungsgesetz von 1952 wurde bereits gegen den Widerstand der Gewerkschaften verabschiedet. Es war dem in den siebziger Jahren, unter der sozial-liberalen Koalition, entstandenen reformpolitischen Spielraum zu danken, daß die Beteiligungsrechte der Betriebsräte mit dem novellierten Betriebsverfassungsgesetz von 1972 erweitert und die Mitbestimmung in Unternehmen durch das Mitbestimmungsgesetz von 1976 für die übrige Privatwirtschaft eingeführt wurde.

Der politische Umbruch in der DDR stimulierte in der Übergangszeit (»Wendephase«) vom Herbst 1989 bis zur deutschen Vereinigung 1990 zahlreiche betriebliche Initiativen zur Bildung von »Betriebskomitees« und »Belegschaftsräten«, die - in »nachahmender Orientierung« an den westdeutschen Betriebsräten (Preusche/Lungwitz 1995, S. 147) - zunächst ohne Rechtsgrundlage spontan die Betriebsgewerkschaftsleitungen des alten DDR-Rechts ersetzten. Mit dem Einigungsvertrag wurde das Betriebsverfassungsgesetz (wie das gesamte Arbeitsrecht der Bundesrepublik) mit den entsprechenden Institutionen auf die neuen Bundesländer übertragen. Die ersten Wahlen nach dem neuen Recht erfolgten in den ostdeutschen Betrieben in den Jahren 1990/91; im Frühjahr 1994 fanden Betriebsratswahlen erstmals in einem gemeinsamen Zeitraum für ost- und westdeutsche Betriebe statt.

Handlungsrahmen und Beteiligungsrechte des Betriebsrats

Nach geltendem Betriebsverfassungsgesetz ist in jedem Betrieb mit fünf und mehr Beschäftigten die Wahl eines Betriebsrats vorgeschrieben. Im Gegensatz zur Weimarer Republik, die noch eine einheitliche betriebliche Mitbestimmung in der Privatwirtschaft wie im öffentlichen Dienst kannte, gelten in der heutigen Bundesrepublik in den Verwaltungen des Bundes, der Länder, der Gemeinden und sonstiger Körperschaften des öffentlichen Rechts statt des Betriebsverfassungsgesetzes die Personalvertretungsgesetze des Bundes und der Länder[3].

Analog zum Betriebsverfassungsgesetz sehen die Personalvertretungsgesetze für die behördlichen Verwaltungen, Gerichte und bundesunmittelbaren Körperschaften die Bildung von Personalräten in allen Dienststellen mit min-

---

3 Allerdings gilt diese Ausnahme nicht für die sog. Regiebetriebe, deren Kapitalanteile sich in öffentlicher Hand befinden (dazu gehören z.B. die Betriebe der kommunalen Energieversorgung, des Personennahverkehrs und seit jüngstem auch die Betriebe der »privatisierten« Aktiengesellschaften der Post, Telekom, Postbank und Deutschen Bahn); für sie gilt nun auch das Betriebsverfassungsgesetz.

destens fünf wahlberechtigten Beschäftigten vor. Ihre Aufgaben und Funktionen entsprechen im großen und ganzen denen der Betriebsräte, obwohl ihre Mitwirkungsrechte im allgemeinen schwächer sind als die der Betriebsräte.

Trotz der gesetzlichen Vorschrift gibt es in zahlreichen kleineren und mittleren Betrieben keinen Betriebsrat. Nach einer repräsentativen Umfrage (unter 2.392 privatwirtschaftlichen Unternehmen mit mindestens 5 Beschäftigten) von 1987 verfügten nur 24 Prozent aller betriebsratspflichtigen Firmen über einen Betriebsrat (Sadowski/Frick 1995, S. 49). Insbesondere in Betrieben mit unter 100 Beschäftigten, in denen - nach der letzten Arbeitsstättenzählung von 1987 - 57,7 Prozent aller abhängig Beschäftigten arbeiten, ist eine betriebliche Interessenvertretung häufig nicht vorhanden (vgl. Tabelle 13); am krassesten trifft dies für Betriebe der Größenordnung von 5 bis 20 Beschäftigte zu, für die das Gesetz ohnehin nur einen Betriebsobmann mit eingeschränkten Mitwirkungsrechten vorsieht.

Tabelle 13: Existenz von Betriebs- und Personalräten nach Beschäftigtengrößenklassen

Von den Betrieben/Dienststellen[1] mit ... Beschäftigten	haben ...% einen Betriebs-/Personalrat
5 - 19	7
20 - 49	29
50 - 99	56
100 -499	87
500 und mehr	96

[1] in den alten Bundesländern
Quelle: IAB Betriebspanel, 1. Welle 1993

Bei der letzten Betriebsratswahl 1994 wurden, nach der Statistik des DGB, in rund 40.000 west- und ostdeutschen Betrieben etwa 220.000 Betriebsratsmitglieder gewählt. Alle ständig Beschäftigten eines Betriebes sind wahlberechtigt. Gehören zu einem Unternehmen mehrere Betriebe, dann ist für jeden Betrieb ein gesonderter Betriebsrat zu wählen und überdies ein Gesamtbetriebsrat zu bilden. Die Amtszeit beträgt mittlerweile vier Jahre; sie hat sich kontinuierlich verlängert: 1920 betrug sie noch ein Jahr, 1952 zwei Jahre und 1972 drei Jahre. Die Zahl der Betriebsratsmitglieder wächst mit der Zahl der Beschäftigten, ebenso die Zahl der von beruflicher Arbeit Freigestellten, die die Betriebsratsfunktion hauptamtlich ausüben (vgl. Tabelle 14).

Tabelle 14: Zahl der Betriebsratsmitglieder (nach §§ 9 und 28 BetrVG)

Betriebsgröße: Zahl der Arbeitnehmer	Zahl der zu wählenden Betriebsratsmitgieder	davon werden von der Arbeit freigestellt
5 - 20	1	-
21 - 50	3	-
51 - 150	5	-
151 - 300	7	-
301 - 600	9	1
601 - 1.000	11	2
1.001 - 2.000	15	3
2.001 - 3.000	19	4
3.001 - 4.000	23	5
4.001 - 5.000	27	6
5.001 - 7.000	29	7 - 8
7.001 - 9.000	31	9 - 10
9.001 - 12.000	33	11 - 14
12.001 - 15.000	35[1]	15 - 18[2]

[1] für je angefangene weitere 3.000 Arbeitnehmer weitere 2 Betriebsratsmitglieder
[2] für je angefangene weitere 2.000 Arbeitnehmer eine weitere Freistellung

Däubler beschreibt den vom Gesetzgeber abgesteckten Handlungsrahmen des Betriebsrats mit den Begriffen Vertrauen, Frieden, Diskretion.

Vertrauen. Die Tätigkeit des Betriebsrats steht unter der im § 2 explizierten Generalnorm der »vertrauensvollen Zusammenarbeit« mit dem Arbeitgeber. Diese verpflichtet den Betriebsrat dazu, »bei seiner gesamten Tätigkeit (...) kooperativ, nicht konfliktorientiert vorzugehen« und »nicht nur das Wohl der Arbeitnehmer, sondern auch das des Betriebs zu verfolgen« (Däubler 1995, Bd. 1, S. 444).
Frieden. Für den Betriebsrat gilt nicht nur eine absolute Friedenspflicht: »Maßnahmen des Arbeitskampfes zwischen Arbeitgeber und Betriebsrat sind unzulässig (...). Arbeitgeber und Betriebsrat haben Betätigungen zu unterlassen, durch die der Arbeitsablauf oder der Frieden des Betriebs beeinträchtigt werden« (§ 74 Abs. 2, Satz 1 u. 2), sondern auch das Verbot der parteipolitischen Betätigung (§ 74 Abs. 2, Satz 3).
Diskretion. Der Betriebsrat unterliegt der Schweigepflicht bei Betriebs- oder Geschäftsgeheimnissen, die ihm als Betriebsrat bekanntgeworden und vom Arbeitgeber ausdrücklich als geheimhaltungsbedürfig bezeichnet worden sind (§ 79 Abs. 1).

Nach dem Betriebsverfassungsgesetz ist der Betriebsrat eine *gewerkschaftsunabhängige* Vertretung der Gesamtbelegschaft. Weder für den Gesetzgeber noch für die Unternehmer bestand nach 1945 die Notwendigkeit, Vorkehrungen für die Unterordnung der Betriebsräte unter die Gewerkschaften zu treffen (wie dies die Gewerkschaften wünschten und wie es nach dem Ersten Weltkrieg de facto war). Im Gegenteil, da sich die neu entstandenen Betriebsräte vielfach als selbstverständlichen Bestandteil der zunächst noch reformoffensiven Gewerkschaften verstanden, verfolgten Gesetzgeber, Rechtsprechung und Unternehmer nicht mehr, wie in der Weimarer Republik, eine »Vergewerkschaftlichung der Betriebsräte«, sondern eine Politik der Neutralisierung der Betriebsräte gegenüber den gewerkschaftlichen Organisationen.

Der Betriebsrat ist ein *Repräsentativorgan*, auf das die Belegschaft allein durch den (nunmehr alle vier Jahre stattfindenden) Wahlakt, und auch dann nur in personeller Hinsicht, Einfluß nehmen kann. Auf dem laut Gesetz im vierteljährlichen Turnus stattfindenden Betriebsversammlungen können den Betriebsräten zwar Anträge unterbreitet und zu ihren Beschlüssen Stellung genommen werden (§ 45), freilich ohne diese dadurch zu binden. Der repräsentative Charakter des Betriebsrates ist eine Ursache der zuweilen beklagten Distanz des Betriebsrates zur Belegschaft, eine andere ist die in der Praxis zu beobachtende Tendenz zur Verberuflichung (*Professionalisierung*) des Betriebsratsamtes. Insbesondere die beruflich freigestellten Mitglieder des Betriebsrats entwickeln mit wachsender zeitlicher Distanz zu ihrer ursprünglichen Berufsarbeit das verständliche Interesse, weiterhin als Betriebsrat tätig zu sein. Beides zusammen hat in vielen Großbetrieben den Typus des »Berufsbetriebsrats« hervorgebracht.[4]

Der restriktive Handlungsrahmen sowie die gegenüber der Belegschaft repräsentative und gegenüber den Gewerkschaften unabhängige Position der Betriebsräte erklärt ihre geringe »bargaining power« und begrenzten Sanktionsmöglichkeiten. Die Institution des Betriebsrats ist primär auf Konsens und Kooperation angelegt. Im Falle des Dissens bleibt ihm als legales Druckmittel die Anrufung der Einigungsstelle, einer betrieblichen Schlichtungsinstanz, oder die Anrufung des Arbeitsgerichts (vgl. dazu Kap. 17).

Neben den allgemeinen - im § 80 aufgelisteten - Aufgaben der *Kontrolle* (über die Einhaltung der die Arbeitnehmer schützenden und begünstigenden Rechts- und Tarifnormen), der *Initiative* gegenüber dem Arbeitgeber (zwecks Beantragung von Maßnahmen und Weiterleitung von Anregungen aus der Belegschaft) und der *Fürsorge* für schutzbedürftige Gruppen (schwerbehinderte, ältere und ausländische Arbeitnehmer) sind es im wesentlichen die Beteiligungsrechte, die den Betriebsrat zur Mitbestimmung und Mitwirkung des betrieblichen Geschehens autorisieren.

---

4 In einigen großen Unternehmen wie der Volkswagen AG gibt es beispielsweise einen eigenständigen Lohntarif für die »Berufsgruppe« der Betriebsräte.

Die *inhaltlichen Beteiligungsrechte* des Betriebsrats lassen sich nach zwei Dimensionen hin auffächern. In der Dimension der Sachbereiche handelt es sich um *soziale, personelle* und *wirtschaftliche* Angelegenheiten. Nach der Intensität der Teilhabe lassen sich a) Informationsrechte, b) Anhörungs- und Beratungsrechte, c) Widerspruchsrechte und d) erzwingbare Mitbestimmungsrechte unterscheiden (vgl. Übersicht 21).

Erzwingbare Mitbestimmungsrechte werden dem Betriebsrat in *sozialen* Angelegenheiten eingeräumt. Der § 87, der als das »Herzstück der Betriebsverfassung« gilt, spezifiziert zwölf Fallgruppen, unter ihnen:

- die Festlegung von Entlohnungsgrundsätzen, insbesondere die Anwendung neuer Entlohnungsmethoden;
- die Festsetzung leistungsbezogener Entgelte (Akkordprämiensätze);
- die Regelung der geltenden Arbeitszeiten einschließlich Pausen;
- die Anordnung von Überstunden und Kurzarbeit;
- die Aufstellung allgemeiner Urlaubsgrundsätze und des Urlaubsplans;
- die Einführung und Anwendung von technischen Einrichtungen, die das Verhalten oder die Leistung der Arbeitnehmer überwachen sollen;
- die Regelung über die Verhütung von Arbeitsunfällen und Berufskrankheiten sowie über den Gesundheitsschutz;
- die Grundsätze über das betriebliche Vorschlagswesen.

Bei *personellen* Angelegenheiten bestehen echte Mitbestimmungsrechte bei der Erstellung von Personalfragebögen (§ 94) und der Aufstellung von allgemeinen Auswahlrichtlinien für Einstellungen, Versetzungen, Umgruppierungen und Kündigungen (§ 95). Bei den personellen Einzelmaßnahmen der Einstellung, Eingruppierung, Umgruppierung und Versetzung hat der Betriebsrat indessen nur ein Vetorecht (§ 99). Verweigert der Betriebsrat seine Zustimmung, so bleibt die entsprechende Maßnahme des Arbeitgebers bis zur eventuellen Entscheidung des Arbeitsgerichts unwirksam. Im Falle von Kündigungen hat der Betriebsrat nur ein Anhörungsrecht; widersprechen kann er nur, wenn der Arbeitgeber gegen bestimmte, im Gesetz spezifizierte Grundsätze verstößt (§ 102).

Bei der *Gestaltung von Arbeitsplatz, Arbeitsablauf* und *Arbeitsumgebung* stehen dem Betriebsrat allein Unterrichtungs- und Beratungsrechte zu (§ 90); ein Mitbestimmungsrecht ergibt sich erst, wenn durch die Änderungen Belastungen für die Arbeitnehmer auftreten, »die den gesicherten arbeitswissen-

Übersicht 21: Die wichtigsten Beteiligungsrechte des Betriebsrates lt. BetrVG 1972

Intensität \ Gegenstand	Soziale Angelegenheiten	personelle Angelegenheiten	wirtschaftliche Angelegenheiten
(erzwingbare) Mitbestimmungsrechte	§ 87: Beginn u. Ende der tgl. Arbeitszeit; Urlaubsgrundsätze/ Urlaubsplan; Lohngestaltung; Akkord- und Prämiensätze § 91: menschengerechte Gestaltung der Arbeit (nach »gesicherten arbeitswissenschaftlichen Erkenntnissen«)	§ 94: Personalfragebogen § 95: Auswahlrichtlinien § 98: Betriebliche Bildungsmaßnahmen	§ 112: Sozialplan
Widerspruchsrechte		§ 99: Einstellung/ Eingruppierung/ Umgruppierung/ Versetzung § 102: Kündigung	
Mitwirkungsrechte (Informations-, Anhörungs-, Beratungsrechte)	§ 89: Arbeitsschutz/ Unfallverhütung	§ 92: Unterrichtung und Beratung über Personalplanung § 102: Anhörung vor Kündigungen	§ 90: Unterrichtung über Planung/ Beratung über Auswirkungen von Neu-, Um- und Erweiterungsbauten; techn. Anlagen; Arbeitsverfahren/ Arbeitsabläufe; Arbeitsplätze § 106: Wirtschaftsausschuß § 111: Unterrichtung bei Betriebsänderungen

schaftlichen Erkenntnissen über die menschengerechte Gestaltung der Arbeit offensichtlich widersprechen« (§ 91).

Hinsichtlich der *wirtschaftlichen* Entscheidungen stehen dem Betriebsrat nur noch Informationsrechte zu. So hat der Unternehmer den in Betrieben von über 100 ständig beschäftigten Arbeitnehmern - als eigenständiges Organ oder Ausschuß des Betriebsrats - zu bildenden *Wirtschaftsausschuß* »rechtzeitig und umfassend über die wirtschaftlichen Angelegenheiten des Unternehmens zu unterrichten« (§ 106). Ebenfalls zu unterrichten ist der Betriebsrat bei Betriebsänderungen, »die wesentliche Nachteile für die Belegschaft« zur Folge haben können (§ 111). Allein über den Ausgleich oder die Milderung der wirtschaftlichen Nachteile, die den Arbeitnehmern entstehen, hat der Betriebsrat insofern ein Mitbestimmungsrecht, als er einen Sozialplan erzwingen kann (§ 112).

Mit der Novellierung des Betriebsverfassungsgesetzes 1988 wurden die Unterrichtungs- und Beratungsrechte des Betriebsrates über die Planung neuer technischer Anlagen, Arbeitsverfahren und Arbeitsabläufe verbessert (§ 90 neue Fassung). Der Arbeitgeber muß den Betriebsrat über seine Planungen rechtzeitig unterrichten und ihm die erforderlichen Unterlagen vorlegen; außerdem muß er mit ihm über die sich daraus ergebenden Auswirkungen für die Arbeitnehmer so rechtzeitig beraten, daß Vorschläge und Bedenken des Betriebsrates bei der Planung berücksichtigt werden können.

Auch die Unterrichtungs- und Erörterungspflicht des Arbeitgebers gegenüber potentiell betroffenen Arbeitnehmern ist verstärkt worden (§ 81 neue Fassung). Demnach hat der Arbeitgeber, »sobald feststeht, daß sich die Tätigkeit des Arbeitnehmers ändern wird und seine beruflichen Kenntnisse und Fähigkeiten zur Erfüllung seiner Aufgaben nicht ausreichen, (...) mit dem Arbeitnehmer zu erörtern, wie dessen berufliche Kenntnisse und Fähigkeiten (...) den künftigen Anforderungen angepaßt werden können.« Bei der Erörterung kann der Arbeitnehmer ein Mitglied des Betriebsrates hinzuziehen.

Als generelle Tendenz des Betriebsverfassungsgesetzes wird erkennbar, daß die Beteiligungsrechte in *sozialen* Fragen am stärksten, bei *personellen* Angelegenheiten bereits abgeschwächt greifen und in *wirtschaftlichen* Fragen sich auf reine Informationsrechte beschränken. Mit anderen Worten: Die Eingriffsmöglichkeiten und Beteiligungsrechte des Betriebsrats sind um so größer, je weiter sie von den strategischen Unternehmerentscheidungen (z.B. über Ziele und Inhalte der Produktion) entfernt sind. Hierin zeigt sich, daß der Betriebsrat als ein Organ des Interessenausgleichs zwischen Management und Belegschaft angelegt ist und seine Funktionen die betriebliche Herrschaft grundsätzlich nicht in Frage stellen. Gleichwohl kann ein erfahrener Betriebsrat seine starken Mitbestimmungsrechte (etwa bei Entscheidungen über Mehrarbeit) dazu nutzen, um Konzessionen in anderen Fragen zu erlangen.

Zur Wahrung der »besonderen Belange« der jugendlichen Arbeitnehmer (bis 18 Jahren) und Auszubildenden (bis 25 Jahren) schreibt das Betriebsverfassungsgesetz überdies eine Jugend- und Auszubildendenvertretung im Rahmen des Betriebsrats vor (§§ 60-73). Die der Jugendvertretung eingeräumten Rechte bestehen jedoch nicht gegenüber dem Arbeitgeber, sondern gegenüber dem Betriebsrat; er ist direkter Adressat und Vermittler ihrer Forderungen. Zu allen Betriebsratssitzungen kann die Jugendvertretung einen Vertreter entsenden. Bei Angelegenheiten, die besonders jugendliche Arbeitnehmer und Auszubildende betreffen, kann die gesamte Jugendvertretung an der Betriebsratssitzung mit Stimmrecht teilnehmen.

Nicht auf Normen des Betriebsverfassungsgesetzes, sondern auf tariflichen und betrieblichen Vereinbarungen beruhen Bestimmungen zur betrieblichen Frauenförderung, die in einigen Wirtschaftszweigen existieren (vgl. Hornung 1993); nur im öffentlichen Dienst finden wir Gleichstellungsgesetze, die u.a. auch Frauenbeauftragte vorsehen, welche über die Maßnahmen zur beruflichen Chancengleichheit wachen.

Mit einem gesonderten Gesetz (Sprecherausschußgesetz) wurde 1988, als weiteres betriebliches Vertretungsorgan, der »Sprecherausschuß der leitenden Angestellten« ins Leben gerufen. Weder der DGB noch die BDA wollten eine formelle Vertretung dieser Art, aber die FDP konnte sich in der Regierungskoalition erfolgreich für die Interessen der leitenden Angestellten (etwa 2 Prozent der abhängig Beschäftigten) durchsetzen. Weil diese nach dem Betriebsverfassungsgesetz weder passives noch aktives Wahlrecht zum Betriebsrat haben, hat die Union der leitenden Angestellten (die etwa 10 Prozent dieser Gruppe organisiert) seit langem die Institutionalisierung eines solchen Vertretungsorgans gefordert.

Betriebsrat und Management

Das Verhältnis zwischen Betriebsrat und Management ist von ambivalenter Natur: Die Institutionalisierung einer Interessenvertretung der Belegschaft kann die Politik des Managements zugleich erschweren und erleichtern. Einerseits muß das Management viele seiner Entscheidungen gegenüber dem Betriebsrat rechtfertigen, traditionelle Rechte (»Managementprärogative«) teilen oder gar abgeben; andererseits findet das Management im Betriebsrat eine verantwortliche Instanz, mit der bindende Abmachungen getroffen werden können, die diese gegenüber der Belegschaft zu vertreten und durchzusetzen hat. Zum Zweck vorbeugender Streitvermeidung sollen nach dem Betriebsverfassungsgesetz Arbeitgeber und Betriebsrat mindestens einmal im Monat zu einer Besprechung zusammentreten (§ 74 Abs. 1).

Brigl-Matthiaß hat in seiner Untersuchung über die Betriebsräte in der Weimarer Republik hervorgehoben, daß es sicherlich die Politik des Managements erleichtert, wenn ihm »statt der amorphen, unverantwortlichen und nicht verhandlungsfähigen Belegschaftsmasse nunmehr in dem Betriebsrat eine personal begrenzte und relativ verantwortliche Verhandlungsinstanz gegenübersteht« (Brigl-Matthiaß 1926, S. 246). Gleichwohl waren die Betriebsleitungen in der Weimarer Zeit darauf bedacht, durch eine kombinierte »Assimilierungs- und Paralysierungspolitik« den Einfluß radikaler und oppositioneller Betriebsräte auf die Entscheidungen des Managements gering zu halten.

Eine frühe Untersuchung (Blume 1964) über die Wirksamkeit der betrieblichen Interessenvertretung hat - zehn Jahre nach Inkrafttreten des Betriebsverfassungsgesetzes - eine beträchtliche Kluft zwischen »Norm und Wirklichkeit« der geltenden Betriebsverfassung als empirischen Generalbefund festgehalten. Praktisch in jedem Bereich der Mitbestimmungs- und Mitwirkungsrechte traten Diskrepanzen zwischen Gesetzesnorm und Verfassungswirklichkeit auf, wobei die krassesten Mißstände in kleinen Betrieben, in denen immerhin einige Millionen Arbeitnehmer beschäftigt sind, nachgewiesen wurden.

Befunde jüngerer Untersuchungen zeigen, daß Unternehmensleitung und Management die Institution Betriebsrat heute wesentlich positiver sehen, als sie es noch in den siebziger Jahren taten. Eine Untersuchung von Kotthoff (1981) über die Arbeitsbeziehungen in über sechzig Unternehmen der verarbeitenden Industrie, die Mitte der siebziger Jahre (also kurz nach der Novellierung des Betriebsverfassungsgesetzes) durchgeführt wurde, zeichnete noch ein recht negatives Bild der Beziehungen zwischen Management und Betriebsrat: In nur einem Drittel der untersuchten Betriebe war ein effektiver und respektierter Betriebsrat vorhanden; in den übrigen zwei Dritteln der Betriebe war die Interessenvertretung behindert, defizient oder gar pervertiert. Etwa fünfzehn Jahre später kommt Kotthoff mit einer Nachfolgestudie (1994) in den gleichen Betrieben zu wesentlich positiveren Befunden. Ihnen zufolge haben sich die Beziehungen zwischen Management und Betriebsrat in den meisten Unternehmen derart verbessert, daß sich das Verhältnis von wirksamer zu defizienter Interessenvertretung umgekehrt hat (vgl. Tabelle 15). Selbst oder gerade unter dem Druck der wirtschaftlichen Rezession und dem Zwang zur Modernisierung der Produktion hat das Management die Betriebsverfassung als wichtigste Institution zur Konfliktlösung schätzen gelernt und sogar den »Geist der Mitbestimmung« akzeptiert. Diese Aussage schließt natürlich nicht aus, daß es weiterhin auch einzelne größere Unternehmen gibt (vom traditionell-patriarchalischen Sandalenhersteller bis zum renommierten Softwarehaus), in denen die Institution des Betriebsrats in dem Ruf steht, schädlich, hinderlich oder überflüssig zu sein.

Tabelle 15: Partizipationsmuster in Industriebetrieben und ihre Verteilung

Interessenvertretungstypen	Erststudie (1981)		Folgestudie (1994)	
	Anzahl (n=63)	%	Anzahl (n=55)	%
defiziente Interessenvertretung				
I ignorierter Betriebsrat	5		2	
II isolierter Betriebsrat	14	65	9	33
III Betriebsrat als Organ der Geschäftsleitung	17		6	
wirksame Interessenvertretung				
IV standfester Betriebsrat	7		19	
V Betriebsrat als konsolidierte Ordnungsmacht	11	35	11	66
VI Betriebsrat als aggressive Gegenmacht	–		3	
VII Betriebsrat als kooperative Gegenmacht	1		2	
nicht typologisiert	8		3	

Quelle: Kotthoff 1994

Die Befunde Kotthoffs werden auch durch andere Untersuchungen aus den letzten Jahren bestätigt. Eberwein und Tholen (1990) haben 111 Manager der oberen Unternehmensebene befragt, von denen sich nur eine verschwindende Minderheit (4 Prozent) abschätzig über die Rolle des Betriebsrats äußerte. 50 Prozent sahen in ihm einen Ansprechpartner für die Unternehmensleitung, 29 Prozent hielten ihn für wichtig als Organ der Interessenartikulation der Belegschaft, 17 Prozent schätzten ihn als Informationsvermittler zwischen Unternehmensleitung und Belegschaft oder nutzten ihn als Teil der Personalabteilung. Oft hörten die Forscher von den Managern die Meinung: »Wenn es den Betriebsrat nicht gäbe, müßte man ihn erfinden.« (Eberwein/Tholen 1990, S. 263)

Nach einer Umfrage des Instituts der deutschen Wirtschaft (das von den Arbeitgeberverbänden unterhalten wird) in rund 500 Unternehmen mit 3.000 Betrieben sind die befragten Unternehmer zu 80 Prozent der Meinung, daß das Organ des Betriebsrats nicht nur zu akzeptieren, sondern die konkrete Gestaltung der vertrauensvollen Zusammenarbeit auch voranzutreiben sei (Niedenhoff 1994, S. 19). Überdies sehen sie im Betriebsrat eine »betriebliche Führungskraft« (67 %), ein »Mitentscheidungsorgan« (48 %) und einen »wichtigen Produktionsfaktor« (45 %) (ebd.).

Trotz der von Kotthoff ermittelten Varianz der Interaktionsbeziehungen zwischen Betriebsrat und Management können wir eine durchgängig starke Tendenz zur Beteiligung des Betriebsrats an manageriellen Aufgaben konstatieren. Pointierter formuliert: Der Betriebsrat wird zum *Co-Manager*, insbesondere im Prozeß der Modernisierung und Restrukturierung von Arbeits- und Unternehmensorganisation. Aus der Kotthoffschen Typologie lassen sich alle Varianten wirksamer Interessenvertretung (mit Ausnahme der aggressiven Gegenmacht) tendenziell dem Typus des Co-Managements zurechnen - folglich 62 Prozent seines Samples.

Eine überraschend parallele Tendenz läßt sich verschiedenen Untersuchungen über ostdeutsche Betriebsräte entnehmen (zusammenfassend Röbenack 1995; Bergmann 1996). In Ostdeutschland hat, nach einer kurzen Übergangsphase, eine Konsolidierung und allmähliche Annäherung an die westdeutsche »Normalität« stattgefunden (Preusche/Lungwitz 1995, S. 158ff.). Aber in dieser Übergangsphase haben sich Betriebsräte als eigenständige Interessenvertretungen, unabhängig von Gewerkschaften (oft in erklärter Opposition zur alten Betriebsgewerkschaftsleitung), konstituiert; überwiegend rekrutierten sie sich aus qualifizierten Angestellten und Betriebshandwerkern (Kädtler/Kottwitz 1994, S. 26). Sie traten ohne arbeitsspezifische Ziele an, ihr zentrales Interesse war auf den Umbau der Betriebe zu rational und effektiv wirtschaftenden Einheiten gerichtet. Dies und der Kampf um das wirtschaftliche Überleben der Betriebe machte sie - in einem anderen Sinne als dem westdeutschen - zu Co-Managern. Unter der akuten Existenzbedrohung von Betrieben fanden sich Management und Betriebsrat zu einer »funktionalen Kooperation« zusammen, bei der der Betriebsrat weit über den vom Betriebsverfassungsgesetz gezogenen Beteiligungsrahmen hinaus in Fragen der Unternehmensstrategie und -entwicklung einbezogen wurde. Nach der Privatisierung der Betriebe schwächten sich zwar die ostdeutschen Besonderheiten ab, aber den meisten betrieblichen Interessenvertretungen mit ihren dominant kooperativen Interaktionsmustern fehlt weiterhin die - wie vermittelt auch immer - aus dem Interessengegensatz von Kapital und Arbeit begründete Konfliktkultur und traditionelle Gewerkschaftsbindung. Im Prinzip unpolitischer und pragmatischer als ihre westdeutschen Pendants, sehen sie sich in ihrer Mehrheit als funktionale Ergänzung zum Management (Kädtler/Kottwitz 1994, S. 27).

Betriebsräte, Vertrauensleute und Gewerkschaften

Betriebsräte werden im betrieblichen Alltag von den Arbeitnehmern gewöhnlich mit der Gewerkschaft gleichgesetzt. Von vielen Umfragen immer wieder bestätigt, ist dies ein überraschender Befund, wenn man bedenkt, daß der Gesetzgeber eine klare institutionelle Trennung zwischen Betriebsrat und Gewerkschaft gewollt hat, und nicht Betriebsräte, sondern Vertrauensleute die betrieblichen Funktionäre der Gewerkschaft sind. Gleichwohl beruht die von vielen Arbeitnehmern geäußerte Ansicht nicht auf einem schlichten Irrtum, sondern auf einer (wie Luhmann sagen würde) »Reduktion von Komplexität«: Das symbiotische Verhältnis zwischen Betriebsrat und Gewerkschaft erscheint den Arbeitnehmern als Einheit.

Als rechtlich abgesicherte Institution sind Betriebsräte von den Gewerkschaften formell unabhängig und verfügen über eine eigene Wählerbasis, gleichwohl sind die meisten loyale Gewerkschaftsmitglieder (rund 75 Prozent sind in einer Gewerkschaft des DGB organisiert) und pflegen eine enge Zusammenarbeit mit den Gewerkschaften. Beide sind wechselseitig aufeinander angewiesen: Auf der einen Seite vermitteln die Gewerkschaften den Betriebsräten das Sachwissen, das sie für ihre Tätigkeit benötigen, sei es durch gewerkschaftliche Schulungskurse, sei es durch Expertenwissen der hauptamtlichen Funktionäre; auf der anderen Seite tragen die Betriebsräte zur Organisationssicherung bei, da in den Betrieben die Gewerkschaftsmitglieder geworben und an die Organisation gebunden werden. (Nach einer Entscheidung des Bundesverfassungsgerichts von 1995 darf ein freigestellter Betriebsrat auch während der Arbeitszeit für eine Gewerkschaft werben.) Diese Funktion macht Betriebsräte für die Gewerkschaften unentbehrlich und verschafft ihnen eine relativ eigenständige Machtposition gegenüber dem hauptamtlichen Apparat, die indessen dadurch wieder relativiert wird, daß ihre Wiederwahl über Gewerkschaftslisten erfolgt. Auch die gewerkschaftliche Präsenz im Betrieb hängt entscheidend von den Betriebsräten ab, da sie die Handlungsspielräume der Vertrauensleute und die Zugangsmöglichkeiten von Gewerkschaftsvertretern positiv wie negativ beeinflussen können[5]. Umgekehrt bleibt die Wirksamkeit der betrieblichen Interessenvertretung von der Unterstützung, die der Betriebsrat durch die gewerkschaftliche Organisation erfährt, abhängig.

---

5 Das vom BetrVG 1952 restriktiv definierte betriebliche Zugangsrecht für Gewerkschaftsvertreter ist zwar im novellierten BetrVG 1972 großzügiger geregelt (insb. durch § 2), es bleibt gleichwohl weiterhin dem Betriebsrat überlassen, ob er Gewerkschaftsvertreter zu Sitzungen des Betriebsrats und zu Betriebsratsversammlungen einlädt oder nicht. Die Gewerkschaft hat »gegenüber dem Betriebsrat reine Hilfsfunktion. Der Betriebsrat kann, er muß aber nicht mit einer Gewerkschaft zusammenarbeiten« (Schaub 1995, S. 67).

Nach dem Betriebsverfassungsgesetz besitzt jede im Betrieb vertretene Gewerkschaft (und das ist jede, die mindestens einen Arbeitnehmer zu ihren Mitgliedern zählt) bestimmte Befugnisse, die ihr den betrieblichen Zugang und Einfluß auf betriebliche Prozesse sichert. Es handelt sich dabei um:

a) *Initiativrechte* zur Wahl eines Betriebsrats (sog. »Geburtshilfe«) und zur Einberufung einer Betriebsversammlung;
b) *Teilnahmerechte* an Betriebs- und Abteilungsversammlungen und - sofern mindestens ein Viertel der Betriebsratsmitglieder dies wünscht - an Sitzungen des Betriebsrats;
c) *Kontrollrechte* im Hinblick auf: Anfechtung der Betriebsratswahl; Antrag auf Amtsenthebung gegen einzelne oder alle Betriebsratsmitglieder; Strafantrag gegen den Arbeitgeber, wenn er Wahl oder Tätigkeit des Betriebsrates behindert;
d) *Zugangsrecht* zum Betrieb »zur Wahrnehmung der im Gesetz genannten Aufgaben und Befugnisse«.

Die strategische Bedeutung der Betriebsräte für die gewerkschaftliche Organisationsarbeit in den Betrieben hat ihnen einen dominierenden Einfluß auf das ehrenamtliche Funktionärswesen auf allen Stufen der innergewerkschaftlichen Willensbildung verschafft (vgl. dazu Kap. 8). Werden die Gewerkschaften durch die gesetzliche Institution des Betriebsrats einerseits von ihrer Mitgliederbasis im Betrieb getrennt, so andererseits von der Vertretung spezifischer Gruppen- und Berufsinteressen entlastet. Konflikte um Arbeitsbedingungen, um betriebliche und berufliche Teilinteressen werden durch den Betriebsrat geregelt und abgeklärt, so daß die gewerkschaftliche Interessenpolitik sich auf die Wahrnehmung allgemeiner Interessen, in der Regel Lohn und Arbeitszeit, konzentrieren kann. Auf der Grundlage dieser arbeitsteiligen Interessenvertretung hat sich eine relativ stabile Koalition zwischen Betriebsräten und hauptamtlichen Gewerkschaftsfunktionären herausgebildet, bei der jede Gruppe der anderen ihre eigene Interessen- und Handlungssphäre zugesteht. Die Stabilität dieser Koalition ist wesentlich davon abhängig, daß genügend loyale Gewerkschafter in die Betriebsräte gewählt werden; daher sind die Ergebnisse der Betriebsratswahlen für Organisation und Führung der Gewerkschaften von essentiellem Interesse.

Herausforderungen haben sie von zwei Seiten zu befürchten: einmal von gewerkschaftlichen Konkurrenzorganisationen und unorganisierten Gruppen, die Protestwähler mobilisieren können; ein andermal von innergewerkschaftlichen Oppositionsgruppen, die von Betriebsräten und Gewerkschaften eine konsequente Interessenpolitik verlangen. Zur ersten Gruppe ist anzumerken, daß es den DGB-Gewerkschaften - bis auf einige Angestelltenbereiche - in hohem Maße gelungen ist, die Betriebsräte mit ihren Mitgliedern zu besetzen (vgl. Tabelle 16). Nicht zu quantifizieren ist die zweite Gruppe. Sie kommt aus den eigenen Reihen, tritt in unterschiedlichen Gruppierungen auf; häufig han-

Tabelle 16: Ergebnisse der Betriebsratswahlen 1994 in ausgewählten Wirtschaftszweigen

Organisationsbereich der Gewerkschaft	Betriebe mit Betriebsrat	gewählte Betriebsrats- mitglieder	von den gewählten Betriebsrats- mitgliedern sind:		
			DGB- Mitglieder	Frauen[2]	Ausländer
		abs.	%	%	%
IG Bau-Steine-Erden	6.203	29.367	67,6	12,7 (9,7)	3,8
IG Bergbau und Energie	587	4.405	91,8	13,7 (7,1)	2,8
IG Chemie-Papier-Keramik	3.133	19.586	84,7	22,9 (23,7)	4,9
Gew. Erziehung und Wissenschaft	205	836	47,7	47,7 (67,7)	-
Gew. der Eisenbahner Deutschlands	735	6.587	79,8	13,0 (18,9)	-
Gew. Gartenbau, Land- und Forstwirtschaft	1.248	6.238	64,0	6,0 (29,0)	3,8
Gew. Handel, Banken und Versicherungen	6.123	31.251	54,2	46,1 (67,3)	-
Gew. Holz und Kunststoff	1.555	7.780	82,4	17,5 (17,8)	3,3
Gew. Leder	184	1.050	77,9	7,5 (47,4)	5,2
IG Medien	1.901	9.118	69,7	26,4 (32,9)	2,4
IG Metall	11.510	69.943	81,1	15,4 (18,3)	4,7
Gew. Nahrung-Genuß-Gaststätten	2.706	13.362	91,3	27,8 (39,9)	4,3
Gew. Öffentl. Dienste, Transport und Verkehr[1]	1.996	10.893	74,3	26,5 (46,4)	-
Gew. Textil-Bekleidung	1.953	9.829	80,8	55,3 (60,1)	6,5
Insgesamt	40.039	220.245	75,2	23,4 (27,3)	4,2

[1] vorläufiges Ergebnis
[2] in Klammern: Anteil der weiblichen Mitglieder an der Gesamtmitgliedschaft
Quelle: DGB; Angaben der Einzelgewerkschaften

delt es sich um aktive Vertrauensleute und politisch motivierte Arbeiterkader in großen Betrieben, die mit der herkömmlichen, »sozialpartnerschaftlichen« Betriebspolitik brechen wollen, für basisnahe Verfahren der Kandidatenaufstellung und demokratische Wahlmodi eintreten. Vornehmlich in den siebziger Jahren haben Auseinandersetzungen dieser Art in Großbetrieben der Automobilindustrie, der Stahl- und Werftindustrie und der Großchemie stattgefunden.

In mehreren Fällen haben die oppositionellen Gewerkschaftsgruppen eigene Listen aufgestellt und zum Teil überraschende Wahlerfolge erzielt. In einigen Betrieben haben auch Gruppen ausländischer Arbeiter, die bei der Kandidatenaufstellung ebenfalls benachteiligt werden, sich mit Erfolg zur Wahl gestellt.

Damit ist ein weiteres gravierendes Problem der Betriebsratswahlen angesprochen, das der Unterrepräsentation von sog. »betrieblichen Randgruppen« (Ausländer, Geringqualifizierte, Frauen). Generell liegen die Anteile der weiblichen Betriebsratsmitglieder unter den Anteilen der Frauen an den Beschäftigten und auch noch unter den ohnehin geringeren Anteilen der Frauen an den Gewerkschaftsmitgliedern. Noch krasser ist die Unterrepräsentation der Ausländer; ihre Anteile an den Beschäftigten und Mitgliederzahlen liegen in der Regel über zehn Prozent, während sie im Durchschnitt unter fünf Prozent der gewählten Betriebsratsmitglieder stellen (vgl. Tabelle 16).

Wie bereits erwähnt, sind die eigentlichen Repräsentanten der Gewerkschaft im Betrieb die *Vertrauensleute*. Unter den Einzelgewerkschaften hat insbesondere die IG Metall schon früh begonnen, als Konsequenz aus der vom Gesetzgeber durchgesetzten Trennung und Unabhängigkeit der Institution Betriebsrat von der Gewerkschaft, ein System von Vertrauensleuten vor allem in den größeren Betrieben auf- und auszubauen. Heute verfügen die meisten DGB-Gewerkschaften über Vertrauensleute[6]. Von den Gewerkschaftsmitgliedern in einer Abteilung, einem Betriebsteil oder einer Arbeitsgruppe gewählt, vertritt ein Vertrauensmann jeweils 30 bis 50 Kollegen des jeweiligen Arbeitsbereiches. Die gewerkschaftlichen Funktionen der Vertrauensleute sind begrenzt, in der Regel werden sie nicht durch die Satzung, sondern durch Richtlinien des zentralen Gewerkschaftsvorstandes festgelegt. Zu ihren Aufgaben gehören vor allem Dienstleistungen für die Organisation: Information und Aufklärung der Mitglieder, Mitgliederwerbung und Verteilung von gewerkschaftlichem Informationsmaterial.

Die Beziehungen zwischen Betriebsrat und Vertrauensleuten waren in der Vergangenheit teilweise durch Konkurrenz bestimmt. Es gab in den sechziger und frühen siebziger Jahren in einigen Gewerkschaften Bestrebungen, die Vertrauensleutekörper als Gegengewicht zu den Betriebsräten aufzubauen. Bei den Konflikten und Rivalitäten zwischen den beiden Gruppen behielten die Betriebsräte die Oberhand. Nicht die Kontrolle, sondern die Unterstützung der Betriebsratsarbeit wird heute von den Vertrauensleuten erwartet. In der Mehr-

---

6 Nur drei Verbände, die IG Bau-Steine-Erden, die Gewerkschaft Erziehung und Wissenschaft sowie die Gewerkschaft Gartenbau, hatten Anfang der achtziger Jahre kein Vertrauensleute-System eingerichtet (Koopmann 1981, S. 72).

zahl der Betriebe sind sie zum verlängerten Arm des Betriebsrats geworden. Generell hat die Funktion des Vertrauensmannes beziehungsweise der Vertrauensfrau an Attraktivität verloren. Die Gewerkschaften sehen sich gegenwärtig mit dem Problem konfrontiert, noch genügend aktive Mitglieder für diese Funktion zu gewinnen.

In ostdeutschen Betrieben ist die gewerkschaftliche Präsenz ungleich geringer als in westdeutschen. Vertrauensleutekörper gibt es nur vereinzelt, etwa in den wenigen Automobilwerken.

Zusammenfassend ist zum Verhältnis von Betriebsrat und Gewerkschaft zu sagen, daß, obwohl vom Gesetzgeber anders gewollt, das »Betriebsratswesen« heute als »Basis und Zentrum der betrieblichen Gewerkschaftsorganisation« (Streeck 1979, S. 216) anzusehen ist. Die formale Dualität von betrieblicher und gewerkschaftlicher Interessenvertretung bildet somit eine »widersprüchliche Einheit« (ebd. S. 217).

Der Betriebsrat als intermediäre Institution

Rückblickend können wir die Entwicklung der Betriebsverfassung in Deutschland wie folgt resümieren: Im Laufe der Zeit haben die Akteure der industriellen Beziehungen es gelernt, mit der Institution des Betriebsrats umzugehen, das heißt sie nach ihren Interessen und Zielen zu handhaben und zu modifizieren. Die Gewerkschaften mußten eine Betriebsvertretung akzeptieren, die nicht integrierter Teil ihrer Organisation ist; sie lernten, mit dieser Institution zu kooperieren und sie für ihre Ziele zu nutzen. Die Unternehmer mußten hinnehmen, daß ein relevanter Teil traditioneller Managementvorrechte zu einer Arena gemeinsamer Entscheidungen gemacht wurde. Die durch Gesetz und soziale Machtverhältnisse gesetzten Fakten zwangen das Management, seinen Führungsstil zu ändern und mit dem Betriebsrat zu kooperieren, während der Betriebsrat lernen mußte, seine Funktion der Interessenvertretung der Beschäftigten zu überschreiten und Mitverantwortung für Produktivität und wirtschaftlichen Erfolg des Betriebes zu akzeptieren, also co-managerielle Aufgaben zu übernehmen.

Die gesetzliche Grundlage und die insgesamt erfolgreiche Praxis haben den Betriebsrat zu einer der stabilsten Institutionen der industriellen Beziehungen in Deutschland werden lassen. Überraschend ist die Stabilität insofern, als Sozialwissenschaftler gerade an der »Mittlerfunktion« dieser Institution ihren prekären Charakter aufgezeigt haben. Den Schlüsselbegriff dafür lieferte

Fürstenberg; in einer frühen Analyse (1958) sprach er von einer »Grenzinstitution«, die in einem »dreifachen Spannungsverhältnis« steht: »Im Schnittpunkt dreier Interessengruppen, der Belegschaft, der Betriebsführung und der Gewerkschaft, nimmt er eine deutliche Grenzstellung ein.« (1964, S. 156) Diese »Pufferstellung (...) im Spannungsfeld sehr realer Interessengegensätze« (ebd.) verleihe dem Betriebsrat nur eine »institutionell schwache Autorität« (ebd., S. 158). Auch Dahrendorf äußerte sich skeptisch darüber, ob die »prekäre Verbindung von Belegschaftsvertretung und Management« ein sinnvolles Prinzip der Betriebsorganisation sein könne; ob von der strukturwidrigen »Zwitterrolle« der Betriebsräte nicht vielmehr eine »Gefährdung der Integration des Betriebes« (1972, S. 34f.) zu erwarten sei. Für die absehbare Zukunft rechnete er mit Korrekturen. Die wenig später erfolgten Korrekturen in Form der Novellierung des Betriebsverfassungsgesetzes stärkten indessen die Funktionen des Betriebsrats.

Fragt man nun angesichts der heutigen Stabilität der Institution Betriebsrat nach theoretischen Anschlußmöglichkeiten, dann bietet sich Fürstenbergs Analyse an, wobei aber das, was er als potentielle Schwäche dieser Institution hervorhebt - die prekäre Grenzstellung -, ihre eigentliche Stärke ausmacht. In ihrem *intermediären* Charakter, das heißt dem Zwang zur Vermittlung pluraler, oft gegensätzlicher Interessen, ist ihre eigentliche Stabilität begründet.

Die Grenz- beziehungsweise intermediäre Institution des Betriebsrats steht unter der folgenden Leitidee: *Interessenvertretung des Faktors Arbeit im Betrieb unter Beachtung der wirtschaftlichen Betriebsziele*. In dieser Leitidee werden jene zwei Handlungslogiken miteinander verknüpft, die den Interessengegensatz zwischen Kapital und Arbeit konstituieren. Theoretisch ist es eher unwahrscheinlich, daß Institutionen entstehen, die unterschiedliche, ja gegensätzliche Handlungslogiken verkörpern, und noch unwahrscheinlicher, daß sie im zeitlichen Verlauf Stabilität und ungeschmälerte Anerkennung gewinnen. Die Annahme Dahrendorfs und anderer Sozialwissenschaftler war, daß gegensätzliche Handlungslogiken jeweils von separaten Institutionen vertreten werden sollen, in unserem Falle also durch das Management einerseits und eine unabhängige Arbeitnehmervertretung andererseits. Viele Länder sind diesen Weg gegangen, indem sie unabhängige Betriebsvertretungen schufen (z.B. *Shop Stewards* in Großbritannien, *Locals* in den USA, Gewerkschaftsklubs in Schweden und Fabrikdelegierte in Italien).

Der »unwahrscheinliche« deutsche Weg war nur mit Hilfe des Staates möglich. Nur er konnte eine derartige Institution qua Gesetz ins Leben rufen. Die Arbeitgeber wären allenfalls auf die Verallgemeinerung ihrer »gelben« Werkvereine, die Gewerkschaften auf den Ausbau ihres Vertrauensleutesystems verfallen. Die Betriebsverfassung kodifiziert inhaltliche Rechte und

Pflichten in einer Kombination, die sie bei den sozialen Konfliktparteien zeitweise zu einer höchst umstrittenen Institution machten. Immer dann, wenn die Interessenkonflikte zwischen Kapital und Arbeit mit Veränderung der politischen und wirtschaftlichen Rahmenbedingungen an Schärfe zunahmen, richteten sich die antagonistischen Handlungslogiken gegen das »intermediäre Programm« der Betriebsvertretungen. Da aber die Institution als gesetzliche nicht einfach zu übergehen oder zu beseitigen war, konnte sie auch in Zeiten verschärfter Interessenkämpfe überleben. Daraus erklärt sich die Dynamik ihrer Geschichte und der langwierige historische Lernprozeß.

Mitbestimmung im Unternehmen

Die Mitbestimmung in der Unternehmensleitung, genauer im Aufsichtsrat und Vorstand, ist jene Form der »co-determination«, für die sich insbesondere ausländische Experten des Arbeitsrechts und der industriellen Beziehungen interessieren. Sie gilt als eine deutsche Spezialität. Zu unterscheiden sind drei Formen:

1. Die paritätische Mitbestimmung in der Montanindustrie nach dem »Gesetz über die Mitbestimmung der Arbeitnehmer in den Aufsichtsräten und Vorständen der Unternehmen des Bergbaus und der Eisen und Stahl erzeugenden Industrie« von 1951;
2. Die unterparitätische Mitbestimmung in den großen Kapitalgesellschaften mit über 2.000 Beschäftigten nach dem Mitbestimmungsgesetz von 1976;
3. die drittelparitätische Mitbestimmung in Kapitalgesellschaften mit 500 bis 2.000 Beschäftigten nach dem Betriebsverfassungsgesetz von 1952/1972.

Die *erste Form* - Montanmitbestimmung bzw. »qualifizierte Mitbestimmung« - ist die weitestgehende. Nach diesem Modell bildet eine gleiche Anzahl von Anteilseignern und Arbeitnehmervertretern (in der Regel 5:5) sowie ein weiteres »neutrales Mitglied« den Aufsichtsrat. Zwei der Arbeitnehmervertreter werden von den Betriebsräten gewählt, drei von den Gewerkschaften entsandt. Die Vertreter der Anteilseigner und der - auch als »elfter Mann« bezeichnete - »Neutrale« werden von der Hauptversammlung der Anteilseigner gewählt, letzterer auf Vorschlag der Aufsichtsratsmitglieder. Eine Untersuchung aus den sechziger Jahren (Potthoff/Blume/Duvernell 1962) berichtet von der verbreiteten Praxis, daß der Aufsichtsratsvorsitzende in der Regel von der Anteilseignerseite gestellt, der »Neutrale« hingegen von Arbeitnehmerseite vorgeschlagen wird, wobei dieser natürlich von der anderen Seite akzeptiert werden muß. Der als gleichberechtigtes Vorstandsmitglied vorgesehene Arbeitsdirektor kann nicht gegen die Stimmen der Mehrheit der Arbeitnehmervertreter im Aufsichtsrat gewählt oder abberufen werden. Dieses nach dem Zweiten Weltkrieg im Bergbau sowie der Eisen- und Stahlindustrie durch die britischen Besatzungsmächte eingeführte und mit dem Montanmitbestimmungsgesetz von 1951 kodifizierte Mitbestimmungsmodell gilt dem DGB immer noch als das Grundmodell seiner Mitbestimmungsziele. Es ist das einzige Reformprojekt, das von seiner damaligen umfassenden Konzeption wirtschaftlicher Neuordnung realisiert wurde. Der Montanbereich, der in den Nachkriegsjahren ein wirtschaftliches Machtzentrum darstellte, hat längst seine einstige Bedeutung verloren. Heute sind in ihm noch wenige hunderttausend Arbeitnehmer beschäftigt, während die Zahl der mitbestimmten Unternehmen bei 50 liegt, von denen etwa 20 ihren Sitz in Ostdeutschland haben.

Die *zweite Form* der Unternehmensmitbestimmung betrachtet der DGB als einen sozialen Rückschritt, weil sie unterhalb der Parität bleibt, und zwar aus zwei Gründen: erstens hat der Aufsichtsratsvorsitzende (der in aller Regel von Anteilseignerseite gestellt wird) ein doppeltes Stimmrecht und zweitens befindet sich unter den Arbeitnehmervertretern mindestens ein Vertreter der leitenden Angestellten. Der vom Gesetz ebenfalls vorgesehene Arbeitsdirektor kann auch gegen die Mehrheit der Arbeitnehmervertreter vom Aufsichtsrat ernannt werden. In dem vom Mitbestimmungsgesetz von 1976 abgedeckten Bereich sind etwa ein Fünftel der abhängigen Erwerbstätigen beschäftigt; er umfaßt rund 750 Unternehmen, davon befinden sich über 100 in Ostdeutschland.

Eine Untersuchung der Sozialforschungsstelle Dortmund (vgl. Bamberg u.a. 1987) über die Wirksamkeit dieser Mitbestimmungsform in der Vertretung von Arbeitnehmerinteressen kommt zu ernüchternden Ergebnissen. Demnach hat die Mitbestimmung im Aufsichtsrat weitgehend dienende Funktionen für die gewerkschaftliche Betriebspolitik, etwa durch zusätzliche Informationsbeschaffung. Fallweise wird sie auch zur Stützung der betrieblichen Interessenvertretung, etwa bei Rationalisierungs- und Umstrukturierungsmaßnahmen, benutzt. Erleichtert wird dies durch die Tatsache, daß viele Betriebsratsvorsitzende in Personalunion Aufsichtsratsmitglieder sind.

Die *dritte Form* der Unternehmensmitbestimmung ist die schwächste. Die sozialen Auswirkungen dieser aus der Weitergeltung einiger Paragraphen des Betriebsverfassungsgesetzes von 1952 resultierenden Drittelparität schätzt der DGB sehr gering ein. Nach diesem Modell besteht der Aufsichtsrat von Kapitalgesellschaften von mehr als 500 Beschäftigten zu einem Drittel aus Arbeitnehmervertretern, die von den wahlberechtigten Arbeitnehmern des Unternehmens gewählt werden; ein Arbeitsdirektor ist nicht eigens vorgesehen. Unter diese gesetzliche Regelung fallen rund 2.600 Unternehmen.

Galt die Unternehmensmitbestimmung früher als das Herzstück wirtschaftsdemokratischer Konzeptionen, so wird ihre Bedeutung in der gewerkschaftlichen Mitbestimmungsdebatte mittlerweile wesentlich nüchterner beurteilt. Ihr Stellenwert bestimmt sich heute aus dem Zusammenspiel mit der Betriebsverfassung und Tarifpolitik einerseits und mit den neuen Formen direkter Partizipation andererseits. Die von einem gewerkschaftlichen Mitbestimmungsexperten (Leminsky 1996) vorgelegte Gesamtkonzeption von Mitbestimmung, »industriellen Bürgerrechten« und direkter Arbeitnehmerbeteiligung mißt der Unternehmensmitbestimmung bei weitem nicht mehr jenen überragenden Stellenwert bei, wie es die gewerkschaftlichen Reformvorstellungen der ersten Nachkriegsjahrzehnte noch taten.

Weiterführende Literatur

Hans Jürgen Teuteberg, *Geschichte der industriellen Mitbestimmung in Deutschland*, 1961.
(Ausgezeichnete und materialreiche historische Darstellung der Konzepte und Realformen betrieblicher Interessenvertretung bis zum Ersten Weltkrieg.)

Kurt Brigl-Matthiaß, *Das Betriebsräteproblem*, 1926 (1976).
(Fundierte sozialwissenschaftliche Untersuchung über die Betriebsräte in der Weimarer Republik unter dem Betriebsrätegesetz von 1920.)

Hermann Kotthoff, *Betriebsräte und Bürgerstatus*, 1994.
(Fundierte Untersuchung mit vielen empirischen Details über die Vertretungsaktivitäten und -wirksamkeit der Betriebsräte im betrieblichen Herrschaftsgefüge.)

Klaus Koopmann, *Vertrauensleute*, 1981.
(Über Geschichte, Entwicklung und Verbreitung der Vertrauensleute in den DGB-Gewerkschaften.)

Mitbestimmungskommission, *Mitbestimmung im Unternehmen*, 1970.
(Bericht der »Biedenkopf-Kommission« über Erfahrungen mit der praktizierten Mitbestimmung und Empfehlungen zu ihrem Ausbau.)

Ulrich Bamberg u.a., *Aber ob die Karten voll ausgereizt sind... 10 Jahre Mitbestimmungsgesetz 1976 in der Bilanz*, 1987.
(Eine erste ernüchternde Bilanz der Mitbestimmungspraxis nach dem Gesetz von 1976.)

Kapitel 17
Kollektive betriebliche Regelungen

In charakteristisch anderer Weise als die Tarifautonomie, aber ihr durchaus funktional äquivalent, dient auch die institutionalisierte Mitbestimmung im Betrieb und Unternehmen der Regelung der Arbeitsverhältnisse, genauer: der Normensetzung, Normenanwendung und Konfliktlösung. Während jedoch das Regelungsverfahren Tarifautonomie eine - zumindest formelle - Parität und Autonomie der Vertragsparteien kennt, die ihnen die gleichberechtigte und freie Gestaltung der »Arbeits- und Wirtschaftsbedingungen« erlauben, liegt das Wesen der Betriebsverfassung in seinem konstitutionellen, die »Unternehmer-Souveränität« partiell einschränkenden Charakter: Dispositions- und Direktionsrechte des Arbeitgebers finden in den - je nach Gewichtigkeit des Gegenstandes abgestuften - Beteiligungsrechten der Betriebsräte ihre Schranken. Obwohl die tarifvertraglichen Normen faktisch auch nur die Dispositionsbefugnisse des Arbeitgebers über die Arbeitskraft einschränken, kann der Tarifvertrag darüber hinaus neue betriebliche Mitbestimmungsrechte konstituieren, das heißt die Betriebsverfassung zugunsten der Arbeitnehmer verändern.

Tarifverträge wie Betriebsvereinbarungen sind - in bilateralen Verhandlungen erzielte - *Kollektivverträge* über Arbeitsbedingungen bzw. Arbeitsnormen, die Rechte und Pflichten für mehr oder minder große Arbeitskollektive festlegen. *Kollektive Regelungen* umfassen Normen, Regeln, Praktiken und Übungen, die auf das Arbeitsverhältnis einwirken und die betrieblichen Arbeitsbeziehungen gestalten. Ihr breites Spektrum ist in *Übersicht 22* als ein System konzentrischer Kreise dargestellt. *Individuelle Regelungen* wie der Einzelarbeitsvertrag und, soweit es sich auf Einzelarbeitsverhältnisse richtet, auch das Direktionsrecht des Arbeitgebers bleiben im folgenden außer Betracht. Das Direktionsrecht ist nur dann als Quelle kollektiver Regelungen anzusehen, wenn es Normen für Arbeitskollektive setzt.

Übersicht 22: Normative Regelungsquellen des Arbeitsverhältnisses

Unter den kollektiven betrieblichen Regelungen zählt die Betriebsvereinbarung sicherlich zu den wichtigsten Formen bilateraler Regulierung von Arbeitsverhältnissen. Kollektive Normen für Arbeitsverhältnisse entstehen ferner durch betriebliche Absprachen (auch: Regelungsabreden) und betriebliche Übungen. Die betriebliche Absprache ist eine formlose bilaterale Abmachung zwischen Management und Betriebsrat, die zumeist zur Regelung eines einmaligen Vorgangs praktiziert wird. Eine betriebliche Übung erwächst aus dem tatsächlichen, wiederholten Verhalten des Arbeitgebers gegenüber den Beschäftigten; obgleich unilateralen Ursprungs, macht sie ihr gewohnheitsrechtlicher Charakter und die (unter Umständen einklagbare) Inanspruchnahme durch die Beschäftigten faktisch zur bilateralen Regelung. Das Direktionsrecht des Arbeitgebers, eine unilaterale Regelung, greift überall dort, wo andere (gesetzliche, kollektiv- und einzelvertragliche sowie gewohnheitsrechtliche) Regelungen keine Einschränkungen vorsehen.

Eine weitere wichtige Unterscheidung ist die zwischen solchen Verfahren, die primär der Normsetzung, und jenen, die primär der Konfliktlösung dienen. Wie bereits an der Institution Tarifautonomie (vgl. Kap. 12) aufgezeigt, stehen Prozesse der kollektiven Normsetzung und Konfliktlösung in einem engen Zusammenhang: die Konfliktlösung führt zur Normsetzung, und diese dient der Konfliktlösung. Gleichwohl sind jeweils verschiedenartige Institutionen und Verfahren vorgesehen, wie aus *Übersicht 23* ersichtlich, die die wichtigsten Verfahren der formellen kollektiven Regelungen - differenziert nach überbetrieblicher und betrieblicher Ebene - noch einmal zusammenfaßt. Für die Lösung von Interessenkonflikten und die Beilegung von Regelungs- und Rechtsstreitigkeiten sind die betrieblichen Akteure einmal auf Verfahren der Einigungsstelle und ein andermal auf Klagen vor dem Arbeitsgericht verwiesen (s. dazu weiter unten).

Übersicht 23: Formelle kollektive Regelungen von Arbeitsverhältnissen

Verfahren / Ebene	normgenerierende unilaterale	bilaterale	konfliktlösende (und normsetzende)
überbetriebliche	Gesetz Verordnung	Tarifvertrag	Schlichtung Arbeitskampf Arbeitsgericht (Urteil)
betriebliche	Direktionsrecht des Arbeitgebers	Betriebsvereinbarung Regelungsabrede Betriebliche Übung	Einigungsstelle Arbeitsgericht (Beschluß)
Nicht berücksichtigt sind: a) formelle *individuelle* Regelung durch Einzelarbeitsvertrag (bilateral) b) *informelle* kollektive Regelung durch informelle Gruppennormen (unilateral)			

Neben dem formellen System kollektiver betrieblicher Regelungen existiert ein schwer greifbares System *informeller Beziehungen und Normen,* welches das Kooperations- und Leistungsverhalten von Arbeitsgruppen und Belegschaften beeinflußt und regelt. Es sind dies meist über kleine, informelle Gruppen laufende Prozesse betrieblicher Normdefinition und Konfliktaustragung, die nicht institutionalisiert, aber gleichwohl das »Betriebsklima«, das Verhältnis zwischen Management und Belegschaft, zwischen Arbeitern und unmittelbaren Vorgesetzten, unter Umständen stärker zu beeinflussen vermögen als die formelle Betriebsverfassung. Die betriebliche Realität ist, mit anderen Worten, von einer »doppelten Normstruktur« (Dombois 1982) geprägt.

Betriebsvereinbarungen

Was für die Tarifvertragsparteien der Tarifvertrag, ist für die Betriebsverfassungsparteien die Betriebsvereinbarung - gewissermaßen ein »Tarifvertrag im

Kleinformat« (Däubler). Im öffentlichen Dienst entspricht ihr die Dienstvereinbarung. Die Betriebsvereinbarung gilt zu Recht als die wichtigste Form der Ausübung von Mitbestimmungsrechten des Betriebsrats; bei völligem Fehlen von Betriebsvereinbarungen in größeren Betrieben liegt es nahe, auf eine faktisch unwirksame Interessenvertretung durch den Betriebsrat zu schließen.

»Nach der klassisch gewordenen Definition von Nipperdey sind Betriebsvereinbarungen Verträge, die für einen Betrieb zwischen Arbeitgeber und Betriebsrat im Rahmen der Zuständigkeit des Betriebsrats zur Festsetzung von Rechtsnormen über den Inhalt, den Abschluß und die Beendigung von Arbeitsverhältnissen sowie über betriebliche und betriebsverfassungsrechtliche Fragen geschlossen werden (Vertragstheorie). Nach einer anderen, von Herschel begründeten Auffassung stellt die Betriebsvereinbarung eine durch übereinstimmende, parallele Beschlüsse der Organe der Betriebsverfassung zustande kommende Normenordnung für den Betrieb dar, also eine autonome Satzung (Satzungstheorie).« (Schaub 1995, S. 271) In der Praxis sind die Differenzen zwischen Vertrags- und Satzungstheorie rechtsunerheblich.

Betriebsvereinbarungen können entweder durch einvernehmliche Abkommen der Vertragsparteien, d.h. Arbeitgeber und Betriebsrat, oder durch den Spruch einer Einigungsstelle (s. dazu weiter unten) zustandekommen. Sie bedürfen der Schriftform und müssen vom Arbeitgeber an geeigneter Stelle im Betrieb ausgelegt werden. Ähnlich wie Tarifverträge erzeugen auch Betriebsvereinbarungen objektives Recht: ihre Normen gelten *unmittelbar* und *zwingend* »für und gegen die Betriebsangehörigen« (Däubler 1995, Bd. 1, S. 523), und die sich aus ihnen ergebenden Ansprüche sind *unabdingbar*. Im einzelnen bedeutet dies, daß Betriebsvereinbarungen den individuellen Arbeitsvertrag positiv ergänzen beziehungsweise die ihrem Inhalt widersprechenden einzelvertraglichen Abreden nichtig machen (Grundsatz der unmittelbaren und zwingenden Wirkung). Freilich gilt auch hier das Günstigkeitsprinzip: für den Arbeitnehmer günstigere einzelvertragliche Regelungen sind zulässig. Auf Ansprüche, die sich aus Betriebsvereinbarungen ergeben, kann ein Arbeitnehmer nicht von vornherein verzichten (Grundsatz der Unabdingbarkeit); ein nachträglicher Verzicht ist an die Zustimmung des Betriebsrats gebunden. Im Gegensatz zu tarifvertraglichen Normen, auf die nur die Mitglieder der vertragsschließenden Koalitionen Rechtsanspruch haben, binden betriebsvertragliche Normen alle Arbeitsverhältnisse im Betrieb.

Ebenso wie die Tarifparteien müssen die Betriebsparteien beim Abschluß von Betriebsvereinbarungen höherrangiges Recht beachten; dazu zählen nicht nur die Grundrechte der Arbeitnehmer und die geltenden Gesetze, sondern auch Tarifverträge. Nicht nur an bestehenden Tarifverträgen finden Betriebsvereinbarungen ihre Grenze, sie sind auch dann unzulässig, wenn ihr Gegenstand »üblicherweise« tariflich geregelt wird; es sei denn, der Tarifvertrag enthält eine entsprechende Öffnungsklausel, die den Abschluß ergänzender Betriebsvereinbarungen ausdrücklich zuläßt (§ 77 Abs. 3 BetrVG). Die Betriebsvereinbarung unterliegt der Billigkeitskontrolle durch die Arbeitsgerichte.

Zu unterscheiden ist zwischen erzwingbaren und freiwilligen Betriebsvereinbarungen. Erzwingbare Betriebsvereinbarungen können durch die Einigungsstelle durchgesetzt werden; dies gilt insbesondere für jene sozialen und personellen Regelungsgegenstände, für die erzwingbare Mitbestimmungsrechte des Betriebsrats bestehen (vgl. Übersicht 21 in Kap. 16). Betriebsvereinbarungen können mit einer Frist von 3 Monaten gekündigt werden, sofern keine anderen Laufzeiten vereinbart wurden (§ 77 Abs. 5 BetrVG).

Eine Ende der siebziger Jahre im Saarland durchgeführte Untersuchung (Knuth 1982) über Betriebsvereinbarungen in Betrieben mit 200 und mehr Beschäftigten ergab, daß in rund 80 Prozent der Betriebe Betriebsvereinbarungen existierten. Da dieser empirische Befund nur für Betriebe mit über 200 Beschäftigten gilt, wird das Verhältnis in kleineren Betrieben wesentlich ungünstiger sein, »da erwartungsgemäß ein enger Zusammenhang zwischen Betriebs(rats)größe und dem Vorhandensein sowie der Anzahl von Betriebsvereinbarungen nachzuweisen war (Knuth 1982, S. 204). In jenen Betrieben, die Betriebsvereinbarungen kannten, wurden - im statistischen Durchschnitt - jährlich zwei neue Vereinbarungen abgeschlossen; der durchschnittliche Bestand lag bei 13 geltenden Vereinbarungen pro Betrieb. Die darin geregelten Gegenstände bezogen sich in ihrer Mehrheit auf die mit erzwingbaren Mitbestimmungsrechten ausgestatteten Bereiche: Entlohnung, Arbeitszeit, Urlaub (alles Unterfälle des § 87 BetrVG). Nur weniger als ein Fünftel der abgeschlossenen Betriebsvereinbarungen regelten eine Materie, für die ein Mitbestimmungsrecht nicht besteht. Treibende Kraft für den Abschluß von Betriebsvereinbarungen sind - dies ein weiterer Befund der Untersuchung - eindeutig die Betriebsräte, die sich in hohem Maße der externen Beratung durch hauptamtliche Gewerkschaftsvertreter bedienen. Im Lichte dieses Befundes ist auch die Tatsache zu bewerten, daß mehrere Gewerkschaften dazu übergegangen sind, für wichtige betriebliche Regelungsgegenstände (z.B. Bildschirmarbeit) Muster-Betriebsvereinbarungen zu formulieren.

Seit den siebziger Jahren haben betriebliche Rationalisierungsprobleme und Flexibilitätsbedürfnisse sowie - in den neunziger Jahren - Fragen der Arbeitsplatzsicherung die Tarifparteien dazu veranlaßt, die in den einschlägigen Rechtsnormen (§ 4 Abs. 3 TVG; § 77 Abs. 3 BetrVG) vorgesehene Möglichkeit, Tarifverträge für ergänzende Betriebsvereinbarungen zu öffnen, verstärkt zu nutzen. Das Spektrum der *Öffnungsklauseln* reicht von relativ weichen Empfehlungen bis zu verbindlichen Auflagen für die Betriebsparteien (vgl. Übersicht 24). Die kombinierte Regelung durch Tarifvertrag und Betriebsvereinbarung wird insbesondere für Formen »flexibler Arbeitszeitregelung« genutzt. Bei der betrieblichen Umsetzung der tariflich vereinbarten Arbeitszeitverkürzung in der Metallindustrie (auf zunächst 38,5 Wochenstunden im Jahre

Übersicht 24: Beispiele tarifvertraglicher Öffnungsklauseln für Betriebsvereinbarungen

a) Beispiele für Rationalisierungsmaßnahmen und Arbeitsorganisation

Die Einführung der Gruppenarbeit und die dabei zu beachtenden Grundsätze sind durch Betriebsvereinbarung festzulegen.
(§ 3.13 Lohnrahmentarifvertrag II für die gewerblichen Arbeitnehmer der Metallindustrie Nordwürttembergs/Nordbadens vom 20.10.1973)
Bei Fließarbeit (Gruppenarbeit) ist die Anzahl der zur Besetzung der Bänder benötigten Arbeitnehmer und die Leistungsabstimmung je Arbeitsstation (Arbeitstakt) mit dem Betriebsrat zu vereinbaren.
Die Anzahl der Springer ist mit dem Betriebsrat zu vereinbaren. Bei Streitigkeiten ... entscheidet die Einigungsstelle ... verbindlich.
(§§ 6.4, 6.5, 6.7 Lohnrahmentarifvertrag II ; s. oben)

Die tarifliche wöchentliche Arbeitszeit ohne Pausen beträgt 38½ Stunden. Die Arbeitszeit im Betrieb wird im Rahmen des Volumens, das sich aus der für den Betrieb nach Satz 1 festgelegten Arbeitszeit ergibt, durch Betriebsvereinbarung näher geregelt.
(§ 1 des Einigungsvorschlages der Besonderen Schlichtungsstelle für die Metallindustrie nach dem Arbeitskampf um die 35-Stunden-Woche, vom 26.6.1984)

b) Beispiel für Arbeitszeitflexibilisierung/Arbeitszeitkonto

Durch freiwillige Betriebsvereinbarung kann für einzelne Arbeitnehmer/Arbeitnehmerinnen oder für Gruppen von Arbeitnehmern/Arbeitnehmerinnen das Angebot geschaffen werden, die regelmäßige wöchentliche Arbeitszeit auf bis zu 20 Stunden zu verkürzen oder auf bis zu 42 Stunden zu verlängern. (...)
Arbeitszeitverlängerungen nach Abs. 1 (Arbeitszeitkorridor) darf ein Arbeitgeber nur mit max. 10 % seiner in den Geltungsbereich des Manteltarifvertrages fallenden Arbeitnehmer/Arbeitnehmerinnen vereinbaren.
(§ 1, Tarifvereinbarung über die Einführung einer Arbeitszeitflexibilisierung für das Private Versicherungsgewerbe vom 13.09.1995)

c) Beispiel für Beschäftigungssicherung

Die Betriebsparteien können durch freiwillige Betriebsvereinbarung die regelmäßige wöchentliche Arbeitszeit auf eine Dauer von unter 35 bis 30 Stunden einheitlich für alle Beschäftigten, mit Ausnahme der Ausbilder und der Auszubildenden, festlegen.
Beschäftigte mit so reduzierter tariflicher Arbeitszeit sind Vollzeitbeschäftigte.
Eine betriebsbedingte Kündigung wird frühestens mit dem Ablauf der Betriebsvereinbarung wirksam.
Die Monatslöhne und -gehälter und von ihnen abgeleitete Leistungen vermindern sich entsprechend der verkürzten Arbeitszeit.
(§ 1, Tarifvertrag zur Beschäftigungssicherung in der Eisen-, Metall- und Elektroindustrie Nordrhein-Westfalens vom 23.10.1995)

1984) hatten die Arbeitgeber auf eine Öffnung des Tarifvertrags für die flexible Regelung und Trennung von Betriebs- und Arbeitszeiten gedrängt. In der Folge kam es allein in der Metallindustrie zum Abschluß von rund 10.000 Betriebsvereinbarungen über Arbeitszeitflexibilisierung. Andere Branchen folgten diesem Beispiel, so daß heute mit Fug und Recht von einer weitverbreiteten Nutzung flexibler Arbeitszeiten gesprochen werden kann. Der Kasseler Rechtswissenschaftler Linnenkohl hat mit seinen Kollegen Betriebsvereinbarungen aus 140 Unternehmen ausgewertet und dabei 11 Grundmuster flexibler Arbeitszeiten identifiziert (Linnenkohl u.a. 1993).

In den letzten Jahren sind vor allem in der Automobilindustrie eine Reihe von freiwilligen Betriebsvereinbarungen über Gruppenarbeitskonzepte abgeschlossen worden (vgl. Ramge 1993; Sperling 1994); sie regeln die Aufgaben und Zusammensetzung der Gruppe, die Wahl oder Bestimmung des Gruppensprechers, Dauer und Häufigkeit der Gruppengespräche sowie Qualifizierungsmaßnahmen und Entgeltgestaltung. In der chemischen Industrie haben die zentralen Tarifparteien 1996 eine Vereinbarung über »Gruppenarbeit in der chemischen Industrie« getroffen, die den Unternehmen Hinweise und Empfehlungen für betriebliche Vereinbarungen über »teilautonome bzw. selbststeuernde Arbeitsgruppen« gibt. Auch über die Bildung von Qualitätszirkeln werden Betriebsvereinbarungen abgeschlossen. Nach einer ersten Inhaltsanalyse von 12 Vereinbarungen vorwiegend aus der Automobil- und Chemieindustrie (Breisig 1991) regeln sie Mitbestimmungs-, Informations- sowie sonstige Rechte der Betriebsräte bei der Konstituierung, Zusammensetzung und Arbeitsweise von Qualitätszirkeln.

Betriebliche Konfliktlösung

Ist die Betriebsvereinbarung ein »Tarifvertrag im Kleinformat«, dann ist die *Einigungsstelle* das betriebliche Pendant zum Arbeitskampf. Beides sind Konfliktlösungsinstrumente im Interessenstreit zwischen Kapital und Arbeit: der Arbeitskampf auf tarifvertraglicher, die Einigungsstelle auf betrieblicher Ebene. Zum Wesen des Arbeitskampfes gehört es, den Kontrahenten durch Androhung und Zufügung von Nachteilen kompromißbereit zu machen. Da die Betriebsverfassungsparteien an die absolute Friedenspflicht gebunden sind, mußte der Gesetzgeber für die Lösung betrieblicher Interessenkonflikte ein alternatives Regelungsverfahren vorsehen, nämlich das der betrieblichen

(Zwangs-) Schlichtung. Die nach § 76 BetrVG vorgesehene Einigungsstelle ist ein eigenständiges und gemeinsames Organ der Betriebsverfassungsparteien »zur Beilegung von Meinungsverschiedenheit zwischen Arbeitgeber und Betriebsrat«. Sofern nicht durch Betriebsvereinbarung als ständige Einrichtung vorgesehen, wird sie nur im Streitfall gebildet. Nach dem Gesetzestext kann ihr Spruch für zahlreiche Streitgegenstände - Bischoff (1975, S. 17) führt allein 17 Einzelfälle nach dem BetrVG an - die Einigung zwischen Arbeitgeber und Betriebsrat ersetzen; sie »hat also zumeist die Wirkung einer Betriebsvereinbarung« (Hanau/Adomeit 1994, S. 122).

Die Einigungsstelle ist paritätisch besetzt: Arbeitgeber und Betriebsrat bestellen eine gleiche Anzahl von Beisitzern und müssen sich auf einen »unparteiischen Vorsitzenden« einigen, der andernfalls vom Arbeitsgericht bestellt wird (§ 76 Abs. 2 BetrVG). In allen Fällen, in denen ein erzwingbares Mitbestimmungsrecht des Betriebsrats besteht beziehungsweise das Betriebsverfassungsgesetz bei Nichtzustandekommen einer Einigung zwischen Arbeitgeber und Betriebsrat den Spruch der Einigungsstelle vorsieht, kann diese auf Antrag einer Seite tätig werden. Ansonsten wird die Einigungsstelle nur tätig, wenn beide Seiten es beantragen.

Ihre Beschlüsse faßt die Einigungsstelle nach mündlicher Beratung mit Stimmenmehrheit. »Bei der Beschlußfassung hat sich der Vorsitzende zunächst der Stimme zu enthalten; kommt eine Stimmenmehrheit nicht zustande, so nimmt der Vorsitzende nach weiterer Beratung an der erneuten Beschlußfassung teil.« (§ 76 Abs. 3 BetrVG) Da die streitenden Parteien häufig die bisherigen Verhandlungsführer auf beiden Seiten zu Beisitzern ernennen, hängt die Lösung des Konflikts in hohem Maße vom Verhalten des Vorsitzenden ab, der in der Regel ein Berufs-, meistens ein Arbeitsrichter ist. »Seine wie ein Damoklesschwert über den Beteiligten schwebende Mitentscheidungsmöglichkeit schafft die echte Verhandlungssituation, die vorher nicht herzustellen war. Jede Seite ist nun potentiell in der Lage, der anderen im Bündnis mit dem Vorsitzenden eine Niederlage beizubringen. Dazu freilich muß die eigene Position so dargestellt oder gar verändert werden, daß sie für den Vorsitzenden akzeptabel wird, wobei im Grenzfall das verlorengeht, was man eigentlich durchsetzen will. (...) Die Verhandlungssituation in der Einigungsstelle birgt also gegenüber der normalen betrieblichen Situation erheblich verstärkte, zum Kompromiß drängende Momente.« (Knuth/Schank 1981, S. 293)

Die Einigungsstelle kann, wie Knuth und Schank herausgearbeitet haben, vier verschiedenartige betriebspolitische Funktionen erfüllen:

1. *Alibifunktion:* Die Betriebsparteien benutzen die Einigungsstelle, um einen ihnen notwendig erscheinenden Kompromiß besser nach außen (z.B. gegenüber der Belegschaft) vertreten zu können.

2. *Tarifvertragliche Klärungsinstanz:* Die Betriebsparteien ziehen bei differierender Auslegung eines Tarifvertrags Vertreter der Tarifparteien als Beisitzer hinzu, um betriebliche Kompromisse mit den beiderseitigen Verbandsstrategien in Übereinstimmung zu bringen. Diese Funktion wurde beispielsweise bei der betrieblichen, flexiblen Umsetzung der Tarifverträge über die Arbeitszeitverkürzung in der Metallindustrie mehrfach in Anspruch genommen.
3. *Machtprobe:* Die Betriebsparteien benutzen die Anrufung der Einigungsstelle, um ihre Handlungsspielräume und Einflußmöglichkeiten auf das betriebliche Geschehen auszuweiten und das ihres jeweiligen Kontrahenten einzuschränken.
4. *Die »normale« Einigungsstelle:* Die Betriebsverfassungsparteien suchen die Klärung einer einzelnen Frage, da sie in den Verhandlungen nicht weiterkommen und ihnen das zu lösende Problem wichtig ist.

Insgesamt gesehen wird die Einigungsstelle selten angerufen. Obwohl als »Schlußstein im Gebäude des kooperativen, wirtschaftsfriedlichen Modells der Betriebsverfassung« (Knuth/Schank 1981, S. 295) anzusehen, erscheint ihre Anrufung in der Praxis doch als eine Form von Konflikthandeln, die eingespielte Kooperationsbeziehungen zwischen Management und Betriebsrat gefährden könnte. Hinweise darauf, daß die ostdeutschen Betriebsräte hingegen mit dem Instrument Einigungsstelle unbefangener und pragmatischer umgehen, sind der Untersuchung von Kädtler u.a. (1997, S. 172ff.) zu entnehmen: In fast der Hälfte ihrer 21 Untersuchungsbetriebe haben die Betriebsräte ein- oder mehrmals zum Mittel der Einigungsstelle (bzw. des Beschlußverfahrens des Arbeitsgerichts) gegriffen, ohne dies als eine besondere Eskalation im betrieblichen Konflikt zu begreifen.

Neben der Einigungsstelle steht den Betriebsparteien als weiteres Konfliktlösungsinstrument das *Arbeitsgericht* zur Verfügung. Im Unterschied zur Einigungsstelle, die ausschließlich *Regelungsstreitigkeiten* zwischen Arbeitgeber und Betriebsrat über das Wie der Gestaltung der Arbeitsbedingungen zu entscheiden hat, sind die Arbeitsgerichte für alle *Rechtsstreitigkeiten* individual- wie kollektivrechtlicher Art zuständig.

Gegliedert sind die Arbeitsgerichte in drei Instanzen: Arbeitsgerichte (erste Instanz), Landesarbeitsgerichte (zweite Instanz) und Bundesarbeitsgericht (dritte Instanz). Von den ordentlichen Gerichten unterscheiden sich die Arbeitsgerichte durch die paritätische Besetzung mit ehrenamtlichen Richtern von Arbeitgeber- und Arbeitnehmerseite, die als Beisitzer unter dem Vorsitz eines Berufsrichters an den arbeitsrechtlichen Entscheidungen beteiligt sind.

Am Bundesarbeitsgericht sind neben den ehrenamtlichen auch berufsrichterliche Beisitzer tätig.

Zuständig sind die Arbeitsgerichte für

a) alle individualrechtlichen Ansprüche zwischen Arbeitnehmern und Arbeitgebern,
b) Rechtsstreitigkeiten zwischen den Tarifvertragsparteien,
c) betriebsverfassungsrechtliche Streitigkeiten und
d) Streitigkeiten über die Tariffähigkeit einer Vereinbarung.

Die unter a) und b) fallenden Angelegenheiten werden in sog. *Urteilsverfahren* erledigt; sie machen - Däubler (1995, Bd. 2, S. 1044) zufolge - »über 98 % aller Arbeitsgerichtsprozesse« aus. Die unter c) und d) genannten Fälle werden durch das sog. *Beschlußverfahren* geregelt.

Das Beschlußverfahren bei betriebsverfassungsrechtlichen Streitigkeiten, die uns hier primär interessieren, kennt keine Parteien, sondern nur Beteiligte; dies sind all jene, denen das Betriebsverfassungsgesetz Kompetenzen einräumt: neben dem Arbeitgeber und Betriebsrat auch einzelne Betriebsratsmitglieder, Wahlvorstände, Wirtschaftsausschüsse und im Betrieb vertretene Gewerkschaften. Das Beschlußverfahren wird nicht durch eine Klage, sondern durch einen Antrag eingeleitet und nach dem sog. Untersuchungsgrundsatz (Erforschung des Sachverhalts von Amts wegen) durchgeführt. Das Arbeitsgerichtsgesetz nennt eine stattliche Anzahl von Streitfällen, in denen Arbeitsgerichte rechtskräftige Beschlüsse fassen können; viele von ihnen beziehen sich auf die Einrichtung, Wahl, Zuständigkeit und Auflösung von Betriebsräten und anderen betriebsverfassungsrechtlichen Organen (z.B. Wirtschaftsausschuß, Wahlvorstand, Jugendvertretung) sowie auf die Wahlen von Arbeitnehmervertretern in den Aufsichtsrat.

Informelle Regelungen

Die formellen betrieblichen Regelungen der Arbeitsverhältnisse werden ergänzt, modifiziert, konkretisiert, nicht selten auch konterkariert durch informelle betriebliche Regelungen. Sie haben ihren Ursprung in spontanen, ungeplanten, im formellen Organisationsschema nicht vorgesehenen Gruppenbeziehungen, deren Formen von lockeren Kontakten über Kooperationszusammenhänge bis zu festen Gruppen reichen. Schon die frühe deutsche Betriebssoziologie kannte die normativen Regulierungsfunktionen informeller Gruppen. Populär geworden sind sie hingegen durch die Hawthorne-Experimente in den USA während der Jahre 1924 bis 1932.

Auf das für die informellen Beziehungen und Normen zentrale Phänomen der bewußten Leistungsrückhaltung verwies schon Max Weber in seiner »Psychophysik der industriellen Arbeit« (1908/09). Ihm war bei Akkordarbeitern ein planmäßiges »Bremsen« aufgefallen, das er als »Streiksubstitut« erkannte, als eine bewußte und schweigsame Form des betrieblichen Arbeitskampfes gegen Leistungsverdichtung und Rationalisierung:

»Das ›Bremsen‹, nicht nur das unwillkürliche, stimmungsmäßige, sondern das bewußte und absichtsvolle, findet sich auch beim Fehlen aller gewerkschaftlichen Organisation überall da, wo irgendwelches Maß von Solidaritätsgefühl in einer Arbeiterschaft oder doch einem hinlänglich bedeutenden Teil ihrer existiert. Es ist vielfach, ganz allgemein gesprochen, die Form, in der eine Arbeiterschaft, bewußt und hartnäckig, aber wortlos, mit dem Unternehmer um den Kaufpreis für ihre Leistung feilscht und ringt. Es kann sowohl die Erzwingung höherer Akkordsätze, wie, bei gleichbleibenden Akkordsätzen, die Erhaltung des traditionellen Tempos der Arbeit zum Zweck haben, wie endlich der Ausdruck einer ihrer Provenienz nach mehr oder minder deutlich bewußten allgemeinen Mißstimmung sein. (...)

Im Gegensatz zum Streik erfordert es keinen Apparat einer förmlichen Organisation und keine Kassen, die Arbeiter setzen sich nicht gänzlich aus dem Brot, sondern schränken ihren Verdienst nur ein, und ihre taktische Lage ist dabei auch insofern im Verhältnis zum Streik günstiger, als der Gegner keineswegs immer in der Lage ist, dem einzelnen nachzuweisen, daß und wie stark er tatsächlich ›gebremst‹ hat; und eine formell ganz grundlose Entlassung eines nicht notorisch leistungsunfähigen Arbeiters wegen angeblichen ›Bremsens‹ würde, wo die Arbeiterschaft nicht gänzlich machtlos ist, eine Belastung mit einem nicht gern getragenen Odium für den Unternehmer bedeuten.« (Weber 1924, S. 156ff.)

Etwas anders gelagert, aber ebenfalls auf informelle Regelungen zu beziehen, sind die Hinweise von Goetz Briefs in seinem berühmten Handbuchartikel »Betriebssoziologie« (1931) auf die »Nebenordnungen«, die unter der Decke der formalen betrieblichen Hierarchie sich herauszubilden pflegen. Systematische Beachtung haben die informellen Gruppen, Beziehungen und Normen freilich erst seit der Veröffentlichung der Ergebnisse der *Hawthorne-Untersuchung* gefunden.

Die von Roethlisberger und Dickson erstmals 1939 veröffentlichten Ergebnisse der langjährigen Untersuchungen in den Hawthorne-Werken, dem größten Zweigwerk der Western Electric Company, bildeten den Ausgangspunkt der sogenannten *Human Relations*-Schule, einer auf die bewußte Förderung und praktische Nutzung informeller Gruppenbildung gerichteten sozialen Betriebsführung. Herausgefunden hatte das von Elton Mayo geleitete Forscherteam, daß die Arbeitsleistungen stärker von informellen Gruppennormen als von den äußeren, in den Experimenten systematisch variierten Arbeitsbedingungen beeinflußt werden.

Anfangs hatten die Forscher ihr Interesse auf den Einfluß objektiver Arbeitsbedingungen gerichtet: als Untersuchungsvariable hatten sie die Beleuchtungsstärke gewählt. Zu ihrer Verblüffung schlug sich jede Veränderung der objektiven Variable in einer Leistungssteigerung der Arbeiter nieder. Nach zweieinhalb Jahren niederschmetternder Ergebnisse gab man diesen ingenieurwissenschaftlich-psychologischen Untersuchungsansatz auf und richtete die Aufmerksamkeit auf Gruppenprozesse. Für ein erstes Experiment wählte man sechs Montagearbeiterinnen aus und variierte deren Arbeitsbedingungen und Arbeitsmethoden, um den Einfluß von Entlohnungsform, Temperatur und Pausenregelungen auf die Arbeitsleistung zu untersuchen. Die während der Untersuchungsdauer um 30 Prozent gestiegene Arbeitsleistung ließ sich jedoch nicht mit den experimentell beabsichtigten Veränderungen der Arbeitssituation erklären, sondern durch die unbeabsichtigten Veränderungen, die während des Experiments vorgenommen worden waren. Roethlisberger und Dickson führten sie auf Veränderungen in den menschlichen Beziehungen *(Human Relations)* zurück: zum einen auf die Entstehung neuer Gruppensolidaritäten und -loyalitäten zwischen den Arbeiterinnen selbst, zum anderen auf Veränderungen im Verhältnis zwischen Vorgesetzten und Arbeiterinnen (freundlicheres Vorgesetztenverhalten, liberaler Führungsstil).

Für ein späteres Experiment im berühmten *Bank Wiring Observation Room* wurden vierzig Montagearbeiter ausgewählt und einer systematischen Beobachtung ihres Verhaltens und ihrer Leistung im Arbeitsprozeß unterzogen. Ihre Arbeit wurde nach einem komplizierten Leistungslohnsystem bezahlt, das den Lohn des einzelnen von seiner eigenen und der Gruppenleistung abhängig machte. Die Erwartung der Forscher, daß die Beschäftigten sich informell zusammenschließen würden, um Druck auf die langsameren Arbeiter auszuüben, wurde nicht bestätigt. Erstens produzierten die Arbeiter weit weniger als in ihren physischen Kräften lag; sie nutzten nicht die im Akkordsystem eingeschlossenen höheren Verdienstmöglichkeiten voll aus. Zweitens blieb die gemeldete Arbeitsleistung über Monate hin relativ konstant; individuelle Leistungsschwankungen wurden teilweise durch gruppeninterne Verrechnungen oder Manipulation der Störmeldungen verdeckt.

»Tatsächlich setzten die Arbeiter eine Norm für eine ›angemessene Tagesarbeit‹ fest. Diese Norm verlangte von jedem Arbeiter täglich die Verdrahtung zweier vollständiger Ausrüstungssätze, Arbeiter, die mehr produzierten, wurden als ›Geschwindigkeitskönige‹ lächerlich gemacht oder als ›Akkordbrecher‹ beschimpft. Diejenigen, die beträchtlich weniger arbeiteten, wurden als ›Nassauer‹ abgestempelt. Die tatsächliche Durchschnittsproduktion lag über Monate, tagein, tagaus, überraschenderweise ganz in der Nähe der Gruppennorm. Es wurde ein starker Druck ausgeübt, damit dem Vorarbeiter oder anderem vorgesetzten Personal nicht offenbar wurde, daß die Arbeiter viel mehr produzieren könnten. Die Arbeiter glaubten nämlich fest daran, daß bei erheblich höherem Produktionsausstoß ihre Lohnsätze reduziert oder einige von ihnen ihre Tätigkeit verlieren würden.« (Etzioni 1971, S. 59)

Das historische Verdienst der Hawthorne-Experimente liegt in dem Nachweis, daß neben und unterhalb der formalen Betriebsorganisation ein System informeller Gruppen und Normen besteht, das für Verhalten und Leistung der Arbeiter soziale Relevanz hat. Das Forscherteam selbst hatte seine Befunde dahingehend interpretiert, daß die *formale* Organisation des Betriebes nach der »Logik der Kosten und des Wirkungsgrades« funktioniere und daher die sozialen, gefühlsmäßig bestimmten Bedürfnisse der arbeitenden Individuen nicht befriedige, so daß gleichsam als Reaktionsform eine *informale* Organisation entstehe, die von der »Logik der Gefühle« bestimmt sei. Diese Interpretation ist der Schlüssel für die gesamte *Human Relations*-Schule. Sie stellt die bewußte Anerkennung von Gruppenbedürfnissen durch die Betriebsleitung und die verbesserte Kommunikation zwischen Vorgesetzten und Untergebenen ins Zentrum ihrer Bemühungen um Organisationen, die sowohl die Leistungsfähigkeit wie die soziale Zufriedenheit der Beschäftigten erhöhen. Sie unterstellt, »daß die für den Menschen befriedigendste Organisation auch die leistungsfähigste sein würde« (Etzioni 1971, S. 67).

Im Gegensatz zu dem Hawthorne-Forscherteam und der *Human Relations*-Schule haben angelsächsische Sozialwissenschaftler die informellen Praktiken und Regeln von Arbeitsgruppen als Ausdruck struktureller Interessengegensätze im Betrieb interpretiert. Mit seiner klassischen Studie »The Frontier of Control« (1920) hat Carter Goodrich eine anhaltende theoretische Debatte über die *Kontrolle des Arbeitsprozesses* - sei's durch das Management, sei's durch die Arbeiter - eröffnet. Seit den siebziger Jahren fand diese Debatte ihre Kulmination in der *Labour Process Debate* (vgl. Kap. 4) über den Charakter und die Entwicklungstendenzen des kapitalistischen Produktionsprozesses. Schon im unterschiedlichen Gebrauch der Termini spiegelt sich der dem Kontrollphänomen zugrundeliegende Interessengegensatz wider: »Restriktive Arbeitspraktiken« sagen die einen (z.B. Flanders 1964; 1970), die die faktische Aushöhlung der Management-Prärogativen beklagen und die Kontrolle von Arbeitsgruppen über Entlohnungssysteme und Arbeitsregeln für illegitim, anomisch und ineffizient halten. »Arbeitsplatzbezogene Schutzstrategien« sagen die anderen (Hyman/Elger 1982), die in den gleichen Phänomenen der »Workers' Control« legitime Defensivmaßnahmen sozial unterprivilegierter und abhängiger Lohnarbeiter sehen. »Gewohnheitsrecht und Brauch« (*Custom and Practice*) lautet eine weitere, neutralere Bezeichnung.

Von der angelsächsischen Diskussion über informelle Arbeitsregelungen und -praktiken ist zu lernen, daß informelle Beziehungen und Normen nicht ein von den formalen Organisationsstrukturen und Regelungen unabhängiges, eigenständiges System bilden, wie die *Human Relations*-Schule unterstellt, sondern in einem komplementären Spannungsverhältnis zu den formellen Regelungen stehen. Die weitverbreitete Existenz informeller Regelungen ist an zwei grundsätzliche Voraussetzungen gebunden:

1. Da die formellen Regelungen häufig einen generellen, unspezifischen Charakter haben, bedarf ihre konkrete Anwendung auf spezifische Situationen der Ergänzung durch selbständige »Belegschaftskooperation« (Frielinghaus 1970), die die Planungslücken und Kontrolldefizite der Betriebshierarchie in einem durchaus produktiven Sinne ausfüllt. So können beispielsweise Arbeiter aufgrund ihrer Vertrautheit mit dem konkreten Arbeitsprozeß Kenntnisse und Fähigkeiten einsetzen, die dem Management teilweise verschlossen, aber für einen reibungslosen Funktionsablauf erforderlich sind.
2. Aus der wirtschaftlichen Funktion und dem Herrschaftscharakter des kapitalistischen Betriebs resultiert die Tendenz, Arbeitskräfte allein nach ökonomischen Effizienzkriterien einzusetzen. Da die Bedürfnisse und Interessen der abhängig Beschäftigten von der offiziellen gewerkschaftlichen und betrieblichen Interessenvertretung nur partiell wahrgenommen werden können, dienen informelle Beziehungen der Abschirmung gegenüber dem hierarchischen Kontrollsystem und informelle Leistungsnormen der langfristigen Sicherung des Arbeitsvermögens.

In einer Untersuchung über das Normengefüge, einerseits der Hafenarbeit, andererseits der Automobilarbeit, kommt der Verfasser zu dem Schluß:

»Während Arbeitszeit und Entlohnung meist Gegenstand formeller Regelungen sind, gibt es eine Vielzahl konfliktträchtiger Arbeitsbedingungen, die allenfalls ausschnittsweise durch formelle Normen geregelt werden, so etwa die Nutzung und Qualifizierung der Arbeitskraft, die Höhe der Arbeitsleistung, die Zumutungen betrieblicher Herrschaft und schließlich Formen der defensiven Solidarität. In Ergänzung, in Widerspruch oder als Ersatz zu formellen Normen regeln informelle Normen das Verhalten von Vorgesetzten und Arbeitern. Sie dürften Legitimität und Verbindlichkeit erhalten, weil sie Interessen ›operationalisieren‹ und konsensfähig machen, informell sanktioniert werden und Konflikte befristet und kalkulierbar stillegen. Sie werden meist definiert, ausgehandelt und angewandt unterhalb der Ebene des institutionalisierten Bargainings und häufig zwischen Kontrahenten, die im offiziellen System der Konfliktregulierung nicht lizensiert sind. Der Fabrikalltag und die vielfältigen Bereiche, in denen die gegensätzlichen Interessen von Kapital und Arbeit alltäglich aufeinander stoßen und Konflikte ausbrechen können, werden also durch differenzierte und durchaus nicht widerspruchsfreie Gefüge von formellen und informellen Normen geregelt.« (Dombois 1982, S. 174f.)

Bei der vergleichenden Gegenüberstellung der (gering standardisierten und wenig technisierten) Hafenarbeit und der (hochgradig standardisierten und technisch determinierten) Automobilarbeit zeigt sich, daß die Bedeutung von informellen Regelungen abhängig ist von der Struktur des Arbeitsprozesses und der Fähigkeit homogener Arbeitsgruppen, ihre Leistung eigenständig zu variieren.

Informelle Regelungen und verdeckte industrielle Konflikte (vgl. Kap. 3) sind zwei Seiten einer Medaille. Wenn auch die Feststellung für deutsche Verhältnisse übertrieben klingt, daß die Arbeiter in einem »unaufhörlichen Krieg mit dem Management« stehen (Roy 1952, S. 427), so ist doch andererseits das Verhältnis zwischen Management und Belegschaft weitaus konfliktreicher, als die übliche Management-Literatur wahrhaben will. Die Grenzlinie der Kontrolle über den Arbeitsprozeß bleibt umstritten. Ihren jeweiligen und temporären Verlauf bestimmen die vielfältigen, oft impliziten, mikropolitischen Aushandlungsprozesse zwischen den betrieblichen Akteuren beider Seiten.

Weiterführende Literatur

Matthias Knuth, *Nutzung betrieblicher Mitbestimmungsrechte in Betriebsvereinbarungen*, in: Die Mitbestimmung, Jg. 28, 1982.
(Ergebnisse einer empirischen Untersuchung über Verbreitung und Regelungsgegenstände von Betriebsvereinbarungen im Saarland.)

H. Frey/P. Pulte, *Betriebsvereinbarungen in der Praxis*, 1992.
(Sammlung von kommentierten Betriebsvereinbarungen zu zwölf Regelungsbereichen.)

Rainer Dombois, *Die betriebliche Normenstruktur*, in: Dohse u.a. (Hg.) 1982.
(Intelligente Analyse der doppelten Normenstruktur in Hafen- und Automobilbetrieben.)

Rainer-W. Hoffmann, *Arbeitskampf im Arbeitsalltag*, 1981.
(Untersuchung über Ursachen und Formen verdeckter industrieller Konflikte, vor allem über Leistungsnormen.)

Paul Edwards, *Konflikt und Kooperation. Die Organisation der betrieblichen industriellen Beziehungen*, in: Müller-Jentsch (Hg.) 1993.
(Differenzierte und theoretisch fundierte Darstellung der betrieblichen Aushandlungsprozesse, mit anschaulichen Beispielen.)

VI. Politische Rahmenbedingungen und Europäisierung der industriellen Beziehungen

Im letzten Teil wird zum einen die Rolle des Staates im und für das System der industriellen Beziehungen analysiert; diskutiert werden die dem Staat mit fortschreitender Industrialisierung zugewachsenen Aufgaben auf den Gebieten des Arbeitsrechts und der Sozialpolitik, der Wirtschafts- und Arbeitsmarktpolitik sowie seine Funktionen als Arbeitgeber (18). Den Abschluß bildet ein Kapitel über das entstehende System industrieller Beziehungen auf europäischer Ebene; gefragt wird, ob und wie die Einbuße an nationalstaatlicher Steuerungsfähigkeit durch Re-Regulierung auf suprastaatlicher Ebene kompensiert werden kann; vorgestellt werden die neuen Akteure und Institutionen dieses transnationalen Wirtschaftsraumes, dessen entfaltete ökonomische Dimension ihre Ergänzung durch eine (derzeit noch embryonale) soziale Dimension finden soll (19).

Kapitel 18
Staat und industrielle Beziehungen

Der moderne Staat der entwickelten kapitalistischen Gesellschaften ist Sozial- bzw. Wohlfahrtsstaat[1] und als solcher, neben Kapital und Arbeit, eine »dritte Partei« im System der industriellen Beziehungen. Seine Funktionen angemessen zu beschreiben, macht es notwendig, die »komplexe Institution« Staat (Luhmann) nach den wichtigsten Funktionsbereichen zu zerlegen. Geläufig ist die Lehre von der Gewaltenteilung, mit der uns die traditionelle Demokratietheorie den Staat als dreigeteilte Institution zu sehen gelehrt hat: Legislative (Parlament, Gesetzgeber), Exekutive (Regierung und Administration) sowie Judikative (Rechtsprechung). Die Ausdifferenzierung staatlicher Funktionen nach Kriterien der Gewaltenteilung ist für unsere Zwecke zu formal; denn unberücksichtigt bleiben dabei die sozialstaatlichen, wirtschaftspolitischen und arbeitgeberischen Funktionen, die konstitutiv für den modernen Wohlfahrtsstaat sind. Im folgenden werden fünf für das System der industriellen Beziehungen relevanten Funktionen des Staates diskutiert:

1. Arbeitsgesetzgebung und Arbeitsrechtsprechung,
2. Sozialpolitik und Sozialversicherung,
3. Arbeitsverwaltung und Arbeitsmarktpolitik,
4. Einkommenspolitik und Sozialpakt vs. Deregulierung,
5. Staat als Arbeitgeber.

Diese Funktionen werden jeweils nicht vom Staat als Ganzem, sondern von seinen diversen Untergliederungen ausgeübt: neben dem Parlament, als dem institutionellen Sitz der Volkssouveränität, sind dies Ministerien, Gerichte, Behörden, Ausschüsse, Beiräte und dergleichen.

---

[1] Während in Deutschland der Begriff Sozialstaat dem des Wohlfahrtsstaats vorgezogen wird, kennt der englische Sprachgebrauch nur den Begriff des *Welfare State*. Wir benutzen hier beide Begriffe synonym.

Regulative Politik: Setzung von Rechtsnormen

Im Hinblick auf die hier interessierenden Fragen gehört der zuerst genannte Funktionsbereich sicherlich zu den ältesten. Die Entwicklung des *Koalitions- und Arbeitsrechts* ist mit der Geschichte der Arbeiterbewegung - und diese mit der Geschichte der Industrialisierung - eng verknüpft. Die für liberal-kapitalistische Gesellschaften typische Trennung der politischen von der ökonomischen Sphäre herrschte der Arbeiterbewegung von vornherein einen Kampf an zwei Fronten auf: an der politischen, durch Bildung von Arbeiterparteien, den Kampf um das allgemeine Wahlrecht; an der ökonomischen, durch Organisierung in Gewerkschaften, den Kampf gegen die Auswirkungen des kapitalistischen Arbeitsverhältnisses. Zunächst freilich mußten die frühen Gewerkschaften die Legalisierung ihrer eigenen Existenz erkämpfen, bevor sie »ein sekundäres System der industriellen Bürgerrechte, parallel und ergänzend zu dem System der politischen Bürgerrechte« (Marshall 1963, S. 98; eig. Übers.), errichten konnten. Die »industriellen Bürgerrechte« beinhalten im wesentlichen:

a) die Duldung und Anerkennung von Gewerkschaften und Streiks (sowie von Arbeitgeberverbänden und Aussperrungen, den später hinzugekommenen komplementären Institutionen);
b) die rechtliche Sanktionierung von Kollektivverträgen und
c) die Institutionalisierung von betrieblichen Arbeitnehmervertretungen.

Die Reichweite der rechtlichen Normierung variiert von Land zu Land. Dem deutschen System der industriellen Beziehungen wird - etwa im Vergleich mit den angelsächsischen Systemen - eine starke und umfassende Tendenz zur *Verrechtlichung* nachgesagt. Gemeint ist damit eine enge rechtliche Bindung der kollektiven Akteure, ein dichtes Netz prozeduraler Regulierung und die rechtliche Einfriedung industrieller Konflikte. Staatliche Gesetzgebung und Arbeitsrechtsprechung haben mit dem Koalitions- und Arbeitskampfrecht, dem Tarifvertragsrecht sowie dem Betriebsverfassungs- und Mitbestimmungsrecht ein System von Rechtsnormen errichtet, die in früheren Kapiteln (vgl. Kap. 12 u. 16), jeweils in ihrem thematischen Kontext, dargestellt und erörtert wurden, so daß wir uns hier auf eine tabellarische Zusammenfassung der Regelungsgegenstände und ihrer Rechtsgrundlagen beschränken können (vgl. Übersicht 25).

Zum Regelungsgegenstand interner Verbandsbeziehungen (Verbandsautonomie) ist ergänzend anzumerken, daß diese bislang weitgehend durch das Vereinsrecht des Bürgerlichen Gesetzbuches gesichert wurden. Dem entsprechend übten Verwaltung und

Übersicht 25: Verrechtlichung der industriellen Beziehungen

Regelungsgegenstand	Rechtliche Grundlage
Koalitionsfreiheit	Grundgesetz (GG) Art. 9,3
Arbeitskampf - Streik - Aussperrung	Bundesarbeitsgericht (BAG) - Urteile von 1955, 1971 - Urteile von 1955, 1971, 1980
Tarifvertragsbeziehungen (Tarifautonomie)	Tarifvertragsgesetz (TVG) von 1949 und 1969
Betriebliche Interessenvertretung - in der Privatwirtschaft	Betriebsverfassungsgesetz (BetrVG) von 1952 und 1972
- im öffentlichen Dienst	Personalvertretungsgesetze von 1955 und 1974
Mitbestimmung im Unternehmen	Montanmitbestimmungsgesetze von 1951 und 1956 Mitbestimmungsgesetz von 1976
Interne Verbandsbeziehungen	Vereinsrecht (BGB)

Rechtsprechung gegenüber der Gestaltung von Satzungen und innergewerkschaftlichen Auseinandersetzungen weitgehende Abstinenz. Die in den siebziger und achtziger Jahren von politischen Kreisen der CDU und FDP initiierte Debatte über ein Verbändegesetz, das die Binnenstrukturen der Verbände, insbesondere die innergewerkschaftliche Willensbildung, ebenfalls der Verrechtlichung unterwerfen sollte, blieb bislang ohne Konsequenzen.

Das *kollektive Arbeitsrecht*, ob durch Parlament oder durch Grundsatzurteile des Bundesarbeitsgerichts gesetzt, ist regulative Politik: es konstituiert Rahmenbedingungen und errichtet Prozeduren, innerhalb derer die Tarifvertrags- und Betriebsverfassungsparteien ihre jeweiligen Interessen und Ziele autonom verfolgen können. Freilich ist die Autonomie, die der Staat den betrieblichen und überbetrieblichen Akteuren zur Regelung der Arbeitsverhältnisse und des industriellen Konflikts einräumt, eine bedingte. Der Staat kann die rechtlichen Rahmenbedingungen und Prozeduren verändern, die Autonomie einschränken. Insbesondere dann, wenn die Autonomie der Tarifvertrags- und Betriebsverfassungsparteien »dysfunktionale Folgen« zeitigt, das heißt soziale Stabilität und ökonomische Effektivität nicht mehr gewährleistet, ist zu erwarten, daß der Staat in die Autonomie mit rechtspolitischen Mitteln eingreifen wird. Seine Interventionen können punktueller Natur sein, wie etwa die zuletzt vorgenommenen Änderungen des Betriebsverfassungsgesetzes, aber auch auf eine grundlegende Restrukturierung der gewerkschaftlichen Organisations- und Streikfreiheiten abzielen, wie sie in den letzten beiden Dekaden in Großbritannien durch die konservative Regierung vorgenommen wurde (vgl. Dickens/ Hall 1995). Als eine historische Tendenz hat der Arbeitsrechtler Mückenberger die »Entwicklung staatlicher Rechtsetzung von substantieller zu prozeduraler Regulierung« ausgemacht; mit anderen Worten: eine zunehmende Tendenz zur rechtlichen Etablierung von Prozeduren, »innerhalb derer die substantiellen Standards durch Kontrakt oder kontraktähnliches Übereinkommen fixiert werden« (1985, S. 194).

Im Gegensatz zum kollektiven Arbeitsrecht greift das *individuelle Arbeitsrecht* durch substantielle Regulierung gestaltend in die Arbeitsverhältnisse ein. Hierunter fallen die in Gesetzen und Verordnungen fixierten Mindestnormen für Arbeitsverhältnisse (z.B. Arbeitsschutzgesetzgebung, Arbeitsvertrags- und Kündigungsschutzrecht, Arbeitszeitverordnung, Urlaubsgesetz etc.). Gesetzesnormen dieser Art unterscheiden sich nicht grundsätzlich von Tarifnormen. Sie schützen vornehmlich jene Arbeitnehmergruppen, die über keine ausreichende gewerkschaftliche und betriebliche Interessenvertretung verfügen.

Vielfach geht der gesetzlichen Regelung eine tarifvertragliche voraus, aber auch der umgekehrte Fall ist möglich. So war die Lohnfortzahlung für Arbeiter im Krankheitsfall zunächst von der IG Metall in einem ihrer Tarifgebiete (Schleswig-Holstein 1956/57) durch einen mehrwöchigen Streik tarifvertraglich durchgesetzt worden, bevor der Gesetzgeber eine allgemeine gesetzliche Regelung in Angriff nahm. Nachdem aber der Staat dieses Gesetz 1996 wiederum zuungunsten der Arbeitnehmer verändert hatte (statt 100 Prozent nur noch 80 Prozent Lohnfortzahlung im Krankheitsfall), erstritten die Gewerkschaften erneut tarifvertragliche Regelungen, welche die volle Lohnfortzahlung sicherten.

Der Durchsetzung des kollektiven wie individuellen Arbeitsrechts dient eine von der zivilen Gerichtsbarkeit gesonderte *Arbeitsgerichtsbarkeit*. Selbständige Arbeitsgerichte wurden erstmals im napoleonischen Frankreich ab 1806 eingeführt und kamen von dort in das annektierte linksrheinische Deutschland. Mit dem Gewerbegerichtsgesetz von 1890 erhielten alle größeren Gemeinden in Deutschland Gewerbegerichte, die bereits die typische paritätische Besetzung mit Laienrichtern unter einem unparteiischen Vorsitzenden kannten. Die gesetzliche Grundlage für eine umfassende Arbeitsgerichtsbarkeit legte das 1926 erlassene Arbeitsgerichtsgesetz, an das sich das 1953 verabschiedete und 1979 novellierte Arbeitsgerichtsgesetz stark anlehnte (zur Gliederung und Zusammensetzung der Arbeitsgerichte vgl. Kap. 17).

Distributive Politik: Soziale Sicherung

Der zweite Komplex der Eingriffs- und Gestaltungsmöglichkeiten im Hinblick auf die industriellen Beziehungen, die *Sozialpolitik*, gehört ebenfalls zu den älteren Funktionsbereichen des Staates. Im weiteren Sinne umfaßt Sozialpolitik mehr als das »System der sozialen Sicherheit« (= Sozialversicherung). Ihre früheste Form war die staatliche Arbeitsschutzpolitik, die Begrenzungen der Arbeitszeit, vor allem der von Frauen und Kindern, festlegte. Die unter dem ersten Komplex staatlicher Funktionen behandelten Rechtsgarantien (Koalitions- und Streikfreiheit, Mitbestimmung) rechnen manche Autoren gleichfalls der staatlichen Sozialpolitik zu. Der engere Begriff von Sozialpolitik bezieht sich auf die von Bismarck zur Zeit der Geltung des Sozialistengesetzes begründete *Sozialversicherung*. In diesem Bereich betreibt der Staat distributive Politik: Durch die Erhebung zweckgebundener Steuern, in Form der Sozialabgaben, bildet er ein Sozialbudget, das nach bestimmten Prinzipien für die sog. »Wechselfälle des Lebens« wieder an diejenigen verteilt wird, die es aufgebracht haben. Im Prinzip handelt es sich um eine Umverteilung zwischen Lebensphasen eines erwerbstätigen Individuums und zwischen Generationen von Erwerbstätigen.

Heute fast selbstverständlich als komplementäre Einrichtung zur Koalitions- und Tarifvertragsgesetzgebung anzusehen, war die Sozialversicherung in ihrer Frühzeit durchaus als konkurrierende Einrichtung zum Gewerkschaftswesen von Bismarck geschaffen worden. Wie die »Peitsche« Sozialistengesetz sollte auch das »Zuckerbrot« Sozialversicherung den weiteren Zulauf zur Sozialdemokratie und zu den freien Gewerkschaften bremsen. Die »soziale Frage« allein durch Sozialversicherung zu lösen, implizierte, daß für die leistungsfähigen Arbeitnehmer kein besonderer Schutz erforderlich schien; für ihre Wohlfahrt sorgte der betriebliche Paternalismus der Krupp, Borsig, Siemens etc. Nur für die durch Krankheit, Unfall und frühe Invalidität zeitweise oder dauerhaft dem Arbeitsmarkt nicht zur Verfügung stehenden Arbeitskräfte schien eine besondere Absicherung gegenüber sozialen Risiken vonnöten. »Auf das Lohnarbeitsverhältnis gesehen, ermöglicht sie (die Sozialpolitik) die Kapitalrechnung der Wirtschaftsbetriebe, indem sie diese von schwer voraussehbaren sozialen Verpflichtungen befreit hat; sie garantiert ferner im Kern eine stetige Arbeitsbereitschaft, indem sie ruinöse Verpflichtungen im Haushaltsbudget des Arbeitnehmers auffängt; sie drainiert schließlich die Ziele der Arbeiterbewegung, indem sie eine Alternative zu radikalen Lösungen entwickelt hat.« (v. Ferber 1967, S.46)

Das System der sozialen Sicherung in Deutschland umfaßt die vier großen Zweige:

- Krankenversicherung (seit 1883),
- Unfallversicherung (seit 1884),
- Alters- und Invalidenversicherung (seit 1889),
- Arbeitslosenversicherung (seit 1927).

In jüngster Zeit ist als fünfter Zweig die *Pflegeversicherung* (seit 1995) hinzugekommen. Die Träger der vier sozialen Sicherungssysteme sind

- für die gesetzliche Kranken- und Pflegeversicherung die Orts-, Betriebs-, Innungs- und Ersatzkassen;
- für die gesetzliche Unfallversicherung die gewerblichen, landwirtschaftlichen und kommunalen Berufsgenossenschaften;
- für die gesetzliche Rentenversicherung die Arbeiter-, Angestellten- und Knappschaftsrentenversicherung;
- für die gesetzliche Arbeitslosenversicherung schließlich die Bundesanstalt für Arbeit.

Die den Versicherten jährlich gewährten Einkommens- und Sachleistungen aus den Sozialversicherungen machen den größten Teil (über 60 Prozent) des *Sozialbudgets* aus; hinzu kommen öffentliche Mittel für Beamtenpensionen, Kin-

Tabelle 17: Sozialleistungsbudget und Sozialleistungsquote, 1950-1994

Jahr[1]	Sozialbudget in Mrd. DM	Sozialleistungsquote in % des BIP
1950	16,8	17,3
1960	62,8	22,0
1970	179,2	26,5
1980	479,8	32,6
1990	742,9	29,5
91	893,8	31,3
92	1.006,2	32,7
93	1.060,8	33,6
94	1.106,2	33,3

[1] Ab 2. Halbjahr 1990 einschließlich neue Bundesländer
Quelle: Sozialberichte der Bundesregierung; Statistisches Bundesamt

der- und Erziehungsgeld, Sozialhilfe und Vermögensbildung. Das Sozialbudget stieg im Zeitraum von 1950 bis 1994 von 17 Mrd. DM auf über eine Billion DM an; im gleichen Zeitraum ist die Sozialquote, das ist der Anteil der Sozialleistungen am Bruttoinlandsprodukt, von 17 auf 33 Prozent angestiegen (vgl. Tabelle 17). In diesen eindrucksvollen Steigerungsraten reflektiert sich zum einen die Expansion des Sozialstaates, zum anderen - seit dem Auftreten der Massenarbeitslosigkeit - der anwachsende Bedarf an Sozialleistungen, dem indessen seit 1978 ein sukzessiver Abbau individueller Leistungen gegenübersteht.

Das System der sozialen Sicherung knüpft prinzipiell an das Beschäftigungsverhältnis an, ist auf Statussicherung ausgerichtet und reproduziert die Lohn- und Gehaltshierarchie unter den abhängig Beschäftigten. Im einzelnen ist es nach folgenden Prinzipien konstruiert:

1. *Leistung nach dem Äquivalenzprinzip* (statt nach dem Bedarfsprinzip). Die Höhe der Leistungen - Krankengeld, Rente, Arbeitslosenunterstützung - richtet sich nach den eingezahlten Beiträgen. Da diese von der Höhe des Arbeitseinkommens abhängen, bleibt die soziale Sicherung letztlich auf das Arbeitsverhältnis bezogen.

2. *Leistungsdifferenzierung nach Status.* Seit der 1911 eingeführten Angestelltenversicherung gibt es Versicherte erster und zweiter Klasse. Neben einer »standesgemäßen« Rentenversicherung konnten die Angestellten noch bis Mitte der neunziger Jahre exklusive »Ersatzkassen« für ihre Krankenversicherung in Anspruch nehmen.

3. *Hierarchie der sozialen Sicherung.* »Wo die Not am größten ist, da ist das Netz am schwächsten« (Wagner 1982, S. 131). Die Sozialleistungen sind am besten »für die alltäglichen Normalfälle wie kurze Krankheit, vorübergehende Arbeitslosigkeit, Arbeits- und Wegeunfälle etc. (...) Sobald aber der Normalfall zum Notfall wird, wenn die Krankheit chronisch, die Arbeitslosigkeit dauerhaft oder die Leistungsminderung beträchtlich wird, dann werden die Sozialleistungen immer geringer und unzuverlässiger. Je mehr also Hilfe wirklich nötig wird, desto spärlicher und zögernder wird sie gewährt, bis sie schließlich auf ihr Minimum fällt: die Hilfe zum Lebensunterhalt aus der Sozialhilfe. Dieses Minimalniveau ist nach allen gängigen Definitionen unbestrittenes Merkmal der Armut. In ihr enden alle Bereiche der Sozialen Sicherheit« (Wagner 1982, S. 8). Es ist die Drohung mit der Armut, die Leistungswillen und Motivation der Arbeitenden und Arbeitsuchenden stärken soll; die Angst vor dem sozialen Abstieg, die individuelle Kräfte und Energien mobilisiert.

Daß sich mit der anhaltenden Massenarbeitslosigkeit eine deutliche »Spaltung des Sozialstaats« abzeichnet, haben Leibfried und Tennstedt (1985) bereits Mitte der achtziger Jahre erkannt: auf der einen Seite die lohn- und statusbezogene Sozialversicherung für die (privilegierte) Arbeitsbevölkerung; auf der anderen Seite die nach Kriterien der Bedürftigkeit tätig werdende Sozialhilfe für die (ausgegrenzte) Armutsbevölkerung, deren Wiedereingliederung in den Arbeitsprozeß nicht mehr zu erwarten ist. »Der soziale Konflikt ist heute im Unterschied etwa zur Situation in der Weimarer Republik gerade auch dadurch gekennzeichnet, daß die Demarkationslinien zwischen Arbeits- und Armenbevölkerung immer deutlicher gezogen werden (...) In einer solchen Spaltung koexistieren ›Reichtum‹ von etwa drei Vierteln der Gesellschaft mit der Verarmung eines Viertels.« (ebd., S. 15f.) Der anwachsende Bedarf an Sozialleistungen und die zunehmende Spaltung in Arbeits- und Armutsbevölkerung haben Diskussionen über die Zukunft des Sozialstaats provoziert, die sich zwischen zwei Polen bewegen: Die einen befürworten die Individualisierung und Ökonomisierung der sozialen Sicherung (Stärkung der individuellen Leistungsbereitschaft, Subsidiarität, private Vorsorge); die anderen fordern die Entkoppelung von Arbeit und Einkommen (garantiertes Mindesteinkommen, Grundrente für alle).

Arbeitsmarktpolitik

Die Herstellung von Markttransparenz durch Arbeitsvermittlung und die Versicherung gegen die Folgen von Arbeitslosigkeit gehören zu den ältesten Bereichen der Arbeitsmarktpolitik. *Arbeitsvermittlung,* zuerst von gewerblichen Stellenvermittlern und später, gegen Ende des 19. Jahrhunderts, auch von Gewerkschaften und Arbeitgeberverbänden betrieben, wurde nach dem Ersten Weltkrieg zu einer staatlichen Domäne. *Arbeitslosenversicherung* existierte bis zum Ersten Weltkrieg allein in der Form gewerkschaftlicher Unterstützungskassen; 1918 wurde zunächst die nach dem Bedürftigkeitsprinzip arbeitende Erwerbslosenfürsorge, ab 1923 die nach dem Versicherungsprinzip aufgebaute staatliche Arbeitslosenversicherung eingeführt. Es waren diese beiden Aufgaben, die der 1927 errichteten »Reichsanstalt für Arbeitsvermittlung und Arbeitslosenversicherung« übertragen wurden.

Im Gegensatz zu ihrer Vorläuferin hat die *Bundesanstalt für Arbeit* ein weitaus größeres Spektrum an Aufgaben wahrzunehmen. Das Arbeitsförderungsgesetz (AFG) von 1969 definiert ihre Aufgaben wie folgt:

»Der Bundesanstalt obliegen
1. die Berufsberatung,
2. die Arbeitsvermittlung,

3. die Förderung der beruflichen Bildung, soweit sie ihr in diesem Gesetz übertragen ist,
4. die Gewährung von berufsfördernden Leistungen zur Rehabilitation, soweit sie ihr in diesem Gesetz übertragen ist,
5. die Gewährung von Leistungen zur Erhaltung und Schaffung von Arbeitsplätzen,
6. die Gewährung von Arbeitslosengeld,
7. die Gewährung von Konkursausfallgeld.

Die Bundesanstalt hat Arbeitsmarkt- und Berufsforschung zu betreiben.« (§ 3 Abs. 2 AFG)

Die Bundesanstalt ist eine Körperschaft des öffentlichen Rechts, selbständig und selbstverwaltet, deren Rechtsaufsicht dem Bundesminister für Arbeit und Sozialordnung obliegt. Sie ist in drei Ebenen gegliedert:

- Die zentrale Ebene besteht aus den Selbstverwaltungsorganen Verwaltungsrat und Vorstand (mit drittelparitätischer Vertretung der Arbeitgeber, Arbeitnehmer und der öffentlichen Körperschaften) sowie dem vom Bundespräsidenten, auf Vorschlag der Bundesregierung, ernannten Präsidenten; hinzu kommt das Institut für Arbeitsmarkt- und Berufsforschung (IAB).
- Auf der Landesebene sind den nunmehr 11 Landesarbeitsämtern ebensoviele Verwaltungsausschüsse zugeordnet, die - analog zum Verwaltungsrat - drittelparitätisch zusammengesetzt sind.
- Auf der örtlichen Ebene schließlich finden sich 184 Arbeitsämter (mit über 500 Nebenstellen) und die entsprechende Zahl von örtlichen Verwaltungsausschüssen.

Der Haushalt der Bundesanstalt belief sich im Jahr 1995 auf fast 100 Milliarden DM an Ausgaben (vgl. ANBA, Jahreszahlen 1995). Über 90 Prozent der Einnahmen stammen aus Zwangsbeiträgen der Arbeitnehmer und Arbeitgeber zur Arbeitslosenversicherung. Die übrigen Einnahmen setzen sich aus Zwangsumlagen (Winterbau-Umlage) bei Unternehmen und Berufsgenossenschaften sowie aus Zuschüssen und Darlehen der Bundesregierung zusammen. Die Ausgaben der Bundesanstalt verteilten sich 1995 auf die folgenden Positionen:

- Arbeitslosengeld (53 Prozent);
- Kurzarbeiter- und Konkursausfallgeld (3 Prozent);
- Leistungen an die Bauwirtschaft: Schlechtwetter- und Wintergeld (2 Prozent);
- Altersübergangsgeld (3 Prozent)
- Berufliche Bildung und Umschulung, Rehabilitation (ca. 20 Prozent);
- Arbeitsbeschaffungsmaßnahmen (13 Prozent);
- Verwaltungskosten (8 Prozent).

Außerdem verteilte die Bundesanstalt im Jahre 1995 weitere 30 Mrd. DM, die der Bund für Leistungen nach dem Arbeitsförderungsgesetz aufbrachte. Diese umfassen: Arbeitslosenhilfe (20,5 Mrd. DM), Altersübergangsgeld (7,3 Mrd. DM), Maßnahmen zur Eingliederung von Spätaussiedlern (1,4 Mrd. DM) (ANBA, Jahreszahlen 1995).

Etwa 60 Prozent des Gesamthaushalts der Bundesanstalt - die Ausgaben für Arbeitslosen-, Kurzarbeiter-, Schlechtwettergeld - werden kompensatorisch für Einkommensausfälle verausgabt. Nur etwa ein Drittel des Haushalts - die Ausgaben für berufliche Bildung, Rehabilitation und Arbeitsbeschaffungsmaßnahmen - stehen für vorbeugende Maßnahmen gegen Arbeitslosigkeit zur Verfügung. Die Regelungen des nach der ersten wirtschaftlichen Rezession 1966/67 in der Bundesrepublik verabschiedeten Arbeitsförderungsgesetzes (AFG) reichen nicht aus, um das seit Mitte der siebziger Jahre bestehende Phänomen einer dauerhaft hohen Arbeitslosigkeit erfolgreich zu bewältigen. Vorschläge für eine grundlegende Reform des AFG hat eine Gruppe von Arbeitsmarktexperten und Sozialwissenschaftlern vorgelegt (Arbeitskreis AFG-Reform 1994; Seifert 1995). Ihr gemeinsamer Fluchtpunkt ist eine aktive Arbeitsmarktpolitik, die von Beschäftigungsgesellschaften und Arbeitskräftepools über berufliche Qualifizierungsmaßnahmen und regionale Beschäftigungsprogramme bis zur Einrichtung eines zweiten Arbeitsmarktes sowie einer stärkeren Verzahnung mit strukturpolitischen Aktivitäten reichen.

Einkommenspolitik und Sozialpakt vs. Deregulierung

Einkommen und Preise sind in liberal-kapitalistischen Gesellschaften in der Regel das Ergebnis von dezentralen Verhandlungen und Marktprozessen. Gleichwohl gingen in den Jahrzehnten der Vollbeschäftigung viele Regierungen westlicher Industrieländer dazu über, vermittels Einkommenspolitik direkten Einfluß auf die Entwicklung von Löhnen, Gehältern und Preisen zu nehmen, um inflationäre Tendenzen zu bekämpfen.

Die in den sechziger und siebziger Jahren vorherrschende Vollbeschäftigung, häufig herbeigeführt durch expansive Ausgabenpolitik des Staates (keynesianische Globalsteuerung), hatte verteilungspolitische Konsequenzen. Die abhängig Beschäftigten und ihre Gewerkschaften konnten aufgrund der für sie günstigen Arbeitsmarktbedingungen höhere Löhne durchsetzen als in Zeiten hoher Arbeitslosigkeit. Die Unternehmer ihrerseits nutzten alle Preiserhöhungsspielräume aus, um die steigenden Lohnkosten abzuwälzen und ihre Profitraten zu verteidigen. Die Gewerkschaften nahmen die Preissteigerungen erneut zum Anlaß für Lohnforderungen. Infolge dieser Verteilungskämpfe beschleunigte sich die inflationäre Spirale. Die von Regierungen zur Bekämpfung der Inflation ergriffenen geld- und fiskalpolitischen Maßnahmen (Beschränkung der Geldmenge, Verteuerung der Kredite, Kürzung der Staatsausgaben etc.) zeitigten häufig, als negative Begleiterscheinung, einen Rückgang der wirtschaftlichen Aktivitäten. Trat eine Rezession ein, mußte diese wiederum mit Hilfe expansiver Geld- und Fiskalpolitik bekämpft werden. Die Wirtschaftspolitik vieler Länder (besonders ausgeprägt die Großbritanniens) erhielt damit den Charakter einer zyklischen »Stop and go«-Politik mit entsprechenden Wachstumsverlusten. Es waren diese Erfahrungen, die viele Regierungen veranlaßten, die (keynesianische) Globalsteuerung durch das stabilitätspolitische Instrument der Einkommenspolitik zu ergänzen.

Die in der Praxis erprobten Formen der Einkommenspolitik lassen sich auf drei Varianten zurückführen: 1. indikative, 2. imperative, 3. kooperative Einkommenspolitik (nach Rall 1975). Die *indikative* Einkommenspolitik sucht durch Information, Orientierungsdaten und zwangfreie Einflußnahme auf das Verbandshandeln - bei unangetasteter Tarifautonomie - Preisstabilität zu erreichen. Die *imperative* Einkommenspolitik greift in die Handlungsfreiheit der Tarifparteien und unter Umständen auch in die Preisautonomie der Unternehmen ein; entweder schreibt der Staat Lohn- und Preisniveau verbindlich vor, oder behält sich die Genehmigung lohn- und preispolitischer Entscheidungen vor. Die *kooperative* Einkommenspolitik schließlich ist eine Erweiterung der ersten Variante, ein Konsensverfahren, bei dem die Tarifparteien an der Fixierung von Leitlinien (*guidelines*) bzw. Orientierungsdaten für Lohnsteigerungen (evtl. auch für Preiserhöhungen) einbezogen werden. In seinem Kern ist es ein Verfahren der Verhaltensabstimmung am »Tisch der kollektiven Vernunft« (so apostrophierte es seinerzeit Wirtschaftsminister Karl Schiller).

Die zuletzt genannte Variante der Einkommenspolitik fand in der Bundesrepublik in den Jahren 1967 bis 1977 ihren institutionellen Niederschlag in Form der *Konzertierten Aktion*. Im zweiten Jahresgutachten des Sachverständigenrates war erstmals 1965 von einer »Konzertierten Stabilisierungsaktion« die Rede. Empfohlen wurde dort, die inflationären Tendenzen im Preis- und Lohnsektor durch Abstimmung der Verhaltensweisen aller wirtschaftspolitisch Verantwortlichen - der staatlichen Instanzen und der autonomen Gruppen - zu bekämpfen. Der damalige Bundeskanzler (und frühere Wirtschaftsminister) Erhard, ein orthodoxer Verfechter der liberalen Marktwirtschaft, lehnte derartige Regulierungs- und Steuerungsinitiativen ab. Erst nachdem durch die Bildung der großen Koalition zwischen CDU/CSU und SPD Ende 1966 der Sozialdemokrat Karl Schiller Wirtschaftsminister geworden war, fand der Vorschlag des Sachverständigenrats beim neuen Wirtschaftsminister ein offenes Ohr. Bereits im Februar 1967 trat die *Konzertierte Aktion* zu ihrer konstituierenden Sitzung zusammen; Mitte 1967 wurde sie im Stabilitäts- und Wachstumsgesetz (§ 3) als wirtschaftspolitisches Instrument gesetzlich festgeschrieben. Die ihr angehörenden Gebietskörperschaften, Gewerkschaften und Unternehmerverbände sollten bei Gefährdung eines der im § 1 festgelegten Ziele - Stabilität des Preisniveaus, hoher Beschäftigungsstand, außenwirtschaftliches Gleichgewicht, stetiges und angemessenes Wirtschaftswachstum - durch Orientierungsdaten zu einem gleichzeitig aufeinander abgestimmten Verhalten angehalten werden. Am effektivsten erwies sich die *Konzertierte Aktion* in den Jahren 1967-69: in diesen Jahren lagen die gewerkschaftlichen Tarifabschlüsse sehr nahe an den Orientierungsdaten. Nach den »wilden Streiks« im September 1969 wichen die Tarifabschlüsse in den Jahren 1970/71 erheblich von den Orientierungsdaten ab.

In den siebziger Jahren verlor die *Konzertierte Aktion* mehr und mehr ihre Funktion. In der ersten Hälfte der Dekade gingen ihre Orientierungsdaten in der aktiven und teilweise kämpferischen Lohnpolitik der Gewerkschaften unter. In der zweiten Hälfte verlor sie durch die einsetzende und anhaltende Massenarbeitslosigkeit ihre Notwendigkeit. Im Sommer 1977 beschloß der DGB, seine Teilnahme an der *Konzertierten Aktion* vorerst einzustellen; Anlaß war die von den Unternehmerverbänden gegen das Mitbestimmungsgesetz 1976 eingereichte Verfassungsklage. Auf dem DGB-Bundeskongreß 1978 wurde aus der vorläufigen eine endgültige Absage an die *Konzertierte Aktion*.

Auch in anderen Ländern war der Einsatz des einkommenspolitischen Instrumentariums von begrenzter und temporärer Wirkung. Eine wesentliche Ursache für das Scheitern der Einkommenspolitik ist darin zu suchen, daß das Zielsystem der Einkommenspolitik nur aus globalen Funktionszielen besteht und den gewerkschaftlichen Verteilungszielen keinen Raum läßt; im Gegenteil, der Lohnpolitik wird die Rolle eines Lückenbüßers für die fehlenden Kontroll- und Steuerungsmöglichkeiten der Wirtschaftspolitik zugewiesen. Eine solche Funktion kann auf Dauer keine Gewerkschaft gegenüber ihren Mitgliedern legitimieren.

Aus dem Scheitern der Einkommenspolitik zogen manche Regierungen die Konsequenz, gemeinsam mit den Tarifparteien, vornehmlich den Gewerkschaften, *Sozialpakte* abzuschließen. In der Regel fixiert ein Sozialpakt einen »politischen Tausch« (Pizzorno 1978), in dem gewerkschaftliche Zurückhaltung in der Lohnpolitik honoriert wird mit politischen Konzessionen an die Gewerkschaften (z.B. Ausweitung ihrer Rechte und Einflußchancen) und/oder materiellen Kompensationen an die Mitglieder (Verbesserung der sozialen Sicherung, Steuererleichterungen etc.). Sozialpakte stellen eine intensivere Form der kooperativen Einkommenspolitik dar. Sie öffnen den Gewerkschaften die Möglichkeit, auf staatliche Wirtschafts- und Sozialpolitik Einfluß zu nehmen. Es sind gewöhnlich sozialdemokratische oder Arbeiterregierungen und »störungsmächtige« Gewerkschaften, zwischen denen Sozialpakte geschlossen werden.

Einkommenspolitik und Sozialpakte standen während der siebziger und frühen achtziger Jahre im Zentrum der politikwissenschaftlich orientierten Korporatismus-Debatte (vgl. dazu Czada 1994). Seit Ende der siebziger Jahre haben die vom Arbeitsmarkt ausgehenden disziplinierenden Wirkungen der

Massenarbeitslosigkeit die einkommenspolitischen Instrumente zur Eindämmung der Lohnentwicklung, und damit die Konzertierung der Interessen, überflüssig gemacht. *Deregulierung* dominiert seither die wirtschaftspolitische Agenda. Zu verstehen sind darunter Einschränkungen des gesetzlichen und kollektivvertraglichen Schutzes der Arbeitnehmer zugunsten marktlicher Steuerung und individualvertraglicher Vereinbarungen. Staatliche Deregulierungsmaßnahmen sind eine »ordnungspolitische Flankierung unternehmerischer Flexibilisierungsbemühungen« (Keller 1997, S. 445). Die Deregulierungen, welche bisher in Deutschland vorgenommen wurden, nehmen sich - im Vergleich zu anderen Ländern (z.B. Großbritannien, aber auch Schweden) - noch moderat aus; zu ihnen gehören: die Aufhebung des Vermittlungsmonopols der Bundesanstalt für Arbeit, die Lockerung der arbeitsrechtlichen Regelungen zur Befristung von Arbeitsverträgen, die Einschränkung des Kündigungsschutzes in Kleinbetrieben bis 10 Beschäftigten, die Ausweitung atypischer (d.h. arbeitsrechtlich schwach geschützter) Beschäftigungsverhältnisse, die Herabsetzung der Lohnfortzahlung im Krankheitsfall, die Ermöglichung der Sonntagsarbeit aus wirtschaftlichen Gründen.

Der Staat als Arbeitgeber

Handelte es sich beim Staat um einen Arbeitgeber wie jeden anderen, hätte die Erörterung seiner arbeitgeberischen Funktionen in diesem Kapitel, das die vom Staat gesetzten Rahmenbedingungen der industriellen Beziehungen behandelt, keinen Platz. Indessen ist der Staat als Arbeitgeber nicht nur direkter Gegenspieler der Arbeitnehmervertretungen, sondern immer auch »dritte Partei«. Es sind im wesentlichen die folgenden Gründe, die es rechtfertigten, an dieser Stelle den Staat als Arbeitgeber zu thematisieren:

1. Selbst als Arbeitgeber handelt der Staat nicht unabhängig von seinen regulativen und distributiven Funktionen. Er ist der einzige Arbeitgeber, der souverän über die Höhe seiner Einnahmen (durch Variation der Steuerarten und Steuersätze) verfügen kann; insofern ist er von Markt und Konjunktur relativ unabhängig.
2. In seiner doppelten Funktion als regulierendes, politisch-administratives System und als größter Arbeitgeber muß er seine Personal- und Besoldungsentscheidungen immer im Hinblick auf ihre präjudizierenden Effekte für die Arbeitsverhältnisse in der übrigen Wirtschaft treffen.

3. Er ist der einzige Arbeitgeber, der eine Arbeitnehmergruppe - die Beamten - beschäftigt, für die, nach vorherrschender Rechtsauffassung, kein Kollektivverhandlungs- und Streikrecht besteht.

Der Dualismus von privat-rechtlichem Arbeitnehmerstatus der Angestellten und Arbeiter und öffentlich-rechtlichem Dienstverhältnis der Beamten hat einen Dualismus der Interessenvertretung zur Folge. Den Beamten, wird zwar das Koalitionsrecht, nicht aber das Kollektivverhandlungs- und Streikrecht zugestanden. Sie stehen in einem dauernden »Dienst- und Treueverhältnis« zum öffentlichen Arbeitgeber, der ihnen gegenüber eine besondere »Fürsorgepflicht« hat. Somit gilt für die Interessenvertretung der Beamten nicht das »Tarifmodell« (wie für die öffentlichen Arbeiter und Angestellten), sondern das »Gesetzesmodell«: Die Beamtenbesoldung wird qua Gesetz durch das Parlament geregelt. Freilich bedeutet dies nicht, daß die Gewerkschaften und Beamtenorganisationen keinen Einfluß auf die Besoldung nehmen könnten. Neben institutionalisierten Anhörungsrechten vor Besoldungsneuregelungen und informellen Treffen zwischen Spitzenvertretern der Beamtenorganisationen und der Ministerialbürokratie verfügen die Interessenverbände über vielfältige Möglichkeiten des politischen Lobbyismus.

Die öffentliche Hand - im einzelnen: die Gebietskörperschaften (Bund, Länder, Gemeinden) sowie die Sozialversicherungsträger[2] - ist der größte Arbeitgeber in der Bundesrepublik: im vereinigten Deutschland waren etwa 5,4 Millionen Personen bzw. ein Sechstel aller Beschäftigten im öffentlichen Dienst tätig. (vgl. Tabelle 18). Der Staat als Arbeitgeber hat damit auf die gesamtwirtschaftliche Lohn- und Arbeitsmarktentwicklung bedeutsamen Einfluß.

Stärker noch als der Dienstleistungssektor im ganzen hat in den vergangenen Jahrzehnten (bis 1980) der öffentliche Sektor expandiert. Im Gegensatz zum Wachstum der Industrieverwaltung und der Dienstleistungen des Güter-, Personen- und Geldverkehrs, das ökonomischen Rationalitätskriterien folgte, verdankte sich die überproportionale Ausweitung der staatlichen Dienstleistung politischen und wohlfahrtsstaatlichen Kriterien. Die Dienste der öffentlichen Verwaltung »dienen vornehmlich der gesellschaftlichen Integration und Steuerung, Kontrolle und Ordnungssicherung. Die wohlfahrtsstaatlich alimentierten Dienste sichern die Produktion des öffentlichen Gutes Bildung sowie die Versorgung der Bevölkerung mit Beratungs-, Betreuungs- und medizinischen Hilfeleistungen. Die Expansion dieser beiden Typen von Diensten ist mit dem allgemeinen gesellschaftlichen Differenzierungsprozeß verbunden. Ihre

---

2 Bundesbahn und Bundespost, vor kurzem noch integrale Bestandteile des öffentlichen Dienstes, sind mittlerweile in Aktiengesellschaften umgewandelte »privatwirtschaftliche« Unternehmen, wenngleich ihre Aktien noch weitgehend in öffentlicher Hand sind.

Tabelle 18: Personal im öffentlichen Dienst, 1995*

Beschäftigungsbereich	Beamte/ Richter/ Soldaten	Angestellte	Arbeiter	insgesamt	davon Teilzeit- beschäftigte
	in Tausend				
Unmittelbarer öffentlicher Dienst	1.653,4	1.650,6	612,4	4.917,9	1.001,6
Gebietskörperschaften (Bund, Länder, Gemeinden)	1.538,6	1.618,7	590,2	4.731,6	984,2
Kommunale Zweckverbände	2,6	31,2	16,9	66,5	15,7
Bundeseisenbahn- vermögen	112,2	0,7	5,3	119,8	1,7
Mittelbarer öffentlicher Dienst (Sozialversicherung u.a.)	44,6	306,6	43,2	453,8	59,4
insgesamt	1.698,0	1.957,2	655,6	5.371,7	1.061,0

* Stichtag: 30.6.; vorläufige, teilweise geschätzte Ergebnisse
Quelle: Statistisches Jahrbuch 1996

Entwicklung hängt darüber hinaus stärker als die aller anderen Dienste direkt von Prozessen der Interessendurchsetzung und politischen Entscheidungen ab. Zu ihrer Expansion trägt bei, daß sie im allgemeinen die geringste Möglichkeit arbeitszeit- und arbeitskräftesparender Rationalisierung haben.« (Müller 1983, S. 149)

Seit Ende der siebziger Jahre ist angesichts der ökonomischen und finanziellen Situation, insbesondere durch die anwachsenden staatlichen Haushaltsdefizite bedingt, der Personalanstieg im öffentlichen Dienst gebremst worden. Die Zahl der Vollzeitbeschäftigten stagnierte während der gesamten achtziger Jahre bei 3,8 Mio., während die der Teilzeitbeschäftigten noch um rund 200.000 anstieg. Im Jahre 1991 war ein vereinigungsbedingter Anstieg um 2 Mio. zu verzeichnen. Nach dem damaligen Personalhöchststand von 6,7 Mio. sank die Zahl aller Beschäftigten ab 1992 kontinuierlich. Mit der Privatisierung von Bahn und Post erfolgte 1995 eine weitere drastische Reduktion der im öffentlichen Dienst Beschäftigten. Da das Verhalten der öffentlichen Arbeitgeber nicht beschäftigungs-, sondern finanzpolitisch motiviert ist, hat es prozyklische Wirkungen; es verstärkt die jeweilige Arbeitsmarktentwicklung.

Weiterführende Literatur

Klaus Armingeon, *Staat und Arbeitsbeziehungen*, 1994.
(Historisch-internationaler Vergleich der Rolle des Staates für die Genese und Entwicklung der industriellen Beziehungen.)

Wolfgang Däubler, *Das Arbeitsrecht*, Bd. 1 u. 2, 1995.
(Unentbehrliche Nachschlagewerke für alle arbeitsrechtlichen Fragen.)

Heinz Lampert, *Lehrbuch der Sozialpolitik*, 1994 (3. Aufl.).
(Kompendium der Geschichte, Theorie und Handlungsfelder staatlicher Sozialpolitik.)

H.J. Alber/M. Schölkopf, *Sozialstaat/Wohlfahrtsstaat*, in: Wörterbuch Staat und Politik, 1995 (3. Aufl.).
(Kompakter Überblick der Geschichte und des Systems der sozialen Sicherungssysteme einschließlich ihrer gegenwärtigen Probleme.)

Hartmut Seifert (Hg.), *Reform der Arbeitsmarktpolitik*, 1995.
(Sammelband mit Beiträgen kompetenter Experten über bisherige Ergebnisse des Arbeitsförderungsgesetzes und seiner notwendigen Reform zugunsten einer aktiveren Arbeitsmarktpolitik.)

Berndt Keller, *Arbeitspolitik des öffentlichen Sektors*, 1993.
(Solide Analyse aller relevanten Dimensionen des Staats als Arbeitgeber.)

Kapitel 19
Europäisierung der industriellen Beziehungen

Daß die Herstellung des Weltmarktes in der Konsequenz der kapitalistischen Warenproduktion lag, wußte schon Marx, auch wenn er den Imperialismus der letzten Jahrhundertwende, der auf einen florierenden Welthandel und expandierenden Kapitalexport gründete, nicht mehr erlebte. Eine neue Qualität gewann der Weltmarkt durch die politisch zielstrebig verfolgte Liberalisierung der weltweiten Marktbeziehungen in unserem ausgehenden Jahrhundert.

Die fortschreitende Internationalisierung der Märkte und Wirtschaftsbeziehungen hat transnationale Wirtschaftsräume geschaffen, in denen nicht nur ein grenzüberschreitender Handel mit Produkten und Dienstleistungen betrieben wird, sondern auch die »Produktionsfaktoren« Kapital und Arbeitskraft an internationaler Mobilität gewonnen haben. Wie sich an den internationalen Finanzmärkten und ausländischen Direktinvestitionen einerseits, den Migrationsströmen andererseits ablesen läßt, ist das Kapital um ein Vielfaches mobiler als die Arbeitskraft. Dies zeigt sich auch in der Intensivierung der internationalen Arbeitsteilung in Form von transnationalen Produktionsverbünden, strategischen Allianzen und globalen Unternehmensnetzwerken. Führende Agenten der Internationalisierung der Produktion sind die multi- und transnationalen Konzerne, die als »global players« mehr als ein Drittel der Weltproduktion bestreiten und über Produktionsstandorte, Investitionen und Arbeitsplätze allein nach ökonomischen Rationalitätskriterien entscheiden. »Wie bei einem Menü à la carte picken sich die Manager weltweit agierender Wirtschaftsriesen in den einzelnen Ländern die Angebote heraus, die ihnen am meisten Gewinn versprechen. Produzieren, wo die Löhne niedrig, forschen, wo die Gesetze großzügig sind, und Gewinne dort ausweisen, wo wenig Steuern anfallen.« (Wirtschaftswoche v. 16.9.1994)

Europäischer Wirtschafts- und Sozialraum

Eine Folge der »Globalisierung« der Wirtschaftsstrukturen und Kapitalflüsse ist, daß die nationalen Volkswirtschaften, schon aufgrund ihres wirtschaftlichen Gefälles, zunehmend in einen Standortwettbewerb geraten, bei gleichzeitiger Einbuße an wirtschafts- und sozialpolitischen Steuerungsmöglichkeiten im nationalstaatlichen Rahmen. Sie stehen unter dem erhöhten Anpassungsdruck, für transnationale Unternehmen attraktive Investitionsmöglichkeiten zu schaffen, mit einem optimalen Angebot an Infrastruktur, Kommunikationsnetzen, Forschungsinstitutionen, qualifizierten Arbeitskräften, niedrigen Lohnkosten und kooperativen Arbeitsbeziehungen. Verständlicherweise sehen die Gewerkschaften dadurch ihre tarif- und sozialpolitischen Erfolge durch Lohn- und Sozialdumping gefährdet, dem sie durch supranationale Regelungen und Schutzvorkehrungen Einhalt gebieten möchten.

Der bisher fortgeschrittenste transnationale Wirtschaftsraum, der neben den wirtschaftlichen Verflechtungen und Institutionen auch politische und sozialpolitische Einrichtungen kennt, ist der europäische. Die Europäische Union (EU) ist weit mehr als eine Freihandelszone und auch mehr als eine internationale Organisation; sie ist ein supranationales Gebilde mit spezifischen Regulierungs- und Steuerungsfunktionen. Leibfried und Pierson (1995) sprechen von einem mehrstufigen Steuerungs- und Regulierungssystem (»multitiered system of governance«) mit einer evolvierenden »sozialen Dimension«. Ohne Frage sind wirtschaftliche Integration und ökonomische Institutionenbildung wesentlich weiter vorangeschritten als die politische Integration und sozialpolitische Harmonisierung. Nach der Vollendung des europäischen Binnenmarktes steht, mit der Bildung einer Europäischen Zentralbank (Sitz Frankfurt) und der Einführung einer gemeinsamen Währung (*Euro*) noch vor der Jahrtausendwende, die Europäische Wirtschafts- und Währungsunion (EWWU) vor einem vorläufigen Abschluß. Im Vergleich dazu sind die supranationalen Systeme der industriellen Beziehungen und der politischen Institutionen noch äußerst defizitär. Die »Politische Union« wird eine langfristige Zukunftsaufgabe bleiben; und es bleibt ungewiß, bis zu welchem Grad am Ende eine parlamentarische, rechtsstaatliche Föderation stehen wird. Wahrscheinlich ist allerdings, daß der europäische Wirtschaftsraum sukzessive durch einen Sozialraum ergänzt wird.

Nachdem sich die gemeinsame Sozialpolitik bis Mitte der siebziger Jahre allein auf die Aktivitäten des Europäischen Sozialfonds (ein Finanzierungsinstrument zur Förderung von Maßnahmen zur Berufsausbildung, Umschulung

Übersicht 26: Die wichtigsten Etappen der europäischen Integration

1951	Bildung der Europäischen Gemeinschaft Kohle und Stahl (EGKS)
1957	Bildung der Europäischen Atomgemeinschaft (EURATOM)
1957	Verträge von Rom über die Europäische Wirtschaftsgemeinschaft (EWG) *Europa der Sechs* (F, D, I, NL, B, L)
1967	Fusionsvertrag zwecks Zusammenfassung der drei Gemeinschaften zur Europäischen Gemeinschaft (EG)
1973-1986	*Europa der Zwölf*: 6 weitere europäische Länder treten der EG bei (1973: DK, GB, IR; 1981: GR; 1986: E, P)
1987	Änderung des EWG-Vertrags durch die Einheitliche Europäische Akte (EEA), u.a. – Verwirklichung des Binnenmarkts bis Ende 1992 – Mehrheitsbeschlüsse im Ministerrat (ausgenommen soziale Angelegenheiten) – mehr Kompetenzen für das Europäische Parlament (Haushaltsrecht)
1989	Erklärung zur Sozialen Dimension des Europäischen Binnenmarktes: »Gemeinschaftscharta der sozialen Grundrechte der Arbeitnehmer« (11 von 12 Staaten unterzeichnen, ohne GB), Resolution ohne rechtliche Bindung
1993	Maastrichter Verträge treten in Kraft: – Beschluß über Wirtschafts- und Währungsunion (ab 1.1.1999) – Regelungen zur Politischen Union – Mitentscheidungsrecht des Europäischen Parlaments – Sozialprotokoll mit Sozialabkommen (künftig ohne GB)
1995	*Europa der Fünfzehn*: 3 weitere Länder treten bei: S, SF, A.

und Wiedereingliederung von Arbeitslosen) beschränkt hatte, wurde mit dem ersten »Sozialen Aktionsprogramm«, das der Ministerrat 1974 verabschiedet hatte, der EG grundsätzlich die Kompetenz zum Erlaß von Vorschriften im Sozialbereich zugebilligt. Die »Einheitliche Europäische Akte« von 1987 erweiterte die sozialpolitischen Kompetenzen der EG nur wenig. Erst auf dem EG-Gipfel in Straßburg 1989 sollte eine Charta rechtlich verbindlicher, einklagbarer Sozialrechte verabschiedet werden (u.a. enthielt sie folgende Rechte: freie Arbeitsplatz- und Berufswahl, Recht auf berufliche Bildung und Gleichbehandlung von Männern und Frauen sowie das Recht auf Koalitionsfreiheit und Tarifverhandlungen). Nach kontroversen Debatten im Ministerrat und gegen die Stimme Großbritanniens verabschiedeten die übrigen elf Regierungschefs schließlich eine »Gemeinschaftscharta der sozialen Grundrechte«, die indessen nur die Form einer »feierlichen Erklärung« hatte und keine verbindlichen Grundrechte mehr enthielt. Zu ihrer Umsetzung legte die Kommission noch im gleichen Jahr ein Aktionsprogramm vor, welches einen Richtlinienentwurf zur Einsetzung Europäischer Betriebsräte enthielt (s. weiter unten).

Da für die Verabschiedung sozialpolitischer Gesetzesvorhaben in der Regel ein einstimmiges Votum des Ministerrats notwendig war, konnten alle wichtigen Vorhaben durch das Veto Großbritanniens blockiert werden. Auf dem EU-Gipfel in Maastricht 1991 wurde aus diesem Grund eine neue vertragliche Grundlage für die europäische Sozialpolitik geschaffen. Gemäß dem in Maastricht beschlossenen *Sozialprotokoll* und *Sozialabkommen* können die Mitgliedsstaaten sozialpolitische Entscheidungen künftig auch ohne die Mitwirkung Großbritanniens treffen; freilich haben diese Rechtsakte dann keine Gültigkeit für Großbritannien. Überdies wurde das Einstimmigkeitsprinzip teilweise zugunsten einer qualifizierten Mehrheit aufgegeben. Damit haben sich die Voraussetzungen dafür verbessert, die Sozialcharta durch Mindestvorschriften in Gemeinschaftsrecht umzusetzen. Bei einem Regierungswechsel in Großbritannien ist mit einem Ende des britischen »opting-out« zu rechnen.

Auf dem Gebiet der Arbeits- und Sozialpolitik hat die EG/EU in den vergangenen zwanzig Jahren zahlreiche Verordnungen und Richtlinien verabschiedet, u.a. über Arbeitssicherheit und Unfallschutz, Arbeitszeit und Urlaubsdauer, Bildschirmarbeit sowie zur Gleichstellung von Mann und Frau. Unter den jüngsten Richtlinien sind vor allem die Entsende-Richtlinie und die Richtlinie über Europäische Betriebsräte von großer Bedeutung.

Unter den Experten ist strittig, ob der eingetretene Verlust an nationalstaatlichen Steuerungsmöglichkeiten durch die wirtschafts-, sozial- und arbeitsmarktpolitischen Instrumente auf europäischer Ebene kompensiert werden kann. »Euro-Skeptiker« bezweifeln dies grundsätzlich, »Euro-Optimisten« erwarten hingegen die sukzessive Schließung der entstandenen sozialpolitischen Lücken. Aber auch unter letzteren behauptet niemand, daß es in absehbarer Zeit einen supranationalen europäischen Sozialstaat geben wird, der die Nationalstaaten gewissermaßen ersetzen könnte.

Von Deutschland aus gesehen, ist die EU eine Liberalisierungs- und Deregulierungsveranstaltung, die den Sozialstaat durch den Wettbewerbsstaat ersetzt (Streeck 1997); von Großbritannien und anderen Ländern aus gesehen, trägt die EU durchaus Züge des Aufbaus eines supranationalen Regulierungssystems. Noch 1994 beklagte Armingeon das Fehlen prozeduraler Regeln, die ein System der industriellen Beziehungen auf der europäischen Ebene begründen könnten: »Es gibt keine gemeinsamen europäischen Normen in bezug auf Tarifverhandlungen und Tarifverträge, Rechte und Pflichten von Gewerkschaften, kein europäisches Streik- und Aussperrungsrecht und keine europäischen Regelungen der Arbeitnehmermitbestimmung auf der betrieblichen Ebene.« (1994b, S. 207) Im gleichen Jahr indessen verabschiedeten Ministerrat und Europäisches Parlament die von der Europäischen Kommission vorgelegte »Richtlinie über Europäische Betriebsräte«. Damit wurde der Grundstein für ein (entwicklungsfähiges) Beteiligungssystem auf europäischer Ebene gelegt. Des weiteren existieren supranationale Akteure - europäische Sozialpartner -, aus deren »sozialem Dialog« bereits eine Reihe gemeinsamer Stellungnahmen und erste Vereinbarungen hervorgegangen sind. Den Euro-Skeptikern wäre somit entgegenzuhalten, daß wir es zumindest mit einem europäischen System der industriellen Beziehungen in statu nascendi zu tun haben.

Institutionen und Rechtsetzungsverfahren in der EU

Die Rahmenbedingungen für ein europäisches System der industriellen Beziehungen werden durch die am Rechtsetzungsverfahren beteiligten politischen Institutionen der EU gesetzt. Im folgenden soll dieses Verfahren, welches in der EU weitaus komplizierter ist als in den Nationalstaaten, im Interesse eines besseren Verständnisses der für die industriellen Beziehungen relevanten Rechtsakte kurz beschrieben werden.

Zunächst sei auf die Differenz zwischen Europäischer Gemeinschaft (EG) und Europäischer Union (EU) hingewiesen: Mit dem Maastrichter Vertrag von 1992 (am 1.1.1993 in Kraft getreten) wurde nicht etwa die EG durch die EU abgelöst, sondern es wurden zum einen die Gründungsverträge der EG (d.h. der zusammengefaßten drei europäischen Gemeinschaften: EWG, EGKS, EURATOM) geändert und ergänzt und zum anderen die EU als eine weiterreichende, gleichsam die EG überwölbende politische Union (mit den mittelfristigen Zielen einer Unionsbürgerschaft sowie gemeinsamer Außen- und Sicherheitspolitik und Zusammenarbeit in der Justiz- und Innenpolitik) aus der Taufe gehoben. Die EU ist zweifellos ein supranationales Gebilde. Wenn sie auch noch keineswegs ein föderativer Staat ist, so stellt sie aber mehr dar als eine intergouvernementale Zusammenarbeit, welche den Staaten ihre Souveränität beläßt; denn bestimmte Bereiche haben die Nationalstaaten durch die diversen Verträge an die supranationale Institution EG/EU mittlerweile abgetreten und damit ihre Souveränität freiwillig eingeschränkt.

Man unterscheidet zwischen primärem und sekundärem Recht der EG/EU. Während das *primäre Recht* aus den Rechtsnormen der von den souveränen europäischen Staaten abgeschlossenen EG- und EU-Verträge (einschl. ihrer zugehörigen Dokumente) besteht, wird das *sekundäre Recht* von den Institutionen der Gemeinschaft erlassen, und zwar auf dem Wege

- der *Verordnung* (mit unmittelbarer allgemeiner Geltung),
- der *Richtlinie* (mit der Verpflichtung der Umsetzung in nationales Recht) und
- der *Entscheidung* (verpflichtend für diejenigen, an die sie gerichtet ist).

Die *Europäische Kommission* nimmt eine entscheidende Rolle in der europäischen Rechtsetzung ein. Sie hat das Initiativrecht, ja Vorschlagsmonopol für die gesamte sekundäre Rechtsetzung der Gemeinschaft (Verordnungen, Richtlinien, Entscheidungen). Nur auf Initiative der Kommission kann der Ministerrat, in Zusammenarbeit mit dem Europäischen Parlament[1], in sozialpolitischen (und anderen) Fragen Rechtsnormen erlassen. Die Kommission ist die zentrale Ansprechpartnerin für die Interessengruppen. Bereits unter der Präsidentschaft Jacques Delors' (1985-94) hat die Kommission die europäischen Sozialpartner regelmäßig zu Gesprächen geladen. Artikel 3 des Sozialabkommens weist ihr die Aufgabe zu, die Anhörung der europäischen Sozialpartner und den sozialen Dialog zwischen ihnen zu fördern. Insbesondere vor der Unterbreitung von (Richtlinien-)Vorschlägen im Bereich der Sozialpolitik muß sie die Sozialpartner konsultieren. Nach Artikel 4 des Sozialabkommens haben die Sozialpartner die Wahl zwischen dem Anhörungsweg oder dem Verhandlungsweg. Sie können ein beabsichtigtes Rechtsetzungsverfahren anhalten, indem sie der Kommission mitteilen, daß sie über den betreffenden Gegenstand in Verhandlungen eintreten wollen. Kommen sie innerhalb eines gesetzten Zeitraums (i.d.R. 9 Monate) zu einem Verhandlungsergebnis, verzichtet die Kommission auf einen eigenen Vorschlag und unterbreitet dem Ministerrat statt dessen die Vereinbarung der Sozialpartner, falls diese es so wünschen, zur Beschlußfassung. Damit räumt »das Maastrichter Sozialprotokoll (...) den Sozialpartnern eine Art Vetoposition ein, indem sie Regelungsbereiche an sich ziehen können« (Weiss 1994, S. 1263).

Eine weitere wichtige Institution, in der Weichen für Entscheidungen über wirtschaftliche und sozialpolitische Fragen gestellt werden, ist der *Wirtschafts- und Sozialausschuß (WSA)*. Er ist eine Vertretung nationaler und europäischer Interessenverbände »mit beratender Aufgabe« auf EU-Ebene. Von seiner generellen Aufgabenstellung her beurteilt, ist er eine Ständevertretung und ständige Lobby-Konferenz. Seine 189 Mitglieder lassen sich drei Gruppen zuordnen: a) den Arbeitgebern, b) den Arbeitnehmern und c) verschiedenen anderen Interessen (Verbraucher, Selbständige, Umweltschützer). Der WSA hat die Auf-

---

[1] Das Europäische Parlament ist in unterschiedlicher Weise in das Rechtsetzungsverfahren eingebunden: durch Anhörung, Zustimmung, Zusammenarbeit und Mitentscheidung. An allen Rechtsakten, die den Binnenmarkt betreffen, ist das EP zu beteiligen.

Übersicht 27: Die wichtigsten politischen Institutionen der EU

Europäisches Parlament (EP)
besteht aus 626 Parlamentariern, die direkt gewählt werden,
Funktionen sind nicht vergleichbar mit denen nationaler Volksvertretungen, da es keine Regierung gibt, die vom Parlament gewählt und kontrolliert werden kann,
Kompetenzen (je nach Materie): Anhörung, Zustimmung, Zusammenarbeit, Mitentscheidung bei Rechtsetzung,
Zustimmung bei Haushaltsverabschiedung,
Bestätigung von Präsident und Kommissaren der Kommission.

Europäische Kommission:
Exekutive der EU,
besteht aus dem Präsidenten und 20 von den nationalen Regierungen der einzelnen Mitgliedsstaaten vorgeschlagenen Kommissionsmitgliedern (die größeren Länder - D, F, GB, I, E -schlagen zwei, die kleineren einen Kommissar vor),
Kompetenzen: Initiativrecht, Kontroll- und Durchführungskompetenzen in bezug auf das Gemeinschaftsrecht.

Europäischer Rat
besteht aus den Staats- und Regierungschefs der Mitgliedsstaaten sowie dem Präsidenten der Kommission,
trifft sich mindestens zweimal im Jahr,
(nicht zu verwechseln mit dem *Europarat*, einem völkerrechtlichen Zusammenschluß von 40 europäischen Staaten, mit Sitz in Straßburg).

Ministerrat
Legislative der EU,
repräsentiert die nationalen Regierungen der Mitgliedsstaaten,
besteht aus den jeweiligen Außen- und Fachministern der Mitgliedsstaaten,
stimmt über Vorschläge der Kommission ab (auf manchen Gebieten einstimmig, auf anderen mehrheitlich),
erläßt EG/EU-Gesetze unter Mitwirkung des Europäischen Parlaments.

Europäischer Gerichtshof
Judikative der EU,
zuständig für die europäischen Verträge und anderes europäisches Recht.

gabe, Ministerrat und Kommission beratend zu unterstützen; in den Gesetzgebungsprozeß wird er insofern einbezogen, als ihm sozialpolitische Gesetzesvorhaben zur Stellungnahme vorgelegt werden, ohne daß Kommission und Ministerrat zur Berücksichtigung der Stellungnahme verpflichtet sind. Er kann auch aus eigener Initiative Stellungnahmen abgeben, wenn er es für zweckmäßig erachtet. Der Grundsatzentwurf für die Charta der sozialen Grundrechte stammt beispielsweise von ihm.

Die eigentlichen Akteure der industriellen Beziehungen auf europäischer Ebene sind natürlich die trans- und supranationalen Organisationen der Arbeitnehmer und Arbeitgeber, denen wir uns nun zuwenden wollen.

Europäischer Gewerkschaftsbund

Der 1973 von 17 nationalen Gewerkschaftsbünden europäischer Länder gegründete Europäische Gewerkschaftsbund (EGB; *engl*.: European Trade Union Confederation; (ETUC) setzt sich nach Satzung aus »freien, unabhängigen und demokratischen Gewerkschaftsbünden und europäischen Gewerkschaftsverbänden« zusammen. Ende 1996 gehörten ihm 58 nationale Gewerkschaftsbünde (welche rund 50 Mio. Mitglieder repräsentieren) aus 28 Ländern als Mitgliedsverbände an. Neben den Gewerkschaftsbünden aus den EU-Ländern sind auch die gewerkschaftlichen Dachverbände aus Norwegen, Island, Schweiz, Türkei, Zypern, Malta und San Marino vertreten, sowie - seit 1996 - neun Gewerkschaftsbünde aus den osteuropäischen Staaten Polen, Tschechien, Slowakei, Ungarn, Bulgarien und Rumänien.

Der EGB vereinigt ein breites Spektrum nationaler Gewerkschaftsbünde, die unabhängige, sozialistische, christliche und kommunistische Gewerkschaften in ihren jeweiligen Ländern repräsentieren und dort teilweise als separate Dachverbände nebeneinander bestehen. Somit verwirklicht der EGB das Prinzip der Einheitsgewerkschaft in einem weit höheren Maße als viele seiner nationalen Mitgliedsverbände. Selbst die (ex-)kommunistischen Gewerkschaftsbünde Spaniens und Portugals gehören ihm mittlerweile an; allein der kommunistische französische Dachverband CGT (Confédération Générale du Travail) ist bisher kein Mitglied. Aus Deutschland gehören ihm sowohl der DGB wie die DAG als Mitgliedsverbände an. Insgesamt repräsentiert der EGB 90 Prozent aller Gewerkschaftsmitglieder in der EU (Ebbinghaus/Visser 1997). Von den ihm angeschlossenen Gewerkschaftsbünden sind die drei mitgliederstärksten: der DGB, der Dachverband britischer Gewerkschaften, TUC (Trades Union Congress) und der Dachverband der italienischen sozialistisch-kommunistischen Gewerkschaften, CGIL (Confederazione Generale Italiana del Lavoro).

Neben den nationalen Gewerkschafts*bünden* gehören dem EGB auch die sektoralen Gewerkschaftsföderationen oder Gewerkschafts*verbände* (das sind

Organisationen nationaler Branchengewerkschaften) als weitere Mitglieder an. Einer der größten dieser sektoralen Verbände ist der Europäische Metallgewerkschaftsbund (EMB); ihm gehören alle nationalen Industrie- und Berufsgewerkschaften an, deren Organisationsdomäne die Metallindustrie ist, somit auch die IG Metall. Wie andere nationalen Einzelgewerkschaften ist auch sie nun auf zweifache Weise mittelbares Mitglied des EGB: einmal über die Mitgliedschaft im europäischen sektoralen Gewerkschaftsverband (EMB) und ein andermal über die Mitgliedschaft im nationalen Dachverband (DGB). Die Zahl der (sektoralen) europäischen Gewerkschaftsverbände belief sich Mitte 1996 auf 14 (vgl. Tabelle 19).

Der Europäische Gewerkschaftsbund definiert seine Aufgaben als die einer repräsentativen Interessenvertretung und Verhandlungsagentur gegenüber den verschiedenen Adressaten nach der Satzung wie folgt:

»Der Europäische Gewerkschaftsbund richtet seine Aktivitäten auf:
- die Europäische Union, deren Verstärkung auf sozialer, politischer und demokratischer Ebene sowie auch im wirtschaftlichen und monetären Bereich er fordert und deren Erweiterung auf andere europäische Länder (...) er unterstützt;
- den Europarat, die EFTA und andere Einrichtungen der europäischen Zusammenarbeit, die für die Interessen der Arbeitswelt bedeutsam sind;
- die europäischen Arbeitgeberorganisationen, um über den sozialen Dialog und Verhandlungen dauerhafte soziale Beziehungen (*engl.: labour relations*) auf europäischer Ebene herzustellen.«

Von seinen derzeitigen Hauptaktivitäten her beurteilt, ist der EGB eine europäische Lobby zusammengeschlossener nationaler Gewerkschaftsbünde und Gewerkschaftsverbände. Neben dem Lobbying bei und in allen Institutionen der EU nimmt der soziale Dialog mit den Arbeitgeberorganisationen, der seit geraumer Zeit regelmäßig stattfindet, eine wichtige Rolle ein. Aber Verhandlungen oder gar Tarifverhandlungen auf europäischer Ebene werden derzeit nur geringe Chancen eingeräumt, da die nationalen wie europäischen Arbeitgeberverbände europaweite Tarifverhandlungen prinzipiell ablehnen. Für sie besteht wenig Anreiz, die durch den europäischen Binnenmarkt entstandenen Vorteile der Liberalisierung und Deregulierung durch tarifvertragliche Re-Regulierungen preiszugeben. Ihre Vorteile sind für die Gewerkschaften Nachteile. Diese sehen sich einer verstärkten Lohnkonkurrenz ausgesetzt und befürchten zunehmenden Druck auf nationale Lohnsätze und Sozialstandards. Um einem Lohn- und Sozialdumping entgegenzuwirken, bleibt ihnen, da die Chancen für europäische Kollektivverhandlungen schlecht stehen, zur Zeit nur ein koordi-

Tabelle 19: Sektorale Europäische Gewerkschaftsverbände

Gewerkschaftsverband	Zahl der angeschlossenen Gewerkschaften	Mitglieder in Tausend
1. Europäischer Gewerkschaftsverband für den Öffentlichen Dienst (EGÖD)	100	7.000
2. Europäischer Metallgewerkschaftsbund in der Gemeinschaft (EMB)	43	6.000
3. Europäische Regionalorganisation des Internationalen Bundes der Privatangestellten (EURO-FIET)	129	6.000
4. Europäische Föderation der Bau- und Holzarbeiter (EFBH)	51	3.100
5. Europäischer Gewerkschaftsausschuß für Bildung und Wissenschaft (EGBW)	67	2.800
6. Verband der Verkehrsgewerkschaften in der Europäischen Union (FST)	89	2.500
7. Europäische Föderation Bergbau, Chemie und Energie (EMCEF)	51	2.000
8. Europäische Föderation der Agrarischen Gewerkschaften in der Gemeinschaft (EFA)	26	2.000
9. Europäischer Ausschuß der Internationalen des Personals der Post-, Telegraphen- und Telefonbetriebe (PTTI-EU)	67	1.900
10. Europäischer Ausschuß der Lebensmittel-, Genußmittel- und Gastgewerbegewerkschaften (EAL-IUL)	70	1.400
11. Europäischer Gewerkschaftsausschuß Textil, Bekleidung und Leder (EGA-TBL)	43	1.300
12. Europäische Graphische Föderation (EGF)	44	700
13. Europäische Journalistenföderation (EJF)	45	180
14. EURO-MEI (Media and Entertainment International)	24	100

Quelle: Ebbinghaus/Visser 1997

niertes Vorgehen in der Tarifpolitik. Neben der Festlegung von Mindeststandards erscheint die gemeinsame Abstimmung nationaler Tarifpolitiken als die derzeit allein praktikable und erfolgversprechende Vorgehensweise.

Zusammenfassend ist zu sagen, daß den imposanten Mitgliederzahlen und organisationspolitischen Erfolgen des EGB ein eklatanter Mangel an supranationaler Autorität gegenübersteht. Zurückzuführen ist dieser zum einen auf die außerordentliche Heterogenität der politischen Orientierungen und nationalstaatlich geprägten Traditionen seiner Mitgliedsverbände, zum anderen auf die mangelnde Bereitschaft der nationalen Gewerkschaften, Ressourcen und Kompetenzen an transnationale Organisationen abzugeben[2] und zum dritten auf den mangelnden Verhandlungswillen der Arbeitgeber, die sich, ihrem Interesse gemäß, die Regulierungslücken der »sozialen Dimension« zunutze machen können.

Die Organisationen der Unternehmer und Arbeitgeber

Die Dachorganisationen der nationalen Wirtschaftsverbände und Arbeitgeberorganisationen sind auf europäischer Ebene in der 1958 gegründeten UNICE[3] (Union of Industrial and Employers' Confederations of Europe) zusammengeschlossen. Wie beim EGB sind auch in ihr nicht nur Dachverbände aus den EU-Staaten, sondern ebenfalls aus den EFTA- und anderen europäischen Staaten vertreten. Prinzipiell ist die UNICE offen für alle Dachverbände, die Wirtschafts- und Arbeitgeberverbände in den europäischen Staaten repräsentieren, die dem Europarat in Straßburg angehören. Mitte der neunziger Jahre waren dies insgesamt 32 Dachverbände aus 25 Ländern, die mehr als 10 Mio. Unternehmen repräsentieren (Lexikon der Politik, Bd. 5, S. 164). Eine separate Organisierung nach Wirtschaftsverbänden einerseits und Arbeitgeberverbänden andererseits, wie wir sie aus Deutschland und anderen, vor allem den skandinavischen Ländern kennen, existiert auf europäischer Ebene nicht. Daher gehören sowohl der BDI wie die BDA als Mitgliedsverbände der UNICE an.

Eine zweite, wesentlich kleinere Arbeitgeberorganisation ist die CEEP (Centre Européen des Entreprises Publiques); sie wurde 1965 gegründet und repräsentiert rund 260 öffentliche Unternehmen (mit über 7 Mio. Beschäftigten) aus allen EU-Ländern mit Ausnahme Großbritanniens und Dänemarks.

Neben den branchenübergreifenden Dachorganisationen existieren eine Reihe sektoraler europäischer Spitzenverbände des Dienstleistungsbereichs und der Industrie. Abweichend vom gewerkschaftlichen Muster, sind die sektoralen Verbände der Unternehmer keine Mitgliedsverbände der UNICE; überdies verstehen sie sich ausschließlich als Wirtschafts- und nicht als Arbeitge-

---

2 Das hauptamtliche Personal des EGB (politische Sekretäre und Bürokräfte) besteht aus rund 50 Personen; insgesamt 120 weitere Personen arbeiten für die sektoralen Gewerkschaftsverbände.
3 Diese Abkürzung für die unter dem französischen Namen »Union des Industries de la Communauté Européenne« gegründete Arbeitgeberorganisation wurde auch nach der 1987 erfolgten englischsprachigen Umbenennung des Verbandes beibehalten.

berverbände. Gespräche mit den sektoralen Gewerkschaftsverbänden werden allenfalls über Fragen des Arbeitsschutzes sowie der Aus- und Weiterbildung geführt.

Europäischer Betriebsrat

Die erste originäre europäische Institution auf dem Gebiet der industriellen Beziehungen ist der Europäische Betriebsrat. Nach einer langen, mehr als zwanzigjährigen Periode kontroverser Diskussionen und gescheiterter Gesetzesinitiativen (z.B. 5. Richtlinie zum Unternehmensrecht 1972; Entwurf der sog. Vredeling-Richtlinie 1980) legte die Europäische Kommission im Dezember 1990 ihren Vorschlag für eine Richtlinie zur Einsetzung von Europäischen Betriebsräten (EBR) vor. Nach intensiven Konsultationen mit den Sozialpartnern beschloß schließlich - unter der deutschen Präsidentschaft - der Rat der Sozialminister im September 1994 die »Richtlinie über die Einsetzung eines Europäischen Betriebsrats oder die Schaffung eines Verfahrens zur Unterrichtung und Anhörung der Arbeitnehmer in gemeinschaftsweit operierenden Unternehmen und Unternehmensgruppen«.

Über die allgemeine Zielsetzung einer solchen Einrichtung heißt es in der Präambel der Richtlinie: »Es sind geeignete Vorkehrungen zu treffen, damit die Arbeitnehmer gemeinschaftsweit operierender Unternehmen oder Unternehmensgruppen angemessen informiert und konsultiert werden, wenn Entscheidungen, die sich auf sie auswirken, außerhalb des Mitgliedsstaats getroffen werden, in dem sie beschäftigt sind.«

Die Kriterien für ein gemeinschaftsweit operierendes Unternehmen lauten:

- es muß mindestens 1.000 Arbeitnehmer in den Mitgliedsstaaten beschäftigen
- mit jeweils mindestens 150 Arbeitnehmern in mindestens zwei Mitgliedsstaaten.

Gemäß dem Sozialabkommen des Maastrichter Vertrages, das von Großbritannien nicht unterzeichnet wurde, gilt diese Richtlinie für alle Mitgliedsstaaten der EU mit Ausnahme Großbritanniens. Sie gilt allerdings auch für Niederlassungen britischer Multis in den anderen europäischen Ländern, sofern die obigen Kriterien zutreffen. Das gleiche gilt für die in EU-Ländern befindlichen Niederlassungen internationaler Konzerne, die ihren Hauptsitz außerhalb der EU haben. Bis Herbst 1996 mußte die Richtlinie in nationales

Recht umgesetzt werden; innerhalb von drei weiteren Jahren müssen Vereinbarungen über die Einsetzung Europäischer Betriebsräte abgeschlossen sein, andernfalls treten die »subsidiären Vorschriften« (d.h. in nationales Recht umzusetzende Mindestvorschriften für die Einsetzung eines EBR) in Kraft. Nach ersten Schätzungen werden nach Ablauf der Implementierungsphase etwa 1.200 internationale Konzerne mit rund 15.000 EBR-fähigen Unternehmen bzw. Betrieben unter die Regelungen dieser Richtlinie fallen. Dies bedeutet, daß in den nächsten Jahren etwa 40.000 europäische Betriebsratsmitglieder ihre Arbeit aufnehmen werden (Lecher 1996, S. 469).

Bis zum Stichtag der Umsetzung der Richtlinie in nationales Recht (22.9.1996) konnten in europaweit operierenden Unternehmen freiwillige Vereinbarungen über einen EBR zwischen der zentralen Unternehmensleitung und einer repräsentativen Vertretung der Arbeitnehmer getroffen werden. Solche Vereinbarungen genießen Bestandsschutz.

Die Entscheidung über die Einsetzung eines EBR oder - alternativ dazu - über die Schaffung eines Verfahrens zur Unterrichtung und Anhörung der Arbeitnehmer wird in Verhandlungen zwischen der zentralen Leitung des europaweit operierenden Unternehmens mit einem besonderen Verhandlungsgremium der Arbeitnehmer getroffen. Auf Initiative der zentralen Leitung oder der Arbeitnehmer (mindestens 100 Arbeitnehmer aus zwei Betrieben aus zwei Mitgliedsstaaten) werden die Verhandlungen aufgenommen, wobei das besondere Verhandlungsgremium nach einzelstaatlichen Rechtsvorschriften zu bilden ist. Es setzt sich aus mindestens 3 und höchstens 17 Mitgliedern zusammen (mindestens ein Mitglied für jeden Mitgliedsstaat, in dem sich Betriebe des Unternehmens befinden). Mitglieder des besonderen Verhandlungsgremiums können auch externe Vertreter (z.B. der Gewerkschaften) sein. Kommt es zu keiner Einigung zwischen zentraler Leitung und Verhandlungsgremium, ist ein EBR nach den »subsidiären Vorschriften« des Anhangs der Richtlinie zu bilden; diese Vorschriften umreißen gewissermaßen ein Minimalmodell des EBR.

In der Gestaltung der Vereinbarung sind das Verhandlungsgremium und die zentrale Leitung autonom. Die Richtlinie macht nur wenige Vorgaben; im Artikel 6 der Richtlinie werden mehrere Merkposten aufgelistet, über die Vereinbarungen getroffen werden müssen, u.a.:

- Zusammensetzung des EBR, Anzahl der Mitglieder, Sitzverteilung, Mandatsdauer;
- Befugnisse im Hinblick auf Unterrichtung und Anhörung;
- Ort, Häufigkeit und Dauer der Sitzungen;
- finanzielle Mittel.

Der Sitz des EBR ist in der Regel bei der Konzernspitze, das heißt beim »herrschenden Unternehmen« (dafür werden verschiedene Kriterien genannt). Sofern die Konzernspitze ihren Sitz nicht in einem der EU-Staaten (mit Ausnahme Großbritanniens) hat, muß sie einen Vertreter (z.B. Eurobeauftragten) als Verhandlungspartner benennen, andernfalls ist die Leitung des Unternehmens mit der höchsten Beschäftigtenzahl in einem Mitgliedsstaat für die Verhandlungen zuständig.

Im Vergleich mit den Mitbestimmungsrechten des deutschen Betriebsrats verfügt der EBR über weitaus schwächere Beteiligungsrechte. Er besitzt keine echten Mitbestimmungsrechte, sondern nur Unterrichtungs- und Anhörungsrechte. Abstimmungen über kontroverse Fragen sind nicht vorgesehen, die Letztentscheidung verbleibt bei der Unternehmensleitung. Der EBR ist folglich kein multinationaler Gesamt- oder Konzernbetriebsrat, sondern eher vergleichbar einem europäischen *Wirtschaftsausschuß* mit jenen Informations- und Konsultationsrechten, die nach dem Betriebsverfassungsgesetz dem Wirtschaftsausschuß in einem deutschen Unternehmen mit mehr als 100 Beschäftigten rechtlich zustehen.

Gleichwohl ist die Richtlinie, mit deren Verabschiedung Euro-Skeptiker ohnehin nicht mehr gerechnet hatten (vgl. z.B. Streeck/Vitols 1995, S. 258), eine wichtige Grundlage für den Aufbau eines europäischen Systems kollektiver Interessenvertretung. Nach dem Urteil eines gewerkschaftsnahen Wissenschaftlers ist sie »ein Beispiel für eine durchaus ausgewogene Mischung von Subsidiarität (jeweils nationale Anpassung durch Implementierung), Proporz (Zusammenwirken von Regierungen und Verbänden bei ihrer Erstellung und Umsetzung) und Flexibilität (die Richtlinie eröffnet verschiedene Optionen zur Umsetzung)« (Lecher 1996, S. 469).

Sozialer Dialog

Zur sozialen Dimension des europäischen Wirtschaftsraums gehört zweifellos der *Soziale Dialog*. Er findet in unterschiedlichen Formen und mit wechselnden Teilnehmerkreisen statt: einmal zwischen den politischen Gremien der EU auf der einen und den europäischen Dachverbänden der Sozialparteien (UNICE, CEEP, EGB) auf der anderen Seite, ein andermal allein zwischen den repräsentativen Verbänden der Arbeitgeber und Gewerkschaften.

Als ein frühes Forum des Sozialen Dialogs ist der 1971 eingerichtete tripartistische *Ständige Ausschuß für Beschäftigungsfragen* zu bewerten. Er brachte und bringt (nach seiner Wiederbelebung in den neunziger Jahren) etwa zweimal im Jahr den Rat der Arbeits- und Sozialminister und die EU-Kommission mit den Dachverbänden der Sozialpartner zusammen. Besondere Bedeutung für die Weiterentwicklung des Sozialen Dialogs erhielt die von Präsident Delors, einem französischen Sozialisten und linkskatholischen Gewerkschafter, ausgehende Initiative zur Einladung von UNICE, CEEP und EGB im *Val Duchesse* in Brüssel seit 1985. Die Val-Duchesse-Treffen hatten von Anfang an einen informellen Status und fanden auf der Grundlage gegenseitiger Anerkennung der beteiligten Parteien statt.

Mit der Aufnahme des Art. 118b in den EG-Vertrag durch die Einheitliche Europäische Akte von 1987 wurde die Förderung des Sozialen Dialogs zu einer offiziellen Aufgabe der Kommission: »Die Kommission bemüht sich darum, den Dialog zwischen den Sozialpartnern auf europäischer Ebene zu entwickeln, der, wenn diese es wünschen, zu vertraglichen Beziehungen führen kann.« Diese Verpflichtung wurde durch die Gemeinschaftscharta der sozialen Grundrechte 1989 und das Sozialabkommen von Maastricht 1992 bekräftigt.

Der *traditionelle* soziale Dialog, zu dem die Val-Duchesse-Gespräche zu zählen sind, besteht aus regelmäßigen Konsultationen der drei Dachverbände der Sozialpartner mit der Europäischen Kommission, die gewöhnlich im Vorfeld der Verabschiedung sozialpolitischer Richtlinien-Entwürfe stattfinden; er besteht des weiteren aus den Beratungen der Sozialpartner, ohne Beteiligung der Kommission, über gemeinsame Stellungnahmen. Zwischen 1986 und 1992 haben die drei europäischen Dachverbände ein gutes Dutzend Stellungnahmen zu bestimmten, von der Kommission vorgeschlagenen Themen erarbeitet, u.a. zu den neuen Technologien, zur beruflichen Ausbildung und Mobilität, zur Anpassungsfähigkeit des Arbeitsmarktes, zur Zukunft des sozialen Dialogs (vgl. Jacobi 1995, S. 266f.). Die gemeinsamen Stellungnahmen von UNICE, CEEP und EGB binden die Sozialpartner nicht. Einen verbindlicheren Charakter hat hingegen die erste kollektivvertragliche Vereinbarung zwischen EGB und CEEP, der »Europäische Rahmenvertrag (...) über die berufliche Ausbildung, die Ausbildung zu den neuen Technologien und für einen besseren Gesundheitsschutz und für mehr Sicherheit am Arbeitsplatz sowie die Mobilität der Arbeitnehmer« (v. 6.09.1990).

Der *neue* soziale Dialog nach Maastricht könnte - dem Arbeitsrechtler Weiss (1994) zufolge - zu einem »Katalysator koordinierter Tarifpolitik« werden. So verpflichtet der neue EG-Vertrag (§ 118b) die Kommission, den sozialen Dialog zwischen den Sozialpartnern zu entwickeln, mit dem möglichen Ziel, daß es zwischen ihnen zu vertraglichen Vereinbarungen kommt. Detaillierter legt das Sozialabkommen, entsprechend dem gemeinsamen Vorschlag der drei Dachverbände, in Artikel 3 und 4 fest, welche diesbezüglichen Aufgaben die Kommission zu erfüllen hat:

- die Anhörung der Sozialpartner auf Gemeinschaftsebene zu fördern;
- alle zweckdienlichen Maßnahmen zur Erleichterung des Dialogs zwischen den Sozialpartnern zu erlassen;
- vor Unterbreitung von Vorschlägen im Bereich der Sozialpolitik von den Sozialpartnern ihre Stellungnahme und gegebenenfalls ihre Empfehlung einzuholen;
- den Sozialpartnern die Option zu lassen, eine sozialpolitische Maßnahme durch Verhandlungen und Vereinbarungen autonom zu beschließen.

Im letzteren Fall können die Sozialpartner an die Kommission herantreten, damit diese ihre gemeinsame Vereinbarung zwecks Beschlußfassung dem Ministerrat unterbreitet. Kommt es zu einer solchen autonomen Regelung, erhält die Vereinbarung zwischen den Sozialpartnern den Charakter eines »Quasi-Richtlinienvorschlags«. Ein solcher Vorrang kollektivvertraglicher Regelungen vor der EU-Rechtsetzung im Bereich der Sozialpolitik entspricht auch dem (aus der katholischen Soziallehre stammenden und im EU-Vertrag verankerten) Prinzip der Subsidiarität. »Subsidiarität wird nicht nur verstanden als Vorrang für die je nach Problemkontext möglichst dezentrale Regelungsebene, sondern auch als möglichst staatsfreie Regulierung durch die europäischen Verbände von Arbeitgebern und Gewerkschaften.« (Jacobi 1995, S. 271).

Die politische Strategie der europäischen Gewerkschaften läuft darauf hinaus, den sozialen Dialog schrittweise zu vertiefen und zu einem europäischen Tarifvertragssystem auszubauen. An die Stelle unverbindlicher »gemeinsamer Stellungnahmen« sollen verbindliche europäische Rahmenvereinbarungen treten. Demgegenüber richtet sich die Strategie der Arbeitgeber gegen Tarifvereinbarungen auf europäischer Ebene; diese sollen nach ihrem Verständnis ausschließlich im nationalen Rahmen erfolgen. Da indessen mit dem Maastrichter Sozialabkommen die Wahrscheinlichkeit sozialpolitischer Gesetzesvorhaben durch die Kommission größer geworden ist, haben die Arbeitgeber ihre Strategie modifiziert: Aus defensiven Gründen willigen sie in Verhandlungen ein, um »durch ein freiwillig ausgehandeltes und deshalb besser zu beeinflussendes Abkommen eine drohende Intervention der Kommission zu verhindern und einer im Verbandssinne ungünstigeren, weil verbindlichen Richtlinie zuvorzukommen« (Keller 1996, S. 215). Auf diese Weise ist 1995 ein erstes Abkommen zwischen UNICE, CEEP und EGB über Erziehungsurlaub für Eltern geschlossen worden, das der Rat, auf Vorschlag der Kommission, in Form einer Richtlinie im Juni 1996 verabschiedete.

Der soziale Dialog auf sektoraler Ebene steckt noch sehr in den Anfängen; erst in einigen wenigen Branchen stehen die europäischen sektoralen Verbände miteinander im Dialog, etwa in der Bauindustrie über die »Entsenderichtlinie« (Sörries 1997). Aber gerade hier wären am ehesten die Ansatzpunkte für europäische Tarifverhandlungen zu suchen. Denkbar ist aber auch, daß sich aus der Praxis der Europäischen Betriebsräte gleichsam naturwüchsig ein System konzernzentrierter Kollektivverhandlungen entwickelte (vgl. Marginson/Sisson 1996). Dieses entspräche dann mehr dem angelsächsischen Muster des *local bargaining* und geriete zweifellos in Konflikt mit dem in Deutschland und anderswo institutionalisierten System sektoraler Verhandlungen. Da eine solche Entwicklung nicht im Interesse der deutschen Gewerkschaften liegen kann, werden sie ihre Bemühungen um den Aufbau eines europäischen Tarifvertragssystems oder zumindest um eine europaweite Koordinierung und Vernetzung nationaler Tarifpolitiken erheblich verstärken müssen.

Weiterführende Literatur

W. Lecher/H.-W. Platzer (Hg.), *Europäische Union - Europäische Arbeitsziehungen*, 1994.
(Breite Darstellung der Verbände, Institutionen und Verfahren der entstehenden industriellen Beziehungen Europas.)

Wolfgang Streeck (Hg.), *Staat und Verbände*, Teil II, 1994.
(Beiträge zur Theorie und Geschichte der verbandlichen Interessenvermittlung und Harmonisierung auf europäischer Ebene.)

Michael Mesch (Hg.), *Sozialpartnerschaft und Arbeitsbeziehungen in Europa*, 1995.
(Sammelband mit fundierten Beiträgen zum Sozialen Dialog in der EU.)

Lexikon der Politik, Bd. 5: *Die Europäische Union*, 1996.
(Solide Grundinformationen mit detaillierter Chronik über alle Aspekte der EG/EU.)

WSI-Mitteilungen, Schwerpunktheft: *Europäische Betriebsräte*, Jg. 49, Heft 8/1996.

Industrielle Beziehungen, Schwerpunktheft: *Industrielle Beziehungen im europäischen Wirtschaftsraum*, Jg. 3, Heft 3/1996.

Transfer, lfd. (seit 1995).
(Vierteljahresschrift des Europäischen Gewerkschaftsinstituts.)

Abkürzungsverzeichnis

ADB	Allgemeiner Deutscher Beamtenbund
ADGB	Allgemeiner Deutscher Gewerkschaftsbund
AfA-Bund	Allgemeiner freier Angestelltenbund
AFG	Arbeitsförderungsgesetz
ANBA	Amtliche Nachrichten der Bundesanstalt für Arbeit
BAG	Bundesarbeitsgericht
BDA	Bundesvereinigung der Deutschen Arbeitgeberverbände
BDI	Bundesverband der Deutschen Industrie
BetrVG	Betriebsverfassungsgesetz
BGB	Bürgerliches Gesetzbuch
BRG	Betriebsrätegesetz
CEEP	Centre Européen des Entreprises Publiques
CGIL	Confederazione Generale Italiana del Lavoro
CGT	Confédération Générale du Travail
DAF	Deutsche Arbeitsfront
DAG	Deutsche Angestellten-Gewerkschaft
DBB	Deutscher Beamtenbund
DDR	Deutsche Demokratische Republik
DGB	Deutscher Gewerkschaftsbund
DIHT	Deutscher Industrie- und Handelstag
DIW	Deutsches Institut für Wirtschaftsforschung
EBR	Europäischer Betriebsrat
EEA	Einheitliche Europäische Akte
EFTA	European Free Trade Association
EG	Europäische Gemeinschaft
EGB/ ETUC	Europäischer Gewerkschaftsbund/European Trade Union Confederation
EGKS	Europäische Gemeinschaft für Kohle und Stahl
EGÖD	Europäischer Gewerkschaftsverband für den öffentlichen Dienst
eig. Übers.	eigene Übersetzung
EMB	Europäischer Metallgewerkschaftsbund
EMCEF	Europäische Föderation Bergbau, Chemie und Energie
EP	Europäisches Parlament
EU	Europäische Union
EURATOM	Europäische Atomgemeinschaft
Eurostat	Statistical Office of The European Communities
EWG	Europäische Wirtschaftsgemeinschaft

EWWU	Europäische Wirtschafts- und Währungsunion
FDGB	Freier Deutscher Gewerkschaftsbund
GEW	Gewerkschaft Erziehung und Wissenschaften
Gew.	Gewerkschaft
GG	Grundgesetz
HBV	Gewerkschaft Handel, Banken und Versicherungen
Hervorh.i.O.	Hervorhebung im Original
HRM	Human Ressource Management
i.E.	im Erscheinen
IG	Industriegewerkschaft
ILO	International Labour Organisation (Internationale Arbeitsorganisation - IAO, Genf)
IW	Institut der deutschen Wirtschaft
k.A.	keine Angaben
LTA	Lohn- und Tarifpolitischer Ausschuß
OECD	Organization for Economic Co-operation and Development (Organisation für wirtschaftliche Zusammenarbeit und Entwicklung, Paris)
ÖTV	Gewerkschaft Öffentliche Dienste, Transport und Verkehr
TUC	Trades Union Congress
TVG	Tarifvertragsgesetz
UNICE	Union of Industrial and Employers' Confederations of Europe (ursprünglich: Union des Industries de la Communauté Européenne)
WSA	Wirtschafts- und Sozialausschuß der Europäischen Union
WSI	Wirtschafts- und Sozialwissenschaftliches Institut in der Hans-Böckler-Stiftung

Literaturverzeichnis

Abromeit, H./Blanke, B. (Hg.), 1987: Arbeitsmarkt, Arbeitsbeziehungen und Politik in den 80er Jahren, Leviathan, Sonderheft 8/1987
Adams, R.J./Meltz, N.M. (Hg.), 1993: Industrial Relations Theory, Metuchen/New Jersey
Alber,J./Schölkopf, M., 1995: Sozialstaat/Wohlfahrtsstaat, in: Wörterbuch Staat und Politik, 3. Aufl., München
Albers, D./Goldschmidt, W./Oehlke, P., 1971: Klassenkämpfe in Westeuropa, Reinbeck bei Hamburg
Alemann v., U. (Hg.), 1981: Neokorporatismus, Frankfurt/Main
Allen, V.L., 1954: Power in Trade Unions, London
Armingeon, K., 1994a: Staat und Arbeitsbeziehungen. Ein internationaler Vergleich, Opladen
Armingeon, K., 1994b: Die Regulierung der kollektiven Arbeitsbeziehungen in der Europäischen Union, in: Streeck 1994, S. 207-222
Arrow, K.J., 1969: The Organization of Economic Activity: Issues Pertinent to the Choice of Market vs. Nonmarket Allocation, in: Joint Economic Committee (Hg.), The Analysis and Evaluation of Public Expenditures: The PPB-System, Washington, S. 47-64
Artus, I., 1996: Die Etablierung der Gewerkschaften, in: Bergmann/Schmidt 1996, S. 21-48.
Auerbach, N., 1922 (Reprint 1972): Marx und die Gewerkschaften, Berlin

Bain, G.S., 1970: The Growth of White Collar Unionism, Oxford
Bain, G.S./Elsheikh, F., 1976: Union Growth and the Business Cycle, Oxford
Baldamus, W., 1960: Der gerechte Lohn. Eine industriesoziologische Analyse, Berlin
Bamberg, U./Bürger, M./ Mahnkopf, B./ Martens, H./ Tiemann, J., 1987: Aber ob die Karten voll ausgereizt sind... 10 Jahre Mitbestimmungsgesetz in der Bilanz, Köln
Beckenbach, N./Treeck, W. van (Hg.), 1994: Umbrüche gesellschaftlicher Arbeit, Soziale Welt, Sonderband 9
Berger, J., 1995: Warum arbeiten die Arbeiter? Neomarxistische und neodurkheimianische Erklärungen, in: Zeitschrift für Soziologie, Jg. 24, S. 407-421
Berger, J., Offe, C., 1982: Die Zukunft des Arbeitsmarktes, in: Schmidt u.a 1982, S. 348-371
Berger, P.L./Luckmann, T., 1977 (zuerst 1969): Die gesellschaftliche Konstruktion der Wirklichkeit. Eine Theorie der Wissenssoziologie, 5. Aufl, Frankfurt/Main
Berghahn, V., 1985: Unternehmer und Politik in Deutschland, Frankfurt/Main.
Bergmann, J. (Hg.), 1979: Beiträge zur Soziologie der Gewerkschaften. Frankfurt/Main

Bergmann, J., 1979: Organisationsstruktur und innergewerkschaftliche Demokratie, in: ders. 1979, S. 210-239

Bergmann, J., 1996: Industrielle Beziehungen, in: B. Lutz/H.M. Nickel/R. Schmidt/A. Sorge (Hg), Arbeit, Arbeitsmarkt und Betriebe (Berichte zum sozialen und politischen Wandel in Ostdeutschland, Bd. 1), Opladen, S. 257-294

Bergmann, J./Jacobi, O./Müller-Jentsch, W., 1979: Gewerkschaften in der Bundesrepublik, Bd. 1: Gewerkschaftliche Lohnpolitik zwischen Mitgliederinteressen und ökonomischen Systemzwängen. 3. Aufl., Frankfurt/Main

Bergmann, J./Schmidt R. (Hg.), 1996: Industrielle Beziehungen. Institutionalisierung und Praxis unter Krisenbedingungen, Opladen

Beyer, H./Fehr, U./Nutzinger, H.G., 1995: Unternehmenskultur und innerbetriebliche Kooperation, Wiesbaden

Biedenkopf, K.H., 1964: Grenzen der Tarifautonomie, Karlsruhe

Bieszcz-Kaiser, A./Lungwitz, R./Preusche, E. (Hg.), 1995: Industrielle Beziehungen in Ost und West unter Veränderungsdruck, München

Bischoff, H.-J., 1975: Die Einigungsstelle im Betriebsverfassungsrecht. Zuständigkeit - Verfahren - Kosten - Haftung, Berlin

Bispinck, R. (Hg.), 1995: Tarifpolitik der Zukunft. Was wird aus dem Flächentarifvertrag? Hamburg

Bispinck R./WSI-Tarifarchiv, 1995: Tarifliche Lohnstrukturanalyse, Düsseldorf.

Bispinck R./WSI-Tarifarchiv, 1996: Die Tarifrunde 1996. Eine Halbjahresbilanz, in: WSI-Mitteilungen, Jg. 49, S. 405-413

Blume, O., 1964: Normen und Wirklichkeit einer Betriebsverfassung, Tübingen

Böhle, F./Lutz, B., 1974: Rationalisierungsschutzabkommen, Göttingen

Borsdorf, U./Hemmer,H. O./Martiny, M. (Hg.), 1977: Grundlagen der Einheitsgewerkschaft. Historische Dokumente und Materialien, Köln

Bosch, G., 1974: Wie demokratisch sind Gewerkschaften? Eine empirische Untersuchung der Willensbildung auf den Gewerkschaftstagen 1968 und 1971 der Industriegewerkschaft Metall, Berlin

Brandt, G./Jacobi, O./Müller-Jentsch, W., 1982: Anpassung an die Krise: Gewerkschaften in den siebziger Jahren, Frankfurt/Main

Braverman, H., 1974: Labor and Monopoly Capital. The Degradation of Work in the 20th Century, New York

Braverman, H., 1977: Die Arbeit im modernen Produktionsprozeß, Frankfurt/Main

Breisig, T., 1991: Betriebsvereinbarungen zu Qualitätszirkeln - Eine Inhaltsanalyse, in: Die Betriebswirtschaft, Jg. 51, S. 65-77

Breisig, T./Hardes, H.-D./Metz T./Scherer, D./Stengelhofen, T. (Hg.), 1993: Handwörterbuch Arbeitsbeziehungen in der EG, Wiesbaden

Brentano, L. (Hg.),1890: Arbeitseinstellungen und Fortbildung des Arbeitsvertrags, Leipzig

Briefs, G., 1926: Das gewerbliche Proletariat, in: Grundriß der Sozialökonomik. Das soziale System des Kapitalismus. 1. Teil: Die gesellschaftliche Schichtung des Kapitalismus, Tübingen

Briefs, G., 1927: Gewerkschaftswesen und Gewerkschaftspolitik, in: Handwörterbuch der Staatswissenschaften, Bd. IV, 4. Aufl., S. 1108-1150, Jena

Briefs, G., 1931: Betriebssoziologie, in: A. Vierkandt (Hg.), 1959, Handwörterbuch der Soziologie, Stuttgart, S. 31-52

Briefs, G., 1952: Zwischen Kapitalismus und Syndikalismus. Gewerkschaften am Scheideweg, Bern
Brigl-Matthiaß, K., 1926: Das Betriebsräteproblem in der Weimarer Republik, in: Crusius u.a., 1978, Bd. 2
Brinkmann, G., 1981: Ökonomik der Arbeit, 3 Bde.: 1. Grundlagen, 2. Die Allokation der Arbeit, 3. Die Entlohnung der Arbeit, Stuttgart
Brox. H./Rüthers, B., 1982: Arbeitskampfrecht: Ein Handbuch für die Praxis, Stuttgart
Buchholz, E., 1969: Die Wirtschaftsverbände in der Wirtschaftsgesellschaft. Eine Analyse ihres Ordnungs - und Selbsthilfesystems als Beitrag zu einer Theorie der Wirtschaftsverbände, Tübingen
Bundesmann-Jansen, J./Frerichs, J., 1995: Betriebspolitik und Organisationswandel. Neuansätze gewerkschaftlicher Politik zwischen Delegation und Partizipation, Münster
Bungard, W./Antoni, C., 1993: Gruppenorientierte Interventionstechniken, in: H. Schuler (Hg.), Lehrbuch Organisationspsychologie, Bern, S. 377-404
Burawoy, M., 1979: Manufacturing Consent, Chicago
Burawoy, M., 1983: Fabrik und Staat im Kapitalismus und Sozialismus, in: Das Argument, Jg. 25, Nr 140, S. 508-524
Burns, T., 1961/1962: Micropolitics: Mechanism of Institutional Change, in: Administrative Science Quarterly, Jg. 6, S. 257-281
Buttler F./Gerlach K., 1982: Arbeitsmarkttheorien, in: Handwörterbuch der Wirtschaftswissenschaften, Bd. 9, S. 686-696

Cawson, A. (Hg.), 1985: Organized Interests and the State: Studies in Meso-Corporatism, London
Chelius, J./Dworkin, J. (Hg.), 1990: Reflections on the Transformation of Industrial Relations, Metuchen/New Jersey
Child, J., 1972: Organizational Structure, Environment and Performance: The Role of Strategic Choice, in: Sociology, Jg. 6, S. 1-22
Clegg, H. A., 1960: A New Approach to Industrial Democracy, Oxford
Clegg, H. A., 1975: Pluralism in Industrial Relations, in: British Journal of Industrial Relations, Jg. 13, S. 309-316
Clegg, H.A., 1976: Trade Unionism Under Collective Bargaining, Oxford
Clegg, H.A., 1979: The Changing System of Industrial Relations in Great Britain, Oxford
Coase, R.H., 1937: The Nature of the Firm. Economica, Jg. 4, S. 386-405.
Crouch, C., 1982: Trade Unions: The Logic of Collective Action, 2. Aufl., London
Crouch, C./Pizzorno, A (Hg), 1978: The Resurgence of Class Conflict in Western Europe Since 1968, London
Crozier, M./Friedberg, F., 1977: L'Acteur et le Système. Paris
Crozier, M./Friedberg, F., 1993: Die Zwänge kollektiven Handelns. Über Macht und Organisation, 2. Aufl., Frankfurt/Main
Crusius, R./Schiefelbein, G./Wilke, M. (Hg.), 1978: Die Betriebsräte in der Weimarer Republik. Von der Selbstverwaltung zur Mitbestimmung, 2 Bde.: 1. Dokumente und Analysen, 2. Brigl-Matthiaß, K.: Das Betriebsräteproblem in der Weimarer Republik, Berlin

Czada, R., 1994: Konjunkturen des Korporatismus. Zur Geschichte eines Paradigmenwechsels in der Verbändeforschung, in Streeck 1994, S. 37-64

Dahrendorf, R., 1959: Class and Class Conflict in Industrial Society, London
Dahrendorf, R., 1972: Sozialstruktur des Betriebes, Wiesbaden
Däubler, W., 1973: Das Grundrecht auf Mitbestimmung und seine Realisierung durch tarifvertragliche Begründung von Beteiligungsrechten, Frankfurt/Main
Däubler, W., 1993: Tarifvertragsrecht. Ein Handbuch, 3. Aufl., Baden Baden
Däubler, W., 1995: Das Arbeitsrecht, 2 Bde, 14. u. 10. Aufl., Reinbek bei Hamburg
Däubler, W./Hege, H., 1976: Koalitionsfreiheit. Ein Kommentar, Baden-Baden
Deutschmann, C., 1987: Der »Betriebsclan«. Der japanische Organisationstypus als Herausforderung an die soziologische Modernisierungstheorie, in: Soziale Welt, Jg. 38, S. 133-147
Deutschmann, C., 1989: Reflexive Verwissenschaftlichung und kultureller »Imperialismus« des Managements, in: Soziale Welt, Jg. 40, S. 374-396
Dickens, L./Hall, M., 1995: The State: Labour Law and Industrial Relations, in: P. Edwards (Hg.): Industrial Relations. Theory and Practice in Britain, Oxford, S. 255-303
Diefenbacher, H. 1983: Empirische Mitbestimmungsforschung, Frankfurt/Main
Diefenbacher, H./Nutzinger, H.G. (Hg.), 1984: Mitbestimmung: Theorie, Geschichte, Praxis. Konzepte und Formen der Arbeitnehmerpartizipation, Heidelberg
Dohse, K./Jürgens, U./Russig, H. (Hg.), 1982: Statussicherung im Industriebetrieb. Alternative Regelungsansätze im internationalen Vergleich, Frankfurt/Main
Dombois, R., 1982: Die betriebliche Normenstruktur. Fallanalysen zur arbeitsrechtlichen und sozialwissenschaftlichen Bedeutung informeller Normen im Industriebetrieb, in: Dohse u.a. 1982, S. 173-204
Dörr, G., 1985: Schranken betrieblicher Transparenz, Schranken betrieblicher Rigidität - eine Problemskizze zum Umbruch der Arbeitsnormen im Maschinenbau, in: Naschold 1985, S. 125-150
Dreher, C./Fleig, J./Harnischfeger, M./Klimmer, M., 1995: Neue Produktionskonzepte in der deutschen Industrie, Berlin
Dubois, P., 1979: Sabotage in Industry, Harmondsworth
Dunlop, J.T., 1944: Wage Determination Under Trade Unions, New York
Dunlop, J.T., 1993 (zuerst 1958): Industrial Relations Systems, New York, Revised Edition, Boston/Mass.

Ebbinghaus, B./Visser, J., 1997: European Labor and Transnational Solidarity: Challenges, Pathways, and Barriers, in: J. Klausen / L. A. Tilly (Hg.), European Integration in Social and Historical Perspective from 1850 to the Present, Boulder/Colorado (i.E.)
Eberwein, W./Tholen, J., 1990: Managermentalität. Industrielle Unternehmensleitung als Beruf und Politik, Frankfurt/Main
Eckardstein, D.v./Fredecker, I./Greife, W./Janisch, R./Zingheim, G., 1988: Die Qualifikation der Arbeitnehmer in neuen Entlohnungsmodellen, Frankfurt/Main
Edwards, P.K., 1986: Conflict at Work, Oxford
Edwards, P.K., 1993: Konflikt und Kooperation. Die Organisation der betrieblichen industriellen Beziehungen, in: Müller-Jentsch 1993, S. 33-64

Edwards, R., 1981: Herrschaft im modernen Produktionsprozeß, Frankfurt/Main
Eger, T./Weise, P., 1984: Grundlagen einer ökonomischen Theorie der Partizipation, in: Diefenbacher/Nutzinger, S. 39-64
Eggebrecht, A., u.a. 1980: Geschichte der Arbeit. Vom Alten Ägypten bis zur Gegenwart. Köln
Elster, J., 1989: The Cement of Society. A Study of Social Order, Cambridge/Mass.
Endruweit, G./Gaugler, G./Staehle, W.H./Wilpert, B., (Hg.) 1985: Handbuch der Arbeitsbeziehungen, Berlin
Engelhardt, U., 1977: »Nur vereinigt sind wir stark«. Die Anfänge der deutschen Gewerkschaftsbewegung 1862/63 bis 1869/70, 2. Bde., Stuttgart
Erd, R. 1978: Verrechtlichung industrieller Konflikte. Normative Rahmenbedingungen des dualen Systems der Interessenvertretung, Frankfurt/Main
Erdmann, G., 1966: Die deutschen Arbeitgeberverbände im sozialgeschichtlichen Wandel der Zeit, Neuwied
Ettl, W./Heikenroth, A., 1996: Strukturwandel, Verbandsabstinenz, Tarifflucht: Zur Lage der Unternehmen und Arbeitgeberverbände im ostdeutschen verarbeitenden Gewerbe, in: Industrielle Beziehungen, Jg. 3, S. 134-153
Etzioni, A., 1971: Soziologie der Organisationen, München

Faller, M., 1991: Innere Kündigung, München
Faust, M./Jauch, P./Brünnecke, K./Deutschmann, C. 1994: Dezentralisierung von Unternehmen. Bürokratie- und Hierarchieabbau und die Rolle betrieblicher Arbeitspolitik, München
Ferber, C. v., 1967: Sozialpolitik in der Wohlstandsgesellschaft, Hamburg
Fischer, S./Weitbrecht, H., 1995: Individualism and Collectivism: Two Dimensions of Human Resource Management and Industrial Relations. The Case of Germany, in: Industrielle Beziehungen, Jg. 2, S. 367-394
Flanders, A., 1964: The Fawley Productivity Agreements, London
Flanders, A., 1968: Collective Bargaining: A Theoretical Analysis, in: British Journal of Industrial Relations, Jg. 6, S. 1-26
Flanders, A.; 1970 (1975): Managements and Unions. The Theory and Reform of Industrial Relations, London
Föhr, H. 1974: Willensbildung in den Gewerkschaften und Grundgesetz, Berlin
Fox, A. 1974: Beyond Contract: Work, Power and Trust Relations, London
Franke, H., 1969: Die Bundesvereinigung der Deutschen Arbeitgeberverbände. Arbeitsrecht-Blattei, Stuttgart.
Freeman, R.B./Medoff, J.L., 1984: What Do Unions Do? New York
Frey H./Pulte, P., 1992: Betriebsvereinbarungen in der Praxis, München
Frick, B./Sadowski, D., 1995: Works Councils, Unions, and Firm Performance, in: F. Buttler/W. Franz/R. Schettkat/D. Soskice, Institutional Frameworks and Labor Market Performance, London, S. 46-81
Friedman, A.L., 1977: Industry and Labour. Class Struggle at Work and Monopoly Capitalism, London
Friedrichs, H./ Pauckstadt, F.-W., 1982: Arbeitshandbuch Betriebsvereinbarungen. Grundlagen, Rechtsvorschriften, Anwendungsmöglichkeiten mit Mustervereinbarungen, Landsberg am Lech

Frielinghaus, K., 1970: Belegschafts-Kooperation, in: Heidelberger Blätter, H. 14-16, S. 112-159
Funder, M. 1995: Stand und Perspektiven der Mitbestimmung. Von der institutionenorientierten Mitbestimmungs- zur Industrial-Relations-Forschung, Manuskripte 187 der Hans-Böckler-Stiftung, Düsseldorf
Fürstenberg, F. 1958: Der Betriebsrat - Strukturanalyse einer Grenzinstitution, in: Kölner Zeitschrift für Soziologie und Sozialpsychologie, Jg. 10, S. 418-429. Wieder abgedruckt in: ders. (1964): Grundfragen der Betriebssoziologie, Köln und Opladen

Ganter H.-D. / Schienstock G. (Hg.), 1993, Management aus soziologischer Sicht, Wiesbaden
Geck, L.H.A., 1977 (zuerst 1931): Die sozialen Arbeitsverhältnisse im Wandel der Zeit: Eine geschichtliche Einführung in die Betriebssoziologie, Reprint, Darmstadt
Gehlen, A., 1986 (zuerst 1956): Urmensch und Spätkultur, 5. Aufl., Wiesbaden
Geiger, T., 1949: Die Klassengesellschaft im Schmelztiegel, Köln
Giddens, A., 1982: Profiles and Critique in Social Theory, London
Gleixner, W., 1980: Die Koordinierung der Tarifpolitik durch die Bundesvereinigung der Deutschen Arbeitgeberverbände (BDA), Trier (Diplomarbeit)
Goodrich, C.L., 1975, (zuerst 1920): The Frontier of Control. A Study in British Workshop Politics, New Edition, London
Greifenstein, R./Jansen, P./Kißler, L. 1993: Gemanagte Partizipation. Qualitätszirkel in der deutschen und der französischen Automobilindustrie, München
Groh, D., 1973: Negative Integration und revolutionärer Attentismus. Die Deutsche Sozialdemokratie am Vorabend des ersten Weltkrieges, Frankfurt/Main
Gross, P., 1992: Ein Betrieb ist kein Aquarium! Innere Kündigung als gesellschaftliches Problem, in: M. Hilb (Hg.), Innere Kündigung. Ursachen und Lösungsansätze, Zürich, S. 87-97.

Habermas, J., 1976: Zur Rekonstruktion des Historischen Materialismus, Frankfurt/Main
Hagelstange, T., 1979: Der Einfluß der ökonomischen Konjunktur auf die Streiktätigkeit und die Mitgliederstärke der Gewerkschaften in der BRD von 1950-1975, Stuttgart
Hanau, P./Adomeit, K., 1994: Arbeitsrecht, 11. Aufl., Neuwied
Handbuch der Arbeitsbeziehungen, s. Endruweit u.a. 1985
Handwörterbuch Arbeitsbeziehungen in der EG, s. Breisig u.a. 1993
Hemingway, J., 1978: Conflict and Democracy. Studies in Trade Union Government, Oxford
Hemmer, H.O., 1982: Stationen gewerkschaftlicher Programmatik. Zu den Programmen des DGB und ihrer Vorgeschichte, in: Gewerkschaftliche Monatshefte, Jg. 33, S. 506-518
Hemmer, H.O., 1984: Stationen gewerkschaftlicher Programmatik, in: Matthias/Schönhoven 1984, , S. 349-367.
Henneberger, F./Rosdücher, J., 1995: Ostdeutsche Arbeitgeberinteressen und gesamtdeutsches Verbändesystem, in: Industrielle Beziehungen, Jg. 2, S. 293-311
Hildebrandt, E./Seltz, R. (Hg.), 1987, Managementstrategien und Kontrolle. Eine Einführung in die Labour Process Debate, Berlin

Literaturverzeichnis 343

Hillmann, K. H., 1994: Wörterbuch der Soziologie, 4. Aufl., Stuttgart
Hirsch-Kreinsen, H., 1995: Dezentralisierung: Unternehmen zwischen Stabilität und Desintegration, in: Zeitschrift für Soziologie, Jg. 24, S. 422-435
Hirschman, A.O., 1974: Abwanderung und Widerspruch. Reaktionen auf Leistungsabfall bei Unternehmungen, Organisationen und Staaten, Tübingen
Hobsbawm, E.J., 1964: Labouring Men. Studies in the History of Labour, London
Hoffmann, J./Hoffmann, R./Mückenberger, U./Lange, D. (Hg.), 1990: Jenseits der Beschlußlage. Gewerkschaft als Zukunftswerkstatt, Köln
Hoffmann, R.W., 1981: Arbeitskampf im Arbeitsalltag. Formen, Perspektiven und gewerkschaftspolitische Probleme des verdeckten industriellen Konflikts, Frankfurt/Main
Hornung, U., 1993: Tarifliche und betriebliche Vereinbarungen zur Frauenförderung, in: B. Aulenbacher/M. Goldmann (Hg.), Transformationen im Geschlechterverhältnis, Frankfurt/Main, S. 138-161
Hübner, K., 1990: Theorie der Regulation. Eine kritische Rekonstruktion eines neuen Ansatzes der Politischen Ökonomie, 2. Aufl., Berlin
Hueck, A./Nipperdey, H.C., 1967: Lehrbuch des Arbeitsrechts. 2. Band: Kollektives Arbeitsrecht (1. Halbband), 7. Aufl., Berlin
Huppert, W., 1973: Industrieverbände: Organisation und Aufgaben, Probleme und neue Entwicklungen, Berlin
Hyman, R., 1975: Industrial Relations. A Marxist Introduction, London
Hyman, R., 1989: The Political Economy of Industrial Relations, London
Hyman, R., 1994: Theory and Industrial Relations, in: British Journal of Industrial Relations, Jg. 32, S. 165-180
Hyman, R./Elger, T., 1982: Arbeitsplatzbezogene Schutzstrategien: Englische Gewerkschaften und »Restrictive Practices«, in Dohse u.a. 1982, S. 407-443

Jacobi, O., 1995: Der Soziale Dialog in der Europäischen Union, in: Mesch 1995, S. 257-287
Jürgens, U., 1984: Die Entwicklung von Macht, Herrschaft und Kontrolle im Betrieb als politischer Prozeß - Eine Problemskizze zur Arbeitspolitik, in: Jürgens/Naschold 1984, S. 58-91
Jürgens, U./Naschold, F. (Hg.), 1984: Arbeitspolitik, Leviathan, Sonderheft 5/1984

Kädtler, J./Kottwitz, G., 1994: Industrielle Beziehungen in Ostdeutschland: Durch Kooperation zum Gegensatz von Kapital und Arbeit? In: Industrielle Beziehungen, Jg. 1, S. 13-38
Kädtler, J./Kottwitz, G./Weinert, R., 1997: Betriebsräte in Ostdeutschland. Institutionenbildung und Handlungskonstellationen 1989-1994, Opladen
Kalbitz, R., 1979: Aussperrungen in der Bundesrepublik, Köln
Keller, B. 1985: Schlichtung als autonomes Regelungsverfahren der Tarifvertragsparteien, in: Endruweit u.a. 1985, S. 119-130
Keller, B., 1993: Arbeitspolitik des öffentlichen Sektors, Baden-Baden
Keller, B., 1996: Sozialdialoge als Instrument europäischer Arbeits- und Sozialpolitik. In: Industrielle Beziehungen, Jg. 3, S. 207-228
Keller, B., 1997: Einführung in die Arbeitspolitik, 5. Aufl., München
Kern, H./Schumann, M., 1984: Das Ende der Arbeitsteilung?, München

Kessler, G., 1907: Die deutschen Arbeitgeberverbände, Leipzig
Kirchgässner, G., 1991: Homo oeconomicus. Das ökonomische Modell individuellen Verhaltens und seine Anwendung in den Wirtschafts- und Sozialwissenschaften, Tübingen
Kißler, L., 1984: Warum die Mitbestimmung am Arbeitsplatz beginnen muß, in: Diefenbacher/Nutzinger 1984, S. 219-228
Knight, D./Willmott, H. (Hg.), 1990: Labour Process Theory, London
Knuth, M., 1982: Nutzung betrieblicher Mitbestimmungsrechte in Betriebsvereinbarungen, in: Die Mitbestimmung, Jg. 28, S. 204-208
Knuth, M./Schank, G., 1981: Einigungsstelle und Sozialpartnerschaft, in: Das Mitbestimmungsgespräch, Jg. 27, S. 292-295
Kochan, T.A./Katz, H.C./McKersie, R.B., 1986: The Transformation of American Industrial Relations, New York
Kolb, J., 1983: Metallgewerkschaften in der Nachkriegszeit, 2. Aufl., Köln
Koopmann, K., 1981: Vertrauensleute: Arbeitervertretung im Betrieb, Hamburg
Korsch, K., 1968 (zuerst 1922): Arbeitsrecht für Betriebsräte, Frankfurt/Main
Koschnik, W. J., 1984: Wörterbuch für die gesamten Sozialwissenschaften. (Englisch/Deutsch) Bd. 1, München
Kotthoff, H., 1981: Betriebsräte und betriebliche Herrschaft: Eine Typologie von Partizipationsmustern im Industriebetrieb, Frankfurt/Main
Kotthoff, H., 1994: Betriebsräte und Bürgerstatus. Wandel und Kontinuität betrieblicher Mitbestimmung, München
Külp, B./Schreiber, W. (Hg.), 1972: Arbeitsökonomik, Köln

Lampert, H., 1994: Lehrbuch der Sozialpolitik, 3. Aufl., Berlin
Langer, A., 1994: Arbeitgeberverbandsaustritte - Motive, Ablaufe und Konsequenzen, in: Industrielle Beziehungen, Jg. 1, S. 132-154
Lecher, W., 1996: Europäische Betriebsräte - die vierte Ebene betrieblicher Interessenvertretung, Editorial, in: WSI-Mitteilungen, Jg. 49, S. 469
Lecher W./Platzer H.-W. (Hg.), 1994: Europäische Union - Europäische Arbeitsbeziehungen, Köln
Leeson, R.A., 1979: Travelling Brothers: The Six Centuries Road from Craft Fellowship to Trade Unionism, London
Lehmbruch, G. 1975: Wandlungen der Interessenpolitik im liberalen Korporatismus, in: U. v. Alemann/R. G. Heinze (Hg.), Verbände und Staat, Opladen, S. 50-71
Leibfried, S./Pierson, P., 1995: European Social Policy. Between Fragmentation and Integration, Washington
Leibfried, S./Tennstedt, F., 1985: Politik der Armut und die Spaltung des Sozialstaats, Frankfurt/Main
Leif, T./ Klein, A./Legrand, H.-J., 1993: Reform des DGB, Köln
Leminsky, G., 1996: Mitbestimmen - Wie wir in Zukunft arbeiten und leben durch Mitgestaltung und Management des Wandels, Düsseldorf
Lepsius, M.R., 1979: Soziale Ungleichheit und Klassenstrukturen, in: H.-U. Wehler (Hg.): Klassen in der europäischen Sozialgeschichte, Göttingen, S. 166-209
Lexikon der Politik, s. Nohlen 1996
Linnenkohl, K./Kilz, G./Rauschenberg, H.-J./Reh, D.A., 1993: Arbeitszeitflexibilisierung: 140 Unternehmen und ihre Modelle. 2. Aufl., Heidelberg

Lipietz, A., 1991: Die Beziehungen zwischen Kapital und Arbeit am Vorabend des 21. Jahrhunderts, in: Leviathan, Jg. 19, S. 78-101
Lipset, S.M., 1972: Der politische Prozeß in den Gewerkschaften, in: Külp/Schreiber 1972, S. 141-180
Lipset, S.M./Trow, M.A./Coleman, J.S., 1956: Union Democracy. The Internal Politics of the International Typographical Union, New York
Littek, W./Rammert, W./Wachtler, G. (Hg.), 1983: Einführung in die Arbeits- und Industriesoziologie, 2. Aufl., Frankfurt/Main
Littler, C.R., 1982: The Development of the Labour Process in Capitalist Societies. A Comparative Study of the Transformation of Work Organization in Britain, Japan and the USA, London
Lutz, B./Sengenberger, W., 1980: Segmentationsanalyse und Beschäftigungspolitik, in: WSI-Mitteilungen, Jg. 33, S. 291-299

Marginson, P./Sisson, K., 1996: European Works Councils - Opening the Door to European Bargaining? in: Industrielle Beziehungen, Jg. 3, S. 229-236
Marshall, T.H., 1963: Citizenship and Social Class, in: ders.: Sociology at the Crossroads and Other Essays, London, S. 67-128
Marshall T.H., 1992: Staatsbürgerrechte und soziale Klassen, in: ders.: Bürgerrechte und Soziale Klassen. Zur Soziologie des Wohlfahrtsstaates, Frankfurt/Main, S. 33-95
Martens, H., 1992: Gewerkschaftpolitik und Gewerkschaftssoziologie, Dortmund
Marx, K./Engels, F., 1953: Über die Gewerkschaften, Berlin
Marx, K/Engels, F.: Werke (MEW), Berlin/DDR
Matthes, J. (Hg.), 1979: Sozialer Wandel in Westeuropa. Verhandlungen des 19. Deutschen Soziologentages in Berlin 1979, Frankfurt/Main
Matthias, E./Schönhoven, K., (Hg) 1984: Solidarität und Menschenwürde. Etappen der deutschen Gewerkschaftsgeschichte von den Anfängen bis zur Gegenwart, Bonn
Matthöfer, H. 1971: Streiks und streikähnliche Formen des Kampfes der Arbeitnehmer im Kapitalismus, in: Schneider 1971, S. 155-209
McDonald, I.M./Solow, R.M., 1981: Wage Bargaining and Employment, in: American Economic Review, Jg. 31, S. 896-908
Meißner, W. /Unterseher, L. (Hg.), 1972: Verteilungskampf und Stabilitätspolitik. Bedingungen der Tarifauseinandersetzung, Stuttgart
Meltz, N.M., 1991: Dunlop's Industrial Relations Systems after three decades, in: R.J. Adams (Hg.), Comparative Industrial Relations, London, S. 10-20
Mesch, M. (Hg.), 1995: Sozialpartnerschaft und Arbeitsbeziehungen in Europa, Wien
Michels, R., 1925 (zuerst 1911): Zur Soziologie des Parteiwesens, Reprint der 2. Aufl., Stuttgart 1970
Mielke, S./Rütters, P., 1995: Die DAF - ein Organisationsmodell für den Neuaufbau der Gewerkschaften nach 1945? in: Gewerkschaftliche Monatshefte, Jg. 46, S. 302-310
Minssen, H., 1990: Kontrolle und Konsens. Anmerkungen zu einem vernachlässigten Thema der Industriesoziologie, in: Soziale Welt, Jg. 41, S. 365-382
Mitbestimmungskommission (Hg.), 1970: Mitbestimmung im Unternehmen. Bericht der Sachverständigenkommissioin zur Auswertung der bisherigen Erfahrungen bei der Mitbestimmung, Stuttgart

Mommsen, W.J./Husung, H.G., (Hg.) 1983: Auf dem Weg zur Massengewerkschaft, Stuttgart
Mückenberger, U., 1985: Der Zugriff des Prozeduralismus, in: O. Jacobi/H. Kastendiek (Hg.):, Staat und industrielle Beziehungen in Großbritannien, Frankfurt/Main, S. 188-210
Müller, E.-P., 1980: Die Sozialpartner: Verbandsorganisationen, Verbandsstrukturen, Köln
Müller, W., 1983: : Wege und Grenzen der Tertiarisierung. Wandel der Berufsstruktur in der Bundesrepublik Deutschland 1959-1980, in: Matthes, J. (Hg.), 1983: Krise der Arbeitsgessellschaft? Verhandlungen des 21. Deutschen Soziologentages in Bamberg, Frankfurt/Main, S. 142-160
Müller-Jentsch, W., 1979a: Streiks und Streikbewegung in der Bunderepublik 1950-1978, in: Bergmann 1979, S. 21-71
Müller-Jentsch, W., 1979b: Neue Konfliktpotentiale und institutionelle Stabilität, in: Matthes 1979, S. 185-205
Müller-Jentsch, W., 1982: Gewerkschaften als intermediäre Organisationen, in: Kölner Zeitschrift für Soziologie und Sozialpsychologie, Sonderheft 24/1982, S. 408-432
Müller-Jentsch, W., 1987: Eine neue Topographie der Arbeit - Organisationspolitische Herausforderungen für die Gewerkschaften, in: Abromeit/Blanke 1987, S. 159-178
Müller-Jentsch, W., (Hg.) 1993: Konfliktpartnerschaft. Akteure und Institutionen der industriellen Beziehungen, 2. Aufl., München
Müller-Jentsch, W., 1994: Über Produktivkräfte und Bürgerrechte, in: Beckenbach/ van Treeck, 1994, S. 643-661
Müller-Jentsch, W. 1995: Mitbestimmung als kollektiver Lernprozeß. Versuch über die Betriebsverfassung. In: K. Rudolph/C. Wickert (Hg.), Geschichte als Möglichkeit. Über die Chancen der Demokratie. Festschrift für Helga Grebing, Essen, S. 42-54
Muszynski, B., 1975: Wirtschaftliche Mitbestimmung zwischen Konflikt- und Harmoniekonzeptionen, Meisenheim am Glan

Naphtali, F., 1966 (zuerst 1928): Wirtschaftsdemokratie, Frankfurt/Main
Naschold, F., 1984: Arbeitspolitik - Gesamtwirtschaftliche Rahmenbedingungen, betriebliches Bezugsproblem und theoretische Ansätze der Arbeitspolitik, in: Jürgens/ Naschold 1984, S. 11-57
Naschold, F. (Hg.), 1985: Arbeit und Politik. Gesellschaftliche Regulierung der Arbeit und der sozialen Sicherung, Frankfurt/Main
Naschold, F./Dörr, G., 1990: Arbeitspolitik - Thesen und Themen, in: WZB-Mitteilungen, Nr. 50, S. 12-14
Neumann, F.L., 1932: Koalitionsfreiheit und und Reichsverfassung, Berlin
Neumann, F.L., 1978 (zuerst: 1935): Die Gewerkschaften in der Demokratie und in der Diktatur, in: ders., Wirtschaft, Staat und Demokratie. Aufsätze 1930-1954, Frankfurt/Main 1978, S. 145-222
Niedenhoff, H.-U., 1994: Die Kosten der Anwendung des Betriebsverfassungsgesetzes, Köln
Noé, C., 1970: Gebändigter Klassenkampf. Tarifautonomie in der Bundesrepublik Deutschland. Der Konflikt zwischen Gesamtmetall und der IG Metall von Frühjahr 1963, Berlin
Nohlen, D. (Hg.), 1995: Wörterbuch Staat und Politik. München

Nohlen, D. (Hg.), 1996: Lexikon der Politik, Bd. 5: Die Europäische Union, hrg. v. B. Kohler-Koch u. W. Woyke, München

OECD, 1991: Employment Outlook, Paris
OECD, 1994: Employment Outlook, Paris
Oetjen, H./Zoll R. (Hg.), 1994: Gewerkschaften und Beteiligung. Eine Zwischenbilanz, Münster
Offe, C., 1984: »Arbeitsgesellschaft«: Strukturprobleme und Zukunftsperspektiven, Frankfurt/Main
Offe, C./Hinrichs, K., 1984: Sozialökonomie des Arbeitsmarktes,: primäres und sekundäres Machtgefälle, in: Offe 1984, S. 44-86
Offe, C./Wiesenthal, H.: 1980: Two Logics of Collective Action, in: Political Power and Social Theory, Jg. 1, S. 67-115
Ökonomie und Gesellschaft, Jahrbuch 7: Die Gewerkschaft in der ökonomischen Theorie, 1989. Frankfurt/Main
Olson, M., 1992 (zuerst 1965): Die Logik des kollektiven Handelns. Kollektivgüter und die Theorie der Gruppen, 3. Aufl., Tübingen
Ortmann, G., 1995: Formen der Produktion. Organisation und Rekursivität, Opladen
Ouchi, W. G., 1980: Markets, Bureaucracies, and Clans, in: Administrative Science Quarterly, Jg. 25, S. 129-141

Piore, M.J./Sabel, C.F., 1984: The Second Industrial Divide. Possibilities of Prosperity, New York.
Piore, M.J./Sabel, C.F., 1985: Das Ende der Massenproduktion, Berlin
Pirker, T., 1972: Streik, in: Bernsdorf, W. (Hg): Wörterbuch der Soziologie, Stuttgart, S. 834-836
Pirker T., 1979 (zuerst 1960): Die blinde Macht: Die Gewerkschaftsbewegung in Westdeutschland. Teil 1. 1945-1952: Vom ›Ende des Kapitalismus‹ zur Zähmung der Gewerkschaften. Teil 2. 1953-1960: Weg und Rolle der Gewerkschaften im neuen Kapitalismus, Berlin
Polanyi, K., 1978: The Great Transformation. Politische und ökonomische Ursprünge von Gesellschaften und Wirtschaftssystemen, Frankfurt/Main
Popp, K., 1975: Öffentliche Aufgaben der Gewerkschaften und innerverbandliche Willensbildung, Berlin
Potthoff, E./Blume, O./Duvernell, H., 1962: Zwischenbilanz der Mitbestimmung, Tübingen
Preusche, E./Lungwitz, R., 1995: Von der Nachahmung zur Angleichung. Drei Etappen der Entwicklung industrieller Beziehungen in ostdeutschen Unternehmen, in: Bieszcz-Kaiser u.a. 1995, S. 145-166
Promberger, M./Rosdücher, J./Seifert, H./Trinczek, R., 1995: Beschäftigungssicherung durch Arbeitszeitpolitik, in: WSI-Mitteilungen,. Jg. 48, S. 473-481

Rall, W., 1975: Zur Wirksamkeit der Einkommenspolitik, Tübingen
Ramge, U., 1993: Aktuelle Gruppenarbeitskonzepte in der deutschen Automobilindustrie, Manuskripte 123 der Hans-Böckler-Stiftung, Düsseldorf
Rammert, W., 1983: Kapitalistische Rationalität und Organisierung der Arbeit, in: Littek u.a. 1983, S. 37-61

Revel, S.W., 1994: Tarifverhandlungen in der Bundesrepublik Deutschland, Baden-Baden
Richter, R., 1994: Institutionen ökonomisch analysiert, Tübingen
Ritter, G.A./Tenfelde, K., 1975: Der Durchbruch der Gewerkschaften in Deutschland zur Massenbewegung um letzten Viertel des 19. Jahrhunderts, in: H.O. Vetter (Hg.), Vom Sozialistengesetz zur Mitbestimmung. Zum 100. Geburtstag von Hans Böckler, Köln, S. 61-120
Röbenack, S., 1995: Handlungsbedingungen und Institutionalisierung ostdeutscher Betriebsräte - Versuch einer Typisierung sich entwickelnder Interaktionsformen, in: Bieszcz-Kaiser u.a 1995, S. 167-184
Roethlisberger, F.J./Dickson, W.J., 1939: Management and the Worker, Cambridge/Mass.
Rogers, J./Streeck, W. (Hg.), 1995: Works Councils: Consultation, Representation, and Cooperation in Industrial Relations, Chicago
Rojot, J. 1990: A View from Abroad, in: Chelius/Dworkin 1990, S. 160-173
Ross, A.M., 1948: Trade Union Wage Policy, Berkeley/California.
Ross, A.M./Hartmann, P.T., 1960: Changing Patterns of Industrial Conflict, New York
Roth, S., 1995: Wiederentdeckung der eigenen Strärke? - Lean Production Konzepte in der deutschen Autoindustrie, Manuskript, Frankfurt
Roy, D., 1952: Restriction of Output in a Piecework Machine Shop, Chicago
Rube, W., 1982: Paritätische Mitbestimmung und Betriebsverfassung, Berlin

Sadowski, D./Jacobi, O.(Hg), 1991: Employers' Association in Europe: Policy and Organisation, Baden Baden.
Sandberg, T., 1982: Work Organization and Autonomous Groups, Lund
Sandner, K., 1990: Prozesse der Macht. Zur Entstehung, Stabilisierung und Veränderung der Macht von Akteuren in Unternehmen, Berlin
Scharpf, F.W., 1987: Sozialdemokratische Krisenpolitik in Europa, Frankfurt/Main
Schaub, G. 1995: Der Betriebsrat. Aufgaben - Rechte - Pflichten, 6. Aufl., München
Schein, E. H., 1965, Organizational Psychology, Englewood Cliffs/New Jersey
Schienstock, G., 1982: Industrielle Arbeitsbeziehungen, Opladen
Schienstock, G., 1985: Sozialwissenschaftliche Theoriebildung im Bereich der Arbeitsbeziehungen, in: Endruweit u.a. 1985, S. 305-325
Schienstock, G., 1993: Kontrolle auf dem Prüfstand, in: W. Müller-Jentsch (Hg.), Profitable Ethik - effiziente Kultur. Neue Sinnstiftungen durch das Management? München, S. 229-251
Schirmer, F., 1993: Organisation des Managements, in: Ganter/Schienstock 1993, S. 83-112
Schmidt E., 1971: Die verhinderte Neuordnung 1945-1952, Frankfurt/Main
Schmidt, G./Braczyk, H.-J./Knesebeck, J.v.d. (Hg.), 1982: Materialien zur Industriesoziologie. Kölner Zeitschrift für Soziologie und Sozialpsychologie, Sonderheft 24/1982
Schmidt, R./Trinczek R., 1993: Duales System: Tarifliche und betriebliche Interessenvertretung, in: Müller-Jentsch 1993, S. 169-201
Schmidtchen, D., 1987: »Sunk Costs«, Quasirenten und Mitbestimmung, in: E. Boettcher/P. Herder-Dorneich/K.-E. Schenk (Hg.): Jahrbuch für Neue Politische Ökonomie, Bd. 6, Tübingen, S. 139-163

Schmiede, R., 1979: Die Enwicklung der Arbeitszeit in Deutschland, in: O. Jacobi/W. Müller-Jentsch/E. Schmidt (Hg.): Kritisches Gewerkschaftsjahrbuch 1979/80, Berlin, S. 71-87

Schmiede, R./Schudlich, E., 1976: Die Entwicklung der Leistungsentlohnung in Deutschland: Eine historisch-theoretische Untersuchung zum Verständnis von Lohn und Leistung unter kapitalistischen Produktionsbedingungen, Frankfurt/Main

Schmiede, R./Schudlich, E. 1981: Die Entwicklung von Zeitökonomie und Lohnsystem im deutschen Kapitalismus, in: Leviathan, Sonderheft 4: Gesellschaftliche Arbeit und Rationalisierung, S. 57-99

Schmierl, K. 1995: Umbrüche in der Lohn- und Tarifpolitik, Frankfurt/Main

Schmitter, P.C./ Lehmbruch, G. (Hg.), 1979: Trends Toward Corporatist Intermediation, London

Schmitter, P.C./Streeck, W., 1981: The Organization of Business Interests. A Research Design to Study the Associative Action of Business in the Advanced Industrial Societies of Western Europe, Discussion Paper, Wissenschaftszentrum Berlin

Schnabel, C., 1993: Bestimmungsgründe gewerkschaftlicher Mitgliedschaft, in: Hamburger Jahrbuch für Wirtschafts- und Gesellschaftspolitik, Jg. 38,.S. 205-224

Schnabel, C., 1996: Arbeitskämpfe. Ein internationaler Vergleich, in: Gewerkschaftsreport 1/96, S. 36-.43.

Schnabel, C./Pege, W., 1992: Gewerkschaftsmitglieder. Zahlen, Strukturen, Perspektiven, Köln

Schnabel, C./Wagner, J., 1996: Ausmaß und Bestimmungsgründe der Mitgliedschaft in Arbeitgeberverbänden. Eine empirische Untersuchung mit Firmendaten, in: Industrielle Beziehungen, 3. Jg., S. 293-306.

Schneider, D. (Hg.), 1971: Zur Theorie und Praxis des Streiks, Frankfurt/Main

Schneider, M., 1980: Aussperrung. Ihre Geschichte und Funktion vom Kaiserreich bis heute, Köln

Schneider, M., 1984: Streit um Arbeitszeit, Köln

Schroeder; W./Ruppert B., 1996a: Austritte aus Arbeitgeberverbänden, in: WSI-Mitteilungen, 49. Jg., S. 316-328

Schroeder, W./Ruppert, B., 1996b: Austritte aus Arbeitgeberverbänden: Eine Gefahr für das deutsche Modell? Marburg

Schrüfer, K., 1988: Ökonomische Analyse individueller Arbeitsverhältnisse, Frankfurt/Main

Schumann, M./Baethge-Kinsky, V./Kuhlmann, M./Neumann, U., 1994: Trendreport Rationalisierung, Berlin

Seifert, H. (Hg.), 1995: Reform der Arbeitsmarktpolitik, Köln

Sengenberger W. (Hg.), 1978 Der gespaltene Arbeitsmarkt, Frankfurt/Main

Simon, H.A., 1976 (zuerst 1945): Administrative Behavior. A Study of Decision-Making Processes in Administrative Organization, 3. Aufl., New York

Simon W., 1976, Macht und Herrschaft der Unternehmerverbände,.

Sinzheimer, H., 1907/8: Der korporative Arbeitsnormenvertrag. Eine privatrechtliche Untersuchung. 2 Bde., Leipzig

Sinzheimer, H., 1976: Arbeitsrecht und Rechtssoziologie. Gesammelte Reden und Aufsätze. 2 Bde. Frankfurt, Köln

Sohn, K.-H., 1964: Berufsverband und Industriegewerkschaft. Organisationsprinzipien der deutschen Gewerkschaften, Köln

Sörries, B., 1997: Die Entsenderichtlinie: Entscheidungsprozeß und Rückkoppelungen im Mehrebenensystem, in: Industrielle Beziehungen, Jg. 3, H. 2 (i.E.)

Sperling, H.J., 1994: Innovative Arbeitsorganisation und intelligentes Partizipationsmanagement (Trend-Report Partizipation und Organisation), Marburg

Sperling, H.J., 1997: Restrukturierung von Unternehmens- und Arbeitsorganisation - eine Zwischenbilanz (Trend-Report Partizipation und Organisation), Marburg

Staehle, W.H., 1989: Funktionen des Managements, 2. Aufl., Bern

Staehle, W.H., 1994: Management. Eine verhaltenswissenschaftliche Perspektive, 7. Aufl. München.

Stindt, H.M., 1976: Verfassungsgebot und Wirklichkeit demokratischer Organisation der Gewerkschaften, dargestellt am Beispiel der Deutschen Postgewerkschaft, Bochum

Storey, J. (Hg.), 1989: New Perspectives on Human Resource Management, London

Strauss, A., 1978: Negotiations. Varieties, Contexts, Processes, and Social Order, San Francisco

Strauss, A./Schatzmann, L./Ehrlich, D./Bucher, R./Sabshin, M., 1963: The Hospital and Its Negotiated Order, in: E. Freidson (Hg.), The Hospital in the Modern Society, New York, S. 147-169

Streeck, W., 1972: Das Dilemma der Organisation - Tarifverbände zwischen Interessenvertretung und Stabilitätspolitik, in: Meißner/Unterseher, 1972, S. 130-167

Streeck, W., 1979: Gewerkschaftsorganisation und industrielle Beziehungen, in: Matthes 1979, S. 206-226

Streeck, W., 1981: Gewerkschaftliche Organisationsprobleme in der sozialstaatlichen Demokratie, Königstein/Taunus

Streeck, W., 1987: Vielfalt und Interdependenz. Überlegungen zur Rolle von intermediären Organisationen in sich ändernden Umwelten, in: Kölner Zeitschrift für Soziologie und Sozialpsychologie, Jg. 31, S. 471-495

Streeck, W., 1992: Interest Heterogeneity and Organizing Capacity: Two Class Logics of Collective Actions? in: ders.: Social Institutions and Economic Performance. Studies of Industrial Relations in Advanced Capitalist Economies, London

Streeck, W. (Hg.), 1994: Staat und Verbände. Politische Vierteljahresschrift, Sonderheft 25/1994, Opladen

Streeck, W., 1997: Der europäische Sozialstaat der Nachkriegszeit ist endgültig passé, in: Frankfurter Rundschau v. 5.1.1997 (Dokumentationsseite)

Streeck, W./Schmitter, P.C., 1985: Community, market, state - and associations? The prospective contribution of interest governance to social order, in: dies. (Hg.), Private Interest Government. Beyond Market and State, London, S. 1-29

Streeck, W./Vitols, S., 1995: The European Community: Between Mandatory Consultation and Neoliberalism. In: Rogers/Streeck 1995, S. 243-281

Taylor, F.W., 1919: Die Grundsätze wissenschaftlicher Betriebsführung (dt. Ausgabe und Vorwort von Rudolf Roesler), München

Tenfelde, K./Volkmann, H. (Hg.), 1981: Streik. Zur Geschichte des Arbeitskampfes in Deutschland während der Industrialisierung, München

Teschner, E., 1977: Lohnpolitik im Betrieb, Frankfurt/Main

Teubner, G., 1979: Neo-korporatistische Strategien rechtlicher Organisationssteuerung, in: Zeitschrift für Parlamentsfragen, Jg. 10, S. 487-502

Teuteberg, H.J., 1961: Geschichte der industriellen Mitbestimmung in Deutschland. Ursprung und Entwicklung ihrer Vorläufer im Denken und in der Wirklichkeit des 19. Jahrhunderts, Tübingen
Thompson, P., 1983, The Nature of Work, London
Todt, E./Radandt, H., 1950: Zur Frühgeschichte der deutschen Gewerkschaftsbewegung 1800-1849, Berlin
Tondorf, K., 1994: Modernisierung der industriellen Entlohnung, Berlin
Touraine, A., 1996: Le grand refus. Réflexions sur la grève de décembre 1995, Paris
Traxler, F., 1982: Evolution gewerkschaftlicher Interessenvertretung. Entwicklungslogik und Organisationsdynamik gewerkschaftlichen Handelns am Beispiel Österreichs, Wien
Traxler, F., 1986: Interessenverbände der Unternehmer. Konstitutionsbedingungen und Steuerungskapazitäten, Frankfurt/Main
Traxler, F., 1993: Gewerkschaften und Arbeitgeberverbände. Probleme der Verbandsbildung und Interessenvereinheitlichung, in: Müller-Jentsch 1993, S. 141-167
Traxler, F., 1996: Collective Bargaining and Industrial Change: A Case of Disorganization? In: European Sociological Review, Jg. 12, S. 271-287
Treu, E., 1978: Probleme der gewerkschaftlichen Mitgliederrekrutierung in ausgewählten Industriezweigen, in: Soziale Welt, Jg. 29, S. 418-439
Trinczek, R., 1989: Betriebliche Mitbestimmung als soziale Interaktion, in: Zeitschrift für Soziologie, Jg. 18, S. 444-456
Truman, D.B., 1951: The Governmental Process, New York.
Türk, K., 1984: Qualifikation und Compliance, in: Mehrwert, Nr 24, S. 46-67

Ullmann, H.-P., 1990: Wirtschaftsverbände in Deutschland, in: Zeitschrift für Unternehmensgeschichte, Jg. 35, S. 95-115
Ullmann, P., 1977: Tarifverträge und Tarifpolitik in Deutschland bis 1914. Entstehung und Entwicklung, interessenpolitische Bedingungen und Bedeutung des Tarifvertragswesens für die sozialistischen Gewerkschaften, Frankfurt/Main

Vilmar, F., 1971: Mitbestimmung am Arbeitsplatz, Neuwied
Volkmann, H., 1978: Modernisierung des Arbeitskampfes? Zum Formwandel von Streik und Aussperrung in Deutschland 1864-1975, in: H. Kaelble/H. Matzenrath/H.-J. Rupieper/P. Steinbach/H. Volkmann, Probleme der Modernisierung in Deutschland. Sozialhistorische Studien zum 19. und 20. Jahrhundert, Opladen, S. 110-170

Waarden, F. v., 1995: Employers and Employers' Associations, in: J.V. Ruysseveldt/R. Huiskamp/J.v. Hoof (Hg.), Comparative Industrial & Employment Relations, London, S. 68-108
Wagner, W., 1982: Die nützliche Armut. Eine Einführung in die Sozialpolitik, Berlin
Walton, R.E./McKersie, R.B., 1965: A Behavioral Theory of Labor Negotiations. An Analysis of a Social Interaction System, New York
Webb, S. u. B. 1895: Die Geschichte des Britischen Trade Unionismus, Stuttgart
Webb, S. u. B., 1897: Industrial Democracy, London.
Webb, S. u. B., 1898: Theorie und Praxis der Englischen Gewerkvereine (Industrial Democracy), 2 Bde., Stuttgart
Weber, M., 1924 (zuerst 1908/9): Zur Psychophysik industrieller Arbeit, in: Weber 1924

Weber, M., 1924: Gesammelte Aufsätze zur Soziologie und Sozialpolitik, Tübingen
Weber, M., 1964 (zuerst 1922): Wirtschaft und Gesellschaft. Grundriß der verstehenden Soziologie Erster Halbband, Köln
Weischer, C., 1988: Kritische Gewerkschaftstheorie, Münster
Weiss, M., 1994: Der soziale Dialog als Katalysator koordinierter Tarifpolitik in der EG, in: M. Heinze/A. Söllner (Hg.), Arbeitsrecht in der Bewährung. Festschrift für Otto Rudolf Kissel, München, S. 1253-1267
Weitbrecht, H., 1969: Effektivität und Legitimität der Tarifautonomie. Eine soziologische Untersuchung am Beispiel der deutschen Metallindustrie, Berlin
Weitbrecht, H. 1974: Das Machtproblem in Tarifverhandlungen, in: Soziale Welt, Jg. 25, S. 224-234.
Wendeling-Schröder, U., 1997: Die Zukunftsfähigkeit des Tarifvorranges, in: WSI-Mitteilungen, Jg. 50, S. 90-98
Wiesenthal, H., 1989: Kritischer Rückblick auf die emphatische Gewerkschaftstheorie, in: W. Schumm (Hg.), Zur Entwicklungsdynamik des modernen Kapitalismus. Symposium für Gerhard Brandt, Frankfurt/Main, S. 125-149
Williamson, O.E., 1981: The Economics of Organization: The Transaction Cost Approach. American Journal of Sociolgy, Jg. 87, S. 548-577
Williamson, O.E., 1985: The Economic Institutions of Capitalism, New York und London
Williamson, O.E., 1990: Die ökonomischen Institutionen des Kapitalismus. Unternehmungen, Märkte, Kooperationen, Tübingen
Windmuller, P./Gladstone, H. (Hg.), 1984: Employers' Associations and Industrial Relations, Oxford
Windolf, P., 1989: Productivity Coalitions and the Future of European Corporatism, in: Industrial Relations, Jg. 28, S. 1-20
Witjes, C.W., 1976: Gewerkschaftliche Führungsgruppen. Eine empirische Untersuchung zum Sozialprofil, zur Selektion und Zirkulation sowie zur Machtstellung westdeutscher Gewerkschaftsführungen, Berlin
Womack, J.P./Jones, D.T./Roos, D. 1991: Die zweite Revolution in der Automobilindustrie, Frankfurt/Main
Wood, S. (Hg.), 1982: The Degradation of Work? Skill, deskilling and the labour process, London
Wood, S. (Hg.), 1989: The Transformation of Work? Skill, flexibility and the labour process. London
Wood, S.J./Wagner, A./Armstrong, E.G.A./Goodman, J.F.B./Davis, E., 1975: The ›Industrial Relations System‹ Concept as a Basis for Theory in Industrial Relations, in: British Journal of Industrial Relations, Jg. 13, S. 291-308
Woodward, J., 1970: Industrial Organization: Behaviour and Control, Oxford
Wörterbuch Staat und Politik s. Nohlen 1995
WSI (Hg.), 1996: WSI Tarifhandbuch 1996, bearbeitet von R. Bispinck und WSI-Tarifarchiv, Köln

Zimmermann, L. (Hg.), 1982: Humane Arbeit - Leitfaden für Arbeitnehmer. Bd. 4: Organisation der Arbeit, Reinbek bei Hamburg

Register

–A–
Abgruppierung 239ff.
Abwanderung und Widerspruch 102; 151
Akkordlohn s. Lohnsysteme
Allgemeine Gewerkschaft (General Union) 106; 115
Angelernte, Ungelernte 111; 127; 244
Angestellte 112ff.; 127; 132f.; 238; 316
– gewerkschaftliche Organisierung 112ff.
– leitende 272; 283
Angestelltenverbände 112ff.
Arbeit nach Vorschrift 40; 256
Arbeiter s. Lohnarbeiter
Arbeiterausschuß, Fabrikausschuß 262ff.
Arbeiterbewegung 22; 49; 78; 90; 94; 107; 109ff.; 173; 262f.
Arbeiterklasse 90; 92
Arbeiterkontrolle 19; 58; 247; 297
Arbeitgeber s. auch Unternehmer; Management; Direktionsrecht; Kapitalinteressen, Arbeitgeberverbände
– Tarifbruch 229
– Tarifflucht 229
– Verbandsflucht, Verbandsabstinenz 180; 229
Arbeitgeberverbände 112; 159ff.; 175ff.
  s. auch Unternehmerorganisationen (historisch)
– Dachverbände 173; 175ff.
– Führungsverbände 183
– Funktionäre 183
– Funktionen 167ff.
– historische Enwicklung 171

– Ideologie und Programmatik 191ff.
– im öffentlichen Dienst 177
– innerverbandliche Demokratie 181ff.; 184
– Kampfmaßnahmen 209
– Öffentlichkeitsarbeit 169; 189ff.
– Organisationsaufbau 175ff.; 181ff.
– Organisationsbedarf und Organisationsfähigkeit 160ff.; 165f.
– Organisationsgrad 176ff.
– Politik- und Tätigkeitsfelder 184ff.
– Tarifpolitik 166; 167; 169; 180; 186ff.
– und Gewerkschaften 167ff.; 172; 191
– und Mitbestimmung 176; 191ff.
– und Sozialpolitik 190
– und Staat 173; 191
– Verbandsflucht, Verbandsabstinenz 180ff.; 229
Arbeitsamt 28
Arbeitsbewertung 234
– analytische 234ff.
– summarische 234ff.
Arbeitsbeziehungen s. Industrielle Beziehungen
Arbeitsdirektor 176; 194; 283f.
Arbeitsförderungsgesetz (AFG) 309ff.
Arbeitsgericht 287; 293f.; 305 s. auch Arbeitsrecht
Arbeitsgruppe, teilautonome s. Arbeitsorganisation
Arbeitskampf 14ff.; 38ff.; 195; 205; 236ff. s. auch Streik; Aussperrung
– Arbeitskämpfe 1945-1995 217ff.; 222ff.
– Arbeitskampfstatistik 213f.; 218f.; 220

- historischer und internationaler Vergleich 213f.
- verdeckter 40; 247; 295; 299

Arbeitskampffonds der Unternehmer 169

Arbeitskampfrecht 197; 209; 303

Arbeitskraft 27ff.; 246f.; 251ff.; 256
- »fiktive Ware« 27
- »Subjekthaftigkeit« 256
- »variables Kapital« 247

Arbeitslosenversicherung 88; 126; 307; 309

Arbeitslosigkeit 126; 134; 217; 219; 231; 238; 241; 254; 308ff.; 314

Arbeitsmarkt 27ff.; 45; 86f.; 92; 105ff.; 163ff.; 309ff.
- Arbeitsmarktsegmentierung 30

Arbeitsmarktpolitik 309ff.

Arbeitsmotivation 38; 251f.; 254

Arbeitsnachweis 28; 86f.

Arbeitsorganisation, Arbeitsprozeß, Arbeitsstrukturierung 34ff.; 244ff.; 249; 275; 299
- Business Reengineering 254
- Flexible Spezialisierung 62
- Fordismus 61ff.; 111
- Gruppenarbeit 12f.; 252f.; 254f.; 291f.
- »Kalmarismus« 62
- Kontinuierlicher Vebesserungsprozeß (KVP) 13
- Labour Process Debate 59ff.; 70; 297
- Lean Production 254
- Neo-Taylorismus 62
- Postfordismus 62
- Taylorismus 59; 61
- »Toyotismus« 63
- Volvo 252

Arbeitspolitik 70f.; 256

Arbeitsproduktivität 61f.; 102ff.; 199f.; 231f.; 249; 251f.; 260

Arbeitsrecht 24; 27f.; 97; 212; 303
- individuelles 305
- kollektives 304

Arbeitsschutzpolitik 24; 306

Arbeitsteilung 25; 246; 251

Arbeitsverhältnis 10; 19; 27; 30ff.; 249; 285ff.
- als Herrschaftsverhältnis 31ff.; 70

Arbeitsvermittlung 28; 86; 309

Arbeitsvertrag 28ff.; 30ff.; 167; 249; 288
- Unbestimmtheitslücken 76; 256

Arbeitszeit
- Arbeitszeitkonto 290
- Arbeitszeitpolitik 238ff.
- Arbeitszeitverkürzung 219; 236; 241ff.
- Flexibilisierung 289; 291

Aufsichtsrat 47; 282ff.
- Montanmitbestimmung 264

Ausbeutung 34ff.; 90

Ausländische Arbeitnehmer 127; 151; 279

Aussperrung 14; 17; 42ff.; 206; 209f.; 219
- Aussperrungsurteil 209

Autonomie, verantwortliche 248f.; 255

–B–

Bargaining Power 124; 210f.

Beamte 209; 225; 238; 315
- Beamtenverbände 112ff.
- gewerkschaftliche Organisierung 112ff.

Befestigte Gewerkschaften 96

Belegschaftskooperation 298

Berufsgemeinschaften 111

Berufsgewerkschaften 29; 48; 86; 106ff.; 107; 111

Berufsschneidungen 105ff.; 110

Beschäftigungskrise s. Arbeitslosigkeit

Besitzstandssicherung 240f.

Beteiligungsmodelle (als Sozialtechniken des Managements) 254; 255

Betriebliche Absprache (Regelungsabrede) 287

Betriebliche Friedenspflicht 263
- Einigungsstelle 291

Betriebliche Übung 286f.

Betriebs- und Unternehmensverfassung 22f.; 47; 285ff.

Betriebsgewerkschaften 106
Betriebsobmann 266
Betriebsrat 11ff.; 13; 135
– als Co-Manager 275; 280
– Beteiligungsrechte 265; 269ff.; 285; 331
– Europäischer Betriebsrat 329ff.
– Freistellungen 266
– Intermediarität 196ff.; 281
– neue Bundesländer 265; 275
– Professionalisierung 268
– Repräsentativorgan 268
– und Gewerkschaften 135; 148; 276
– und Management 272ff.
– und Modernisierung 273
– Unternehmen ohne 266
– Zwitterrolle 281
Betriebsrätegesetz (1920) 262ff.
Betriebsratswahlen 151; 277ff.
– neue Bundesländer 265
– Repräsentation von Randgruppen 279
Betriebsvereinbarungen 13; 19; 285ff.; 287
– Günstigkeitsprinzip 288
Betriebsverfassungsgesetz 134; 265
– neue Bundesländer 265
Betriebsversammlung 268
Betriebszugang der Gewerkschaften 276f.
»Bremsen« 40; 247; 295f.
Bundesanstalt für Arbeit 309
Bundesarbeitgeberverband Chemie 181; 182; 185
Bundesarbeitsgericht (BAG) 15; 293
– Grundsatzurteile über Streik und Aussperrung 209
Bundesverband der Deutschen Industrie (BDI) 175
Bundesvereinigung der Deutschen Arbeitgeberverbände (BDA) 175ff.; 181; 183ff.
Bürgerrechte, industrielle s. Industrielle Bürgerrechte
Business Reengineering 254

–C–
Centre Européen des Entreprises Publiques (CEEP) 328
Christlicher Gewerkschaftsbund (CGB) 115
Clan (Unternehmenstypus) 257
Closed Shop 86; 87; 121; 126
»Collective bargaining by riot« 39
Collective Bargaining 48ff.; 54; 56; 85; 97; 202 s. auch Tarifautonomie
Collective Voice 102
Corporate Culture, Corporate Identity 257
Craft Societies 109
Custom and Practice 78; 297

–D–
Demokratie 43f.; 138ff. s. auch industrielle Demokratie
Dequalifizierung 59; 161
Deregulierung 27; 126; 136; 155; 311ff.; 314
Deutsche Angestellten-Gewerkschaft (DAG) 115; 131; 180
Deutsche Arbeitsfront (DAF) 264
Deutscher Beamtenbund (DBB) 114f.; 131
Deutscher Gewerkschaftsbund (DGB) 115; 129f.; 261
– Grundsatzprogramme 152ff.
– Mitgliederzahlen 116; 129ff.
– Organisationsgrad 132
Deutscher Industrie- und Handelstag (DIHT) 175
Dezentralisierung
– Tarifpolitik, Tarifverhandlungen 20; 229f.; 240f.; 289ff.
– Unternehmensorganisation 254f.
Dienstvereinbarung 288
Direktionsrecht des Arbeitgebers 19; 31; 45ff.; 47; 76; 285f.
Distributive Bargaining 71
Doppelcharakter der Gewerkschaften 89
Dresdener Programm von 1996 155

Duales System der Interessenvertretung
 194ff.; 215; 276ff.
Dunlop-Ross-Kontroverse 102
Düsseldorfer Programm von 1963 154
Düsseldorfer Programm von 1981 155

–E–
Ehernes Gesetz der Oligarchie 95;
 140ff.
Ehernes Lohngesetz 90
Einheitliche Europäische Akte 320
Einheitsgewerkschaften 107ff.; 113ff.;
 152ff.; 198; 215
– in Europa 325
– und Programmatik 153f.
Einigungsstelle 268; 287; 289; 291ff.
Einkommenspolitik 311ff.
Entgelt s. Lohn
Europäische Gemeinschaft/Union 155;
 319ff.; 322ff.
– Einheitliche Europäische Akte 1987
 320
– Etappen der Integration 320
– Europäische Kommission 323ff.
– Europäischer Gerichtshof 324
– Europäischer Rat 324
– Europäisches Parlament 324
– gemeinsame Währung (Euro) 319
– Gemeinschaftscharta der sozialen
 Grundrechte 320
– Maastrichter Vertrag 321; 322
– Ministerrat 324
– Rechtssetzungsverfahren 322
– Sozialcharta, Sozialprotokoll 320f.
– Sozialer Dialog 331ff.
– Ständiger Ausschuß für
 Beschäftigungsfragen 331
– Subsidiarität 333
– Val-Duchesse-Gespräche 332
– Wirtschafts- und Sozialausschuß 323
Europäische Wirtschafts- und
 Währungsunion (EWWU) 319
Europäische Zentralbank 319
Europäischer Betriebsrat 329ff.
Europäischer Gewerkschaftsbund
 (EGB) 325ff.

– sektorale europäische
 Gewerkschaftsverbände 327
Europäischer Metallgewerkschaftsbund
 (EMB) 326
Europäischer Sozialfonds 319
Europäisches Parlament 323; 324
Europäisches Recht 322
Europarat 324
European Trade Union Confederation
 (ETUC) s. Europäischer
 Gewerkschaftsbund
Exit and Voice 102; 151

–F–
Fabrikbesetzung 38; 41f.
Fabriksystem 26; 28ff.; 244
Facharbeiter 86; 109; 111; 150; 230
Fehlzeiten 103; 252
Fließbandarbeit 40; 111; 250
Fordismus 111; 250
Frauen 127f.; 132f.; 151; 272
– Frauenbeauftragte 272
– Frauenförderung 272
– Organisationsgrad 127
Frauenbeauftragte 272
Freier Deutscher Gewerkschaftsbund
 (FDGB) 117
Fremdbestimmung 34ff.; 47
Friedenspflicht 209; 212 s. auch
 betriebliche Friedenspflicht
Funktionäre
– der Arbeitgeberverbände 184
– der Gewerkschaften 95f.; 146ff.; 150;
 156; 219; 277
Funktionen der Gewerkschaften 84ff.;
 94ff.
– in klassischen Begriffsbestimmungen
 93

–G–
Gefangenendilemma 74
Geltungsdauer von Tarifverträgen 228
Gesamtmetall 178; 180; 182; 183; 185;
 188; 220
Gesetz über den vaterländischen
 Hilfsdienst (1916) 262

Gesetz zur Ordnung der nationalen
  Arbeit (1934) 264
Gewerbegerichtsgesetz (1890) 305
Gewerbeordnungsnovelle (1891) 262
Gewerkschaft der Polizei 115
Gewerkschaft Handel, Banken und
  Versicherungen 117
Gewerkschaft Kunst 115
Gewerkschaft Öffentliche Dienste,
  Transport und Verkehr 117
Gewerkschaften 167; 196; 198; 215;
  231f.
– Abwanderung und Widerspruch (Exit
  and Voice) 102; 151
– als Mitgliederorganisationen 119ff.
– als politische Verbände 92
– Aufgaben und Funktionen 84ff.
– Befestigte 96
– Bestands- und
  Handlungsvoraussetzungen 119ff.
– betriebliche Präsenz 264
– Bürokratisierung 95f.
– Delegiertensystem 143f.; 146; 148
– Doppelcharakter 89
– Gewerkschaftstag 140; 145ff.
– Grundsatzprogramme 152ff.
– gruppenspezifische
  Organisationsgrade 127
– historische Entwicklung 93f.; 107ff.
– innergewerkschaftliche Opposition
  151; 277
– intermediäre 68; 98ff.
– juristische Definition 103
– Kampfbereitschaft, Kampfkraft 124
– Kartellfunktion 86; 91; 101; 105
– klassische Begriffsbestimmungen 93
– konfliktive Politik 99ff.; 136; 168
– kooperative Politik 99ff.; 135; 168;
  200; 312ff.
– Mobilisierung 119; 158f.
– öffentliche Funktionen 96
– Oligarchisierung 95; 140ff.; 147; 149
– Organisationsaufbau 84; 142ff.
– Organisationsbereitschaft 133ff.
– Organisationsformen 84; 95; 105ff.
– Organisationsgrad 123ff.; 131ff.
– Organisationsprinzipien 105ff.

– Organisationssicherung (Union
  Security) 74; 126; 134ff.; 276
– Organisationswachstum (Union
  Growth) 129ff.; 133ff.
– »politischer Tausch« 100
– Pressure Groups 97
– Produktivitätsfunktion 102
– Professionalisierung 94f.
– Rekrutierungsfelder 110
– sekundäre Organisationsinteressen 95
– Selbstverständnis 138; 156ff.
– Solidarität 122
– Staatsverständnis 139
– Tarifkommission 145ff.; 210
– Verhandlungsmacht 105; 120f.; 124;
  135; 210f.
– Vertrauensleute 145; 276ff.; 279f.
– Vorstand, Hauptvorstand 143ff.
Gewerkschaften als intermediäre
  Organisationen 68; 98ff.
Gewerkschaften als soziale Bewegung
  90; 94; 106ff.
Gewerkschaften und Betriebsrat 135;
  148; 262ff.; 267ff.; 279f.
Gewerkschaften und Staat 67f.; 92f.;
  96; 134; 302ff. s. auch
  Korporatismus
Gewerkschaftliche Organisierung
– historische Entwicklung 108
Gewerkschaftsbürokratie 139ff.
Gewerkschaftsmitglieder 95; 97; 138ff.;
  276
– Ausschluß 123
– Beteiligung 141
– Fluktuation 122
– Mobilisierung 158
– Organisationsbindung 122
– Rekrutierung 110f.; 129f.; 134ff.;
  150
Gewerkschaftstheorien
– klassische 85ff.
– neuere sozialwissenschaftliche 94ff.
– ökonomische 101f.
Gewerverein, Gewerksgenossenschaft
  84; 89; 91
Globalisierung 155; 319
Globalsteuerung, keynesianische 311

Governance 66
Gruppenarbeit s. Arbeitsorganisation

–H–
Haustarifverträge, Werkstarifverträge 225ff.
Hawthorne-Experimente 295ff.
Herrschaft, betriebliche 32f.; 34ff.; 271ff.
Hierarchie (im Betrieb und Unternehmen) 298
Hilfskassen, gewerkschaftliche 85; 88f.
Homo oeconomicus 121
Human Relations 295ff.
Human Resource Management (HRM) 73; 257
Humanisierung der Arbeit (HdA) 12; 48; 219; 238f.; 240; 252
Humankapital, Human-Ressourcen 75; 258

–I–
Industrial Relations System (IRS) 54ff.
Industrialisierung 48; 84; 235; 244ff.; 261f.
Industrie- und Handelskammern 175
Industriegewerkschaft Bau-Steine-Erden 157
Industriegewerkschaft Chemie-Papier-Keramik 15; 145
Industriegewerkschaft Druck und Papier 14ff.; 115; 222; 236; 240
Industriegewerkschaft Medien 115
Industriegewerkschaft Metall 142ff.; 148; 157; 199; 219ff.; 222; 226ff.; 236; 240; 279
– formaler Organisationsaufbau 144
Industriegewerkschaften 106ff.; 110ff.
Industrielle Aggression 40; 252
Industrielle Beziehungen 9ff.; 18f.; 22f.
Industrielle Bürgerrechte 32; 65; 284; 303
Industrielle Demokratie 43ff.
– Betriebsdemokratie 47
– Tarifautonomie 48f.
– Wirtschaftsdemokratie 50

Industrielle Revolution 26
Industrieller Konflikt 21ff.; 34; 36ff. s. auch Arbeitskampf, Streik, Aussperrung, Bremsen
– individueller 36
– Konfliktlösung, -regelung 21; 202ff.; 206f.; 212f.; 291ff.
– Konkfliktformen 36
– verdeckter 40; 247; 299
Industrieller Konstitutionalismus 44
Inflation 135; 231f.; 311; 312 s. auch Globalsteuerung, keynesianische
Informelle Beziehungen und Gruppen 287 s. auch Regelungen, informelle
Innere Kündigung 32; 38
Innergewerkschaftliche Demokratie 138ff.; 151
– ökonomisches Austauschverhältnis 149
– Realanalyse 147ff.
– Satzungsanalyse 143ff.
Innerverbandliche Demokratie der Arbeitgeberverbände 181ff.
Institut der deutschen Wirtschaft (IW) 189ff.
Institutionalisierung des Klassengegensatzes 49; 66; 96; 141; 172; 202; 207; 215
Institutionalismus
– erweiterter, akteursbezogener 77
– historischer 64ff.
– steuerungstheoretischer 66ff.
Institutionenbegriff 63
Integrative Bargaining 71
Interessenantagonismus, Interessengegensatz 89f.; 96; 158; 160; 203f.; 212f.; 247
Intermediarität
– Betriebsrat 196ff.; 280f.
– Gewerkschaften 98ff.; 142
– Institutionen 68; 81
– Management 196

–J–
»job enlargement« 252f.
»job enrichment« 252f.
»job rotation« 252f.

Joint Regulation 80; 97; 203 s. auch Collective Bargainig
Jugendliche 272
- Organisationsgrad 127
Jugendvertretung 272

–K–
Kampfmaßnahmen der Unternehmer 36; 42ff.; 209 s. auch Aussperrung; Arbeitskampf
Kapitalinteressen (Unternehmer-, Arbeitgeberinteressen) 98; 160ff.
Kapitalismus 22f.; 26f.; 35ff.; 161; 202
Kapitalismuskritik, gewerkschaftliche 154; 158
Keynesianismus 62
Klassenantagonismus s. Interessenantagonismus
Klassenbewußtsein, Klassensolidarität 90; 111
Klassenkampf 40; 89; 97; 202
Klein- und Mittelbetriebe 128; 171; 184; 273
Koalitionsfreiheit, Koalitionsrecht 93; 202; 206f.; 209; 303
Kollektive betriebliche Regelungen 285ff.
Kollektivgüter 74f.; 121
Kollektivverhandlungen 48f.; 71 s. auch Tarifverhandlungen; Tarifautonomie
Kollektivverträge s. Tarifverträge; Betriebsvereinbarungen
Kommunistisches Manifest 90
Konflikt s. Industrieller Konflikt
Kontinuierlicher Verbesserungsprozeß (KVP) 13
Kontrolle 45; 51; 58; 244ff.
- Arbeiter- und Produzentenkontrolle 297 s. auch Arbeiterkontrolle
- Fremdkontrolle vs. Eigenkontrolle 256
- Managementkontrolle 247ff.; 256
Konzertierte Aktion 19; 50; 134; 312
Korporatismus 50; 67ff.; 94; 200; 313
Krankenversicherung 307

–L–
Labour Process Debate 59; 70; 297
Lean Production 254
Lebenshaltungskosten 231f.
Leistungslohn 249; 296
Leistungsrestriktion 249; 256 s. auch »Bremsen«
Lohn (Brutto-, Netto-, Nominal-, Reallohn) 230ff.
Lohn-, Gehaltstarifverträge 228ff.
Lohnarbeit 26ff.; 89f.; 161
Lohnarbeiter 26ff.; 85; 89f.; 94; 160; 218; 238
Lohnarbeiterinteressen 89f.; 94; 98; 111
Lohnfortzahlung im Krankheitsfall 219; 305
Lohn-Leistungs-Verhältnis 35; 250
Lohnpolitik 200; 231ff.
- produktivitätsorientierte 231
Lohnquote 232ff.
Lohnstruktur, Lohngruppen 234ff.
Lohnsysteme 234f.
- Akkordlohn 234; 250
- Festlohn 234
- Prämienlohn 234
- Programmlohn 235
- Vertragslohn 234
- Zeitlohn 234

–M–
Machtasymmetrie 43; 87; 161
Management 13; 31; 120; 128; 196; 238; 241; 245ff.
- als Mediator 196
- Funktionsbereiche 245
- Human Resource Management 73; 257
- Kontrollfunktion 245ff.; 255
- Koordinierungsfunktion 245ff.
- Partizipatives 254
- und Betriebsrat 272
- Vorrechte, Prärogative 272ff.
Manteltarifverträge 228ff.
Markt und Organisation 160ff.
Maschinensturm 39
Massengewerkschaften 95; 100; 173

Massenproduktion 111f.; 250f.
Mehrwert 35
Meinhold-Formel 231
Mikropolitik 18; 69
Mindesteinkommen, garantiertes 309
Mitbestimmung 47ff.; 49; 76; 134; 176
  s. auch Betriebsdemokratie,
  Betriebsrat, Partizipation,
  Wirtschaftsdemokratie
– am Arbeitsplatz 260
– historische Entwicklung 261f.
– im Betrieb 45; 260ff.; 274f.
– im Unternehmen 264; 282ff.
– in der Montanindustrie 264
Mitbestimmungsgesetz (1976) 265; 282
Montanmitbestimmung 176ff.; 218; 264; 282
Münchener Programm von 1949 154f.

–N–
Negotiation of Order 70ff.; 81
Neokorporatismus s. Korporatismus
Neue Institutionelle Ökonomie 75
Neue Produktionskonzepte 251ff. s.
  auch Arbeitsorganisation
Nullsummenspiel 260

–O–
Obrigkeitsstaat 22; 110
Öffentliche Güter s. Kollektivgüter
Öffentlicher Dienst 40; 129; 265; 272
– Personal 316
Öffnungsklauseln s. Tarifverträge
Oligarchisierung
– der Arbeitgeberverbände 184ff.
– der Gewerkschaften 140ff.; 147; 149
Opportunismus (Williamson) 75; 247
Organisationsgrad der
  Arbeitgeberverbände 165; 176
Organisationsgrad der Gewerkschaften 131ff.
– Berechnung 123
– nach Beschäftigtengruppen 126f.; 132f.
– nach Betriebsgröße 128
– nach Geschlecht 127f.
– nach Region, Standort 129
– Organisationsgradentwicklung 131ff.
– und Wirtschaftsstruktur 129
Organisationsstruktur
– der Arbeitgeberverbände 175ff.
– der Gewerkschaften 84ff.; 94ff.
Outsourcing 255
Oxford School 56f.

–P–
Partizipation 48; 141f.; 202; 260ff.
Partizipatives Management 254ff.
Personalvertretungsgesetz 265
Pflegeversicherung 307
»Politischer Tausch« 101; 313 s. auch
  Sozialpakt
Positivsummenspiel 71; 200; 260
Preissteigerung 230f.
Principal-Agent-Theorie 245
Produktionsweisen 25ff.
– antike Sklavenhaltergesellschaft 25
– Feudalgesellschaft 26
– Industriekapitalismus 26; 34ff.; 202
Produktivität s. Arbeitsproduktivität
Profit Center 255
Psychologischer Vertrag 32

–Q–
Qualifikation 219; 233; 240; 251ff.
Qualitative Tarifpolitik 136 s. auch
  Humanisierung der Arbeit (HdA)
Qualitätszirkel 22; 48; 254; 291
Quality of Working Life 252

–R–
Rätebewegung 263f.
Rational Choice 73
Rationalisierung 31; 106; 161; 219f.
– Rationalisierungsschutzabkommen 226; 239ff.
Reagonomics 126
Regulierung 305
Reichsanstalt für Arbeitsvermittlung und
  Arbeitslosenversicherung 309
Reichsausschuß für
  Arbeitszeitermittlung (REFA) 250

Rentenversicherung 307
Richtungsgewerkschaften 107ff.; 114

–S–
Sabotage 39f.
Sachverständigenrat zur Begutachtung der wirtschaftlichen Entwicklung 231
Schlichtung 205ff.; 208
»Schwarze Listen« 42; 171
Selektive Anreize 121; 124; 164
Situativer Ansatz 72
Sozialbudget 308
Sozialhilfe 308
Sozialismus 90; 107
Sozialistengesetz 110f.; 162; 173
Sozialpakt, Sozialvertrag 100; 101; 311ff.; 313
Sozialpolitik 306
Sozialquote 308
Sozialstaat 88; 94; 168; 302
– vs. Wettbewerbsstaat 321
Sozialversicherung 306
SPD 134; 152; 154ff.
– Godesberger Programm 154
Sprecherausschuß der leitenden Angestellten 272
Staat als Arbeitgeber 314
Staat und Tarifautonomie 202
Stabilitäts- und Wachstumsgesetz (1967) 312
Standortdebatte 319
Strategic Choice 72f.
Streik 87; 205ff. s. auch Arbeitskampf; Industrieller Konflikt
– Statistik 216; 218
– Streikbeteiligung 214f.
– Streikdauer 214; 215
– Streikmonopol 41
– Streikverhalten 212
– Streikvolumen 214f.; 216ff.
Streikformen 206; 209; 212
– Bummelstreik 40
– Erzwingungsstreik 40
– Generalstreik 218
– politischer Streik 209
– Proteststreik 14

– rollender Streik 41
– Schwerpunktstreik 41; 209
– Sitzstreik 41
– Solidaritäts-, Sympathiestreik 40; 209
– Sukzessivstreik 41
– Teilstreik 41
– Vollstreik 41
– Warn-, Protest-, Demonstrationsstreik 40; 209; 218
– wilder Streik 41; 212; 219
Streikfreiheit, Streikrecht 153; 206; 209f.; 315
Subsidiarität 309; 333

–T–
»Tabu-Katalog« (Katalog der zu koordinierenden lohn- und tarifpolitischen Fragen) 187ff.; 238
Tarifautonomie 22; 45; 48ff.; 96f.; 100; 126; 141; 153; 191; 213; 215
– Funktionen 193; 204
– rechtliche Normierung 207ff.
– Regelungsstufen 205f.
– und Staat 202f.
– und Unternehmer 205
– Wesensmerkmale 205
Tarifgemeinschaft deutscher Länder 177
Tarifkommission 15ff.; 146; 176ff.; 210
Tarifpolitik 17; 48f.; 85; 142; 146; 207f.; 219f.; 225ff.
Tarifverhandlungen 166; 167ff.; 186; 189; 205ff.; 210ff.
Tarifverträge 14; 17; 19; 49f.; 87; 187; 205f.; 212; 225ff.; 239ff.
– Allgemeinverbindlichkeitserklärung 198; 208
– Beschäftigungssicherung 240; 290
– Flächentarifverträge 180
– Geltungsbereich 208; 225ff.
– Haustarifverträge, Werkstarifverträge 180
– Manteltarifverträge 239
– Öffnungsklauseln 229; 241; 289ff.

- Rahmentarifverträge 226; 233; 240; 290
- zum Schutz gewerkschaftlicher Vertrauensleute 239

Tarifvertragsgesetz 187; 197; 207ff.; 228f.; 239
Taylorismus 111; 249ff.
Tertiarisierung 122; 136; 316
Thatcherismus 126
Theorien der industriellen Beziehungen
- Arenenkonzept 68; 80
- Aushandlungskonzept 81
- Erweiterter institutionalistischer Ansatz 77
- Handlungstheorien 68ff.
- Institutionalismus 63ff.
- Marxistische Ansätze 57
- Ökonomische Ansätze 73ff.
- Regulationstheorie 60ff.
- Systemtheorie 54ff.

Transaktionskosten 75f.; 79
Tripartismus 67; 94; 331 s. auch Konzertierte Aktion, Korporatismus
»Trittbrettfahrer« 74; 121; 162; 164

–U–

Umverteilung 231
Unfallversicherung 88; 307
Union of Industrial and Employers' Confederation of Europe (UNICE) 328
Union Shop s. Closed Shop
Unternehmen, transnationale 319
Unternehmenskultur 18; 257
Unternehmer 28; 160ff. s. auch Arbeitgeber, Management
Unternehmerorganisationen (historisch) 162ff.
- Antistreikvereine 163; 167; 168
- Kartelle, Syndikate 162
- Schutzzollvereine 162

- Verkehrsvereine 162
- Wirtschaftsverbände 174

Unterstützungswesen
- der Arbeitgeberverbände 169
- der Gewerkschaften 88f.; 91f.; 121

Urabstimmung 14; 146f.
Urlaub 187; 226; 235ff.; 269

–V–

Val-Duchesse-Gespräche 332
Vereinigung der kommunalen Arbeitgeberverbände 177
Verhandlungsansatz s. Negotiation of Order
Vermögensbildung in Arbeitnehmerhand 232
Verrechtlichung der industriellen Beziehungen 197ff.; 207ff.; 209, 215; 303f.; 304
Verteilungskämpfe 22; 311
Vertrauensleute 145; 239f.; 276ff.
Vollbeschäftigung 311

–W–

Weltwirtschaftskrise 154
Wertewandel 128f.
Wirtschafts- und Sozialräte 50f.
Wirtschaftsdemokratie 45; 50ff.
Wirtschaftsverbände 163ff.; 174
Wissenschaftliche Betriebsführung 59 s. auch Taylorismus
Wohlfahrtsstaat s. Sozialstaat

–Z–

Zehnstundentag 238
Zentralismus, Zentralisierung
- der Arbeitgeberverbände 183
- der Gewerkschaften 95ff.; 100; 140ff.; 147; 149

Industrielle Beziehungen.
Zeitschrift für Arbeit, Organisation und Management

herasusgegeben von *David Marsden, Walther Müller-Jentsch, Dieter Sadowski, Jörg Sydow, Franz Traxler, Hansjörg Weitbrecht*

ISSN 0934-2779, Rainer Hampp Verlag, München u. Mering, seit 1994, erscheint jeweils zur Quartalsmitte, Jahres-Abonnement DM 78.-, Einzelheft DM 28.-

In angelsächsischen Ländern konnten sich Industrial Relations schon früh als eigenständiges Wissenschafts- und Praxisgebiet etablieren. Im deutschen Sprachraum fand dieses Feld nur bei einem kleinen Kreis von Fachleuten aus unterschiedlichen Disziplinen Aufmerksamkeit, obwohl die deutsche institutionelle Lösung des industriellen Konflikts wegen seines Erfolgs in vielen Ländern mit großem Interesse studiert wurde.

In jüngster Zeit werden den industriellen Beziehungen auch in Deutschland größere Aufmerksamkeit gewidmet. Es sind vor allem die organisatorischen und technischen Umwälzungen in der Arbeitswelt und die politischen Veränderungen in Europa, die Wissenschaftler und Praktiker vor neue Herausforderungen stellen. Die europäische Einigung provoziert den Vergleich der historisch herausgebildeten nationalen Systeme industrieller Beziehungen und wirft die Frage auf nach ihrer Leistungsfähigkeit für die Konflikt- und Problemverarbeitung in einer dynamischen, vom globalen Wettbewerb bestimmten Wirtschaft. Industrielle Beziehungen werden nunmehr auch als zentrale Aufgabe des Managements gesehen. Der Untertitel - Arbeit, Organisation und Management - trägt diesen Veränderungen Rechnung.

Industrielle Beziehungen will den genannten Wandel zum Thema machen und bietet allen an den industriellen Beziehungen Interessierten ein aktuelles Forum der Analyse und Diskussion.

Bisherige Schwerpunktthemen:
Osteuropa (3/94)
Arbeit in Unternehmensnetzwerken (4/94)
Das deutsche Modell – internationale Perspektiven (1/95)
Öffentlicher Sektor (2/95)
Human Resource Management und Industrielle Beziehungen (4/95)
Industrielle Beziehungen im europäischen Wirtschaftsraum (3/96)
Arbeit und Arbeitsbeziehungen in der Medienindustrie (1/97)
Betriebliche Arbeitsbeziehungen im Wandel (Arbeitstitel) (3/97)
Veränderungsprozesse in Organisationen (in Vorbereitung)
Unternehmensnetzwerke und Industrielle Beziehungen (in Vorbereitung)

Campus Soziologie

Berthold Dietz
Soziologie der Armut
Eine Einführung
1997. 231 Seiten
ISBN 3-593-35704-6

Armut ist wieder zu einem Kernthema der sozial- und wirtschaftswissenschaftlichen Literatur geworden. Der Band »Soziologie der Armut« umfaßt alle zentralen Aspekte des Themas und gibt einen Überblick über die zahlreichen Theorien und die Empirie der Armutsforschung. Unter Einbeziehung empirischer Befunde wird die Geschichte der Armut in der Bundesrepublik veranschaulicht. Schließlich nimmt der Autor die aktuelle Debatte um die Zukunft des Sozialstaates auf und bespricht mögliche Reformmodelle. Jeder, der sich an den aktuellen Diskussionen zum »Sozialstaatsmodell Deutschland« beteiligen möchte, erhält hier klar und umfassend die notwendigen Hintergrundinformationen.

Hartmut Esser
Soziologie
Allgemeine Grundlagen
2., durchgesehene Auflage 1996
1993. 642 Seiten, geb.
ISBN 3-593-35007-6
als Studienausgabe kartoniert
ISBN 3-593-34960-4

Dieser Band ist eine umfassend angelegte Einführung in das Fach Soziologie. Nach einer fachgeschichtlichen Einleitung behandelt er im einzelnen die zentralen theoretischen Grundlagen soziologischer Erklärungen, die biologischen und anthropologischen Grundlagen der »Evolution« des Homo sapiens, die demographischen Grundprozesse und die wichtigsten Konzepte und Theorieansätze hinsichtlich des allgemeinsten Gegenstands der Soziologie, der »Gesellschaft«.

Campus Verlag · Frankfurt/New York